Rüdiger Müller

Wandlung zur Ganzheit

Rüdiger Müller

Wandlung zur Ganzheit

Die Initiatische Therapie nach
Karlfried Graf Dürckheim
und Maria Hippius

Herder
Freiburg · Basel · Wien

Alle Rechte vorbehalten – Printed in Germany
© Verlag Herder Freiburg im Breisgau 1981
Satz: Fotosatz Leingärtner, Nabburg
Druck und Einband: Freiburger Graphische Betriebe 1981
ISBN 3-451-19420-1

FÜR LUCILE

Der Wind ist mein Atem, das Universum mein Körper,
die Sonne mein Auge, Meere und Berge gehören zu mir.
Tag und Nacht ist der Atem des Himmels,
Ebbe und Flut ist der Atem der Erde.
Der Atem des Menschen ist das Ein- und Ausströmen der Luft:
Und das alles bin ich.

Zen-Meister Yuho Seki

Wenn man ,,Mensch" sagt, so bedeutet dieses Wort auch etwas, was über die Natur, über die Zeit und über alles, was der Zeit zugekehrt ist oder nach Zeit schmeckt, erhaben ist, und das gleiche sage ich auch mit bezug auf Raum und Körperlichkeit.

Meister Eckehart

GELEITWORT

Therapieformen im Bereich des Seelischen sind Seismographen für den „Zeitgeist". Rüdiger Müller stellt in seinem Buch die weiterentwickelten klassischen Therapiekonzepte, die Humanistische und Transpersonale Psychologie materialreich vor, um dann vergleichend das Besondere der „Initiatischen Therapie" nach Karlfried Graf Dürckheim und Maria Hippius als Weg zur Ganzheit hervortreten zu lassen. Er schrieb diese Arbeit, in der diese Heilweise erstmals dargestellt wird, aus dem Engagement eigener Erfahrung. Der Autor wurde in der „Existentialpsychologischen Bildungs- und Begegnungsstätte" in Todtmoos-Rütte als Mitarbeiter ausgebildet.

„Wandlung zur Ganzheit" ist eine weitgespannte theoretische Grundlagenarbeit, zu deren Kernstücken die Darlegung von Dürckheims metaphysischer Anthropologie und ihrer Ergänzung durch das tiefenpsychologische Modell von Maria Hippius gehört. Sie münden in die Beschreibung des „initiatischen Weges", in dem Erfahrungen aus dem Raum des Unbedingten, der überweltlichen Realität und der in jedem Menschen angelegten „Transzendenz" durch meditative Übungen vermittelt werden (Za-zen, Personale Leibtherapie, Geführtes Zeichnen u. a.). In dieser Ganzheitsschau ist Westliches und Östliches integriert. Der Autor versteht es, die Brücke zwischen profaner und religiöser Erfahrung zu schlagen. Er vermag ordnend die verschiedensten Aspekte zusammenzuführen und den Leser nachvollziehen zu lassen, welcher Art die „Wandlung zur Ganzheit" ist, die von der Initiatischen Therapie angestrebt wird.

Der Heilsweg der Initiatischen Therapie profilierte sich im Atomzeitalter. 30 Jahre liegen die Anfänge zurück. Es ist vielleicht mehr als eine Metapher, wenn sich ein Bezug zwischen „äußerem" und „innerem" Kerngeschehen anbietet. Während die technologische Beherrschung des äußeren Kernpotentials die Menschheit mit der Destruktion bedroht, könnte die Aktivierung des „inneren Kernpotentials" ein „New Age" einleiten, in dem spirituelle Kräfte rettend eingreifen.

Freiburg, im August 1981   Hans Bender

ABKÜRZUNGEN

Werke Dürckheims sind ohne Autorennamen angegeben. Die Jahreszahlen beziehen sich auf die jeweils zitierte Auflage. Weitere Angaben s. Literaturverzeichnis.

AÜ	Der Alltag als Übung. 1972.
DUM	Vom doppelten Ursprung des Menschen. 1973.
DW	Durchbruch zum Wesen. 1972.
DW I	Meister Eckehart. Die deutschen und lateinischen Werke. (Hg. von J. Quint).
EW	Erlebnis und Wandlung. 1978.
HARA	Hara. Die Erdmitte des Menschen. 1971.
HP	Humanistische Psychologie.
IT	Initiatische Therapie.
JKS	Japan und die Kultur der Stille. 1971.
MRS	Mächtigkeit, Rang und Stufe des Menschen. 1978.
MPP	Meditative Praktiken in der Psychotherapie. 1977.
MSH	Der Mensch im Spiegel der Hand. 1966.
MWW	Meditieren – wozu und wie. 1976.
PS	Psychotherapie in Selbstdarstellungen. 1973.
RM	Der Ruf nach dem Meister. 1972.
SLMR	Sportliche Leistung – menschliche Reife. 1969.
TE	Transzendenz als Erfahrung. 1966.
TP	Transpersonale Psychologie.
ÜL	Übungen des Leibes auf dem inneren Weg. 1978.
ÜWL	Überweltliches Leben in der Welt. 1972.
WK	Wunderbare Katze und andere Zen-Texte. 1975.
ZGE	Im Zeichen der Großen Erfahrung. 1974.
ZW	Zen und wir. 1974.

INHALT

Geleitwort 7

Einleitung 13

I. ANALYTISCHER TEIL

1. *Standortbestimmung der Initiatischen Therapie* 17
1.1. Die Entstehungsgeschichte der Initiatischen Therapie 18
1.2. Die Initiatische Therapie im Spiegel der Fachliteratur 19
1.3. Wissenschaftstheoretische Erörterungen 23

2. *Der neue Patient in der geistigen Situation unserer Zeit* . . . 28

3. *Theoretische Grundlagen der Initiatischen Therapie* 37
3.1. Zum Wesen der Initiatischen 37
3.2. Persönliche Erfahrungsgrundlagen Dürckheims und Hippius' 44
3.3. Dürckheims metaphysische Anthropologie 49
3.3.1. Das überweltliche Sein 51
3.3.2. Kriterien der Seinserfahrung 53
3.3.3. Der doppelte Ursprung des Menschen 54
3.3.3.1. Das Welt-Ich 54
3.3.3.2. Das Wesen 56
3.3.3.3. Das Leiden 57
3.3.3.4. Die Entwicklungsstufen des Menschen 59
3.3.3.5. Fehlformen des Ichs 61
3.3.3.6. Der doppelte Auftrag des Menschen 63
3.4. Der initiatische Weg 64
3.4.1. Erlebnis 67
3.4.2. Einsicht 72
3.4.3. Übung 75
3.4.4. Meditation als Verwandlungsübung 79
3.4.4.1. Meditation im Stil des Za-zen 81
3.4.4.2. Aktive meditative Praktiken 87

3.4.4.3.	Der Alltag als Übung	89
3.4.4.4.	Das Rad der Verwandlung	89
3.4.5.	Zusammenfassende Darstellung Dürckheims Menschenbild	94

II. KOMPARATIVER TEIL

4.	*Vergleiche zu verwandten Schulen und Richtungen*	97
4.1.	Ganzheitspsychologie	98
4.1.1.	Ganzheit	98
4.1.2.	Gefühl	100
4.1.3.	Struktur	101
4.1.4.	Entwicklung	103
4.2.	Gestaltpsychologie	105
4.3.	Meister Eckehart	110
4.3.1.	Der innere und der äußere Mensch	111
4.3.2.	Die Verhinderung der Gottesgeburt	113
4.3.3.	Vorbereitungen und Übungen zur Gottesgeburt	115
4.3.4.	Das Wirken des „wahren Menschen"	118
4.3.5.	Abschließende Betrachtung	121
4.4.	C. G. Jung	122
4.4.1.	Zielgerichtetheit	125
4.4.2.	Die Archetypen	127
4.4.3.	Der Schatten	131
4.4.4.	Animus – Anima	137
4.4.5.	Das Ich und die Mana-Persönlichkeit	138
4.4.6.	Das Selbst	140
4.4.7.	Die numinose Erfahrung des Selbst	143
4.4.8.	Unterschiede zur Jungschen Schule	145
4.5.	E. Neumann	147
4.5.1.	Uroboros	148
4.5.2.	Zentroversion	149
4.5.3.	Ich-Selbst-Achse	151
4.5.4.	Vergleiche zur Initiatischen Therapie	156
4.6.	Zen	158
4.6.1.	Zum Inhalt von Zen	159
4.6.2.	„Knechtschaft"	162
4.6.3.	Das Leiden in buddhistischer Sicht	164
4.6.4.	Der Weg	165
4.6.5.	Die Buddhanatur	167
4.6.6.	Satori	168
4.6.7.	Westlicher Zen	172
5.	*Ziele der Initiatischen Therapie*	180
5.1.	Ziele der pragmatischen und initiatischen Therapie	181

5.2.	Der Weg als das Ziel	185
5.3.	Vergleiche zu Jung und zu anderen	187
5.4.	Abschließende Diskussion	190
6.	*Indikation*	191
6.1.	Zielgruppen	192
6.1.1.	Initiatische Schizoidie	196
6.2.	Auswahlkriterien	199
6.3.	Zur Individuation in der ersten Lebenshälfte	204
7.	*Das Schüler-Mitarbeiter-Verhältnis*	209
7.1.	Die initiatische Führung	209
7.2.	„Der Meister"	211
7.3.	Der Gast oder Klient	217
7.4.	Der Schüler	217
7.5.	Der initiatische Mitarbeiter	220
7.5.1.	Ausbildung	221
7.6.	Vergleichende Anmerkungen zu den Jugendreligionen	222
8.	*Das Überpersönliche in der Übertragung*	235
8.1.	Das Überpersönliche in der therapeutischen Übertragungssituation	235
8.2.	Der Therapeut als „Mittler zum Heil"	237
8.3.	Die Wirkkraft des Therapeuten in der Übertragung	238
8.4.	Der dritte Faktor im Übertragungsgeschehen	241
8.4.1.	Die Gegenübertragung	242
8.5.	Ablösung und Einlösung	243
8.6.	Zusammenfassung	244
III.	DESKRIPTIVER TEIL	
9.	*Die praktischen Arbeitsmethoden der Initiatischen Therapie*	247
9.1.	Psychotherapeutische Methoden	248
9.2.	Die Rolle der Meditation im Stil des Za-zen	249
9.2.1.	Die Entwicklung des Za-zen in Deutschland	250
9.2.2.	Indikation und Kontraindikation des Za-zen	251
9.2.3.	Die Rolle des Za-zen im Rütte-Tageslauf	252
9.2.4.	Rütte-Kontakte und Austauschprogramme mit dem japanischen Zen-Kloster in Eigen-ji	253
9.3.	Personale Leibtherapie	255
9.3.1.	Theoretische Anmerkungen zum Begriff Personale Leibtherapie	256
9.3.2.	Zur Leibsymbolik von „oben" und „unten" und der „Mitte"	258

9.3.3.	Hara	263
9.3.4.	Behandlungsmethoden	267
9.3.4.1.	Atem- und Leibbehandlung	268
9.3.4.2.	Shiatsu	275
9.3.4.3.	Die Stimme	275
9.3.4.4.	Freie Bewegungsübungen und Bewegungstherapie	275
9.3.4.5.	Aikido	276
9.3.4.6.	T'ai-Chi-Chuan	277
9.3.5.	Zusammenfassung und Ausblick	277
9.4.	Das Geführte Zeichnen	281
9.4.1.	Der graphische Ausdruck von Gefühlen	281
9.4.2.	Zur Praxis des Geführten Zeichnens	285
9.4.3.	„Die Urformen des Seins"	290
9.4.3.1.	Der Kreis	291
9.4.3.2.	Die Schale	292
9.4.3.3.	Die Arkade	293
9.4.3.4.	Die Welle	294
9.4.3.5.	Die Spirale	294
9.4.3.6.	Die Lemniskate	295
9.4.3.7.	Die strukturierend-männlichen Zeichen	295
9.4.4.	Fallbeispiel	297
9.4.5.	Zusammenfassung	298
10.	*Schlußbetrachtung und Ausblick*	300
	Literatur	315

EINLEITUNG

Die derzeitige Situation auf dem Psychotherapiesektor kann ohne Zweifel als inflationiert bezeichnet werden. Betrachtet man das heutige Überangebot an Psychotherapietechniken, so ist es selbst für den Fachmann schwer, avantgardistische Konzepte aus den progressiven akademischen Kreisen – vorwiegend aus den USA – von denen einer eher oberflächlichen ,,Pop-Psychologie" mit meist ausgeprägt finanziellen Interessen zu unterscheiden.

Der ,,Psycho-Boom"[1], der Ende der sechziger Jahre begann, lockt mit den Schlagworten wie ,,persönliches Wachstum, spirituelle Erfahrungen, Ganzheitsbehandlung, meditative Bewußtseinserweiterung" und dergleichen mehr. Besonders in den USA haben sich um die Geburtsstätte des ,,personal growth movement" und der ,,New Age" – Bewegung, Berkeley und Big Sur, eine Vielzahl von z. T. pseudowissenschaftlichen, aber auch kritischen, aus der akademischen Psychologie stammenden Institutionen, Akademien und Gesellschaften mit der innovativen Sicht- und Behandlungsweise vom Menschen etabliert. Zu den wohl fundiertesten Richtungen zählen die Humanistische Psychologie (HP) und die darauf aufbauende Transpersonale Psychologie (TP).

Die neuen Ansätze signalisieren ein Ungenügen an den orthodoxen Konzepten vor dem Hintergrund einer von vielen Menschen empfundenen Zeitenwende, die bei manchen bis zu Endzeitvisionen – besonders bei den Sekten und Alternativkulturen zu finden – reicht. Nicht mehr der kranke Mensch, sondern das gesunde Individuum mit seinem bisher vernachlässigten, nun aber unaufhaltsam in neue Dimensionen vorstoßenden Bewußtsein, steht im Mittelpunkt. Drogenkon-

---

[1] Vgl. zu diesem Thema: Bach und Molter, 1979 sowie Nagel und Seifert, 1979.

sum, Meditationsbewegungen, Sekten, okkulte und esoterische Praktiken, alternative Lebensstile und integrative Psychotherapiemodelle – bis zu den schillerndsten Variationen – können als Indikatoren für eine erweiterte und vertiefte Sichtweise des Menschen in der Welt und seiner kosmischen Bezüge gelten.

Für den „neuen Patienten", der vielfach ein Suchender ist, sind die meisten klassischen Konzepte und deren Vertreter, die die Erfahrungen der transzendenten Dimension der Kategorie des Subjektivismus oder aber der Psychopathologie zuordnen, nicht mehr zuständig.

Vor dem Hintergrund dieser Pluralität von neuen Angeboten, die inzwischen auch in Deutschland die dominante Stellung der klassischen Schulen zu brechen scheinen, mag es ein Wagnis sein, eine weitere Psychotherapieform, die Initiatische Therapie (IT) vorzustellen. Verschiedene Gründe weisen jedoch meines Erachtens auf die Notwendigkeit einer solchen Arbeit hin.

Diese vorausgegangenen Bemerkungen über die neuerdings auf dem Psychotherapiemarkt sich anbahnende Umstrukturierung in Auffassung und Behandlung des ganzen Menschen, treffen zum großen Teil auch für die IT zu. Obwohl sie bereits 1949 von Graf Dürckheim und Maria Hippius entwickelt wurde und dadurch mit Sicherheit nicht ein Produkt des neuen modernen Trends ist, wurde sie bisher in der psychologischen und psychotherapeutischen Fachliteratur kaum beachtet.

In den letzten Jahren entstanden in Deutschland einige Zentren, die sich an die Konzepte der HP und TP anlehnen bzw. sie auch übernehmen, wie z. B. ZIST, das Therapiezentrum St. Coloman, das Fritz-Perls-Institut, die Gesellschaft für Transpersonale Psychologie, um nur einige zu nennen[2]. Im Gegensatz zu diesen an den amerikanischen Vorbildern orientierten Institutionen, die meist aus privater Initiative hervorgingen und inzwischen auch wachsenden Einfluß auf die universitäre Ausbildungsstruktur ausüben – Gestalttherapie gehört z. B. zum Lehrplan einiger Universitäten – hat sich die IT unabhängig von den amerikanischen Einflüssen in relativer Autonomie,

---

[2] Eine Liste von Instituten, die humanistische Verfahren ausüben, findet sich in: Bach u. Molter, a.a.O., 218 ff.

aber auch Isoliertheit von den Fortschritten der akademischen psychologischen und psychotherapeutischen Forschung entwickelt. Das aktuelle Auftauchen der neuen Bewegungen in Deutschland mit ähnlich klingenden Zielsetzungen wie die der IT, macht meines Erachtens eine differenzierte Darstellung der IT nötig, um abgrenzende, kongruente oder parallele Grundzüge und Arbeitsweisen herauszukristallisieren.

Die Motivation zu dieser Arbeit hängt neben meinem persönlichen Interesse an der wissenschaftlichen Bearbeitung der IT mit meinen eigenen Erfahrungen zusammen, die ich als Praktikant 1973 in dem Zentrum für Initiatische Therapie in Todtmoos-Rütte machte. Im Vordergrund dieses Praktikums stand neben der Anwendung projektiver Tests und anfänglichen Gesprächstherapiesitzungen die Arbeit an mir selbst. Ich wurde in die verschiedenen Arbeitsweisen der IT eingeführt und trat dadurch in einen intensiven Erfahrungsprozeß ein, der mich mit meiner Eigennot sehr deutlich und auch schmerzlich in Kontakt brachte.

Die Erfahrung, daß zum verantwortlichen Umgang mit dem suchenden und leidenden Menschen dieser Zeit nicht allein das Diplom in Psychologie und die Qualifikation zur objektiven, wissenschaftlichen Arbeit ausreicht, sondern eine tiefgehende Begegnung mit der eigenen Insuffizienz und auch der verborgenen Stärke notwendig ist, führte in der Folgezeit zu einem weiteren, inneren Entwicklungsprozeß durch die Methoden der IT. Ich lernte so nahezu alle Arbeitsweisen kennen und wurde selbst Mitarbeiter. Seit 1977 bin ich in der Zweigstelle „Exist-Rütte" in München tätig.

Das Eintauchen in meine Eigenproblematik genügte mir jedoch nicht. Ich wollte außerdem die zugrundeliegenden Konzepte verstehen, zumal die aus den USA stammenden aktuellen Strömungen Ähnlichkeiten aufzuweisen schienen. Um dieser Auffälligkeit nachzugehen, besuchte ich im Sommer 1977 einige Zentren dieser neuen Bewegung in San Francisco und Umgebung.

Nach meiner Ansicht ist die Eigenerfahrung mit der initiatischen Vorgehensweise keine Kontraindikation für eine wissenschaftliche Bearbeitung der IT.

Der rasanten Entwicklung nicht nur der Transpersonalen Psychologien, sondern auch der IT innerhalb des letzten Jahres konnte ich nach Fertigstellung dieses Manuskripts im Frühjahr 1980 nicht mehr Rechnung tragen. Dies bezieht sich besonders auf den verstärkten Austausch mit Vertretern der HP und TP aus Esalen und anderen Instituten in Kalifornien sowie einige intensive Kontakte mit spirituellen Bewegungen aus Ost und West. Diese im einzelnen einzubeziehen wäre eine wertvolle zukünftige Arbeit, auch um bei der inflationären Entwicklung und der allerorten zu beobachtenden Faszination für esoterische Praktiken einen differenzierten Unterscheidungsmaßstab zur Hand zu haben. In diesem Zusammenhang verdient die von Maria Hippius angeregte Forumsarbeit für „Initiierende Therapieformen" in München besondere Erwähnung.

Diese Arbeit wäre nicht möglich gewesen ohne die Unterstützung meiner Eltern, den Leitern von Todtmoos-Rütte, Graf Dürckheim und Maria Hippius, den Mitarbeitern von Rütte und München und den Professoren Bender und Buggle. Ihnen wie allen, die auf vielfältige Weise mitgeholfen haben, gilt mein besonderer Dank.

München, im August 1981   Rüdiger Müller

I. ANALYTISCHER TEIL

Ich gehe im folgenden so vor, daß ich in dem ersten großen Abschnitt dieser Arbeit die Kerngedanken Dürckheims und Hippius' differenziert vorstelle. Für den richtigen Stellenwert dieser Aussagen ist es wichtig, die aktuellen Bezüge sowohl zum heutigen neuen Patienten in der Situation unserer Zeit als auch die Innovationen wissenschaftstheoretischer Konzepte und Praktiken mitzuberücksichtigen. Dabei beziehe ich die Ansätze der HP und TP mit ein. Die Konzentration auf das Vokabular in der IT und ihrer wesentlichen Leitgedanken ist die Voraussetzung, um im zweiten komparativen Teil die Parallelen zu verwandten Richtungen der IT zu ziehen. Im abschließenden deskriptiven Abschnitt stelle ich exemplarisch drei Behandlungsweisen der IT dar vor dem Hintergrund ihres theoretischen Konzepts und des metaphysischen Menschenbildes.

1. Standortsbestimmung der Initiatischen Therapie

In diesem Kapitel soll eine geographische und klinische Ortsbeschreibung vorgenommen werden, um erste Hinweise auf die Position der IT in der Psychotherapiebewegung zu erhalten. Dies erweist sich als besonders nötig, da eine umfassende Darstellung seit ihrem 30jährigen Bestehen bislang unterblieben ist.

1.1. Die Entstehungsgeschichte der Initiatischen Therapie

Die Entwicklung der IT ist, geographisch gesehen, an Todtmoos-Rütte gebunden, ein abgelegener kleiner Ort in einem Hochtal des südlichen Schwarzwalds. Dort baute Karlfried Graf Dürckheim zusammen mit Maria Hippius in den ersten Nachkriegsjahren die „Existentialpsychologische Bildungs- und Begegnungsstätte" auf. Ihr gemeinsames Leitmotiv läßt sich bis in die späten zwanziger Jahre am Leipziger Psychologischen Institut zurückverfolgen, wo Dürckheim als Assistent lehrte und Hippius über den „Graphischen Ausdruck von Gefühlen" promovierte. Später entwickelte sie daraus auf der Basis der Graphotherapie die Grundlage für das in der IT praktizierte Geführte Zeichnen. Die unter F. Krueger und Sander vertretene Ganzheits- und Gestaltspsychologie gab grundlegende Impulse ab für das der IT zugrundeliegende Menschenbild[1].

Nach Dürckheims 10jährigem Aufenthalt in Japan begegnete er 1948 Hippius wieder, beiderseits unter dem Verlust ihrer Lebensbasis stehend. Sie begannen in der Folgezeit mit der Verwirklichung ihrer Konzeption vom initiatischen Weg des Menschen und seiner Ganzwerdung. Aus eigenen Reihen wuchsen im Laufe der Jahre Mitarbeiter heran. Die räumlichen Möglichkeiten erweiterten sich so, daß heute in dem Ort Rütte ca. 25 Mitarbeiter die durchschnittlich 50 ständig anwesenden Gäste bzw. Schüler betreuen. Außerdem existiert seit 1974 die Zweigstelle Exist-Rütte in München, die mit 12 eigenständig arbeitenden Mitarbeitern besetzt ist, sowie der Johanneshof mit weiteren Mitarbeitern, ca. 12 km von Rütte entfernt, der sich als „Exerzitienhaus" und als Forum und Informationszentrum versteht.

Während Dürckheim bis 1965 von „Großer Therapie"[2], bzw. „Therapie zur Verwirklichung des wahren Selbstes"[3] spricht, wird nun zum erstenmal das Adjektiv „initiatisch"[4] eingeführt.

---

[1] Die in Leipzig und Berlin entwickelte Gestaltpsychologie und Gestalttheorie wurde auch zur Grundlage vieler später in die USA emigrierter Wissenschaftler, die dann in den 50er Jahren die Gestalttherapie kreierten.
[2] Dürckheim, 1954, 190.
[3] Dürckheim in Bitter, 1965, 197.
[4] Dürckheim in Schulz, 1965, 242.

1968 taucht der Begriff „Initiatische Therapie"[5] erstmals auf, der 1970 dann definiert vorliegt[6].

Die kurze örtliche Beschreibung und historische Rückblende halte ich für wesentlich, um den Entwicklungscharakter der IT zu berücksichtigen, die von ihren Begründern her auf akademischem Boden gewachsen ist.

Die Tatsache, daß die IT sich nur langsam und in aller Stille aus der Kernzelle Rütte entwickelte und in den ersten 25 Jahren auf diesen Stammsitz konzentriert war – inzwischen existieren auch außerhalb von Rütte 14 Übungsstätten im In- und Ausland, die von ehemaligen Mitarbeitern geleitet werden[7] – mag den Insider-Charakter und auch die mangelnde Publizität in der wissenschaftlichen Welt erklären. Dieser Umstand und die Ausübung von Meditation und meditativer Praktiken kann bei der heutigen Sensibilität der Öffentlichkeit gegenüber der sog. Jugendreligionen auch dazu führen, die IT und ihre interne Aufbaustruktur in die Nachbarschaft dieser Bewegungen zu setzen.

In einem besonderen Kapitel (7.7.6.) werde ich versuchen, diesen möglichen Verdacht aufzugreifen und die IT mit den Zielsetzungen und Praktiken der Jugendreligionen zu vergleichen.

1.2. Die Initiatische Therapie im Spiegel der Fachliteratur

Im Verlauf der Vorbereitungsstudien zu dieser Arbeit stellte ich mit Verwunderung die relative Unbekanntheit der IT in der psychologischen Fachliteratur fest. Obwohl die IT seit 30 Jahren besteht – der Begriff „Initiatische Therapie" wurde allerdings erst 1968 publik – Dürckheim zahlreiche Werke veröffentlichte, die z. T. auch in holländisch, französisch, englisch, italienisch und spanisch erschienen, und er durch Rundfunk- und einige Fernsehsendungen und besonders durch seine Vortragsreisen einen breiten Personenkreis anspricht, wird sie weder in den einschlägigen Wörterbüchern der Psy-

---

[5] ÜWL, 78.
[6] Dürckheim, 1970, 115 ff.
[7] Laut Rütte-Prospekt 1979.

chologie unter dem Stichwort „initiatisch" erwähnt, noch finden sich irgendwelche Hinweise im Handbuch der Psychologie, in dessen 2. Halbband der Klinischen Psychologie ansonsten die neueren Therapiemethoden nicht vernachlässigt werden. Auf die wenigen Hinweise, die ich bisher fand, soll nur kurz eingegangen werden.

1. Im Handbuch der Neurosenlehre wird auf einer ca. halben Seite das Werk Dürckheims gewürdigt. Pflanz hebt hervor, daß es Dürckheim wie keinem anderen Psychotherapeuten gelungen sei, „die Erfahrung des Ostens in ihrer überkulturellen Bedeutung so klar für die westliche Psychotherapie transparent" zu machen[8].
Heyer geht in seinen Beiträgen in diesem Handbuch an einigen Stellen kurz auf Dürckheim ein[9].
2. Eine weitere Stelle ist bei Schlegel zu finden, der Dürckheims Grundgedanken referiert und Parallelen zu C. G. Jung zieht[10].
3. Stokvis und Wiesenhütter referieren im „Lehrbuch der Entspannung"[11] die Zielsetzung der IT unter dem Aspekt des zugrundeliegenden Menschenbildes. Dabei beleuchten sie auch den meditativen Ansatz der IT und skizzieren die daraus ableitbaren Konsequenzen für eine ganzheitliche Behandlungsweise, die nicht primär als Entspannungstherapie verstanden werden darf.
4. In der Festschrift „Transzendenz als Erfahrung", herausgegeben von M. Hippius zum 70. Geburtstag Dürckheims, sind in 52 Beiträgen z. T. namhafte Experten auf dem Gebiet der Personalen Psychotherapie vertreten ebenso wie östliche Lehrer, Künstler und Wissenschaftler aus Bereichen, die sich dem initiatischen Leitgedanken verbunden fühlen.

Diese hier angeführten Beiträge kreisen um spezielle Aspekte aus dem umfangreichen Literaturwerk Dürckheims[12], während eine begriffliche Strukturierung und damit die theoretische Auseinandersetzung mit dem von Dürckheim und Hippius zitierten und hergeleiteten Richtungen und Modellen der IT, sowie die Übertragung des Menschenbildes in die praktische therapeutische Arbeit bisher noch aussteht. Dieser Umstand war für mich – neben einem persönlichen Bedürfnis um mehr Transparenz des in der IT praktizierten Vorgehens –

---

[8] Pflanz, 1959, 77.
[9] Heyer, 1959, 301.
[10] Schlegel, 1973, 309-321.
[11] Stokvis, Wiesenhütter, 1979, 98-104.
[12] Zu erwähnen ist auch die Dissertation von Grueber: Das Recht im Lichte der Anthropologie Graf Dürckheims, 1962. Über die theologischen Aspekte in Dürckheims Anthropologie vgl. Singers Lizenzarbeit: Transparenz für Transzendenz, 1975.

der Anlaß, der unzureichenden Darstellung der IT in der wissenschaftlichen Literatur abzuhelfen, besonders auf dem Hintergrund der heutigen „psychotherapeutischen Industrie"[13].

Ebenso auffällig wie die unbefriedigende Beschreibung der IT in der Fachliteratur ist das Fehlen von eigenen Forschungsberichten, etwa in Form von Falldarstellungen oder theoretischen Erörterungen aus dem Kreis der Mitarbeiter selbst bzw. der Begründer[14].

Von einigen Praktikanten-Abschlußarbeiten der sozialpädagogischen Fakultät abgesehen[15] und einem in Holland erschienenen Buch von Betty van Kipshagen über ihren Selbsterfahrungsprozeß in der IT mit dem Titel „De dood gaf mij leven"[16], existieren keine aus eigenen Reihen hervorgegangenen wissenschaftlichen Publikationen[17].

Welche Gründe gibt es dafür, und welcher Wert ist den Büchern Dürckheims unter dieser Fragestellung beizumessen? Das Bemühen Dürckheims um eine ganzheitliche Sichtweise des Menschen kommt in seiner metaphysischen Anthropologie zum Ausdruck, in dem sich u. a. Elemente aus der Existenzphilosophie, der philosophischen Anthropologie und, durch den Ansatz von Hippius, der Tiefenpsychologie im Sinne C. G. Jungs und E. Neumanns vereinigen. Sein Stil entspricht nicht den Kriterien eines empirisch vorgehenden, am naturwissenschaftlichen Kanon orientierten Wissenschaftlers. Die Schwierigkeit, die kaum der objektiven Beschreibung, sondern nur der Eigenerfahrung zugängliche transzendente Dimension, die laut Dürckheim zur Ganzheit des Menschen unabdingbar gehört und an die ihn rückzubinden der konkrete Arbeitsprozeß in der IT ist, in einen, wissenschaftlichen Kriterien genügenden Mitteilungsmodus zu bringen, mag zu der bisher unterbliebenen Darstellung initiatischer Wegführung beigetragen haben. Außerdem lag der bisherige Kräfte-

---

[13] Kiernan, 1976, 17.
[14] Eine Fallstudie habe ich in Parapsychika 4/79, 21 veröffentlicht, wo während eines Individuationsprozesses auftauchende parapsychologische Phänomene beschrieben sind.
[15] Pfleger stellt in ihrer Magisterarbeit „Selbsterfahrung als Selbsterziehung in der Initiatischen Thérapie in Theorie und Praxis", 1979, Selbsterfahrungsdokumente in Form von Traumprotokollen, biographische Anmerkungen und Zeichenserien vor.
[16] v. Kipshagen, 1978. Deutsche Übersetzung in Vorbereitung.
[17] M. Hippius bereitet ein Buch vor: Der geistige Quantensprung im Spiegel der Initiatischen Therapie.

einsatz in dem Aufbau des Zentrums Rütte, seiner Zweigstellen und in der Heranbildung von Mitarbeitern.

Aus diesem Umstand sind folgende Konsequenzen für die Zielsetzung dieser Arbeit abzuleiten:

1. Es gilt, einen dem Thema gerecht werdenden wissenschaftlich adäquaten Darstellungsstil zu finden, in dem das therapeutische Bemühen um „Transparenz für Transzendenz"[18] und die damit verbundene Intervention in der IT ernstgenommen und nicht zugunsten einer objektiv erscheinenden, positivistischen Wissenschaftlichkeit rationalisiert oder abqualifiziert wird. Dieser Weg zu größerer Kommunizierbarkeit und Transparenz des theoretischen Bezugsrahmens wie auch des in der IT praktizierten Vorgehens könnte erreicht werden durch:
2. vergleichende Untersuchungen der in der IT benützten Kernaussagen und Kernbegriffe,
3. kasuistisches Fallmaterial.

Das hier intendierte Vorgehen konzentriert sich auf einen synoptisch zu nennenden Ansatz, nämlich die Zentralbegriffe der IT mit Hilfe der von Dürckheim und Hippius angegebenen verwandten Richtungen zu vergleichen und dadurch präziser zu umschreiben. Insofern liegt der Akzent dieser Arbeit mehr auf der – soweit es möglich ist – Durchstrukturierung und Zusammenfassung der in mittlerweile 16 Büchern und zahlreichen Aufsätzen niedergelegten Gedanken Dürckheims und damit auf der theoretischen Fundierung und Reflexion als auf exemplarisch vorgestellter Kasuistik. Dieser Weg erscheint mir in dem Anfangsstadium der Aufarbeitung des initiatischen Therapiemodells sinnvoll zu sein, zumal er die Möglichkeit bietet, in später notwendigen, auch empirischen Forschungsansätzen, auf die hier geleistete theoretische Grundlagenarbeit zurückzugreifen.

Dieser Ansatz bringt es mit sich, an manchen Stellen die Berührungspunkte und Querverbindungen zu den Nachbardisziplinen herauszuarbeiten, wie etwa zum Zen-Buddhismus und zur Deutschen Mystik. Damit werden einerseits die Komplexität des theoretischen Hintergrundes und die damit zusammenhängenden Arbeitsweisen deutlich, andererseits ist die Möglichkeit einer klärenden Durchstrukturierung gegeben.

---

[18] RM, 67.

Vorausgreifend sollen zwei Schwierigkeiten hervorgehoben werden, die zum einen in dem Prozeßcharakter des literarischen Werkes Dürckheims begründet sind. Seine frühen Schriften sind noch stark von seinen Erfahrungen in Japan geprägt. In seinen späteren Veröffentlichungen sind, sicherlich auch unter dem Einfluß der konkreten psychotherapeutischen Praxis und dem tiefenpsychologischen Ansatz von Hippius, manche Modifikationen im Vokabular und auch kleinere Widersprüche zu bemerken. Diese im Detail aufzuführen mag zwar als Argument für die persönliche Wandlung von Dürckheims Sichtweise gelten und den Pioniercharakter in der Entwicklung der IT dokumentieren oder auch ein Indiz für die Schwierigkeit einer fixierenden Begriffsbestimmung des metaphysischen Hintergrundes sein, würde aber hier zu sehr die Form einer stilistischen Betrachtung annehmen und die ohnehin umfangreiche Zielsetzung dieser Arbeit über Gebühr erweitern. Infolgedessen wird mit wenigen Ausnahmen auf eine besondere Beachtung des historischen Entwicklungsgangs in Dürckheims Formulierungen verzichtet, was nicht bedeutet, daß nur seine neueren Werke zitiert werden. Zum anderen liegt eine Schwierigkeit darin, daß fast die gesamte auszuwertende Literatur aus den Werken Dürckheims besteht, während aber die theoretische Wegbegleitung maßgeblich von Hippius mitgeprägt wurde. Sie selbst hat jedoch außer den drei Artikeln in TE und in einigen jährlich erscheinenden Mitteilungsblättern des Fördervereins der Existentialpsychologischen Bildungs- und Begegnungsstätte keine Publikationen herausgebracht.

Um die wesentlichen, bisher noch nicht veröffentlichten Aussagen von Hippius in diese Arbeit zu integrieren, habe ich in Gesprächen mit ihr die nötigen Auskünfte eingeholt.

Trotz der Akzentuierung in dieser Arbeit auf die theoretische Herleitung und vergleichende Begriffsbestimmung sollen am Ende exemplarisch drei Arbeitsweisen der initiatischen Wegführung erläutert werden.

1.3. Wissenschaftstheoretische Erörterungen

Die Schwierigkeit bei der Darstellung dieser Arbeit ergibt sich aus der Tatsache, daß in der IT Menschen behandelt werden, die in ihrer existentiellen Not an die Grenzen ihres Bewußtseins gelangten, die mit transzendenten Phänomenen und meditativen Erfahrungen in Berührung kamen, deren Ernstnehmen, Bewußtwerdung und Integration im geführten Individuationsprozeß das Anliegen der initiatischen Arbeit ist. Diese Bewußtseinsbereiche, die immer mehr die klassischen Kategorien erweitern und auch sprengen, wurden bisher in der akademischen Psychologie zu wenig thematisiert bzw. allzu leicht in den Zuständigkeitsbereich der Psychiatrie und Psychopathologie verwiesen. Der derzeitige Trend zur Bewußtseinserweiterung mit den sowohl für den Klienten wie für den Helfer selbst ungewohnten Begleiterscheinungen stellt auch die Wissenschaft und den Wissenschaftler selbst vor neue Probleme, die nach meiner Meinung nur durch einen Bewußtseinswandel des Wissenschaft treibenden Forschers selbst lösbar sind. Maslow kritisiert in seinem Buch „Die Psychologie der Wissenschaft", daß

„die orthodoxe, desakralisierende Wissenschaft . . . aus verschiedenen Gründen versucht, sich von diesen transzendenten Erfahrungen zu reinigen. Eine solche Reinigung ist aber keineswegs notwendig, um die Reinheit der Wissenschaft zu gewährleisten, sie bedeutet vielmehr eine Verarmung der Wissenschaft und ein Abrücken von den menschlichen Bedürfnissen."[19]

Die sich anbahnende wissenschaftliche Wende, die Kuhn 1962 mit dem Stichwort „Paradigmenwechsel"[20] bezeichnete, wurde besonders in der amerikanischen Psychologie stark beachtet und führte zu entsprechenden Weiterentwicklungen. Willis W. Harman sieht eine Verlagerung subjektiver, transzendenter Erfahrungen „vom ‚philosophischen' zum ‚empirischen' (erfahrungswissenschaftlichen) Stadium"[21] als kennzeichnendes Merkmal der neuen Wissenschaft an.

Ohne im folgenden die Entwicklung in den USA im einzelnen zu beschreiben, halte ich doch einen kurzen Rückblick auf die zur Zeit wohl wichtigsten Strömungen in der progressiven akademischen Psychologie, die HP und TP, für angebracht.

So vereinigten sich 1961 eine große Anzahl von Splittergruppen, die eine Erweiterung des bislang geltenden behavioristischen und

---

[19] Maslow, 1977, 171.
[20] Vgl. Kuhn, 1976.
[21] Zit. nach Hanefeld, 1978, 12.

psychoanalytischen Menschenbildes erstrebten zur „Dritten Kraft", der HP, aus deren Grundkonzeption sich eine Fülle von innovativen klientenzentrierten Methoden entwickelte. 1966 entstand in Erweiterung die TP, deren Begründer A. Sutich den Akzent auf die wissenschaftliche, empirische Erforschung von Grenzzuständen und deren verantwortlichen Umgang legte[22]. Von den vielen Forschern, die sich um die veränderte wissenschaftstheoretische Position bemühten, aber auch eine neue praktische transpersonale Therapie, wie die bereits 1931 von Assagioli konzipierte Psychosynthesis, ausüben, sollen A. Maslow und C. Tart genannt werden. Andere, hier weiter im einzelnen nicht aufzuzählende Forscher der HP sind: C. Rogers mit seinem klientenzentrierten Ansatz, E. Fromm, Ch. Bühler, V. Frankl, die neben A. Sutich, A. Maslow und Rogers die Mitbegründer der HP sind, F. Perls als Urheber der Gestalttherapie, A. Lowen, der auf W. Reich fußend, die Bioenergetik entwickelte, R. Ornstein mit seinen maßgeblichen Untersuchungen über die beiden Gehirnhälften und die korrespondierenden Bewußtseinsmodi, J. Lilly, der in seinem Buch „Das Zentrum des Zyklons"[23] über seine Erfahrungen in transpersonalen Räumen berichtete, St. Grof, der den Einsatz von LSD und anderen bewußtseinsverändernden Drogen in den Dienst der tiefenpsychologisch orientierten Psychotherapie stellte[24]. Tart versucht in seinem Basisbuch „Transpersonale Psychologie"[25] die traditionelle Kluft zwischen Naturwissenschaft und Religion zu überbrücken. Indem er von der Realität der bewußtseinsverändernden Zustände ausgeht, plädiert er für die Anerkennung einer „bewußtseinszustand-orientierten Wissenschaft"[26], die von dem Erfahrungswissen und dem Bewußtseinsstand des Wissenschaftlers selbst abhängt. Die bisherige neutrale, objektive und emotionslose Vorgehensweise des traditionellen Forschers ist bei der Behandlung von bewußtseinsverändernden Zuständen nicht am Platz. Tart verweist hier auf die Bedeutung der Versuche von Rosenthal[27] sowie auf die Unschärferelation von Heisenberg[28], deren Konsequenzen für die Psychologie nach seiner Meinung noch nicht erschöpfend genug aner-

---

[22] Einen Überblick über die Entwicklung der HP und TP gibt Hanefeld, a.a.O., 12 ff.
[23] Lilly, 1976. [24] Grof, 1978. [25] Tart, 1978. [26] A.a.O., 65.
[27] A.a.O., 42, 102. [28] A.a.O., 42.

kannt sind. Die gefühlsmäßige Anteilnahme des Wissenschaftlers an seinem Forschungsvorhaben, die ihn nicht zum „Sklaven seiner Emotionen"[29] machen muß, ist besonders bei der Erforschung jener bewußtseinsverändernden Zustände und Phänomene notwendig. Gerade bei diesen Grenzbereichen kann die „persönliche Gleichung"[30] des untersuchenden Beteiligten nicht ausgeschlossen werden. Maslow formuliert ähnlich:

„Wir müssen auch die profunde Wahrheit ehrlich akzeptieren und offen aussprechen, daß unsere ‚objektive Arbeit' meistens gleichzeitig subjektiv und, daß unsere Außenwelt oft isomorph mit unserer Innenwelt ist, daß die ‚extremen' Probleme, die wir ‚wissenschaftlich' behandeln, oft auch unsere inneren Probleme sind, und daß unsere Lösungen dafür im Prinzip auch Selbsttherapie im breitesten Sinne sind."[31]

Hier zeichnet sich eine bedeutsame Wende ab, der „Mythos des objektiven Bewußtseins"[32] wird entlarvt und die Grundlagen für eine „taoistische Wissenschaft"[33] vorbereitet, in der die Trennung zwischen Subjekt und Objekt aufgehoben ist. Die Gefahr der Subjektivität, die entsteht, wenn der Beobachter Experimentator und Versuchsperson zugleich ist, übersieht Tart keinesfalls[34].

Im Bezug zur IT ist anzumerken, daß nur diejenigen als Mitarbeiter tätig sind, die durch die intensive Arbeit an ihrem eigenen Individuationsprozeß mit derartigen bewußtseinsverändernden Erfahrungen und Verwandlungsprozessen durch Jahre hindurch vertraut sind. Wenngleich in der TP die phänomenologische Vorgehensweise und die Experimentier- und Entdeckerfreude überwiegen, von daher auch noch keine ausformulierten Theorien vorliegen, so kann doch der Pioniercharakter für die beginnende Etablierung einer ganzheitlichen Wissenschaft nicht hoch genug eingeschätzt werden.

Dieser nur angedeutete Überblick soll den derzeitigen Prozeß der wissenschaftstheoretischen Sicht beleuchten, der durch die veränderte Bewußtseinslage wie auch durch die Entwicklung der „Gegenkultur" zustandekam. Außerdem wird dadurch deutlich, daß die IT mit ihrer Konzeption nicht allein steht, wenngleich es Unterschiede, besonders

---

[29] Vgl. a.a.O., 64. [30] Maslow, 1977, 142.
[31] Ders., 1973, 216. [32] Vgl. Roszak, 1971, 299.
[33] Maslow, 1977, 33. [34] Vgl. Tart, 1978, 86 ff.

in der therapeutischen Praxis und auch im zugrundeliegenden Menschenbild, gibt. Die Tatsache, daß seit einigen Jahren Kontakte zu Vertretern der HP und TP bestehen, die als Gasttherapeuten, auch aus den USA, Kurse in Rütte abhalten, kann als Anzeiger für die größer werdende Öffnung der IT zu ähnlichen Therapiekonzepten gelten. Die jeweils unterschiedliche Auffassung führt zu einem kritischen und fruchtbaren Informationstausch, der besonders durch den Assimilierungsprozeß der amerikanischen Methoden in die IT gefördert wird.

Die hier in Betracht zu ziehende Strategie bei der wissenschaftlichen Darstellung der initiatischen Zielsetzung muß nach dem bisher Gesagten auch mich selbst und meine Eigenerfahrungen berücksichtigen. Ich schließe mich Maslows Aussage über die Selbsttherapie bei der Abfassung von den eigenen Problembereich tangierenden wissenschaftlichen Arbeiten an. Die intensive Beschäftigung mit dem Gedankengut der IT war für mich eine wertvolle Eigenerfahrung, die durch das konkrete Erleben mit den Arbeitsweisen noch vertieft wurde. So kann die Frage nach der Kommunizierbarkeit der in der IT gebräuchlichen Termini neben dem vorgeschlagenen synoptischen Vorgehen noch durch das Einfließen meines eigenen Erfahrungshintergrundes beantwortet werden. Dies versuche ich besonders bei der Beschreibung der praktischen Arbeitsweisen, wenn die theoretischen Erörterungen anschaulicher und konkreter Erfahrungen bedürfen. Dabei greife ich auch auf Erlebnisberichte von anderen Personen zurück.

Der Dualismus zwischen einer dem orthodoxen Wissenschaftskanon verpflichteten, objektiven, personennegierenden Abstraktion und damit weitestgehendem Unbeteiligtsein des Forschenden einerseits und der inneren Anteilnahme und Eigenerfahrung über das zu beschreibende Thema andererseits könnte so aufgehoben werden. Um es zusammengefaßt zu betonen: Es geht hier im wissenschaftlichen Procedere nicht um den extremen Antagonismus eines totalen Subjektivismus mit der ausschließlichen Anerkennung der eigenen Erfahrung und einem möglichen Rückfall in eine antiwissenschaftliche oder antiintellektuelle Haltung oder um einen sterilen, an Maß und Zahl orientierten psychologischen Physikalismus. Insofern ist auch die Meinung von Evola zu relativieren,

,,daß alles Initiatische definitionsgemäß geheim ist. Von vornherein muß also jeder Versuch einer Annäherung von außen her gemäß den Methoden der ‚modernen Wissenschaft', als zum Scheitern verurteilt ausgeschlossen werden."[35]

Eine solche ausschließliche Ablehnung bei der Erforschung des Initiatischen scheint mir jetzt nicht mehr zulässig, besonders nicht bei der momentanen Situation der sich etablierenden neuen Wissenschaftskonzeption, die in diesem Fall die Voraussetzung der Eigenerfahrung initiatischer Prozesse nicht ausschließt, sondern geradezu fordert[36].

Infolgedessen halte ich die aufgezeigte Richtlinie und Arbeitsorientierung für durchführbar. Die Gefahr einer Subjektivierung und möglichen Identifizierung mit dem Thema und die mangelnde Trennschärfe zwischen meiner Eigenproblematik und den „objektiven" Tatsachen übersehe ich nicht und bin mir ihrer bewußt. Ich glaube aber, daß dieses Risiko durch die zahlreichen Informations- und Austauschgespräche mit Graf Dürckheim, Maria Hippius und einigen Mitarbeitern einerseits und dank der Mitwirkung der Professoren Bender und Buggle andererseits minimal gehalten werden kann.

2. Der neue Patient in der geistigen Krise unserer Zeit

Daß die Menschheit sich nicht nur in einer wissenschaftlichen Krise globalen Ausmaßes befindet, sondern auch in einer geistigen, zeichnet sich auf allen Bereichen des menschlichen Lebens ab und wird von Kulturkritikern, Philosophen, Naturwissenschaftlern und Futurologen bestätigt[1]. Auch die steigende Zahl der heutigen verunsicherten

---

[35] Evola, 1965, 184.
[36] Damit plädiere ich nicht für eine restlose und radikale Erforschung des Initiatischen bzw. transzendenter Phänomene.
[1] Auf die Vielzahl von Theorien und Meinungen zu diesem Thema aus soziologischer und politischer Sicht einzugehen, kann nicht das Anliegen dieser Arbeit sein. Ich verweise im folgenden auf anthropologische, geistesgeschichtliche und tiefenpsychologische Erörterungen.

Menschen, die psychotherapeutischer Hilfe bedürfen und die sich einer unübersehbaren Vielfalt von Angeboten gegenübersehen, könnte als Anzeiger für die drängende Beschäftigung mit sich selbst, mit der eigenen Identität gelten inmitten einer, am wissenschaftlichen Fortschritt gemessen, scheinbar sicherer werdenden Welt. Ich versuche im folgenden knapp auf die möglichen Ursachen der „Pathologie des Zeitgeistes"[2] einzugehen sowie auf die Symptomatik der momentanen Situation, die von vielen, nicht nur den Anhängern der Jugendsekten und einer wachsenden Zahl von an esoterischen Zusammenhängen Interessierter als „Endzeit" apostrophiert wird. Für Gebser ist die derzeitige Notsituation des Menschen Ausdruck einer globalen Krise.

„Sie ist eine Weltkrise und Menschheitskrise, wie sie bisher nur in Wendezeiten auftrat, die für das Leben der Erde und der jeweiligen Menschheit einschneidend und endgültig waren."[3]

G. Adler führt die tiefe Unsicherheit und Angst auf das neuartige und einmalige Faktum zurück,

„daß der Menschheit zum ersten Mal in ihrer Geschichte die Entscheidung über ihre eigene Fortdauer oder ihren Untergang in die Hand gegeben zu sein scheint."[4]

Eine neue Weise, Verantwortung zu übernehmen, sich neu zu orientieren in einer Welt, die gerade durch den Wandel von bisher Gültigem gekennzeichnet ist, überfordert die meisten Menschen oder aber rüttelt sie auf, appelliert an ihre Fähigkeit zur „Selbsttranszendenz", an den „Willen zum Sinn"[5]. Auch die Psychotherapie sowie alle helfenden und beratenden Berufe unterliegen der Notwendigkeit zur Neuorientierung.

Mit den folgenden Ausführungen versuche ich, den therapeutisch

---

[2] Frankl, 1971, 27.
[3] Gebser, 1949, VII. Wie ernst und hoffnungsvoll zugleich Gebser die Lage des heutigen „Übergangsmenschen" (a.a.O., 14) nimmt, zeigen auch seine Worte: „In dem Maße wie wir das neue, das integrale Bewußtsein auszubilden vermögen, wachsen uns die Kräfte zu, dank derer wir der Menschheit und damit auch uns die Chance geben, noch einmal zu überleben" (in: Kranich, 1973, 43).
[4] Adler, 1964, 10.
[5] Frankl, 1973, 115.

effizienten Standort der IT innerhalb der kollektiven und zeitgeschichtlichen Lage einzuordnen.

Bei der Betrachtung der Frage nach der Ursache der heutigen Krise steht bei vielen Autoren die Säkularisierung in einer auf maximale Leistung eingestellten Gesellschaft und das Dahinschwinden von Tradition und Werten im Mittelpunkt. Die „depersonalisierenden und dehumanisierenden Trends"[6] in der heutigen hochindustrialisierten Leistungsgesellschaft fördern Vereinzelung und Vermassung gleichermaßen, der Mensch wird – so Dürckheim – reduziert zum Funktionär, zum „Träger rational faßbarer, meßbarer und quantitativ bewertbarer Funktionen und Leistungen"[7]. In dieser Sichtweise, die man mit einer Hypertrophie[8], einer Aufblähung des begrifflich rationalen Ichbewußtseins umschreiben kann, das alles, was jenseits der quantitativen und rationalen Werte steht, dem Irrationalen, Krankhaften, „der Domäne des bloßen Glaubens, der Phantasie oder metaphysischen Spekulation zurechnet"[9], wird die personale Ganzheit des Menschen mit seiner transzendenten Dimension ausgeschaltet und verleugnet. So ergibt sich das Erscheinungsbild des „Übermenschen" mit seiner brillianten technischen Intelligenz und des hilflosen, metaphysisch Blinden[10].

Die Entmythologisierung, der fortschreitende Glaubensschwund, die Tatsache, daß die Welt

„nicht mehr von unserem mit ihr verbundenen Sinnen, sondern von unserem rational-wissenschaftlichen Bewußtsein erfahren wird"[11],

führt zu einer allmählichen Entfremdung und Entwurzelung, beraubt den Menschen seiner Innerlichkeit. Lersch spricht in diesem Zusammenhang von der „Entinnerlichung des Menschen"[12]. Hinzu kommen die umwälzenden Erkenntnisse der Naturwissenschaften, besonders der Physik, die das Zerbrechen des bisherigen, materialistischen Weltbildes beschleunigen. Dieser Umstand ist für Gebser wichtig, im Hinblick auf die nach seiner Meinung derzeitige Übergangskrise vom

---

[6] A.a.O., 22.   [7] DUM, 46.
[8] Adler, a.a.O., 35.   [9] DUM, 47.
[10] Vgl. Müller-Eckart, 1964, 199.
[11] Neumann, 1961, 56.
[12] Lersch, 1964, 39 ff.

extrem rational-mentalen Bewußtsein zum integralen. Die Erschütterungen von 2000jährigen Denkgewohnheiten in den ersten drei Jahrzehnten unseres Jahrhunderts verlangen einen Sprung vom dualistischen zum polaren Denken, vom Entweder-Oder zum Sowohl-Als-Auch[13]. Die Verunsicherung wird noch verstärkt dadurch, daß dem Glauben an die unbegrenzte Machbarkeit der Wissenschaft inzwischen Ernüchterung und Ohnmacht Platz gemacht hat angesichts der evozierten, kaum noch kontrollierbaren Folgen. Das Wissen um die Möglichkeit, sich selbst und die Erde vernichten zu können, ist nach Frankl als „Atombombenphobie"[14] im Unbewußten des Menschen beheimatet.

Die Menschen fühlen sich nicht mehr in einer „unzerstörbaren Geborgenheit"[15] aufgehoben, finden keinen verläßlichen Bezugsrahmen, ebensowenig wie innere und äußere Orientierungshilfen, außer vielleicht in der Scheinsicherheit eines rational fixierten und ichbezogegenen Bewußtseins und materieller Absicherung. Müller-Eckart, der in seinen Ausführungen den Gedanken Dürckheims sehr nahe kommt, geht davon aus, daß der „homo religiosus"[16] auf dem Rückzug ist. Die „Religionsunfähigkeit"[15] ist für viele Menschen zu einem gängigen Verhaltensmuster geworden.

„Der Verlust der transzendentalen Kontaktfähigkeit . . . zieht . . . sofort die Verstümmelung einer anderen Urbegabung nach sich, der Selbstbewußtheit und der angstlosen Selbstsetzung, zu der vor allem die natürliche Mitgift gehört, sein Leben für sinnvoll zu halten."[17]

Frankl vermutet hinter dem zunehmenden Bedürfnis nach psychotherapeutischer Behandlung das „alte und ewige metaphysische Bedürfnis des Menschen."[18] Der Mensch ist „auf der Suche nach Sinn"[19].

Die Frage nach dem Sinn beinhaltet, daß es eigentlich um eine neue Sinnausrichtung und den Sinn im Un-Sinn geht. Diese Frage enthüllt,

---

[13] Allerdings besteht Zweifel, daß der Mensch der Konfrontation mit den neuen Entdeckungen bereits gewachsen ist. Vgl. Adler a.a.O., 35.
[14] Frankl, 1971, 34.
[15] Müller-Eckart, a.a.O., 193.
[16] A.a.O., 197.   [17] A.a.O., 193.   [18] Frankl, 1971, 30.
[19] Vgl. Frankls Buch: Der Mensch auf der Suche nach Sinn, 1973.

„daß ‚Sinn' nicht mehr selbstverständlich und vorausgegeben ist, daß unser Leben nicht mehr aus dem Wurzelgrund eines a priori Sinnhaften wächst, daß Sinn bereits etwas ‚Frag-Würdiges' geworden ist."[20]

Die Sinnfrage und damit die nach der eigenen Identität kann nur der stellen, der aus seiner bisherigen scheinbar geborgenen Sicherheit hinausgestoßen wurde in einen leidvollen und schmerzhaften Zustand der Unsicherheit, in dem Verzweiflung, Angst und Leere herrschen. Die dem Menschen innewohnende Bezogenheit auf eine jenseitige Wirklichkeit, auf Transzendenz, ist nicht ohne Leiden zu verdrängen.

„Die drei Grundnöte des Menschen: die Angst vor dem Tode, die Verzweiflung am Widersinn und die Trostlosigkeit der Einsamkeit"[21]

sind als Antwort auf die „Ganzheitsentwertung"[22], auf die „Verneinung der transzendenten Tiefe des Wesens"[23] zu sehen. „Grund-lose"[24] Angst und Schuldgefühle, emotionale Verwaisung und Kontaktschwierigkeiten bis zur Kontaktunfähigkeit, Inhalts- und Sinnlosigkeit des Lebens kennzeichnen die Symptomatik vieler Menschen, für die Frankl den Begriff des „existentiellen Vakuums"[25] prägte.

Der angesprochenen Überbetonung des einen Poles, nämlich der Ratiofixiertheit und ihren Konsequenzen folgt die auf allen Ebenen spürbare Gegenreaktion, die sich besonders in der wachsenden Zahl der zeitgenössischen Erneuerungsbewegungen ausdrückt. Darunter fallen die „okkulte Welle"[26] und das steigende Interesse an Parapsychologie ebenso wie die religiösen Subkulturen, die Drogenwelle und die meditativen Guru-Bewegungen, die Popularität esoterischer Lehren und auch die innovativen Psychotherapiekonzepte. All diesen Strömungen gemeinsam dürfte die Erkenntnis sein, daß dem Menschen neben dem rationalen, linearen noch das arationale und intuitive Bewußtsein zur Verfügung steht. Die Faszination für fernöstliche Philosophien und meditative Praktiken[27] stillt das Bedürfnis der einseitig im westlichen Denken geschulten Menschen nach Integration dessen, was an religiöser Erfahrungssubstanz in der eigenen Kultur

---

[20] Adler, a.a.O., 14.   [21] DUM, 88.   [22] Neumann, 1961, 40.
[23] DUM, 47.   [24] Müller-Eckart, a.a.O., 195.
[25] Frankl, 1973, 12.   [26] Bender, 1976, 7 ff.
[27] Vgl. die kritischen Anmerkungen von Bauer in Golowin, 1977, 267 ff.

geschwunden ist. Daß statt Integration sich extreme dualistische Konzeptionen und Ideologien verfestigen, die die Abwertung des westlichen Poles betreiben, liegt meines Erachtens in der Natur dieses Entwicklungsvorganges. Trotz allem:

„Eine neue und erweiterte Vorstellung vom Menschen ist im Entstehen, und sie schließt viele Fähigkeiten ein, die über die ‚normalen' Grenzen hinausgehen".[28]

Demzufolge wächst die Zahl von v. a. jungen Menschen, die durch Grenzerlebnisse – sei es durch Drogen, Meditationserfahrungen oder existentielle Krisen – orientierungslos wurden. Vielen gelingt es nicht mehr, die Erlebnisse, die für sie mit der zweischneidigen Qualität des „Tremendum et Fascinosum"[29] geladen sind, mit ihrer Alltagsrealität in Einklang zu bringen.

Die Erweiterung des Bewußtseins spielt eine aussschlaggebende Rolle, der individuelle Sinn soll durch eine Ausdehnung in verborgene Dimensionen gefunden werden. Die Umsetzung und Realisierung solcher fremdartiger Erlebnisse überfordert die meisten – was sie ersehnen, ist Führung und Begleitung durch die unbekannten, transpersonalen Räume. Der Versuch, neue Modelle des Menschseins zu erproben, beginnt sich überall durchzusetzen. Anti-kulturelle, wissenschafts- und technikfeindliche Einstellungen sind anzutreffen, eine kommunenhafte Romantik als Akzent gegen die Hektik des Stadt- und Arbeitslebens, oft gepaart mit melancholischer Weltflucht, charakterisiert den vielerorts zu beobachtenden Aufstand – mit all seinen Fehlformen auch.

Andere, die sich in einer eher passiven Ergebenheit ihrem unabänderlich erscheinenden Schicksal fügen – Frankl spricht hier von einer „fatalistischen Einstellung"[30] – nehmen die Züge einer „provisorischen Daseinshaltung"[31] an. Die „noogene Neurose" die

„nicht auf Komplexe und Konflikte im herkömmlichen Sinne zurückgeht, sondern auf Gewissenskonflikte, auf Wertkollisionen und last but not least, auf eine existenzielle Frustration, die das eine oder andere Mal eben auch in neurotischer Symptomatologie ihren Ausdruck und Niederschlag finden kann"[32],

---

[28] Ornstein, 1974, 27.   [29] Vgl. MWW, 25.
[30] Frankl, 1971, 27.   [31] A.a.O., 33.   [32] Frankl, 1973, 13.

scheint sich international und unabhängig von gesellschaftlichen Systemen[33] auszubreiten und zum Erscheinungsbild eines neuen Patienten zu führen.

Der neue Patient ist nicht als „Modeerscheinung" in den neuen Bewegungen, besonders den Gruppentherapien[34], zu finden, auch in der psychoanalytischen Literatur wird die „Wandlung psychogener Krankheitsformen"[35] registriert. Die klassischen Krankheitsbilder mit deutlich konturierter Symptomatik werden abgelöst durch die eher diffusen Symptombeschreibungen von Menschen in einer „Identitäts- und Selbstwertkrise"[36]. Der neue Patient, der sich in keines der klassischen Schemata einordnen läßt, verlangt nach einer therapeutischen Interaktion, in der seine existentielle Problematik ernst genommen wird. Gerade auch dann, wenn sie Züge annimmt, bei denen aus der Sicht der traditionellen Wissenschaft und des orthodoxen Menschenbildes er Grenzerfahrungen macht, die den Horizont des westlichen, linearen Denkens und des ihn behandelnden oder beurteilenden Therapeuten überschreiten.

Aus dem bisher Gesagten wurde deutlich, daß nach meiner Ansicht die Frage nach einem neuen Sinnbezug und einer Neuorientierung im Hinblick auf die Identitätsfindung als die Kernfrage unserer Zeit verbunden ist mit dem Nicht-mehr-Mensch-sein-Können in einer nur dem Rationalen verpflichteten, technisch organisierten Leistungswelt. Damit etwas Sinn erhält, muß es dazu beitragen, den Menschen an seine personale Ganzheit wieder anzuschließen. Dazu bedarf es einer Ausrichtung – Sinn hängt laut Gebser mit „richten", i. S. von eine Richtung geben[37] zusammen – hin auf eine existentiell bedeutungsvolle Erfahrung. Unter diesem Aspekt wäre die Problematik des heutigen Menschen „im wesentlichen religiöser Natur"[38]. Der Weg zur Ganzwerdung kann nach Dürckheim insofern nur über das „Ernstnehmen religiöser Urerfahrungen"[38] erfolgen. In der IT wird dieser Ansatz durch den individuellen Entwicklungsprozeß verfolgt,

---

[33] A.a.O., 12.
[34] Vgl. Ruitenbeek, 1974, 154 ff.
[35] Quint, 1975, 286 ff. s.a. Frankl, 1973, 12 f.
[36] Quint, a.a.O., 288.
[37] Gebser, 1949, 133.
[38] PS, 129.

der dem Menschen zur Rückbindung an seinen Wesenskern und dessen Integration in seiner weltbezogenen Daseinswirklichkeit verhilft. In diesem umfassenden Sinn schließt die „Selbsterfahrung, Selbsterkenntnis und Selbstgestaltung"[39] die transzendente Dimension mit ein, d. h. je nach Problematik den verschütteten Zugang zum Transzendenten herzustellen oder aber eine hochdynamische Offenheit zur Transzendenz zu „erden". Bei einer solchen Konzeption wird der Patient zum Schüler oder Suchenden.[40] Dieser Punkt wird zum wesentlichen Unterscheidungskriterium bei den Vergleichen zu den derzeitigen Erneuerungs- und Integrationsbewegungen, inwieweit sie nämlich ausschließlich an der Wiederherstellung des „natürlichen Menschen" orientiert sind, was aus der Sicht der IT ein pragmatischer Ansatz wäre[41] und „Selbstverwirklichung" ohne Berücksichtigung der Transzendenz gemeint ist.

Kurz zusammengefaßt bringt der Umbruch von der „Neuzeit in Neue Zeit"[42], wie Dürckheim formuliert, einen weitreichenden Bewußtseinswandel mit sich. Gebser spricht vom Sprung vom mentalen zum integralen Bewußtsein, dessen Ansätze bereits überall zu finden seien[43], nicht nur in der Wirklichkeit der Atomspaltung mit ihren möglichen apokalyptischen Auswirkungen und den Versuchen der Kernfusion, auch in der geistigen Wirklichkeit, die in einer „potenzierten Form wirksam zu werden beginnt"[44].

In die Extreme der Sehnsucht zur „Diaphanie"[45], zur durchscheinenden Welt und der existentiellen Bedrohung durch freiwerdende dämonische und zerstörerische Kräfte[46] eingespannt, ist der Mensch, wenn er nicht von diesem Kraftfeld in eine sich verselbständigende Spaltung gerät, genötigt, diese Spannung in sich selbst zu lösen. Gebsers Werk zeigt keinen therapeutischen Ansatz auf, wie die Krise zu überwinden sei. „Doch es überwindet nur, wer sich selbst überwand"[47], kann als Aufruf zur eigenen menschlichen Wandlung verstanden werden.

---

[39] MPP, 1308.
[40] Vgl. dazu das Modell in der TP. Hanefeld in Assagioli, a.a.O., 28 ff.
[41] Vgl. PS, 131 f.   [42] MWW, 15 f.
[43] Gebser, 1953.   [44] Ders. 1949, 10.
[45] Vgl. a.a.O., 13.   [46] Vgl. a.a.O., 9.
[47] Vgl. a.a.O., VIII.

Für Neumann bedeutet dies, daß der Mensch durch das Annehmen der scheinbaren Ausweglosigkeit aus der Krise zur Erneuerung gelangen kann[48].

Welche Konsequenzen könnten diese Erörterungen aus anthropologischer, geistesgeschichtlicher und tiefenpsychologischer Sicht für die zahlreichen Neuansätze zu einem neuen Menschenbild zeitigen? Nach meiner Ansicht bieten sie dem betroffenen Einzelnen die Chance, in eine verantwortliche Bewußtseinsarbeit der eigenen Insuffizienz einzutreten und ihm damit zu einer psychisch und geistig gefestigten Struktur zu verhelfen, inmitten der zunehmenden seelischen und geistigen Inflationierungstendenzen unserer Zeit. Dabei birgt die Vielfalt der Wege die Gefahr in sich, den existiellen Notstand der Menschen auszunutzen und ihn in neue Abhängigkeit zu verstricken.

Das Angebot der IT führt über den Individuationsprozeß, der an einer Tiefen- und „Höhenpsychologie" orientiert ist, in der der „doppelte Ursprung des Menschen"[49], d. h. seiner Verwurzelung in der irdischen, natürlichen Welt wie auch seine Bezogenheit zur geistigen, himmlischen Dimension berücksichtigt wird. Die Reintegration seiner Bipolarität ist der Beitrag der IT in dieser Zeitkrise. Damit ist ihre Position klar umrissen.

In den folgenden Kapiteln arbeite ich die angesprochenen Schwerpunkte weiter heraus.

Die Ausführungen zum Zeitgeist müssen fragmentarisch bleiben. Die geistige Krise könnte auch mit den politischen und gesellschaftlichen Verhältnissen in Zusammenhang gebracht, der neue Patient auch aus soziologischer oder psychiatrischer Sicht beleuchtet werden. Die Ausführungen Dürckheims über die existielle Not und ihre Auswirkungen auf den modernen, sensiblen Menschen stehen meines Erachtens nicht allein, sondern sind im Kontext mit den zitierten innovativen Bewegungen zu sehen. Dies besonders unter Berücksichtigung des bereits konkrete Formen annehmenden Wandels im Menschenbild und der therapeutischen Konsequenzen.

---

[48] „Annehmen" ist für Neumann die Voraussetzung, um in den Individuationsprozeß einzutreten. Es bedeutet keine passive Haltung.
[49] Vgl. Dürckheims gleichnamiges Buch.

Eine empirische Untersuchung über die Patienten- bzw. Schülerstruktur mit biographischen und statistischen Auswertungen würde mehr Aufschluß geben über die hier nur angedeutete Klientel. Dieser Punkt einer stringenten empirischen Validierung kann jedoch erst Gegenstand einer späteren Arbeit sein.

3. Theoretische Grundlagen der Initiatischen Therapie

3.1. Zum Wesen des Initiatischen

Im folgenden gehe ich von dem das Charakteristische der IT bezeichnenden Adjektiv „initiatisch" in seinem etymologischen und psychologisch interpretierbaren Bedeutungsfeld aus. Dabei soll auch kurz auf die historische Entwicklung der IT unter diesem besonderen Aspekt eingegangen werden.

Laut Jacobi durchzieht die gesamte Kultur- und Symbolgeschichte "die Sehnsucht nach Initiation, d. h. nach Teilnahme an einer erneuerten, vollkommeneren, menschlichen Seinsweise"[1]. Sie unterscheidet zwischen der „Initiation in die äußere Wirklichkeit" und der „Initiation in die innere Wirklichkeit"[2] und zieht dabei Parallelen zu den Initiationsriten der Naturvölker sowie zu den „rituellen Aufnahmen von Erwachsenen in verschiedene sogenannte Mysterien, Geheimbünde und Kulte"[3], die mit der „Initiation in die innere Wirklichkeit" zu vergleichen wären. Ferner haben nach Jacobi die antiken Mysterienkulte wie der Osirismythos, die Einweihungswege des Yoga, die Exerzitien des Ignatius von Loyola, die Osterkerzenliturgie der katholischen Kirche und die Transmutationsbemühungen der Alchemisten Initiationscharakter[4], die in Analogie zum zweiten Abschnitt des Individuationsprozesses zu sehen sind.

---

[1] Jacobi, 1971, 95. Die Literatur, die Jung und seine Schüler zum Thema der Initiation und Individuation zusammenstellten, ist zu umfangreich, als daß hier näher darauf eingegangen werden könnte. Eine kurze Übersicht befindet sich bei Jacobi, a.a.O., 74 ff.
[2] A.a.O., 81.   [3] A.a.O., 83.   [4] A.a.O., 87-93.

Die Initiation kann als ein archetypisches Urmodell bezeichnet werden, in der – orientiert an den Prinzipien von Leben, Tod und Wiedergeburt – ein zeitloses Wissen enthalten ist, und die die Möglichkeit zur existentiellen Erfahrung und Verwandlung des Menschen in sich birgt. Dürckheim spricht von der „Großen Tradition"[5]. Sie betrifft

„das sich in Erfahrungen immer erneuernde Urwissen um die Bedingungen, unter denen das Sein sich im Menschen verhüllt hat, aber auch um die Bedingungen, unter denen es wiederum in ihm und durch ihn Gestalt gewinnen kann in der Welt. Sie begegnet uns im erleuchteten Wissen der Weisen und der Meister und im Kerngehalt, in den Schöpfungsmythen und der Erlösersehnsucht aller großen Religionen."[5]

Um die Erweckung und Inkorporierung dieser in der „transzendenten Einheit der Religionen"[6] verborgenen Urerfahrungen geht es in der IT. Die Begriffe „initiatisch", bzw. „initiatorisch", „Initiation" und „Initiatische Therapie" tauchen in den Werken Dürckheims ab 1965 auf. Im gleichen Jahr erschien der Aufsatz von Evola „Über das Initiatische"[7], auf den Dürckheim sich bei seinen Ausformulierungen über eine die pragmatische Therapie übersteigende „initiatische Heilkunst"[8] bezieht. Vor dem Erscheinen von Evolas Artikel finden sich im publizierten Sprachgebrauch Dürckheims, neben den bereits zitierten[9] andere Ausdrücke, die auf die Wende zur Großen Therapie[10] hinweisen. So spricht er 1965 in Anlehnung an seine Erfahrungen mit dem Zen von einer „Psychotherapie im Geiste des Zen"[10].

Hippius zieht 1966 in der Festschrift zu Dürckheims 70. Geburtstag in Übereinstimmung mit Heyer die Unterscheidung von „Seelen-

---

[5] RM, 15.
[6] Evola, 1965, 202. Das Initiatische ist für Dürckheim „weder östlich noch westlich" (ÜWL, 88). Er wie auch Hippius ziehen Parallelen zu den historischen und esoterischen Ansätzen „einer auf Exerzitien beruhenden Führung des Menschen auf dem Einweihungsweg der Seele" (Hippius in TE, 22).
[7] A.a.O.
[8] RM, 33. Zum Vorläufer einer initiatisch zu nennenden Therapie zählt Dürckheim C. G. Jung, der „durch die Bewußtwerdung und Befreiung der verdrängten Tiefe die Entfaltung und Reifung des wahren Selbsts" (ÜL, 22) auf therapeutische Weise im Individuationsprozeß förderte. Vgl. auch Jacobi, 1971, 75. Ferner verweist er auf Guénon, 1925, 1947, 1956.
[9] Vgl. 1.1., Anm. 2-6.
[10] Dürckheim in Bitter, 1965, 196.

heil-Kunde und Seelen-Heilkunde"[11] und spricht vom „initiatischen Weg"[12]. Der erstmalige Gebrauch von „initiatisch" bzw. „Initiation" ist in Dürckheims Festschriftaufsatz zum 60. Geburtstag von Gebser zu finden.

„In die Transparenz führt nur die ‚Initiation' des suchenden Menschen, die ‚Einweihung' in sein Wesen, dessen Offenbarwerden und Erwachen Erleuchtung und Verwandlung zu sich selbst ist."[13]

Eine derartige Arbeit an der Transparenz hat einen „nicht nur therapeutischen, sondern einen initiatorischen Charakter"[13]. 1968 deutet Dürckheim in seinem Buch „Überweltliches Leben in der Welt" den Ausdruck „Initiatische Führung und Therapie"[14] an, dem eine Unterscheidung zwischen dem „Initiatischen" und „Initiation" im Verweis auf Evola vorangeht[15]. 1970 formuliert Dürckheim das Anliegen der IT im Hinblick auf die Vielzahl der heutigen suchenden Menschen, deren „‚Kranksein' aus der Verdrängung der transzendenten Dimension herrührt und Heilwerden nur über ihr ‚Zugelassenwerden' möglich ist"[16]. Im gleichen Jahr bildete Hippius den Ausdruck „Initiatische Psychotherapie"[17]. 1972 hat der Terminus „Initiatische Therapie" einen festen Platz in Dürckheims Büchern und Aufsätzen[18].

Im folgenden soll näher auf das von Evola formulierte Fundamentalmodell der Initiation eingegangen werden, ohne ethnologische und religionsgeschichtliche Zugänge hier einzubeziehen.

Evola unterscheidet zwischen der Initiationswelt der Kleinen Mysterien, bei denen die „Wiedergeburt im Leben"[19] im Sinn der natürlichen Manifestationswelt im Mittelpunkt steht und den Grossen Mysterien, die unter dem Zeichen der Transzendenz, des Seins stehen und mit ihren Einweihungsmysterien eine „Wiedergeburt im Sein"[19]

---

[11] Hippius in TE, 26. [12] A.a.O., 22
[13] Dürckheim in Schulz, 1965, 242.
[14] ÜWL, 78. [15] A.a.O., 76.
[16] Dürckheim, 1970, 116.
[17] 3. Mitteilungsblatt der Gesellschaft zur Förderung der Existential-Psychologischen Bildungs- und Begegnungsstätte.
[18] Vgl. RM, 109 und 1973, 63 ff. als Abdruck seines 1972 auf den Lindauer Psychotherapiewochen gehaltenen Vortrags; vgl. auch PS, 133.
[19] Evola, a.a.O., 189.

zum Ziele haben. Der Mensch wird als ein Wesen angesehen, das die menschliche, bedingte Schranke seiner natürlichen Daseinswirklichkeit überschreiten kann zu einer nicht mehr nur menschlich-kreatürlichen, sondern zu einer auch übernatürlichen Seinsweise.

Dem lateinischen „initiare" wohnt der Bedeutungsgehalt von „einen Zugang gewähren, einen neuen Anfang setzen"[20] und im näheren, ontologischen Sinne von geistiger „Wiedergeburt" inne. Dürckheim spricht in diesem Zusammenhang von „den Weg zum Geheimen öffnen"[21]. Damit ist das „Eindringen in den Raum des Insgeheimen, des Ursprungs"[22] gemeint, jene von allen initiatischen Kreisen respektierte Sphäre eines „Lebensjenseitigen"[19] als einer erfahrbaren absoluten, unbedingten Realität.

Bei der Initiation geht es um die Evokation, um das Erwecken[23] dieser metaphysischen Dimension im Menschen, was mit einer radikalen Veränderung des Initianten, einer Metanoia, verbunden ist.

Die Wiedergeburt vollzieht sich dabei nach dem Gesetz des „Stirb und Werde"[24], im immer wieder erfolgenden „mystischen Tod"[25]. Die Neugeburt oder Wiedergeburt wird als bewußtseinsverändernder Dimensionsgewinn erlebt, indem der Mensch die Beschränkung seiner Ego-Dominanz und sein zum Leiden führendes Ungenügen am Partiellen überschreiten lernt zugunsten der Erfahrung der großen Einheit. Die Voraussetzungen für diesen Sprung in die andere Dimension zu bereiten bzw. Weghilfen für die Inkorporation des Erfahrenen in die Alltäglichkeit anzubieten und einzuüben, ist eine der Zielsetzungen der IT.

Ferner gehört laut Evola zum Fundamentalmodell der Initiation das Eingebundensein des Initianten in eine ihn tragende Gemeinschaft, in eine „Horizontal-Verbindung[26]. Darin kann der Meister als der die Initiation bewirkende mit einer Vertikalverbindung, d. h. der Verbindung mit nicht-menschlichen Seinsweisen"[26] einwirken. Während nach Evola der Meister in einer langen Traditionskette steht[27], existiert in der IT ein Kreis von Mitarbeitern, die seit vielen

---

[20] A.a.O., 187.   [21] PS, 133.
[22] Mündliche Mitteilung von Hippius.
[23] Evola, a.a.O., 191.
[24] MWW, 160.   [25] A.a.O., 160.
[26] Evola, a.a.O., 198.   [27] A.a.O., 197.

Jahren sich einem permanenten Prozeß der Initiation und Individuation unterziehen und initiatische Bewußtseinserschließung bewirken wie auch den darauf folgenden Individuationsprozeß begleiten.
Eine weitere Fragestellung betrifft die Initiationsfähigkeit. Dürckheim spricht in diesem Zusammenhang von der „initiatischen Begabung"[28] die angeboren sein kann und durch unermüdliche Arbeit für das Fortkommen auf dem inneren Weg fruchtbar aufgeschlossen werden muß. Die Qualifikation gleichsam, die jemanden zur Initiation befähigen, sind nach Evola

„existentielle Sondersituationen, . . . latente Tendenzen zur Selbsttranszendenz, . . . ein aktives Aufgeschlossensein für das jenseits-Menschliche."[29]

Ein anderes Merkmal ist der beim heutigen Menschen oft aktualisierte Prozeß eines Verlangens nach innerem Dimensionsgewinn, von Hippius als „initiatische Schizoidie"[30] gekennzeichnet. Bestimmte Formen der Gespaltenheit und der Kernneurosen gleichen nach ihrer Erfahrung einer verhinderten Initiation und sind nicht primär krankhaft und mit den psychiatrischen Kategorien der Schizophrenie gleichzusetzen. In der IT ist es anhand bestimmter Ausdrucksformen des Menschen sowie aus seiner Biographie und seiner aktuellen Situation möglich, die initiatische Therapiefähigkeit zu beurteilen. Von besonderer Wichtigkeit ist in der heutigen Zeit die Unterscheidung zwischen den vielfältigen, Grenzüberüberschreitungen herausfordernden Formen des Suchens und Versuchtwerdens, in denen Erfahrungen mit „jenseitigen" Dimensionen gemacht werden und einer initiatischen Erfahrung. Nicht jedes grenzüberschreitende Erlebnis hat den klassifizierbaren Charakter einer Initiation bzw. einer Seinserfahrung im Sinne Dürckheims. Der Hauptunterschied betrifft den als Verpflichtung und Sehnsucht erlebten Aufruf zur inneren Verwandlung. Das verlangt die Bereitschaft und die Fähigkeit, mit persönlicher Verantwortung auf den inneren Aufruf, alles Gewohnte zu lassen, zu reagieren. Ein einmaliger – oder auch z. B. durch Drogenerfahrungen immer wieder künstlich erzeugter – Einbruch in die „Anderwelt"[31]

---

[28] MWW, 62.
[29] Evola, a.a.O., 199.
[30] Mündliche Mitteilung.
[31] Vgl. Lindenberg, 1978, 10.

führt noch nicht zu einer tiefgreifenden inneren Verwandlung im Sinne des Individuationsgedankens. Das bewußtseinsverändernde Erlebnis wird erst fruchtbar durch den ständig vorzunehmenden Integrations-, Übungs- und Reifungsprozeß, der zur Durchstruktierung der unbewußten Tiefenschichten der Person führt. Initiation und Individuation, „Erlebnis und Wandlung"[32] gehören in der IT untrennbar zusammen[33].

Insofern muß differenziert werden zwischen jenen Menschen, denen bereits ohne initiatische Führung ungewöhnliche Bewußtseinszustände und „Seinsfühlungen" im Sinne Dürckheims[34] widerfuhren und solchen, die mit Hilfe stufenweiser, mit Wegbegleitung versehener Selbsterfahrungen durch die Arbeitsweisen in Rütte selbst zunehmend mehr die Erfahrung einer ich-transzendenten Seins- und Daseinsbewältigung und -meisterung machten. Die so angenommene initiatische Erfahrung hat Durchbruchscharakter zum Sein. Sie setzt einen radikalen Neubeginn im Leben des Menschen, das nun in einer Folge von Wandlungen und Weiterentwicklungen verläuft, die ihren initiatischen Prozeßcharakter weiterbehalten. Insofern ist ein „Initiant" in der IT

„auf Initiation hingeordnet, selbst aber noch nicht mit den Vorgängen, Forderungen und Geheimnissen identisch . . ., die auf höchster Stufe der Initiation eintreten."[35]

Die initiatische Erfahrung hat aus der Sicht der IT einen zweifachen Aspekt: den Charakter einer „Initialzündung", die einerseits zu einer existentiellen Erfahrung führen kann und mit ihrem immanenten „Stirb und Werde" das Aufgeben einer überfälligen, fixierten Ich-Einstellung fordert und andererseits das auf dem Individuationsweg zu einer fortlaufenden Stufenfolge in der Bewußtseinsentwicklung einsetzende Prozeß- und Wandlungsgeschehen. Die Initiation selbst in ihrem höchsten Sinn bleibt für Dürckheim ein Geheimnis[36].

---

[32] S. das gleichnamige Buch von Dürckheim.
[33] Vgl. Jacobi, 1971, 76: „Denn jede ‚Wiedergeburt' stellt eine Wesensveränderung, eine Wandlung dar . . ., wobei aber festgestellt werden muß, daß nicht jede Wandlung auch ein Individuationsprozeß ist, hingegen jeder Individuationsprozeß eine Kette von Wandlungsvorgängen beinhaltet."
[34] DUM, 79. [35] ÜWL, 76.
[36] A.a.O., 76: Initiation „meint etwas so Gewaltiges, die Grenzen gewöhnlichen

Wichtig erscheint mir, bei der aktuellen Aufgeschlossenheit für esoterische und okkulte Phänomene, das Initiatische, wie es hier gebraucht wird, nicht mit dem Fluidum geheimnisumwitterter, traditioneller esoterischer Mysteriengemeinschaften und Geheimbünde zu verwechseln.

„So muß sich die Zeremonie der Einweihung nicht immer in den geheimnisvollen Höhlen von Eleusis oder in ägyptischen oder Inkatempeln, in romanischen Krypten oder in Gewölben des Montségur vollziehen"[37], sagt Lindenberg.

Die um das Initiatische kreisende Arbeit in Rütte und in den anderen Zweigstellen ist von ihrer Grundstruktur her „transzendental-real"[38]. „Das ‚surreal-Reale' ist das Realste, was es gibt", sagt Hippius[38].

Das Geheime ist „nichts anderes als die unserem Wesen immanente Transzendenz als eine erfahrbare Wirklichkeit"[39], von der die meisten nach Rütte kommenden Menschen bereits betroffen wurden. Dürckheim sieht in der heutigen Zeit „das Erwachen des Initiatischen . . . als . . . ein verheißungsvolles Wende-Zeichen"[35]. In der heutigen säkularisierten und entmythologisierten Welt ist allerdings die Möglichkeit zum religiösen Transgressus erschwert, wozu letztlich auch die Amtskirchen beitragen. Der sensible Einzelne findet in seinen Umweltkontakten kaum noch sinnbezogene Initiationsanstöße und -vollzüge sowie ihn begleitende, ritualisierte, „Einweihung" setzende Übergänge an den markanten Schwellenübergängen des Lebens.

„Wir bedürfen einer modernen, dem westlichen Menschen gemäßen Form der Initiierung, in der nicht nur der geistige Erwecker (Initiator), sondern auch der operationskundige Chirurg (Analysator) seinen Platz hat."[40]

Die Vorgänge um das Initiatische sind, wie Evola auch bemerkt, per definitionem von einem Geheimnischarakter umgeben[41]. Auch Jaco-

---

Menschseins Überschreitendes, daß alles, was in einer Initiation in diesem Sinne je vor sich ging und vor sich gehen kann, von einem dichten Schleier des Geheimnisses umgeben ist und bleiben muß." Bei dem Begriffspaar Initiation und Individuation ist unter Initiation immer der Ereignis- und Prozeßcharakter, also das Initiatische gemeint.
[37] Lindenberg, a.a.O., 20
[38] Mündliche Mitteilung.
[39] PS. 133.   [40] Hippius in TE, 82.
[41] Evola, a.a.O., 184.

bi sagt, daß es im Wesen des Mysteriums liege, „... niemals erschöpfend erläutert und erschlossen"[42] zu werden. Dennoch besteht die Möglichkeit, dem von einer initiatischen Erfahrung Betroffenen, die ihn meist erst orientierungslos macht, zu einem eigenverantwortlichen Umgang mit der neuen Bewußtseinsdimension zu verhelfen, ohne das Geheimnis der Verwandlung selbst anzutasten.

Wenn in diesen letzten Ausführungen häufig vom Geheimnis die Rede ist, so ist damit für mich die Grenze zu einem nicht weiter ausdrückbaren und analysierbaren Agens abgesteckt. Insofern entzieht sich dieser Bereich einer weiteren Bearbeitung. Wohl aber kann der therapeutische Umgang im Sinne der Erweckung und Begleitung initiatischer Prozesse beschrieben werden. In den folgenden Kapiteln werden die hier aufgezeigten Perspektiven des Initiatischen weiter vertieft, so auch die Unterscheidung zwischen der initiatischen und einer pragmatisch ausgerichteten Therapie.

3.2. Persönliche Erfahrungsgrundlagen von Dürckheim und Hippius

Die Entstehung einer neuen Therapiekonzeption ist von vielen Faktoren abhängig, von denen einer die geistige Situation der Zeit ist. Ein anderer betrifft die „geistige Urheberschaft", die Gründerpersönlichkeiten, in deren individuellen Erfahrungen nicht nur subjektive, sondern auch Aussagen allgemeingültiger Art enthalten sind.

In seinem Beitrag in „Psychotherapie in Selbstdarstellungen"[43] bezieht Dürckheim seine persönlichen Erfahrungen als maßgeblich für die Grundlagen der IT mit ein. Aus seinem Lebenslauf – von Hippius in „Transzendenz als Erfahrung"[44] beschrieben – wird sowohl sein persönliches Reifen für auch aus dem Rahmen fallende Entscheidungen schon in der Kindheitsphase vorgebildet gesehen als auch der Zusammenhang zwischen ihrem Werdegang und der allmählichen Entwicklung der IT deutlich.

---

[42] Jacobi, 1971, 84.
[43] PS, 135.
[44] Vgl. Hippius in TE, 15-18, 22-24.

Dürckheim wurde 1896 in München geboren. Er wuchs auf dem elterlichen Gut auf dem Lande auf, verbrachte die Schul- und Jugendzeit in Weimar[45]. Die Teilnahme am ersten Weltkrieg brachte die Begegnung mit dem Tod und die Erfahrung, daß im Akzeptieren des drohenden Todes das eigentliche, das „größere Leben" in einer Wirklichkeit aufging, „die jenseits von Leben und Tod ist"[46]. In der Nachkriegszeit mußte er Anrechte und Verpflichtungen aufgeben, mehrfach Entscheidungen gegen das Standesdenken fällen, die er mit der Stimme des „absoluten Gewissens"[47] begründete.

1919 begann Dürckheim das Studium der Philosophie an der Universität München. In diese Zeit fiel die wohl umwälzendste Erfahrung beim Hören des elften Spruches aus dem Tao te king von Laotse[48]. Diese „Große Erfahrung"[49] wird wegweisend für seinen weiteren Werdegang. Fortan sieht er seine Bestimmung in der „Arbeit am Menschen"[50] und in der „Frage nach dem neuen Menschen"[49]. In den Büchern von Meister Eckehart, Rilke, Nietzsche und des Zen-Buddhismus schienen ihm trotz kultureller Verschiedenheiten die gleichen universellen Themen anzuklingen. Dürckheim setzte seine Studien in Kiel fort, sattelte auf Psychologie um und beendete sein Studium mit einer Dissertation über „Erlebnisformen. Ansatz zu einer analytischen Situationspsychologie" im Jahre 1923.

Die hier abgehandelte Thematik betrifft die Unterscheidung in einen persönlichen und sachlichen Erlebnisaspekt[51].

Nach einjähriger Assistenzzeit am Psychologischen Institut der Universität Kiel und einem einjährigen Italienaufenthalt, wo er seine Ideen über eine Einheitsphilosophie vertiefte, nahm er 1925 das An-

---

[45] Über seine numinosen Kindheitserlebnisse vgl. PS, 135-145.
[46] PS, 146.   [47] A.a.O., 150.
[48] TE, 9: „Beim Hören des elften Spruches schlug der Blitz in mich ein. Der Vorhang zerriß, und ich war erwacht. Ich hatte ES erfahren. Alles war und war doch nicht, war diese Welt und zugleich durchscheinend auf eine andere. Auch ich selbst war und war zugleich nicht. War erfüllt, verzaubert, ‚jenseitig' und doch ganz hier, glücklich und wie ohne Gefühl, ganz fern und doch zugleich tief in den Dingen drin. Ich hatte es erfahren, vernehmlich wie ein Donnerschlag, lichtklar wie ein Sonnentag und das, was war, gänzlich unfaßbar. Das Leben ging weiter, das alte Leben, und doch war es das alte nicht mehr. Schmerzliches Warten auf mehr ‚Sein', auf Erfüllung tiefempfundener Verheißung. Zugleich unendlicher Kraftgewinn und die Sehnsucht zur Verpflichtung – auf was hin –?"
[49] PS, 153.   [50] A.a.O., 154.   [51] Vgl. RM, 127-131.

gebot einer Assistentenstelle bei F. Krueger am Psychologischen Institut der Universität Leipzig an. Hier leitete er sieben Jahre die Abteilung für nicht-experimentelle Psychologie. Seinen Fragestellungen kam die wachsende Etablierung der Ganzheits- und Gestaltpsychologie von Krueger und Sander sehr entgegen ebenso wie die verschiedenen Meinungen der aus heterogenen Richtungen stammenden Mitarbeiter am Institut[52]. Die Betonung des qualitativ Erfahrbaren wurde für ihn zum wichtigen Thema. Aus der Gestalt- und Ganzheitspsychologie hatte er gelernt, daß die Tiefe einer Erfahrung abhängig ist von der ganzheitlichen Beteiligung des Menschen an ihr. Da der Mensch aber in seiner Ganzheit, in seinem Wesenskern an einer numinosen Dimension, am „überweltlichen" Sein teilhat, müßte sich das Bestreben in einer Arbeit am „neuen Menschen" auf die „Erfahrung, Erkenntnis, Befreiung und Profilierung dieses Kerns richten"[53]. Diese Thematik wurde in den folgenden Jahres besonders durch seinen Japanaufenthalt um neue Perspektiven bereichert.

In die Leipziger Zeit fiel die erste Begegnung von Hippius mit Dürckheim[54], die bei Rudert über den „Graphischen Ausdruck von Gefühlen"[55] promovierte[56]. In dieser Zeit behandelte Dürckheim als Dozent auch die tiefenpsychologischen Ansätze von Freud, Adler und Jung, wobei für Hippius die Jungsche Konzeption zur Basis wurde für die theoretische Fundierung der IT und vor allem die Valenz des urbildlichen Ausdrucks und das Sichtbar- und Spürbarwerden einer Tiefendimension.

1930 erfolgte die Habilitation, 1931 die Ernennung zum Professor für Psychologie an die Pädagogische Akademie in Breslau, ein Jahr später die Umhabilitierung an die Pädagogische Akademie in Kiel.

Die Zeit von 1937 bis 1947 verbrachte Dürckheim aufgrund eines

---

[52] Dazu gehörten Otto Klemm, Friedrich Sander, Hans Volkelt, Johannes Rudert, August Vetter, Arnulf Russel. Ferner Rudolf Hippius, Ehrig Wartegg, Albert Wellek. Vgl. Hippius in TE, 14.
[53] PS, 158.
[54] Vgl. Hippius in TE, 15 f.
[55] Hippius, 1936, 257-335.
[56] Ihr späterer Mann, Dr. Rudolf Hippius, habilitierte sich am Leipziger Institut mit der Arbeit über „Erkennendes Tasten als Wahrnehmungs- und Erkenntnisvorgang" (Hippius, R., 1934), die später die Grundlage wurde für das in Rütte praktizierte „Blinde Tasten" (Vgl. Hippius in TE, 68).

Forschungsauftrags über die „geistigen Grundlagen der japanischen Erziehung"[57] in Japan, wo er bedeutsame Erkenntnisse und Erfahrungen für die späteren Grundlagen der IT sammelte. Es waren v. a. drei Elemente, die durch eigene intensive Beschäftigung mit dem Zen fruchtbar wurden: Die konkrete Anwendung zenistischen Gedankengutes in die Übungspraxis des Alltags und deren Umsetzung in die Künste und die „Lebenskunst" sowie das Herauskristallisieren eines qualitativen Wahrheitsgehaltes, der für ihn eine allgemeinmenschliche Qualität aufwies, unabhängig von der östlichen Ummantelung. Zum dritten wurde die Erfahrung von Hara wegweisend, dessen Übungen heute zum unverzichtbaren Bestandteil der IT gehören. Durch die Mitgift der abendländischen Tradition und da besonders durch die Schriften von Meister Eckehart, die viele verblüffende Parallelen mit Zen-Texten aufwiesen, ergab sich für ihn eine Brücke zwischen den beiden weit auseinanderklaffend wirkenden Geistesanschauungen in Ost und West. Dürckheim unterzog sich selbst jahrelangen Zen-Übungen wie Bogenschießen, Malerei und Za-zen. Hier war es die japanische Auffassung vom Sinn der Übung, die ihm neue Ansatzpunkte lieferte. Diese persönlichen Erfahrungen und die für ihn spürbare traditionelle Bezogenheit des gebildeten Japaners auf die Ausbildung einer anderen Dimension im Menschen als die nur rein weltliche und rationale bestätigten ihn in seiner seit langem schon keimenden Idee, das hier waltende Verinnerlichungsprinzip für die Arbeit zum initiatischen Weg des abendländischen Menschen umzusetzen. Seine Erfahrungen legte er in den Büchern „Japan und die Kultur der Stille", „Hara", „Zen und wir", „Wunderbare Katze", „Alltag als Übung" nieder.

Nach Kriegsende fand eine Wiederbegegnung mit Maria Hippius statt. Diese hatte nach ihren Studien und der Eheschließung mit ihrem Mann in Dorpat und Prag gelebt, wo er als Professor lehrte. Nach dem Krieg kam dieser in der Gefangenschaft um. Seit 1946 arbeitete sie in Todtmoos-Rütte als Psychologin, Graphologin und Graphotherapeutin. Die Rückkehr Dürckheims aus Japan wurde für sie der Anlaß, auf der Basis tiefgreifender Existenzialerfahrungen an dem vor ca. 25 Jahren begonnenen Gestaltkreis wieder anzuschlie-

---

[57] Vgl. PS, 159.

ßen[58]. Der gemeinsame geistige Spannungsbogen gab die Initiative für den allmählichen Aufbau einer der ganzheitlichen Wiederherstellung des Menschen dienenden Lebensentwicklung. In der Wiederbegegnung mit Dürckheim in Todtmoos 1948 war ein Dreifaches enthalten:

„eine fruchtbare Polspannung im Menschlichen, die Notwendigkeit eines Neuaufbaus des Lebens und ein uns verbindendes geistiges Ziel."[59]

Dürckheim und Hippius begannen eine Lehranalyse – Dürckheim am Münchner Institut für Psychotherapie, Hippius bei dem ehemaligen Jung-Schüler G. R. Heyer, ergänzt durch Gespräche mit E. Neumann. In der Folgezeit schlug Dürckheim das Angebot für eine professorale Tätigkeit aus und begann mit Hippius und einer Atemtherapeutin, Marianne Müller, Elmau, den allmählichen Aufbau der „Existential-psychologischen Bildungs- und Begegnungsstätte"[60].

Es scheint mir bezeichnend zu sein, daß die IT nicht gegründet wurde im Sinne einer Institution mit festgelegten Statuten, sondern daß Dürckheim und Hippius kraft ihrer als wegweisend erlebten vergangenen Erfahrungen – aus einer Zeit der Orientierungslosigkeit und Ungesichertheit des Daseins – einen persönlich gelebten und vermittelbaren, dem „Stirb und Werde" unterworfenen Weg aufzeigten, der die Polung auf eine die raumzeitliche Realität übersteigende Wirklichkeit mit Wandlungscharakter ermöglicht. Ganz allmählich erweiterte sich der Kreis der Gäste und Schüler, aus denen dann die ersten Mitarbeiter hervorgingen[61].

Im Verlauf der letzten 30 Jahre schrieb Dürckheim viele Bücher und wurde nicht zuletzt durch Vorträge in Funk und Fernsehen be-

---

[58] Vgl. Hippius in TE, 22.
[59] A.a.O., 24.
[60] „Existential-psychologisch" bezieht sich hier auf „eine Tiefenpsychologie, die nicht am raumzeitlich bedingten Unbewußten fixiert ist, sondern dessen Aufhellung im Dienst einer Begegnung mit der Seinstiefe steht" (briefliche Mitteilung von Dürckheim). Die philosophischen Bezüge zur Existenzphilosophie herzustellen, liegt nicht im Aufgabenbereich dieser Arbeit. Vgl. auch Goettmann, 1979, 22, wo Dürckheim sich zu Heidegger äußert, aber keinen Einfluß von ihm auf sein Werk sieht. Mögliche Parallelen wären zu den Werken von G. Marcel zu ziehen.
[61] Als „Gründungsjahr" im offiziellen Sinn wird 1951 angesehen, in dem das sogenannte „Doktorhaus" erworben wurde. Es ist die „Urzelle" geworden, in der Dürckheim und Hippius heute noch ihre Stunden geben.

kannt sowie durch Meditationskurse, besonders in kirchlichen Institutionen. 1977 erhielt er das Bundesverdienstkreuz.

Während Dürckheim v. a. durch seine Erfahrungen mit dem Zen die IT beeinflußte, die Meditation im Stil des Za-zen 1966 und die meditativen Übungen einführte, kam durch die Arbeits- und Lebensgemeinschaft mit Hippius, deren Einsatz besonders auf dem konkreten Aufbau der heute benannten „Schule für Initiatische Therapie" und ihrer Zweigstellen lag, die tiefenpsychologisch fundierte Wegführung und die psychotherapeutische Praxis zur Geltung.

Beiden gemeinsam ist die Bezogenheit auf ich-transzendente Erfahrungen, in denen für sie der unmittelbare Ausdruck einer erfahrbaren und konkret handhabbaren überweltlichen Realität transparent und ins Weltliche hinein auch transformiert wird.

Dürckheim spricht nicht von „seiner" Therapie. Er sieht diese vielmehr in den umgreifenden Rahmen einer allen großen Therapien gemeinsame Basis gestellt, in der es um das „Heilsein des Menschen"[62] und sein „Mündigwerden"[63] geht.

3.3. Dürckheims metaphysische Anthropologie

Aus den biographischen Anmerkungen ging die Verquickung zwischen den persönlichen Erfahrungen und der daraus sich entwickelnden Konzeption eines Menschenbildes hervor, in dem die transzendente Dimension ausdrücklich einbezogen ist. In allen Büchern von Dürckheim geht es um die Wiederherstellung dieser für den heutigen aus seiner „Mitte" gefallenen Menschen so nötigen Polung an die Transzendenz. Dabei bedient er sich eines Stils, an den nicht der Maßstab einer wissenschaftlichen Abhandlung gelegt werden kann. Für ihn geht es in seiner metaphysischen Anthropologie um letzte Fragen und Erfahrungen, die nicht durch die begrenzte Sicht des rationalisierenden Ichs erfaßt werden können. Er bezieht sich auf eine „Anthropologie, die nicht trotz, sondern gerade in ihrem metaphysischen Charakter in der *Erfahrung* gründet. Eine solche Lebens-, Wesens- und Weg-Kunde des Menschen in Angriff zu nehmen, die von Seinserfahrungen aus-

---

[62] PS, 131. [63] Vgl. ÜWL.

geht, ohne sich in ihrem Seins*begriff* auf die Theologie zu stützen und sich in ihrem *Erfahrungs*begriff von der Naturwissenschaft einengen zu lassen, ist heute an der Zeit"[1].

Dürckheim vollzieht so die Abgrenzung zur Theologie und Naturwissenschaft und stellt die „Kultur der inneren Erfahrung"[2] in den Brennpunkt seiner Betrachtung. Für ihn sind metaphysische Aussagen nicht Ausdruck einer philosophischen Spekulation oder hypothetischer Wunschvorstellung, sondern unmittelbare Zeugen einer zentralen Erfahrung. Die traditionelle objektive Wissenschaft wird den Zugang zu den transzendenten Erfahrungen kaum erbringen können, es sei denn, man berücksichtige die sich etablierende Transpersonale Psychologie aus den USA[3]. Dürckheim appelliert von daher an die notwendige Transzendierung des bisherigen Wissenschaftsbegriffs und fordert als Drittes eine „Menschenwissenschaft"[4], bei der „die Tiefe möglicher Erkenntnis abhängen wird von der Reife des Erkennenden"[5].

Eindeutig formuliert er:

„So nehme ich für meine auf das Wesen bezogene Arbeit am Menschen in Anspruch, daß sie von Erfahrungen ausgeht, und daß ihre Ergebnisse an Erfahrungen kontrolliert und verifiziert werden können, obwohl diese ‚Transzendentes' betreffen"[6].

Im folgenden stelle ich die Dürckheim eigenen Begriffe definitionsartig vor. Dabei stellt sich zugleich das Problem der Kommunizierbarkeit, da Dürckheim z. T. sehr eigene und aus anderen Disziplinen her definierte Termini benutzt. Das Ziel dieser Arbeit besteht u. a. in einer annähernden Umsetzung dieser Ausdrücke, z. B. in die Sprache der Jungschen Tiefenpsychologie.

Eine systematische Darstellung von Dürckheims Gedanken gestaltet sich wegen seines Kreisens um das zentrale Thema, das jenseits aller Begrifflichkeit liegende überraumzeitliche Sein und seiner Manifestation, als schwierig. Die Begründung für das ständige Umkreisen des im Grunde gleichen Anliegens, das sich durch alle seine Bücher zieht, führt Dürckheim wie folgt aus:

---

[1] ZGE, 12.   [2] A.a.O., 11.   [3] Vgl. dazu 1.1.
[4] DUM, 156.   [5] A.a.O., 157.   [6] PS, 132.

„Das Buch dreht sich im Kreise in konzentrischen Ringen um einen Mittelpunkt. Für theoretische Einsicht in die hier vermittelte Erkenntnis würde vielleicht das Ausschreiten eines einzigen Ringes genügen. Aber nur im Weiterkreisen, in immer neuen Bildern, immer ein wenig anders gefärbten Zeichen und andere Tatsachen einbeziehenden Dingen, also vielleicht ärgerlicher Wiederholung kann theoretisches Erkennen seelischer Gegebenheiten existentielle Wurzeln schlagen – so daß der Leser am Ende nicht nur theoretisch etwas mehr weiß, sondern vielleicht ein Samenkorn in sich eingelassen und aufgenommen hat, das nun im Verborgenen Wurzeln schlägt und eines Tages aufgeht."[7]

In diesen Worten kommt Dürckheims Bestreben zum Ausdruck, den Leser nicht nur auf der Ebene des Intellekts anzusprechen, sondern ihn zu initiieren, in seiner seelischen Tiefe auslösend zu wirken. Dürckheims Werk kann von daher nur bedingt als ein System mit festgelegten Kategorien und fixierten Gesetzlichkeiten analysiert werden. Insofern liegt es in der Natur der Sache begründet, sein Werk wegen seiner integralen Sichtweise auch in dieser Arbeit immer wieder von anderen Perspektiven her zu beleuchten. Von daher bietet sich der Versuch einer vergleichenden Darstellung mit den von Dürckheim und Hippius selbst angegebenen verwandten Richtungen und Schulen an[8].

3.3.1. Das überweltliche Sein

Erste Formulierungen dazu finden sich in Dürckheims 1951 erschienenem Buch „Im Zeichen der Großen Erfahrung". Zentraler Ausgangspunkt ist da die „Lehre vom Sein und vom Seinsgehalt der Erfahrungen"[9]. In den Seinserfahrungen bekundet sich nach Dürckheim das unbedingte, überweltliche Leben im Menschen.

Andere Ausdrücke für das „divine Sein"[10] sind „Transzendenz"[10]

---

[7] ZGE, 17.
[8] PS, 129, Hippius in TE, 67 ff., 81 ff.
[9] ZGE, 12.
[10] DUM, 86: „Über meinem Schreibtisch in Tokyo hing eine der böhmischen Landschaften von Caspar David Friedrich. Ein im Zen stehender Japaner steht ergriffen davor und stellt mir dann die überraschende Frage: ‚War der durch?' ‚Was verstehen Sie unter ‚durch'?' fragte ich zurück. Ohne Überlegung folgte als Antwort eine dreifache Frage: ‚Hatte der noch Angst vor dem Tode? Sah der nicht den Sinn auch im Unsinn? Stand der nicht im Zeichen der universellen Liebe?'"

„die andere Dimension . . ., das göttliche Sein . . ., das überraumzeitlich Wirkende . . ., das Absolute . . ., das Große Leben"[11], das „überweltliche Leben"[12] als das „übergreifende Eine . . ., das sich, als Tao, in der Polarität von Yin und Yang bald weiblich, bald männlich manifestiert"[12]. Diese „dem Menschen innewohnende Transzendenz"[13] wird im Gegensatz zur natürlichen, raumzeitlich bedingten Welt als überweltlich erfahren und überschreitet den Horizont des gewöhnlichen, gegenständlichen Bewußtseins.

Für Dürckheim hat das Sein „trinitarischen Charakter"[14] und kann den Menschen in dreifacher Weise berühren:

„als ungeschiedene Fülle, überweltliche Ordnung und alles durchdringende Einheit. Die Fülle erscheint im Menschen als beglückende Kraft, die gesetzliche Ordnung als Sinn für Gestalt, die Einheit des Seins in der Liebe."[15]

Dürckheims Erlebnis in Japan[14], das den Anstoß für die Formulierung des dreieinigen Seins gegeben haben mag, ist nach seiner Ansicht nicht allein Ausdruck einer persönlichen Erfahrung, „sondern bekundet eine universale Struktur des Lebens überhaupt"[16].

Das Bewußtwerden der immanenten Trinität schließt dem Menschen nicht nur seine innerseelische Struktur auf, sondern öffnet ihm das Verständnis für alles Lebendige und Menschliche überhaupt. In den drei Grunderfahrungen offenbart sich der trinitarische Charakter des Seins, die ihre Entsprechungen zu den drei Grundnöten menschlichen Daseins haben:

Die Angst vor dem Tode, die Verzweiflung am Widersinn und die Trostlosigkeit der Einsamkeit[17].

Gemeint sind jene Situationen, die den Menschen an die Grenzen seiner bisherigen natürlichen Daseinwirklichkeit bringen. Erst wenn sein natürliches Bestreben nach gesichertem Leben, nach Sinn und Gestalt in Form von Gesetzlichkeit und Ordnung sowie nach Gemeinschaft gefährdet ist, er also in seinem bisherigen existentiellen Gefüge erschüttert ist, dann ist oftmals die Voraussetzung zu einer

---

[11] A.a.O., 31. [12] ÜWL, 130. [13] RM, 27.
[14] DUM, 86. [15] ÜWL, 124.
[16] DUM, 87, vgl. auch PS, 173 f., wo weitere Triaden aufgeführt sind, auf die ich aber hier nicht eingehe.
[17] DUM, 88.

Seinserfahrung geschaffen, die ihn schlagartig aus seiner weltlichen Not zu befreien vermag. Es ist das für den logischen Verstand unannehmbare Einwilligen ins Paradox, das Akzeptieren des eigentlich Unannehmbaren. Es läßt den Menschen z. B. in unmittelbarer Todesgefahr eine unvernichtbare Kraft erfahren, ihn in einer absurden Situation einen tieferen Sinn jenseits von Sinn und Unsinn empfinden und birgt ihn in trostloser, unerträglicher Einsamkeit in einer ihn umgreifenden überweltlichen Liebe und Einheit[18]. Seinserfahrungen sind für Dürckheim nicht Ausdruck einer übersteigerten Phantasie, Wunschvorstellung oder des Glaubens, sondern

„die Dreieinheit des in uns zur Manifestation drängenden Seins ist ein Apriori menschlicher Erfahrung".[19]

3.3.2. Kriterien der Seinserfahrung

Die Berechtigung, vom Sein als einer Erfahrung zu sprechen, begründet Dürckheim wie folgt:

„Daß wir überhaupt von diesem Sein in einem mehr als nur spekulativen Sinn sprechen können, hängt mit jenen in der Großen Erfahrung gipfelnden Erlebnissen zusammen, die unser Leben in der Welt auf eine neue Basis, in eine neue Ordnung und in eine neue Heimat stellen."[20]

Kriterien für die Realität einer Seinserfahrung sind für Dürckheim folgende Merkmale[21]:

1. die besondere Qualität des Numinosen, die den Menschen auf eigentümliche Weise umfängt,
2. die Strahlung, die von ihm ausgehen kann, und die „uns nur in der Begegnung von Wesen zu Wesen aufgeht"[22],
3. die Verwandlung, die den Menschen „mit einem Schlag die Welt anders wahrnehmen läßt"[23],
4. die Geburt eines neuen Gewissens, das den Menschen aufruft, den Weg der ständigen Verwandlung zu gehen, um von der erfahrenen Seinsqualität zu zeugen. Es geht um den „Gehorsam gegenüber dem absoluten Gewissen . . . und um eine durch eine ‚Neigung unseres Wesens' begründete Neigung und Pflicht in und gegenüber der Welt!"[24]

---

[18] DUM, 90-92. [19] A.a.O., 93. [20] EW, 86.
[21] DUM, 99-112. [22] A.a.O., 105.
[23] A.a.O., 107. [24] A.a.O., 111.

5. Das Auftauchen des Widersachers. Nach Dürckheim taucht nach der beglückenden Seinserfahrung unfehlbar die „Widerwelt" auf, die dem Menschen die gewonnene Erfahrung verdirbt oder streitig machen will.[24]

Mit diesen Kriterien kann – so Dürckheim – ausreichend von der Präsenz des Überweltlichen gesprochen werden. Damit sind zwei Eckpfeiler des Dürckheimschen Menschenbildes, die anthropologischen und ontologischen Grundzüge seiner Lehre vom Sein und seiner Erfahrung aufgeführt. Mit diesen Grundannahmen ist eine weitere Folgerung verbunden: die Lehre vom zweifachen Ursprung des Menschen.

3.3.3. Der doppelte Ursprung des Menschen

„Der Mensch ist zweifachen Ursprungs, er ist himmlichen und irdischen, natürlichen und übernatürlichen Ursprungs."[25]

Mit diesen Worten weist Dürckheim auf die Grundpolarität des Menschen hin, die nicht aus der additiven Zusammensetzung zweier Gegensatzkomponenten eines „seelenlosen Körpers und einer körperlosen Seele"[26] besteht. Die „Einheit der Person"[27] ist das Leib und Seele übergreifende Dritte, in der das „personale Subjekt sich darlebt, d. h. ‚in eins' erlebt und darleibt[28]."

Die doppelte Herkunft des Menschen bedingt eine Spannung zwischen dem Welt-Ich und dem Wesen. Was versteht Dürckheim nun unter diesen beiden fundamentalen Begriffen seiner Anthropologie?

3.3.3.1. Das Welt-Ich

Das Welt-Ich, hervorgegangen aus der natürlichen Bewußtseinsentwicklung mit dem Ziel der Bildung des Selbstbewußtseins, wird definiert

„durch die Vorherrschaft des Bewußtseins, das alles feststellt, statische Ordnungen schafft und, um bestehen zu können, Positionen ausbaut".[29] Und weiter sagt er, „das gegenständliche und in Gegensätzen (‚Dualismen') sich bewegende Bewußtsein"[30]

---

[25] DUM, 11. [26] Hara, 112 f. [27] A.a.O., 113.
[28] A.a.O., über den Menschen als „Einheit von Leib-Seele-Geist", vgl. MSH, 71 ff.
[29] DUM, 52. [30] ZW, 24.

ist durch die Subjekt-Objekt-Spaltung gekennzeichnet, d. h., es herrscht eine Trennung zwischen dem wahrnehmenden Ich und der ihm gegenüberstehenden Realität vor. Der Mensch im Banne des „Ich-Standes"[30] erlebt sein Gegenüber als ein ihm selbst nicht Identisches, als etwas Gegensätzliches, das er einordnet und begrifflich fixiert. In der Wirklichkeit des Welt-Ichs herrschen die Kantschen Kategorien von Raum, Zeit, Kausalität und Identität.[31] Der Bereich jenseits des so Feststellbaren wird in die Sphäre des Subjektiven, der Phantasie und Illusion verwiesen. Für einen Menschen in dieser Ratiofixiertheit [32], in der das erkennende, einordnende und feststellende Ich den einzig gültigen Maßstab für die Wahrnehmung der Wirklichkeit setzt, wird der Ausfall, das Verlöschen des Ichs die Konsequenz der Leere, des Nichts, also gar keiner faßbaren Wirklichkeit mehr nach sich ziehen. An diesem Punkt bietet Zen eine Lösung an, die von dem Irrtum, mit der Ich-Aufgabe bleibe nur das „Nichts" übrig, befreit: Im Fallenlassen des Ichs kommt in der Leere das Wesen zum Vorschein und ermöglicht erst das eigentliche, größere, und wahre Ich.[33] Das „inständliche Bewußtsein"[34], das charakterisiert ist durch eine übergegenständliche und übergegensätzliche Schau, beginnt sich durchzusetzen. Hier wird der Sprung vollzogen vom Bedingten im Sinne eines von den Bedingungen und Ordnungen der Welt abhängigen Ichs zur unbedingten, absoluten Realität. Dürckheim verneint nicht die Notwendigkeit eines festen Welt-Ichs, d. h. die Identifikation des Menschen mit sich selbst, die ihren Ausdruck in der Formel findet: Ich bin ich.

„Das ‚Ich' dieses ‚Ich bin Ich' ist das Zentrum des natürlichen menschlichen Bewußtseins und eine selbstverständliche Voraussetzung vollentwickelten menschlichen Lebens".[35]

Vorausgreifend soll hier ein bildhafter Vergleich aus dem in der IT praktizierten Geführten Zeichnen angebracht werden: Das Welt-Ich ist sozusagen die offene, aufnehmende, haltgebende Schale, in der das Wesen oder das Selbst im Jungschen Sinne als Kreis oder Kern aufgehen kann.[36]

---

[31] Dürckheim in Stachel, 1978, 300.
[32] Vgl. hierzu die Anmerkungen über den heutigen neuen Patienten, Kap. 2.
[33] ZW, 25.   [34] MWW, 40 f.   [35] Hara, 77.
[36] Vgl. Möller, 1979, 1087, wo eine Zeichnung mit dieser Konstellation abgebildet ist.

Wenn im folgenden immer wieder vom Welt-Ich die Rede ist, so ist damit sein abgespaltener Teil gemeint, die Verabsolutierung von Ratio, Logik, Intellekt, Objektivität, Absicherung auf jeder Ebene, was zu neurotischen Symptomen führen kann. Durch den häufigen Gebrauch von „Welt-Ich" in dieser Arbeit darf nicht der Eindruck entstehen, als ginge es Dürckheim entsprechend eines häufig gehörten Vorwurfs über die Ich-Aufgabe in östlichen Meditationsformen um die Vernichtung oder den Abbau des Ichs überhaupt[37]. Gerade das einseitige Festhalten an dem gegenständlichen Bewußtsein mit dem Welt-Ich als Zentrum verhindert den Zugang zum Sein. Diese Unterdrückung und Abtrennung verursacht Leiden.

„Die Teilhabe an der lebendigen Ordnung und Einheit des Sein ist in jener auf Gegensätze gestellten statischen Bewußtseinsordnung leidvoll verborgen".[38]

Die psychotherapeutische Arbeit an der Ich-Stärkung bzw. am Ich-Aufbau – z. B. durch Hara-Übungen[39] und dem tiefenpsychologischen Prozeß – gehört notwendigerweise auch zum Konzept der IT, gerade bei jenen Menschen, die kein festes „Ich-Gehäuse"[40] haben.

Bevor ich auf den Leidensbegriff bei Dürckheim eingehe, soll sein in vielfältigen sprachlichen Variationen auftauchender Wesensbegriff vorgestellt werden.

3.3.3.2. Das Wesen

„In seinem Wesen hat der Mensch in jeweils individueller Weise teil am Sein, so auch in seinem kleinen, von Geburt und Tod begrenzten Leben, teil am überraumzeitlichen Großen Leben. Das ‚Wesen' ist die Weise, in der der unendliche Ursprung des Menschen in seiner ichbedingten Endlichkeit anwesend ist. Das Wesen ist die Weise, in der das Sein in einem Menschen danach drängt, in bestimmter Gestalt offenbar zu werden in der Welt."[41]

Das Wesen ist in diesem Sinn der „innerste Kern unserer Existenz"[42]. Dürckheim spricht auch vom „Wesenskern" [43] oder vom „Wesens-

---

[37] Vgl. auch SLMR, 43.
[38] Hara, 78.   [39] Vgl. 9.3.3.
[40] S. 3.3.3.5. und 9.3.2.
[41] DUM, 51.   [42] DW, 53.
[43] ÜWL, 173, s.a. ZGE, 29.

Ich"[44] in Abhebung zum Welt-Ich. Das Wesen ist für Dürckheim keine fromme Illusion oder mystische Spekulation, sondern eine erfahrbare Realität. Das das gegenständliche Bewußtsein überschreitende „inständliche Bewußtsein"[45] ist der einer Seinserfahrung adäquate Bewußtseinszustand. Darunter versteht Dürckheim eine Bewußtseinsform, die er das „große Spürbewußtsein"[46] nennt. Hier ist die Subjekt-Objekt-Spaltung aufgehoben und die

„allem wahrhaft gespürtem Leben innewohnende, das WESEN aller Dinge, die essentia rerum, bekundende Tiefenqualität bewußt wahrgenommen."[47]

Durch diese Erfahrungen, in denen die herkömmliche Wahrnehmung der Wirklichkeit transzendiert wird, tritt die Spannung zwischen dem Welt-Ich und dem Wesen am schärfsten zutage.

„So ist das Leben eine nie endende Auseinandersetzung zwischen der uns eingeborenen Wesenform und unserem jeweiligen, unter den Bedingungen der Welt gewordenen Schicksalsleib, in den vom Wesen zunächst nur eingeht, was die Welt zuläßt. Die Ineinandersetzung von Schicksalsleib und Wesensform ist von Kindheit an das Thema menschlichen Reifens"[48], sagt Dürckheim.

Der so charakterisierte von der Polarität zur Integration aufgegebene Spannungsbogen zwischen dem Welt-Ich und dem Wesen birgt vielfache Leidensmomente in sich.

3.3.3.3. Das Leiden
Dürckheim unterscheidet zweierlei Leiden:

„Das eine betrifft die psychophysische Gesundheit und erscheint im Versagen gegenüber den Nöten und Forderungen der Welt; das andere betrifft das metaphysische Heilsein und ist Ausdruck der Getrenntheit des Menschen von seinem überpersönlichen Wesen."[49]

---

[44] Dürckheim in Stachel, 1978, 300.
[45] EW, 201.   [46] MWW, 40.
[47] A.a.O., Vorausgreifend sei auf eine Parallele zur Ganzheitspsychologie verwiesen. Demnach ist das „inständliche Bewußtsein zunächst das jeweilige Erlebnisganze im Licht der Bewußtheit ... Es ist seinem Gehalt nach die Komplexqualität des Erlebnisganzen, das als solches die im Ichbewußtsein vorhandene Spaltung von Subjekt und Objekt, von Zustand und Gegenstand übergreift" (EW, 201). Vgl. dazu auch 4.1.2.
[48] DUM, 25.
[49] Dürckheim, 1973, 63.

Der mit seinem Welt-Ich identifizierte „natürliche Mensch"[50] erfährt das Leiden als ein selbstverständlich zu behebendes Übel und trachtet nach Wiederherstellung eines möglichst gesicherten und leidfreien Zustandes. Dies bezieht sich nicht nur auf körperliche Leiden, sondern umfaßt ebenso das Leiden unter „den Bedrohungen, Ungerechtigkeiten und Grausamkeiten dieser Welt"[51].

Im Gegensatz zu diesem „vorinitiatischen Verhältnis zum Leiden"[52] drückt sich in der zweiten Art des Leidens die als schmerzhaft erfahrene Sehnsucht zum eigenen Wesenskern aus, was sich im Abgetrenntsein, im Nicht-Einssein mit diesem Kern, „dieser ursprünglichen Heimat"[53] offenbart. Zweifel am Sinn des Daseins, existientielle Einsamkeit trotz Geborgenheit in einer Gemeinschaft, Verunsicherung trotz materieller Sicherheit sind oft die Leidensmerkmale dieses Menschen, der als Prototyp für viele steht. Hier können die bereits beschriebenen Grundnöte des Daseins auf dem Höhepunkt existentieller Krisen und Grenzsituationen der Wendepunkt zu einem initiatischen Wandel werden, dann nämlich, wenn der Mensch die für das natürliche Welt-Ich unannehmbare oder ausweglose Leidenssituation annimmt.

„Dann ist eine Chance gegeben, einen Schritt voran, eine Stufe höher zu kommen oder gar durch eine Wand durchzubrechen. Je enger und ausgeloser die Sackgasse, um so notwendiger wird der Sprung. Das ist auch die Weisheit des Zen. Es geht um das Ausweglose. Das Ausweglose annehmen? Nein, mehr noch, sagt der Zenmeister, nicht nur annehmen, sondern in die Ausweglosigkeit eintreten! Paradoxe Forderung, aber in ihr ist transzendentale Wahrheit."[53]

Damit hat das so verstandene und angenommene Leiden für den Menschen eine kathartische Funktion, indem er nicht in heroisches Aushalten, demütiges Ertragen oder verzweifelte Resignation verfällt, sondern es als für ihn heilsame Initiative zur verwandelnden Selbsterkenntnis auffaßt. In dieser neuen Einstellung nimmt der Mensch das Leiden als Chance zu inneren Reifung an, wobei er die natürlichen Schutzmechanismen des Welt-Ichs, das ihn vor neuerlichen Enttäuschungen und Leiden bewahren will[54], aufgibt und un-

---

[50] Vgl. MWW, 90.   [51] DUM, 21.
[52] MWW, 86.   [53] A.a.O., 90.   [54] A.a.O., 91 f.

beirrbar „das Bemühen um Einswerdung mit dem Wesen zu seinem ersten Anliegen macht"[55].

Abschließend kann gesagt werden, daß durch die „Wende zum Initiatischen"[56] das Leben des Menschen sich in einem dauernden Spannungsbogen bewegt: Einerseits zwischen dem vom Welt-Ich und dem gegenständlichen Bewußtsein gesteuerten nach außen gerichteten Leistungsstreben, der absichernden Daseinsbewältigung, der Vermeidung von Leiden und der Schmerzensscheu und andererseits dem Ruf des Wesens nach innenbezogenem Zulassen, dem Aufgeben aller wesenswidrigen, weltgewichtigen Forderungen und dem daraus erwachsenden Reifen.

„Mit dem Innewerden des Wesens erkennt der Mensch sich als Bürger zweier Welten: dieser raumzeitlich begrenzten und bedingten Welt und einer anderen, überraumzeitlichen, unbedingten Wirklichkeit. Beide Seiten gehören zur Ganzheit des Menschen. Sie je in ihrem Anliegen zu erkennen und zuzulassen, ihre Gegensätzlichkeit zu durchleiden, zuletzt ihre Integration zu ermöglichen und eben darin Voll-Person zu werden, das ist Auftrag und Sinn des inneren Weges."[57]

3.3.3.4. Die Entwicklungsstufen des Menschen

Nach Dürckheim durchläuft der Mensch auf seinem Entwicklungsgang zum „universalen Menschen"[58] eine Stufenfolge, die er an die von Gebser aufgestellten Phasen der Bewußtseinsentwicklung anlehnt[59]. Dürckheim schildert diese Entwicklungsstufen mit immer anderen Schwerpunkten und neuen Sprachschöpfungen, was eine einheitlichen Darstellung erschwert[60]. Im folgenden halte ich mich im wesentlichen an sein in „Zen und wir"[61] vorgestelltes Entwicklungsmodell. Dort spricht er von der praementalen, mentalen und postmentalen Bewußtseinsstufe[62].

Die praementale ist durch ein Bewußtsein „‚jenseits' aller Gegensätze"[62] gekennzeichnet, im Sinne des noch „ungeteilten Lebens"[62]. Es entspricht dem vorgegenständlichen Bewußtsein[62].

---

[55] A.a.O., 92. [56] A.a.O., 110.
[57] DUM, 24. [58] ÜWL, 84. [59] A.a.O., 85.
[60] Vgl. ZGE, 75 ff., DW, 60 ff., Hara, 69 ff., ÜWL, 9, 42 ff., 112 f., DUM, 49 ff., MWW, 51 ff., MRS
[61] ZW, 112 ff.
[62] A.a.O., 113.

Auf der mentalen Ebene herrscht das gegenständlich fixierende Bewußtsein mit dem Welt-Ich als Zentrum, während das postmentale Bewußtsein „‚jenseits' aller Gegensätze"[62] ist, im Sinne einer die praementale und mentale Bewußtseinsebene transzendierenden Geistesebene. Die Entwicklung vom Praementalen über das Mentale zum Postmentalen ist auf der mentalen Bewußtseinsebene in drei Schritte gegliedert.

1. Schritt:
Hier entwickelt der Mensch das gegenständlich fixierende Bewußtsein, was ihn in den Gegensatz von Ich – Welt und Ich – Wesen führt. Da er ganz auf die Weltbewältigung konzentriert ist, verdrängt er die Spannung zwischen Ich – Wesen und entfremdet sich immer mehr dem Sein.

2. Schritt:
Diese Verdrängung erzeugt Leiden und bringt den Menschen seiner Innerlichkeit näher, indem er dem Gegensatz Ich – Welt zu entfliehen sucht. Die Anforderungen der Welt einerseits und die Sehnsucht nach „einem Verweilen-wollen in seiner zum Wesen hin offenen Innerlichkeit"[63] andererseits führt zu einer untragbaren Spannung[64].

3. Schritt:
Diese bereitet den Schritt vor zur Seinserfahrung. Der Mensch sucht nun nach dem befreienden Erlebnis, sich „außerhalb des Gegensatzes Innerlichkeit – Welt niederzulassen"[65].

Er versucht, sein Welt-Ich im Wesen aufzuheben[66]. Er ist aber noch in den Gegensatz zwischen dem unbedingten Wesen und seinem schicksalhaften, d. h. raumzeitlich begrenzten Welt – Ich leidvoll eingespannt. Die Folge kann eine weltabgewandte Flucht oder Rückkehr zum gegenständlichen Bewußtsein sein. Als Möglichkeit besteht aber auch die Entwicklung zur echten Selbstverwirklichung über die Große Erfahrung[67].

„Hier erst wird es möglich, das gegensätzliche Dasein nicht mehr im Gegensatz zum nichtgegensätzlichen Sein zu empfinden, sondern das erfahrene Sein im Dasein selbst wahrzunehmen"[66], sagt Dürckheim.

Auf dieser Stufe des postmentalen Bewußtseins ist der Mensch in der Lage, wieder die Gegensätzlichkeit der Welt, z. B. das Leiden, anzunehmen, getragen von der Erfahrung des Übergegensätzlichen, das er

---

[63] A.a.O., 114.
[64] Wenn Dürckheim in seinen Werken davon spricht, daß der Mensch zur Stufe des Initiatischen herangereift sei, dann ist dieser Übergang von der 2. zur 3. Stufe auf der Mentalebene gemeint.
[65] ZW, 115.   [66] ZW, 116.   [67] A.a.O., 115.

„auch mitten im Gegensätzlichen der Welt wiederfindet"[68]. Der Mensch kann sich nun, im Vergleich zu den möglichen Gefahren des vorigen Schrittes wieder der Welt zuwenden, den Forderungen seines Wesens nachkommen und sich als „seinsträchtiges Ich"[69] in der Welt bewähren. Diese Entwicklungsschritte beinhalten den Spannungsbogen von der Ebene des „elementaren Daseins"[70] zum „geistlichen Geist"[71], der Transzendenz. Es ist der Weg zur „personalen Reife", zur „Mündigkeit"[72]. Für die Integration beider Pole, des Welt-Ichs und des Wesens, prägte Dürckheim den Ausdruck „Vollperson"[73] oder auch „wahres Selbst"[74].

Die jeweilige Stufe, auf der der Mensch steht, „kann angeboren sein oder Ausdruck einer in diesem Leben gewonnenen Reife"[75]. Von den Hindernissen, die der Integration von Wesen und Welt-Ich entgegenstehen, sollen im folgenden die „Fehlformen des Ichs"[76] genannt werden.

3.3.3.5. Fehlformen des Ichs

Die Entwicklung des gesunden Ichs[77] ist eine Voraussetzung für die gelungene Vereinigung mit dem Wesen. Das Ich kann aber sowohl Förderer wie Verhinderer sein. Das letzte ist dann der Fall, wenn das Ich-Prinzip zur einzigen Richtschnur wird. Kurz sollen die drei Möglichkeiten des „verunglückten Ichs"[78] vorgestellt werden. Demnach unterscheidet Dürckheim im groben den Menschen mit erstarrtem Ich, mit fehlendem Ich sowie den oberflächlichen Harmoniker.

Beim ersten herrscht die verschlossene Form vor, die den Menschen wie in einem erstarrtem gepanzerten „Ich-Gehäuse" einschließt. Diese Verhaltung äußert sich nicht nur in Perfektionszwang, Sicherheitsstreben sowie einer egoistischen und egozentrischen Grundhaltung, sondern zeitigt auch konkrete, sichtbare leibliche Verspannungen und Verformungen.

---

[68] A.a.O., 117.   [69] DUM, 53.
[70] ZGE, 75. Zur Ebene des weltlichen Daseins im Dürckheimschen Sinn vgl. ZGE, 82.
[71] A.a.O., 75.   [72] DUM, 71.
[73] DUM, 24.   [74] Hara, 26.   [75] ÜWL, 31.
[76] Hara, 82-88, DUM, 69.
[77] Über die Stufen der Ich-Entwicklung vgl. DUM, 49.
[78] Hara, 88.

Beim Menschen ohne Ich-Gehäuse dominiert die Konturlosigkeit, d. h. er ist zu offen, ist grenzen- und haltlos. Es fehlen ihm die Voraussetzungen, „sowohl um in der Welt zu bestehen, als auch sein Wesen haltbar aufzunehmen und in der Welt bezeugen zu können"[79]. Das nach Verwirklichung drängende Wesen findet keinen Wurzelboden vor, kann keine Gestalt bilden, so daß der Mensch aus glücklichen wie leidvollen Erfahrungen nur schwer Gewinn ziehen kann. Diese beiden Formen des Zuviel und Zuwenig – wobei es auch Mischformen gibt – sind nach Dürckheim besonders aus frühkindlichen Traumata zu erklären[80].

Der Harmoniker zeichnet sich durch eine oberflächliche Anpassungsfähigkeit aus, die der Tiefe und Liebe entbehrt. Alles scheint ihm zu gelingen, „munter plätschert er an der Oberfläche dahin"[81]. Die Begegnung mit seinem Wesen kann für ihn eine besonders leidvolle Erfahrung werden, wenn dabei seine eingespielten harmonischen „Wohlformen" zerbrechen.

Nach dieser knappen Übersicht über die Fehlformen des Ichs[82] folgt nun die Darstellung des „geglückten Welt-Ichs"[83].

Es zeichnet sich aus durch seine „durchlässige Form und geformte Durchlässigkeit"[84]. Das Ideal, vom Wesen her in der Welt zu zeugen, im überraumzeitlichen Grunde verankert zu sein und sich in der bedingten Raumzeitlichkeit zu bewähren, ist hier erfüllt.

Das Ich ist auf der einen Seite durch seine Fehlformen der Widersacher des Wesens, auf der anderen aber das Medium, durch das das Wesen sich erst manifestieren kann. Voraussetzung dazu ist allerdings, daß das Ich transzendiert wird. Dürckheim spricht in diesem Sinne von der „transzendentalen Bedeutung der Ichwirklichkeit"[85]. Die Möglichkeit zur Ich-Transzendierung ist in der Seins-Erfahrung gegeben, die dem Menschen z. B. aus seiner existentiellen Krise die Perspektive einer neuen ihn befreienden Wirklichkeit aufweist. In diesem „Durchbruch zum Wesen"[86] geht ihm ein neues Bewußtsein auf, das die Dominanz des bisherigen gegenständlichen fixierenden zugunsten des inständlichen bricht.

---

[79] A.a.O., 85. [80] A.a.O., 86 ff.
[81] DUM, 69. [82] Vgl. auch 9.3.2.
[83] DUM, 59 ff. [84] Hara, 78. [85] EW, 179.
[86] Vgl. das gleichnamige Buch von Dürckheim.

3.3.3.6. Der doppelte Auftrag des Menschen

Eine weitere wesentliche, aus dem Vorangegangenem folgende Grundlage in der Anthropologie Dürckheims wird ersichtlich: „die Welt zu gestalten im Werk und zu reifen auf dem inneren Weg"[87]. Das Zentralanliegen Dürckheims wird hier wieder berührt: dem Menschen zu seiner Ganzheit zu verhelfen. Für den westlichen Menschen besteht nach Dürckheim die Gefahr, einseitig den Prinzipien des Welt-Ichs mit seinem Leistungswillen und seiner Rationalität zu erliegen und damit in die Erstarrung zu geraten. Der Mensch des Ostens dagegen neigt im Extrem dazu, sich von aller Verpflichtung der Weltwirklichkeit zu entbinden und seiner Sehnsucht nach dem All-Einen nachzugehen. Im christlichen Leben sieht Dürckheim die Chance, östliche und westliche Sicht zu verbinden, so daß der Mensch in der Gestaltung seines Werkes in der Welt von seinem überirdischen Ursprung zeugen kann[87].

Der Mensch verfehlt sich in dem Maße, als er seinen himmlichen Ursprung und seinen inneren Auftrag verleugnet und ihnen nur ein Schattendasein zugesteht. Daraus entsteht spezifisches menschliches Leiden, das aber die Chance in sich birgt, „das in ihm gefangene Göttliche aus der Gefangenschaft zu befreien, in die sein irdischer Ursprung ihn geworfen hat"[88]. Aus dieser durch das Leiden gewonnenen Einsicht auch eine praktische Konsequenz zu ziehen, bedeutet den „Weg" zu gehen – ein weiteres zentrales Thema der Dürckheimschen Anthropologie[89].

Damit soll der geraffte Überblick über Dürckheims metaphysische Anthropologie abgeschlossen werden. Weitere Nuancierungen werden in den folgenden Kapiteln aufgezeigt.

Zusammengefaßt können folgende Hauptthemen seiner Anthropologie genannt werden, wobei Dürckheim von der erkenntnistheoretischen Voraussetzung ausgeht, zwischen den beiden Bewußtseinszentren, dem Welt-Ich und sein gegenständliches Bewußtsein und dem Wesens-Ich mit dem inständlichen Bewußtsein zu unterscheiden[90]: Die Lehre vom überweltlichen Sein und den Seinserfahrungen,

---

[87] DUM, 26.
[88] A.a.O., 58
[89] Ausführlich gehe ich darauf ein in 3.4.
[90] Dürckheim in Stachel, 1978, 300.

der doppelte Ursprung des Menschen und der Leidensbogen zwischen den Forderungen des Welt-Ichs und dem nach Manifestation drängenden Wesen, die Entwicklungsstufen vom Elementarbewußtsein zur Transzendenz, die Verhinderungen durch die Fehlformen des Ichs und der doppelte Auftrag des Menschen, Weltbewältigung und innere Reife auf dem Weg zu vollziehen.

Diesen Grundlagen zugeordnet ist Dürckheims Ausgangsbasis von der potentiellen Erfahrbarkeit des Seins in den Seinsfühlungen bzw. Seinserfahrungen, die als Urerfahrungen in der Tradition östlichen Weisheitsguts, aber auch in den Hochreligionen und der westlichen Mystik zu finden sind. Für diese Erfahrungen ist laut Dürckheim weder die Naturwissenschaft herkömmlichen Stils noch die Theologie zuständig.

Mit dieser wissenschaftstheoretisch bedeutsamen Forderung ist die IT mit den innovativen Konzeptionen der HP und TP vergleichbar, die ebenfalls den Akzent auf die Erfahrung transpersonaler Inhalte und deren potentieller Erforschbarkeit legen.

Auf Parallelen zu philosophischen Strömungen, von deren Vertretern u. a. Heidegger, Kierkegaard, Marcel, Scheler, Jaspers zu nennen wären, wurde gemäß der Aufgabenstellung dieser Arbeit verzichtet. Ebenso können keine Vergleiche zu theologischen Aspekten gezogen werden[91].

3.4. Der initiatische Weg

Unter welchen Voraussetzungen kann nun der im Dürckheimschen Menschenbild angestrebte Weg des Menschen zur „Voll-Person"[1] gegangen werden? Was heißt im Konzept der IT „Weg"?

Die folgenden Erläuterungen beziehen neben dem Rückgriff auf den Dürckheimschen Ansatz auch die von Hippius vertretene Weise der tiefenpsychologischen Weg-Führung mit ein, wobei ich auf die jeweiligen therapeutischen Interaktionsprinzipien auf den Stationen des Weges eingehe.

---

[91] Vgl. die Diskussion um die „Christlichkeit des ‚initiatischen Weges'" zwischen Pater Wulf und Dürckheim, 1976, 461-468, 1977, 59-68, 458-467, 1978, 226-232.
[1] DUM, 24.

„Der Weg, ein psychagogischer Leitbegriff"[2] meint in der IT

„den Prozeß, auf dem der zum Sein entfremdete Mensch sich Schritt für Schritt zu seinem Ursprung zurück – und zugleich zur bewußten Manifestation des in ihm verkörperten Seins hinfindet."[3]

Tiefenpsychologisch gesprochen handelt es sich um den individuellen Weg zur Selbstverwirklichung, den der Mensch gemäß der ihm eigenen Bestimmung durchläuft. Dabei erfährt er auch „die ewigen Wahrheiten und archetypisch vorgezeichneten Entwicklungsstufen"[4], also menschheitliche Bahnen, die er in seiner Einmaligkeit individuell zu bewältigen hat. Dazu bedarf es einer geradezu integrativen Gestaltungskraft und als nicht machbare Voraussetzung das „Geschenk der Gnade"[5], um am Kreuzungspunkt der raumzeitlichen, horizontalen Daseinsbedingtheiten mit der vertikalen Achse des überraumzeitlich Unbedingten ein drittes Neues, die „Person" als die geglückte Vereinigung zwischen Welt-Ich und Wesen zu werden. In ständiger Verwandlungsbereitschaft bemüht sich der Mensch dabei aktiv, eine weitere Stufe seines Menschseins zu erreichen, d. h. eine

„Gesamtverfassung, die bis in die kleinsten Bewegungen seines Leibes hinein Transparenz für Transzendenz ermöglicht und gewährleistet."[6]

Auf dem initiatischen Weg geht es zuerst um die Initiierung, um das „Öffnen des Tores zum Geheimen"[7], um dann in teils meditativer Weise, teils in begleitender Analyse und Katalyse nach den Grundlagen der Tiefenpsychologie „leibhaftes Tun und Sich-Verwandeln von Anfang bis Ende ins Exerzitium"[8] zu nehmen. In diesem Sinn fließen in die Weg-Begleitung „östliche Weisheit und westliche Psychotherapie"[9] mit ein.

---

[2] Rudert in TE, 428. [3] RM, 82.
[4] Hippius in TE, 29.
[5] DUM, 123. Es kann in dieser Arbeit nicht auf die theologische Diskussion des Gnadenbegriffs eingegangen werden. Dennoch soll kurz Dürckheims Auffassung wiedergegeben werden. Demnach ist der Mensch auf dem initiatischen Weg sich immer mehr der Widerstände bewußt, die dem Einfließen der Gnade entgegenstehen. Durch seine aktive Arbeit schafft er sich erst die vollen Voraussetzungen für ihr Wirksamwerden. Vgl. auch MWW, 188 f.
[6] A.a.O.
[7] Mündliche Mitteilung von Hippius.
[8] Hippius in TE, 83.
[9] Vgl. das gleichnamige Buch von Schmaltz, 1951.

Der Mensch auf dem initiatischen Weg bedarf der Führung, eines Weg-Begleiters, der ihm bei dem Prozeß der Verwandlung, des „Stirb und Werde" zur Seite steht. Voraussetzung, um den initiatischen Weg bewußt zu gehen, ist eine Reifestufe, auf der der Mensch seine Bestimmung erkennt und nach ihrer Erfüllung trachtet. Das Betreten des Weges bedeutet eine Abkehr vom bisherigen Weg, der als Abweg oder Umweg erkannt wird. Der „Weg beginnt mit einer Seinsfühlung in Gestalt eines verpflichtenden Einbruchs der Transzendenz in das Bewußtsein"[10]. Ein Ende des Weges, ein Ziel, an dem man ankommt, gibt es nicht. Der Weg wird selbst zum Ziel.

Dürckheim unterscheidet zwei Stufen des initiatischen Weges: Die eine ist der Weg zum *Weg*, das ist das allmähliche Werden einer „Verfassung, in der er durchlässig wird für sein Wesen und sein Verwandlungsgesetz"[11]. Dieser Schritt bedarf aller menschlicher Anstrengungen und Opfer. Die andere Stufe ist das Erreichen der „Großen Durchlässigkeit, die durchlässige Form und die geformte Durchlässigkeit"[11]. Der Mensch ist selbst zum *Weg* geworden. Auf dieser Stufe geht er letztendlich nicht mehr den *Weg*, sondern er wird gegangen. „*Er* selbst setzt sich eines Tages im Menschen durch"[12]. Das Prinzip, um das alle therapeutische Weg-Kunde kreist, ist das „Durchspürenlassen des Eigentlichen, das hinter der Verbildetheit oder Unbewußtheit eines Menschen steht"[13].

Im Loslassen, dem Preisgeben der eigenen festgefahrenen Fehlformen, also im Aufgeben des kleinen Ichs, gelingt erst der Einbruch in die „andere Dimension". Dann erst kann der Mensch in seine Mitte gelangen. Von dort führt die Bewegung zurück an die Peripherie, entsprechend dem

„Prozeß, in dem das *Leben*, das der Mensch in seinem Wesen ursprünglich und jenseits aller Zeit ist, im Menschen raumzeitliches Bewußtsein und geschichtliche Gestalt wird."[11]

Der initiatische Weg stellt sich als Spirale dar, die zentrifugal wie zentripetal verläuft. Die Verwirklichung des Weges zielt auf die „Ent-Wicklung" einer „im Menschen angelegten Verwandlungsgesetzlich-

---

[10] RM, 83. [11] A.a.O., 84.
[12] A.a.O., 92. Vgl. auch 7.4.
[13] Hippius in TE, 29.

keit"¹⁴. Es geht um die Entfaltung des eingeborenen „Inweges"¹⁵ in einer Folge von zu durchlaufenden Stufen.

Dürckheim geht davon aus, daß alles Leben zu einer ihm gemäßen und bestimmten Gestalt, dem „Inbild"¹⁵ drängt. Der Weg dahin ist der Inweg.

„Die rechte Gestalt aber ist nie eine end-gültige Form, sondern eine sich in un-endlicher Folge von Formen bewährende Gestalt-Formel."¹⁵

Das Werden der Gestalt wird von einem dem Menschen innewohnenden „Urwissen" geleitet, das als „Wesensgewissen"¹⁶ seinen derzeitigen Stand anzeigt. Gemeint ist – bildlich gesprochen – die

„‚Architektur der Seele', in der ein geheimer Baumeister am Werk ist, der archetypisch den zugleich universell-individuell zu gehenden Stufenweg vorzeichnet (Maria Hippius)."¹⁶

Diese Auffassung entspricht einem inneren entelechialen Stufen-Ordnungs-Prinzip, nach dem sich der Mensch entwickelt. Insofern sagt Dürckheim: „Das Inbild setzt eine Aufgabe, die der Inweg erfüllt."¹⁷ In der therapeutischen initiatischen Arbeit geht es daher um das gestaltkräftige Ausbilden des Inbildes, das Hippius in christlicher Terminologie als „imago dei"¹⁸ versteht.

Im folgenden soll nun von den angesprochenen Schritten auf dem Weg zum *WEG* die Rede sein. „Die Einswerdung mit dem göttlichen Leben und ihrer Bewährung in der geschichtlichen Welt"¹⁹, als der Weg der Verwandlung, erfolgt im wesentlichen auf drei sich überschneidenden und gegenseitig durchdringenden Bahnen, die der Trias Erlebnis, Einsicht, Übung untergeordnet werden können.

3.4.1. Erlebnis

Der Anfang des initiatischen Weges ist gekennzeichnet durch das initiatische Erlebnis, das in Form einer alles verändernden Erfahrung dem Menschen ein neues Bewußtsein eröffnen kann.

---

[14] RM, 85.
[15] A.a.O., vgl. auch MWW, 94 ff.
[16] MWW, 96.
[17] A.a.O., vgl. auch 4.4. und 4.5.
[18] Hippius in TE, 30.   [19] RM, 88.

„Es ist, als zerrisse ein großer Nebel, und schlagartig geht ein anderes Zentrum, eine neue Mitte auf, und mit ihr ein neuer Sinn, die Verheißung einer anderen Fülle, Ordnung und Ganzheit."[20] Dürckheim nennt diese Erlebnisse, die in Dauer, Tiefe und Qualität verschieden sein können, „Seinsfühlungen bzw. Seinserfahrungen"[21]. Seinsfühlungen sind Erlebnisse, „in denen für einen Augenblick die dem Menschen innewohnende Transzendenz anklingt"[22]. Der Mensch fühlt sich dabei in einer besonderen Freiheit und wie in einer anderen Wirklichkeit geborgen und aufgehoben. In der numinosen Erlebnisqualität der Seinsfühlung findet für einen Augenblick die Transzendierung des Normalbewußtseins statt, was sowohl als „Faszinosum" wie auch als „Tremendum"[23] erlebt werden kann.

Dürckheim orientiert sich in seinem Gebrauch des Numinosum „als eine überweltlich empfundene Macht"[24] an Rudolf Otto[25], der diese Erlebnisqualität beschrieben und aufgeschlüsselt hat sowie religionsgeschichtliche Vergleiche anstellte.[26] Ein Grundelement aller Religionen ist nach Otto vorhanden

„im reifsten Gottesglauben wie in der von diesem so unterschiedenen ‚mystischen' Erfahrung der Einheit und des Einen, in dem alle Verschiedenheit weltlichen Seins untergeht, und es regt sich bereits in elementarer und ‚roher' Form in dem völlig eigenen Primitiv-Gefühle des ‚Ganz Anderen' auf frühen Stufen. Wir nennen dieses Moment das ‚numinose Gefühl'".[27]

---

[20] RM, 146. [21] DUM, 79.
[22] PS, 175, vgl. auch MWW, 22 f.
[23] MWW, 25. Als Beispiel soll folgende Erfahrung eines 22jährigen Mannes angeführt werden, den ich in Rütte befragte: „Ich befand mich in einer unterirdischen Tropfsteinhöhle, die die größte der Welt sein soll. Beim Gang durch die riesigen Hallen und Dome hatte ich auf einmal das Gefühl einer heiligen Gegenwart um mich herum. Mir fiel der Teil meines als Kind liebsten Psalmtextes ein, den ich seither vergessen hatte: ‚. . .und bewahre uns eine zarte Scheu vor Gott'. Ich war durchströmt von einem unbeschreiblichen Glücksgefühl, ich hätte sterben können vor Freude, alle Zweifel und Sorgen waren verflogen, und ich spürte, ich bin größer und stärker als sie. Zugleich war da die zwingende Gewißheit, ich habe diese Kraft in mir, die mich total verändern kann."
[24] MWW, 24.
[25] A.a.O., 25 und ÜWL, 121.
[26] Otto, 1931.
[27] Ders., 1932, 1 f. Auch C.G. Jung beruft sich in seinem Begriff des Numinosen auf Otto, das „entweder die Eigenschaft eines sichtbaren Objektes oder der Einfluß einer unsichtbaren Gegenwart, welche eine besondere Veränderung des Bewußtseins verursacht", ist (in GW 11, 3).

Manchmal sind die flüchtigeren Seinsfühlungen Vorankündigungen von Seinserfahrungen, die den Menschen mit unerwarteter Intensität treffen können. Die Seinserfahrung, in deren Brennpunkt das „übernatürliche, überraumzeitliche, divine Sein"[28] ist, nimmt für Dürckheim einen absoluten Rang ein, die sie einzigartig macht und von jeder anderen Erfahrungsebene grundsätzlich abhebt. Die Seinserfahrung kann nicht in objektive Kategorien eines „Etwas" eingegrenzt werden – sie entzieht sich jeder Begrifflichkeit und kann nur in ihrer Präsenz erlebt werden.

„Der Erfahrene und das Erfahrene ist eins, richtiger gesagt: ‚Nicht-Zwei'"[29], sagt Dürckheim in Anlehnung an den Zen. Entscheidend ist der aus der Seinserfahrung entstehende Verwandlungsimpuls. Dieses Kriterium unterscheidet die Seinserfahrung – neben den bereits aufgeführten Kriterien[30] – exemplarisch z. B. von Drogenerfahrungen, wo die anfänglichen ekstatischen Erlebnisse verhängnisvoll in der Sucht enden können, da hier selten eine das Handeln und den inneren Auftrag des Menschen betreffende Veränderung erfolgt.

Der Einbruch einer Seinserfahrung ereignet sich nicht nur in Zeiten großer Not und Verzweiflung, in Grenzsituationen, sondern kann den Menschen bei jeder Gelegenheit treffen, im gewöhnlichen Alltag, wie in den besonderen „Feierstunden des Tages"[31] oder in großen Träumen.

---

[28] EW, 84.
[29] A.a.O., 85. An die Stelle von „Seinserfahrung" setzt Dürckheim auch die Begriffe „Große Erfahrung" oder zieht Parallelen zum „Satori" im Zen (Dürckheim in Bitter, 1965, 198). Nach meiner Meinung müßte hier zwischen den Unterschieden der Erfahrungsintensitäten differenziert werden. Nicht jede Seinserfahrung ist ein Satori, wohl aber jedes Satori eine Seinserfahrung. Dürckheim selbst sagt, daß das Satori auch im Osten eine seltene Erfahrung sei (Gespräch mit Dürckheim). Um so mehr scheint mir der vorsichtige Gebrauch dieser Bezeichnungen nötig zu sein.
[30] DUM, 99 ff., vgl. auch 3.3.2.
[31] Vgl. DW, 95 ff., wo Dürckheim Beispiele solcher „Sternstunden" des Lebens anführt. S. a. Müller-Eckart, 1964, 74 ff. Weitere Quellen sind in Otto, 1932, 274-281 zu finden, wo er über „spontanes Erwachen des sensus numinis" berichtet. Dort sind auch Erlebnisberichte aus der Kindheit verschiedener Autoren gesammelt. Zu erwähnen ist ferner Bucke, 1975, dessen Definition des kosmischen Bewußtseins hier zitiert werden soll: „Das kosmische Bewußtsein ist das Ergebnis einer Erfahrung, die man als plötzliches Erwachen eines neuen, nämlich kosmischen Sinnes bezeichnen kann. In diesem Erwachen erfährt der Mensch eine Intensivierung aller seiner Verstandeskräfte,

Dürckheim weist darauf hin, daß Millionen von Menschen in den letzten Kriegen von Tod, Angst und Verzweiflung unmittelbar betroffen waren und „an die Grenze des Wahnsinns getrieben, das Unbegreifbare gespürt"[32] haben, wo sie in Situationen höchster existentieller Not und Bedrohung das Gefühl von etwas Unverwundbarem – nicht rational begreifbar – wohl aber erfahrbar, spürten. Solche wie auch andere erlösende Erlebnisse ernst und auch ihren „verpflichtenden Kern"[33] wahrzunehmen, ist nach Dürckheim dann die Bestimmung des Menschen.

Hieran hindert ihn das gegenständliche Bewußtsein, in dem derartige Erlebnisse keinen Raum haben. Für gewöhnlich werden daher Wesenerfahrungen als bloße Stimmungen abgetan, außerordentlichen Situationen zugeschrieben, als Superlativ eines Gefühls gedeutet oder es wird versucht, sie rational und theoretisch einzuordnen und damit auf die objektive Ebene zu reduzieren[34]. Daher muß der Mensch lernen,

„hindurchzustoßen durch die ‚Hülle', d. h. durch die Erkenntnisform und die alles eingemeindende Erkenntnisordnung seines gewöhnlichen Bewußtseins. Er muß bereit werden, die spezifische Bedeutsamqualität des Erfahrenen als solche zuzulassen, ernst- und wahr- zunehmen."[35]

---

die an sich schon genügt, ihn auf eine seinem gewöhnlichen Ichbewußtsein überlegene Bewußtseinsstufe zu heben. Darüber hinaus erlebt er in einer oft als unbeschreiblich beschriebenen Freude und Seligkeit eine allgemeine geistige Erleuchtung, die dem inneren Auge völlig neue Dimensionen öffnet. Das wichtigste Merkmal des kosmischen Bewußtseins aber ist, wie der Name schon sagt, das Erkennen der ewigen kosmischen Gesetze wie auch das Wissen, daß der Mensch unsterblich, nicht war oder sein wird, sondern ist"(a.a.O., 19). Sicherlich ist das, was Bucke hier als kosmisches Bewußtsein beschreibt, nur relativ wenigen Menschen als Erfahrungsmöglichkeit gegeben. Viele Schüler in der IT haben Erfahrungen gehabt, die zwar kaum in die Kategorie von Bukke's Definition fallen würden, doch sind sicherlich graduelle Annäherungen an diese Bewußtseinsqualität eingetreten. Dies im einzelnen zu beurteilen, kann nicht an dieser Stelle geschehen. Trotzdem halte ich Bucke's Definition wie auch später die von Satori für hilfreich, um aufzuzeigen, um welche Bewußtseinsdimensionen und -sprünge es sich bei manchen Schülern in der IT handelt. Ein anderer wichtiger Autor ist William James, der lt. Hanefeld als Vorläufer der Transpersonalen Psychologie angesehen werden kann. (Hanefeld in Assagioli, 1978, 23). In seinem Buch „Die Vielfalt religiöser Erfahrung", 1979, gibt James einen breiten Überblick über die religiösen Erfahrungen im Gesamterleben des Menschen, wobei er auch auf neurologische, charakterologische, mystische und philosophische Aspekte dieser subjektiven Erfahrungen eingeht.
[32] ZW, 133. [33] A.a.O., 134. [34] DW, 113.
[35] A.a.O., vgl. auch Maslow, 1977, 178 f.

Dazu gehört das „Vertrauen in die Kraft der Tiefe"[36], wobei Dürckheim „jenes personale Tiefenzentrum, das den eigentlichen Kern der menschlichen Persönlichkeit ausmacht"[36], meint.

Wie wird nun mit diesen numinosen Erfahrungen therapeutisch umgegangen? Entscheidend für das Wahrnehmen initiatischer Erlebnisse – auch vergangener – ist die Entwicklung des Differenzierungsvermögens. Im therapeutischen Agieren führt ein Weg über die Sensibilisierung der Sinne. Mit ihrer Hilfe ist „der Kontakt vom Grobsinnlichen über das Feinsinnliche zum Übersinnlichen"[37] herstellbar.

Zu den Übungen des „Innewerdens" gehören z. B. das Tasten, der Tanz, der Umgang mit Ton-Erde, Holz und andere handwerkliche Arbeiten. Es geht letztlich um die Entwicklung des „inneren Sinns"[38], um das „Innewerden des in allen Erscheinungen verborgenen Wesens".[39] Zu den Voraussetzungen für die „Ausbildung des Organs zur Seinsfühlung"[40], gehört in der IT das bewußte Erinnernlassen numinoser Erlebnisse aus der Biographie. Hier sind es zum großen Teil Situationen aus der Kindheit, in der das Kind noch in unmittelbarem Kontakt mit der ungeteilten Ganzheit auf der praementalen Stufe, dem Uroboros im Sinne Neumanns, lebte. Gebsattel schildert, daß in der Kindheit solche numinosen Ersterlebnisse wie ein Blitzschlag zünden, in denen das Kind sich zum erstenmal als „Ich bin ein Ich"[41] erfährt. In diesen Erfahrungen ist die Möglichkeit des Sich-Transzendierens enthalten,

„wobei die Individualität aufgeht in eine höhere Existenzform, sei es in der ewigen Idee des Menschen, sei es noch realer in der Christus-Wirklichkeit."[42]

Das Getroffenwerden von solchen Erfahrungen tritt plötzlich und unerwartet ein. Es ist keinem linearen, kontinuierlichen Entwick-

---

[36] SLMR, 45.
[37] Mündliche Mitteilung von Hippius.
[38] PS, 140.
[39] A.a.O., Dürckheim spielt mit dieser Aussage auf einen Ausspruch von Novalis an: „Alles Sichtbare ist ein in einen Geheimniszustand erhobenes Unsichtbare."
[40] ÜWL, 108.
[41] Gebsattel, 1964, 313.
[42] A.a.O., 316.

lungsverlauf unterzogen. Müller-Eckart spricht in diesem Zusammenhang vom „Gesetz der Diskontinuität".[43]

An die in diesen Erlebnissen potentielle nach Verwandlung und Gestaltwerdung drängende Kraft – dem Inweg im Dürckheimschen Sinne – wird in den therapeutischen Stunden appelliert, so daß die für den Menschen darin enthaltene existentielle Aussage nun in ihren bewußten und sinnhaften Vollzug genommen wird. Neben der Durchleuchtung der Biographie und den exerzitienhaften Übungen in den Stunden bietet auch die Lage des Zentrums Rütte mit seinem Eingebettetsein in die Natur des Hochschwarzwaldes vielfältige Ansätze, das Bewußtwerden numinoser Erlebnisse durch das „Medium Natur" nachzuvollziehen[44].

Damit ist der erste Schritt des initiatischen Weges umrissen, und zugleich sind die Ansätze für die therapeutische Praxis ersichtlich geworden:

Es geht um „die Bereitung zur Einsfühlung mit dem Wesen"[45], d. h. Bedingungen zu schaffen, die dem Menschen Zugang zu seinem Wesen ermöglichen. Diese Vorgehensweise soll unter das Stichwort „initiieren" fallen.

3.4.2. Einsicht

Die Weiterführung des erhellenden und zündenden initiatischen Erlebnisses wird erst durch die entsprechende Erkenntnis und Einsicht in die Bedeutung der erlebten Erfahrung fruchtbar.

„Hierbei handelt es sich um die Einsicht in die Polarität von Welt-Ich und Wesen, um die Einsicht in den Schatten und um die Einsicht in den Stufengang menschlichen Werdens, insbesondere der Bewußtseinsverwandlung."[46]

Die erste Einsicht betrifft die Notwendigkeit, den Unterschied zwischen dem Welt-Ich und seinem „statischen Welt-Ich-Bewußtsein"[47] einerseits und dem nach Manifestation drängenden Wesen mit dem übergegenständlichen Bewußtsein andererseits zu spüren. Ferner

---
[43] Müller-Eckart, 1964, 70.
[44] Vgl. PS, 144.
[45] Dürckheim in Bitter, 1965, 199.
[46] ÜWL, 111.   [47] RM, 149.

geht es um die Erfahrung, die Kluft „zwischen dem Welt-Ich und dem aus der Integration um Welt-Ich und Wesen zu immer größerer Freiheit heranwachsenden personalen Subjekt"[46] zu erleben.

Die Erfahrung der innewohnenden Polaritäten wird dem Menschen in Träumen und in jenen alltäglichen Handlungen bewußt, in denen er die Diskrepanz zwischen den Forderungen seines „absoluten Gewissens"[48] und dem Drang des Welt-Ichs erlebt.

Die Einsicht um die Problematik des Schattens spielt die nächste wichtige Rolle auf dem initiatischen Weg.

„Das Insgesamt der nicht zugelassenen, d. h. nicht gelebten oder ins Unbewußte verdrängten Potentiale, Reaktionen und Impulse des Menschen"[49] kennzeichnet den Schatten.

In der therapeutischen Arbeit geht es nicht nur um die Wahrnehmung des persönlichen Schattens, sondern darum, ihm zu begegnen, ihn zuzulassen und letztlich ihn zu integrieren. Im Vorgang der tiefenpsychologischen Bereinigung des Unbewußten wird erst durch die Integration der unbekannten, dunklen, chaotischen Seiten des Menschen die dort gebundene Energie frei für die Verwandlung in schöpferische Potentiale. Dies ist mit dem Preisgeben alter Ordnungen verbunden, es bedeutet das Sterben des alten Ichs, das Durchleiden der nunmehr gespürten inneren Gegensätze, zwischen männlich und weiblich, Licht und Dunkel, gut und böse, usw. Erst die Vereinigung der Gegensätze, das Erleben der Übergegensätzlichkeit läßt den Menschen in fortwährender Verwandlung zu einer neuen Verfassung heranreifen. Die therapeutische Arbeit setzt hier mit den Methoden der Tiefenpsychologie nach C. G. Jung und E. Neumann an, mit der Gestalttherapie, dem Geführten Zeichnen, dem Psychodrama, der Per-

---

[48] ZGE, 116. „In diesem Gewissen erhebt sich unabweisbar eine Forderung des Wesens, die alle Verpflichtungen dieser Welt außer Kraft setzt" (PS, 150). Vgl. auch die folgende Erlebnisschilderung von Dürckheim. Eine Parallele zum „absoluten Gewissen" bei Dürckheim findet sich bei Maslow, 1973, 24, wo er vom „inneren Gewissen" spricht, „das auf der unbewußten und vorbewußten Wahrnehmung unserer eigenen Natur, unseres Schicksals oder unserer Fähigkeiten beruht, unserer eigenen ‚Berufung' im Leben. Es besteht darauf, daß wir unserer inneren Natur treu bleiben und daß wir sie nicht aus Schwäche oder um eines Vorteils oder anderer Gründe willen verleugnen."
[49] ÜWL, 112. Auf die Schattenproblematik gehe ich ausführlich ein in 4.4.3.

sonalen Leibtherapie und der Traumarbeit[50]. Dabei geht es nicht nur um die rationale Erkenntnis, wie sie z. B. in tiefenpsychologischen Kolloquien vermittelt werden und um das erlebnismäßige Ausleben, sondern um das Umwandeln der im Schatten sich ausdrückenden, nach Licht drängenden Gegensätze.

Eine weitere Einsicht auf dem initiatischen Weg betrifft die „Zunahme des Lebenswissens mit Bezug auf die Stufen des innermenschlichen Werdens".[51]

Der Mensch, der durch die „initiatische Wende"[52] den Horizont seiner normalen Wirklichkeit in einer Seinserfahrung transzendierte, steht gleichsam in einem „weltüberlegenen Licht"[53]. Erst durch diese Erfahrung des „absoluten Lichtes" wird ihm die polare Seite deutlich, die in Form des „absoluten Dunkels" auftritt. Aus der Gegensätzlichkeit zwischen hell und dunkel ist die Chance der Übergegensätzlichkeit gegeben, „das *Licht* . . ., das jenseits ist von Licht und Dunkel"[53]. Dürckheim zeigt hier auf, daß der Mensch, der seinen bisherigen natürlichen Lebensweg verläßt und sich auf einer anderen neuen Ebene einläßt, um die dort sich an ihm vollziehenden Gesetzlichkeiten wissen muß. Dies ist notwendig, um nicht der Faszination einer einmalig erlebten erlösenden Seinserfahrung zu erliegen. Erfahrungsgemäß wirkt das nachfolgende Auftauchen des „Widersachers"[53], oft in Gestalt von äußeren Ereignissen, wie ein Streitigmachen oder Verraten der gewonnenen Erfahrung. In dem allmählichen Bestehen solcher Gegensatzspannungen zwischen Glück und Leid, plötzlichen Durchbrüchen und nur langsamen Entwicklungsschritten vollzieht sich ein Reifungsprozeß, der mit der Verwandlung des Bewußtseins parallel läuft.

Der initiatische Weg auf dieser Stufe ist gekennzeichnet durch die Erkenntnis und Einsicht, vor allem in die eigenen, meist erst verborgenen Polspannungen und Stufengesetzmäßigkeiten auf dem Weg. Das hier geltende therapeutische Prinzip lautet: „Aufhebung dessen,

---

[50] Die Betonung der Notwendigkeit der Schattenbereinigung als unverzichtbares Element auf dem initiatischen Weg steht im harten Gegensatz zu modernen Meditationsrichtungen, deren Ziel es ist, möglichst schnell und ohne die als Umweg erachtete tiefenpsychologische Bearbeitung „ans Licht" zu gelangen, etwa in der TM (Transzendentale Meditation).
[51] ÜWL, 112.   [52] ÜWL, 112.   [53] A.a.O., 113.

was uns von ihm (dem Wesen, der Verf.) trennt"[54]. Dies vollzieht sich nach dem Prinzip des Integrierens nach der vorherigen Aufspaltung in die Gegensätzlichkeiten.

Die Übung soll dazu verhelfen, die Bedingungen zu schaffen, unter denen der Mensch die Integration von Welt-Ich und Wesen vollziehen kann.

3.4.3. Übung[55]

Erlebnis und Einsicht als wesentliche Komponente auf dem initiatischen Weg werden ergänzt durch den planmäßigen Prozeß der Übung.

„Der Weg im Sinne des Zen ist aber der Weg der Übung, der Übung verstanden als exercitium ad integrum".[56]

Die Übung, wie sie Dürckheim aus dem Umgang mit dem Zen erfahren hat, dient der Verwandlung zur Transzendenz. Um eine durchlässige Verfassung zu erreichen, wird in besonderer Weise die Arbeit am Leib einbezogen.

Auf dem initiatischen Weg geht es um zweierlei: „Begegnung mit dem Wesen als Erlebnis, und das Werden aus dem Wesen als Verwandlung".[57] Die Anlehnung an das Übungsprinzip des Zen beinhaltet ein anderes Verständnis vom Wesen der Übung als das im Westen gewohnte. „Der Sinn allen Sich-Übens liegt für uns vorwiegend auf Leistung, für den Japaner auf Reife."[58]

Dürckheim unterscheidet insofern einen zweifachen Sinn der Übung: Es gibt die Übung, bei der es um das Erreichen einer gekonnten Leistung geht, d. h. das perfekte Beherrschen einer Technik, wie sie zur Bewährung in der „äußeren Weltwirklichkeit", etwa im Beruf unumgänglich ist, und es gibt die Übung, die den Weg zur inneren Reife durch Läuterung und Verwandlung ebnet.

---

[54] Dürckheim in Bitter, 1965, 199.
[55] Vgl. auch Bollnow, 1978, der „die grundsätzliche anthropologische Frage nach dem Wesen der Übung" (S. 11) herausarbeitet, auch unter Einbezug pädagogischer, didaktischer und philosophischer Hintergründe. Er widmet auch der „Übung in der alten japanischen Kultur" ein eigenes Kapitel, indem er auf Herrigel und Dürckheim (S. 59 ff.) eingeht.
[56] WK, 5.   [57] MWW, 117.   [58] JKS, 27.

Übung zur Leistung und Exerzitium auf dem Weg, beide gehören zusammen und ergänzen einander. Dürckheim wertet in keiner Weise die Notwendigkeit des Leistungsgedankens ab, er warnt jedoch vor einer Verabsolutierung dieses Prinzips.

„Nicht das Leistungsprinzip verdirbt den Menschen, sondern der Mensch verdirbt das Leistungsprinzip"[59], sagt er.

„Die Übung zur Leistung erledigt sich, wenn man das Geübte kann. Die Übung auf dem inneren Weg beginnt erst, wenn man das Geübte kann und besteht in seiner ewigen Wiederholung."[60]

Aus dem Angeführten wird die westliche und östliche Auffassung vom Sinn und Ziel der Übung ersichtlich. Im Zen hat sie Zeremonien-Charakter und wird als ein „kultisches Geschehen"[61] und nicht etwa als ein intensiver Leistungssport betrachtet und ausgeführt.

„Um wirklich Meister des Bogenschießens zu sein, genügt technische Kenntnis nicht. Die Technik muß überschritten werden, so daß das Können zu einer ‚nicht gekonnten Kunst' wird, die aus dem Unbewußten erwächst"[62], sagt Suzuki.

Der notwendige Vollzug der richtigen Übung ist immer der gleiche: Die ständige Wiederholung eines technischen Ablaufs bis zu seiner Beherrschung. Die daraus resultierende Leistung wird aber nicht als Endziel angesehen. Der dahinter verborgene Sinn meint: Durch die Meisterung der Technik einer nun in Aktion tretenden anderen Kraft Raum zu geben. Dadurch gelingt die Übung gleichsam wie von selbst, absichtslos, ohne Zutun eines ängstlichen, auf Gelingen bedachten kleinen Ichs[63]. In diesem Zustand befindet sich der Mensch in „Hara, d. h. verankert in seiner Leibesmitte, gelöst von seinem kleinen Ich"[64]. Nach Dürckheim kann diese Erfahrung dem westlichen Menschen im automatisierten Tun einer Übung aufgehen, wo das kleine Ich transzendiert, die Subjekt-Objekt-Spaltung aufgehoben wird und der Mensch "in den Genuß eines kosmischen Einklangs

---

[59] DUM, 41. [60] AÜ, 34.
[61] Herrigel, 1975, 12.
[62] Suzuki in Herrigel, 1975, 7.
[63] Herrigel, a.a.O., 12: „. . . daß also der Schütze im Grunde genommen auf sich selbst zielt und dabei vielleicht erreicht, daß er sich selbst trifft."
[64] PS, 166.

gelangen und auf höherer Stufe die Einheit des Lebens erfahren kann, die sein Ich-Sein verbirgt"[65].

Aus diesen Sätzen könnte ein unerreichbar scheinender Anspruch an den Übenden herausgelesen werden, der wenig mit der konkreten Realitätsbewältigung zu tun hat. Doch in der IT liegt der Akzent immer wieder auf der Umsetzung des in der Übung Erfahrenen in die konkrete Alltagswirklichkeit[66].

Worauf es Dürckheim im wesentlichen ankommt, ist folgendes: Was bei der Übung an Leistung *herauskommt,* ist weniger von Bedeutung als das, was für den Menschen dabei *hereinkommt,* nämlich das Zulassen einer Tiefenkraft, die von der erfolgten Durchlässigkeit der immanenten Transzendenz zeugt[67].

Die Möglichkeit, das Exerzitium in den Dienst der Reifung einzubeziehen, bedeutet, jede Handlung meditativ-intuitiv vorzunehmen, d. h. ganz präsent in diesem Tun zu sein, dem „gleichsam eine Sakrilierung der inneren Verfassung parallel liefe"[68].

Für Dürckheim bedeutet die japanische Auffassung und Praxis der Übung eine Chance, die Einseitigkeit der pragmatischen Haltung zum Zweck und Ziel eines Tuns zu erweitern und therapeutisch als Agens zur menschlichen Reife einzusetzen. Damit wird das Tun existentiell. Vor dem Hintergrund der Trias Erlebnis, Einsicht, Übung wird verständlich, daß es „ewiger Wiederholung"[69] bedarf und der „Treue in der Übung"[70], um den einmal erfahrenen Vorgang des Transzendierens auch leibhaftig zu bewältigen.

Die Treue zur Übung verlangt ständige Wiederholung und die Disziplin, „immer noch einmal etwas tun müssen, unabhängig von der augenblicklichen Bereitschaft oder Stimmung"[71]. Das „Muß" darf

---

[65] JKS, 31.
[66] Vgl. auch Dürckheims Buch „Alltag als Übung" und 3.4.4.3.
[67] Vgl. dazu Herrigel, der auf Geheiß des Meisters auf ein Strohbündel aus einem Abstand von 3 Metern zu zielen hatte. Hierbei kam es gar nicht auf das Treffen des Zieles an, sondern es ging um die Verwandlung, die sich beim Übenden vollzog. Vgl. auch die Stelle, wo der Meister eine Probe seiner Kunst abgibt und nach dem vollkommenen Schuß sagt: „Ich jedenfalls weiß, daß nicht ‚ich' es war, dem der Schuß angerechnet werden darf. ‚Es' hat geschossen und hat getroffen. Verneigen wir uns vor dem Ziel als vor Buddha!" (a.a.O., 74).
[68] PS, 162.   [69] DUM, 164.
[70] A.a.O., 153.   [71] A.a.O., 163.

nicht als autoritäre oder zwanghafte Anordnung mißverstanden werden, sondern entspringt der „autonomen Disziplin"[71].

In der therapeutischen Praxis geht es um das „Einleiben erleuchtender Erkenntnisse"[72], um „mühselige Integrationsakte zwischen der Ebene des Bedingten und der des Unbedingten"[73]. Hier wird das therapeutische Prinzip auf der Übungsebene deutlich: Das Inkorporieren der gemachten Erfahrungen, besonders in der Arbeit am Leib.[74] Aber auch beim Geführten Zeichnen in der stetigen Wiederholung einer zeichnerischen Gebärde, beim Meditieren in der regelmäßigen Teilnahme am Za-zen und, allgemein gesprochen, in dem aktiven Bemühen um eine bis ins Stoffliche, d. h. in den leiblichen Ausdruck hineinreichende Durchdringung und Ausstrahlung der inneren Erfahrung und ihrer konsequenten Verwandlung ist das Prinzip des Inkorporierens wirksam.

Damit soll vorerst das Kapitel über die Übung innerhalb der vorgestellten Trias abgeschlossen werden. Die Prägung des Dürckheimschen Übungsbegriffes durch den Zen wurde deutlich mit dem durchgängigen Sinn der Verwandlung. Sicherlich wären auch Parallelen zu abendländischen Exerzitienformen herzustellen, etwa denen des Ignatius von Loyola[75], was an dieser Stelle aber nicht geleistet werden kann. Der Hauptansatz der Übung, die zum „Kernstück des Weges"[76] gehört, die Arbeit am Leib und das therapeutisch-psychagogische Grundprinzip, die Inkorporation von Erlebnis und Einsicht in die Leibgestalt und damit in die Lebenswirklichkeit des Menschen wurde hier bereits angesprochen.

Erlebnis, Einsicht, Übung gehören in dem Konzept der IT untrennbar zusammen, denn „eine Erleuchtung schafft noch keinen Erleuchteten"[77], sagt Dürckheim. Mit dieser Trias könnten, besonders durch die Betonung der Übung, viele therapeutischen Arbeitsweisen erweitert werden, die auf analytischen oder integrativen Konzepten basieren. Gerade die nach einer neuen einschneidenden Erfahrung

---

[72] Hippius in TE, 32.
[73] A.a.O., 34.
[74] Auf die praktischen Übungen in der Personalen Leibtherapie und ihre theoretischen Grundlagen gehe ich ein in 9.3.
[75] Vgl. MPP, 1306.
[76] RM, 152.   [77] A.a.O., 96.

auftretende Unsicherheit des Betroffenen hinsichtlich der Umsetzung in das gewohnte Umfeld könnte durch einen lernintensiven Übungsgang behoben werden. Insofern wären Parallelen zu dem in der Verhaltenstherapie angewandten Modus herstellbar, wobei jedoch die ausschließlich pragmatische Komponente der Symptombeseitigung nicht mit der Auffassung der IT korrespondiert.

3.4.4. Meditation als Verwandlungsübung

In den vorangegangenen Kapiteln wurde auf das Zentralanliegen der IT verwiesen, den Menschen zu seiner ursprünglichen Ganzheit, zu seiner Doppelnatur zurückzubinden. Dabei wurden die theoretischen Grundlagen für die Praxis des initiatischen therapeutischen Vorgehens aufgezeigt, von der Erlebnis, Einsicht und Übung der wesentliche Bestandteil sind.

Zur Charakterisierung des initiatischen Weges gehört das allen Arbeitsmethoden zugrundeliegende Prinzip der Meditation als Verwandlungsübung. Welchen Stellenwert nimmt die Meditation in der IT ein, wie definiert Dürckheim sie und wie unterscheidet sie sich von anderen Auffassungen der Meditation?

„Meditation als Übung auf dem geistlichen Wege erfüllt ihren Sinn nur als Übung zur Verwandlung! . . . Der Sinn der Meditation als Verwandlungsübung ist die zum Sein hin gewährleistete Durchlässigkeit der Person – auf daß das Sein in ihr und durch sie hervortönen (personare) kann in der Welt."[78]

Mit dieser Aussage zieht Dürckheim die Grenze zu den meisten Meditationsformen. Dazu zählen die gegenständliche Meditation, wie die aus dem christlichen Raum stammende Bild-, Kreuz-, Wort- und Textmeditation, bei denen die Konzentration auf einen gegenständlich vorgegebenen Inhalt oder dessen Betrachtung im Mittelpunkt steht[79]. Eine Meditation, die dem Meditierenden nur Stille, das Abschalten von der Alltagshektik anbietet oder ihn um neue, schöne Erfahrungen bereichert oder aber die Ausübung höherer Fähigkeiten anstrebt[80], ihn aber selbst nicht in seinem Grunde verändert, d. h.

---

[78] DUM, 242.
[79] Vgl. die Beiträge von Frei, Rosenberg, Lotz in Bitter, 1958.
[80] DUM, 240.

ihn zu seinem Wesen finden läßt, verfehlt für Dürckheim den eigentlichen Sinn. Dies schließt aber die gegenständliche Meditation nicht aus[81]. Erst wenn der konkrete Gegenstand mit dem ihm innewohnenden übergegenständlichen und übergegensätzlichen Kern gleichsam von innen zu leuchten beginnt, dann sind Meditierender und Gegenstand eins, ist die verhängnisvolle Subjekt-Objekt-Spaltung aufgehoben. Und darin ist ein den Meditierenden verwandelnder Moment enthalten.

In diesem Sinne interpretiert Dürckheim „meditari" in seinem etymologisch nicht haltbaren, doch den Kern der Sache gerecht werdenden Sinn als ein „Zur-Mitte-Hingegangenwerden"[82], wo dem Meditierenden in den Bemühungen um Konzentration[83] etwas widerfährt, das er nicht machen, sondern nur zulassen kann. Die weitere Bedeutung von meditari, die sich aus der Vorsilbe med- ergibt, „nämlich nicht an ‚Mitte' zu denken, sondern an ‚Maß'"[84], erhielte dann die Bedeutung von: In sein Maß gerückt werden und damit in die entsprechende zentrale Verfassung. Meditieren bedeutet in diesem Zu-

---

[81] Dürckheim sieht die Unterscheidung zwischen gegenständlicher und ungegenständlicher Meditation als ein Mißverständnis an. Gerade in diesem Bereich bemüht er sich um eine Klarstellung zur christlichen Auffassung der Meditation. Ihrem Vorwurf, östlicher Meditation gehe es um die Leere und vernachlässige den konkreten Inhalt und Gegenstand, begegnet Dürckheim mit dem Hinweis, daß es sowohl östlicher wie westlicher Auffassung um die Abwesenheit von behindernden Vorstellungen und Bildern einer nur der gegenständlichen verpflichtenden Sichtweise gehen müsse, um zu dem übergegenständlichen Wesen, der „Fülle des Nichts" (vgl. Hisamatsu), die allen Dingen innewohnt, vorzustoßen. Erst in dem Abstreifen der oberflächlichen Hülle offenbare sich der tiefe, ewige Kern, das WORT im christlichen Sinn (DUM, 243 f., MWW, 140). Vgl. auch Lassalle, 1968, 96 ff., wo er auf das Verhältnis von Zen zum Christentum eingeht und dabei speziell Parallelen zu den christlichen Mystikern wie Bonaventura, Meister Eckehart, den Viktorianern, Johannes Tauler, Jan van Ruysbroeck und Johannes vom Kreuz zieht. Über die Beziehung zwischen christlicher Meditation und Zen, insbesondere das Za-zen, geht Lotz ein in Reiter, 1976, 76 ff.
[82] MWW, 187.
[83] Dürckheim meint hier die Einteilung in „concentratio, meditatio, contemplatio" (MWW, 186). In der Phase der Konzentration bemüht sich der Übende aktiv, von sich aus den rechten Ablauf der Übung zu gestalten. In der zweiten Phase vollziehen sich die erstrebten Übungsabläufe wie von selbst, der Übende kann z. B. das „Es atmet" (a.a.O., 187) erleben. Die Phase der Kontemplation ist nach Dürckheim ein seltenes Ereignis und entspräche dem Samadhi. Hier erfährt der Übende das Geschenk der Gnade, vergleichbar mit der „praesentia dei" (a.a.O., 188) als das Innewerden des „überweltlichen Seins, des uns eingeborenen Christus".
[84] MWW, 187.

sammenhang eine „initiatische Übung"[85], „die den Durchbruch zum Wesen und zu einem Leben, das das Wesen Gestalt werden läßt in der Welt"[86],fördert.

Dürckheim reserviert das Adjektiv „meditativ . . . für solche Übungsformen . . . die transzendental ausgerichtet, wesensbezogen sind"[87]. Er unterscheidet drei verschiedene Arten des praktischen meditativen Vollzugs:
1. Das Za-zen als meditative Übung eher passiven Charakters,
2. solche mehr aktiver Ausrichtung,
3. das ganze Leben, der Alltag als Übung[88].

Aus dieser Aufzählung wird erneut deutlich, daß Meditation für Dürckheim nicht seinen Sinn darin erfüllt, etwa unbeweglich in einer bestimmten Haltung, mit oder ohne gegenständliche Betrachtung zu verharren – wenngleich dies ein wesentlicher Bestandteil ist –, sondern über das scheinbar passiv Empfangene hinaus in jedem therapeutischen Medium bis in die alltägliche Wirklichkeit in jedem Tun dem Leitsatz der Verwandlungsbewegung zu entsprechen.

Der folgende Abschnitt handelt vom Za-zen, wobei ich hier bereits die Abgrenzung zur japanischen Tradition andeute und die von Dürckheim eingeführte Meditation im Stil des Za-zen vorstelle.

3.4.4.1. Meditation im Stil des Za-zen

Zur ersten meditativen Übung gehört das Za-zen, das Sitzen in der Unbeweglichkeit des Leibes[89]. Diese Haltung, das in sich versammelte Sitzen in der Stille, bei der sich wohl am ehesten die Assoziation zu „meditieren" einstellt, bezeichnet Dürckheim als die Grundübung für alles meditative Leben[90].

In der Praxis orientiert er sich an der aus der Tradition des Zen

---

[85] Dürckheim bezieht sich auf Severus, 1953, 365-375, demzufolge meditari den Sinn des „geistigen Übens" erhält. (MPP, 1297).
[86] MWW, 17.
[87] MPP, 1296, vgl. auch ÜL, 54.
[88] MWW, 135.
[89] Kapleau, 1972, 35, definiert Za-zen wie folgt: „Za-zen ist das Sitzen im Zen, und zwar in geistiger Sammlung, in Versenkung . . . wenn man Za-zen übt, sind die besten Vorbedingungen geschaffen, um den Herzensgeist zu schauen und das wahre Wesen des Daseins zu entdecken."
[90] MWW, 136. Zur Technik des richtigen Sitzens, s. ZW, 104 ff.

überlieferten Körperhaltung, die „rechte Aufrechte"[91]. Die strenge Disziplin, die sowohl die Haltung als auch die Konzentration und den gesamten Verlauf der Meditation betrifft, ist für Dürckheim die dem westlichen Menschen gemäße Form, die seinem „personalen Gestaltgewissen"[92] am nächsten kommt. Damit meint er den nicht zu übersehenden geradezu perfekten technischen Verlauf der Za-zen-Meditation, bei der die Gefahr der Auflösung, dem „seligen Zerfließen" in weltabgewandte Sphären durch die Betonung der Form und der Disziplin dem Abendländer eine gewisse Sicherheit und Vertrauenswürdigkeit einflößt[93].

Die Grundeinstellung ist immer die gleiche, um die es bei dieser passiven Form in der initiatischen, meditativen Übung geht: Abbau von Wesenswidrigem und Förderung dessen, was das Hervorkommen des Wesens und seine Bekundung ermöglicht[94].

Das Ziel des Za-zen richtet sich im Zen auf die Erleuchtung, Satori, die für Dürckheim kein Privileg des Zen-Buddhismus ist. Satori bedeutet für ihn „die verwandelnde Erfahrung des unserem Wesen innewohnenden überweltlichen Seins"[95]. Satori hat für ihn den Wert einer Ausgangserfahrung; der Mensch darf in seiner Entwicklung nicht stehenbleiben, sondern soll die gemachte Erfahrung „einfleischen", und sich als werdende Person in den Bewährungsfeldern des Lebens stellen. Damit soll nicht der Eindruck entstehen, als sei in der IT das Erreichen von Satori durch die Za-zen-Übungen das Haupt-

---

[91] A.a.O., 137.
[92] ZW, 130. Hier werden die Ansätze zu einem „westlichen Zen" sichtbar. Vgl. 4.6.7.
[93] Allerdings macht Dürckheim auch ein Zugeständnis an diejenigen, die nicht die östliche Praxis des Sitzens auf dem Boden, möglichst im Lotus oder Halb-Lotussitz beherrschen oder erlernen können. „Man kann wohl sagen, daß bei entsprechender Einstellung der wirklich Suchende in jeder Haltung vorankommen kann" (MWW, 136). Insofern hält er auch das Meditieren auf dem Stuhl sitzend für möglich, sofern bestimmte Grundkriterien erfüllt sind, daß etwa die Knie tiefer gelagert sind als das Bekken.
[94] Kapleau, a.a.O., 39, definiert das Ziel des Za-zen ähnlich: „. . . der Geist wird dabei aus der Knechtschaft aller und jeglicher Gedankenformen, Visionen, Dinge und Vorstellungen befreit . . . und in einen Zustand vollkommener Leere versetzt, aus dem heraus er eines Tages seines eigenen wahren Wesens oder des Wesens des Weltalls innewerden kann . . . Za-zen ist ein intensives inneres Ringen um Beherrschung des Geistes . . ., um damit die Schranken der 5 Sinne und des diskursiven Intellektes zu durchbrechen".
[95] MWW, 141, vgl. auch 4.6.6.

ziel, es zählt das ständige Bemühen und Ringen auf dem initiatischen Übungsweg. Bilder aus dem Unbewußten werden in der IT im Unterschied zum östlichen Weg nicht als störend oder unwichtig für das im buddhistischen Sinne verstandene erlösende Leerwerden angesehen. In ihnen ist ein Energiepotential – meist sind es verdrängte Schattenkräfte[96] – enthalten, das es wahrzunehmen, anzunehmen und über das Bewußtsein zu integrieren gilt. Die gezielte Integration solcher möglicherweise archetypischer Energiefelder, die mit dem ,,Makyo" im Zen vergleichbar wären[97], dient in der IT gemäß dem westlichen Weg des Menschen zur Ausgestaltung seiner Person. Auf diesem Weg spielt die Tiefenpsychologie eine wichtige Rolle, wenngleich der mitunter metapsychologische Sinn von Erfahrungen nicht verfehlt werden darf, d. h. der therapeutische Wegbegleiter darf nicht der Gefahr erliegen, sie auf psychologische Kategorien zu reduzieren[98].

Der Weg zur ,,Leere" führt im Westen über die Entwicklung der Person. Demnach werden die Bilder mit ihrem Signal- und Aufforderungscharakter aus einer im Grunde bildlosen Erfahrungsquelle ernstgenommen und auf der Bewußtseinsebene verarbeitet und integriert. Nach Dürckheim ist der Ursprung der Gottesbilder, die ,,. . . von einem Numinosum durchwirkten, bildlosen Erfahrungen, die, auf den Bildschirm des Welt-Ichs geworfen, Gestalt annehmen"[99]. Damit werden sie für das gegenständliche Bewußtsein faßbar. Durch die bewußte Integration dieser Bilderkräfte erfolgt eine Klärug des Bewußtseins, die das ,,Spüren der essentia rerum"[100] begünstigt und die ,,Öffnung des Wesensauges und des Wesensohres"[100] ermöglicht.

So kann der Meditierende mehr und mehr durch die ihn also auch bereichernde, d. h. zu seiner Selbstverwirklichung führende Bilderwelt hindurchdringen zu dem bildlosen Urgrund.

Zum praktischen Vollzug der Za-zen-Übung im westlichen Stil gehört nach Dürckheim die ,,bewußte Begleitung des Atems als der unserem Leib eingeborenen Grundformel zur Verwandlung"[101]. Der

---

[96] Vgl. MWW, 190.
[97] Vgl. Lassalle, 1974, 66.
[98] Vgl. MWW, 189.
[99] Dürckheim in Stachel, a.a.O., 302.
[100] MWW, 140.   [101] MWW, 141.

natürliche Atemrhythmus bewegt sich zwischen dem Ausatmen, der im übertragenen Sinn das Loslassen, das „Entwerden" meint, der Pause als das Einswerden mit dem Grund und dem Einatmen als Neuwerden. Für das Einatmen wird ein Viertel der Zeit benötigt, für das Ausatmen zwei Viertel und das restliche Viertel für die Pause zwischen Ein- und Ausatmen. So ergibt sich folgende Anordnung: Aus – aus – Pause – ein[102]. Diesen Vierer-Rhythmus kleidet Dürckheim mit einer sprachlichen Grundformel aus:[103]

Sich loslassen
Sich niederlassen
Sich einswerdenlassen
Sich neu kommen lassen.

Der bewußte Vollzug dieser Atemformel soll den Übenden dazu anleiten,

„den Atem als eine Weise zu empfinden, sich von Gewordenem und Verhärtetem zu befreien und der im Einatmen erfahrbaren Erneuerungsbewegung den rechten Raum zu schaffen."[104]

Die Einführung dieser Formel entspricht nicht der Praxis des traditionellen östlichen Zen.

„Mit dieser Formel im Sinn kann man das Meditieren im Stile des Za-zen in einer Weise beleben und beseelen, die dem Geist des westlichen Menschen entspricht... Wo diese Formel, die selbst nicht aus dem Zen stammt, in der differenzierten Bedeutung ihrer Phasen bewußt wird, liefert sie einen Schlüssel zur Erkenntnis wie zur Verwirklichung der allen Phasen des menschlichen Lebens innewohnenden Möglichkeiten und Verfehlungen seines Wegseins."[105]

Nach Dürckheim wird im Osten der Schüler vom Meister nur in die richtige Haltung des Sitzens und die Grundeinstellung eingewiesen. Für den westlichen Menschen genügen diese Anweisungen nicht, er verlangt „nach einer differenzierten Bewußtwerdung"[106].

---

[102] A.a.O., 145 f.
[103] A.a.O., 146. Zwei andere Formeln lauten: Sich hergeben – sich hingeben – sich aufgeben – sich wieder neu finden und Weg von mir – hin zu Dir – ganz in Dir – neu aus Dir. Gerade die letzte Formel dürfte dem christlich Meditierenden besonders entgegenkommen.
[104] ZW, 111.   [105] MWW, 146 f.   [106] A.a.O., 142.

„Denn was der östliche Meister seinem Schüler ohne Kommentar jahraus, jahrein zu tun aufgibt: einfach in der rechten Haltung zu sitzen, das sucht der Mensch des Westens mit seinem erkennenden Bewußtsein zu begleiten und zu durchlichten."[107]

Bei dieser Aussage Dürckheims ist zu fragen, ob nicht auch der östliche Meister den Schüler auf spezifische Weise im Sinne der japanischen Zen-Tradition führt und dabei differenzierte Anweisungen gibt, die die Atemkonzentration und Sammlung im Hara einbezieht. Die zusätzliche von Dürckheim eingeführte mantramähnliche Formel ist aber nicht nur als ein Entgegenkommen an die spezifisch westliche Denkart zu werten, sondern muß ferner als gezielte Anregung zum bewußten Vollzug einer Verwandlungsanweisung gesehen werden, daß nämlich im natürlichen Atemrhythmus gleichsam die mikroskopische Verkleinerung eines für das Auf und Ab des Lebens und des initiatischen Weges geltendes Prinzip enthalten ist. „Symbolisch gesehen birgt ein Atemzug alle Möglichkeiten des Großen Weges"[108], sagt Dürckheim. Es ist die erfahrbare Anwendung eines universellen Prinzips, des „Stirb und Werde", das der Übende im Verlauf langer Übungsschritte an sich selbst vollzieht und in der Meditation immer wieder aufs Neue vergegenwärtigt. Dürckheim geht es unter diesem Gesichtspunkt

„um ein Bewußtmachen und verantwortliches Vollziehen dessen, was in der Verwandlungsübung faktisch geschieht, wo sie dem großen Ziel entspricht."[109]

Dadurch schafft er die Grundlagen für die Übungen im Stile des Zazen:

„In diesem Sinne entwickeln wir im folgenden eine differenzierte Anweisung zum Vollzug der im Stil des Za-zen durchgeführten Grundübung. Die Grundformel aller Verwandlung ist vorgegeben in der Ablaufform des unbehinderten natürlichen Atems."[109]

Die genaue Beachtung der Atemvorgänge hat ferner den Sinn, dem gegenständlichen Ich-Bewußtsein „einen Gegenstand zur Konzentration zu geben, der am Ende das Ich verschlingt"[110].

---

[107] MWW, 146. [108] A.a.O., 147.
[109] A.a.O., 142. [110] ZW, 108.

Die traditionelle Methode des Atemzählens bezweckt das gleiche, nämlich auftauchende Bilder und Gedanken wie Wolken vorbeiziehen zu lassen und ihnen durch die Konzentration auf die Atemzüge Raum zu nehmen[111].
Gemeint ist hiermit, sich aller Gedanken, Bilder und Vorstellungen zu entledigen, die den Übenden an der Erfahrung der Leere, des Nichts, hindern. Mit „Leere" ist hier „das Ledigsein aller Dinge"[112] gemeint und hat nichts mit dem möglichen Mißverständnis zu tun, der Meditierende solle sich in dem – buddhistisch verstandenem – Nirvana, dem Nichts, auflösen. Erst in der „Leere von dem Vielen"[113] kann das Aufbrechen der „Fülle aus dem Nichts"[113] entstehen. Durch die strenge Körperhaltung beim Za-zen lernt der Übende, seine gegenständliche fixierende Position, die ihre leibliche Entsprechung im Kopf- und Brustbereich hat, loszulassen und den Schwerpunkt in den ihn zentrierenden Bauch-Becken-Raum zu verlagern[114]. Die begleitende konsequente Anwendung der Grundformel „kann sowohl zur Erfahrung des Wesens als zur Entwicklung der zu ihm aufgeschlossenen neuen Ich-Struktur dienen"[115].
Zusammenfassend kann festgehalten werden, daß für Dürckheim das Üben der Meditation im Stil des Za-zen seinen Sinn nicht im Stillesitzen erschöpft, sondern der Übende vollzieht durch die Einführung der den Atem begleitenden Verwandlungsformel eine Übertragung auf den Rhythmus des Lebens und des initiatischen Weges, die ihm die bewußte Anwendung und Einübung seiner eigenen Verwandlung ermöglichen soll. Durch das Transparentmachen dieses Hintergrundes schafft Dürckheim die für den westlichen Menschen und seiner christlichen Tradition nötige anthropologische Voraussetzung zur Personwerdung.
Bedeutsam ist ferner die unterschiedliche Praxis im Umgang mit Bildern während der Meditation. Entsprechend der westlichen Konzeption tragen diese – wenn als numinos und bedeutsam erlebt – analog den Träumen unter Zuhilfenahme tiefenpsychologischer Methoden zur Selbsterkenntnis und Bewußtseinsbildung und damit zur Per-

---

[111] Vgl. dazu Kapleau, a.a.O., 37.
[112] MWW, 140.   [113] MPP, 1304.
[114] Vgl. auch 9.3.2.   [115] MWW. 145.

sonwerdung bei. Mit diesem aktiven Anschließen unbewußter Inhalte an das Bewußtsein vollzieht der westliche Mensch einen notwendigen Schritt zu seiner Ganzwerdung[116].

3.4.4.2. Aktive meditative Praktiken

Im Unterschied zu der eher passiven Form meditativer Übung, dem Za-zen, wo es mehr um die Sammlung und das Inne-werden der immanenten Wesensqualitäten geht, kreist das aktive meditative Tun in der IT um die Selbstgestaltung im Verlauf des geführten Individuationsprozesses.

Auch das aktive Tun in diesem Sinn zielt nicht auf eine perfekte, gekonnte Leistung, sondern bezieht sich auf das aktive Arbeiten zu einem seinsoffenen Zustand hin[117]. Hier muß auf den bereits erwähnten Unterschied über den zweifachen Sinn der Übung hingewiesen werden: Das „äußere Ergebnis der Leistung" und „die innere Frucht der Leistung"[118]. Durch das im Laufe der Übung erreichte automatisierte Tun einer Handlung – etwa das vielfache zeichnerische oder tänzerische Wiederholen bestimmter „Urgebärden" – werden Freiräume geschaffen, in die eine andere Kraft eindringen kann, so daß „ES" geschieht. Damit ist die Identifikation mit jenem Ich aufgehoben, das u.a. aus Sorge um eine schnellfertige Leistung das spontane Aufbrechen aus dem schöpferischen Grund des Unbewußten verhindert. Vor diesem Hintergrund sind die aktiven meditativen Praktiken zu sehen, von denen das von Hippius entwickelte Geführte Zeichnen vom Prinzip her stellvertretend für die anderen steht: „Urformen des Seins" werden in steter Wiederholung formelhaft eingeübt. Dadurch können „Kernkräfte" evoziert werden, die durch den beharrlichen Prozeß der Übung allmählich in eine konkrete gestalthafte Entwicklung übergeleitet werden.

Wichtig ist bei diesem Ansatz die Kombination der östlichen Meditationspraxis mit einer westlichen Form der Psychotherapie, der Tiefenpsychologie. Die meditative Grundhaltung, in ständiger Wiederholung z. B. die Girlande oder die Spirale auf das Papier zu „lassen",

---

[116] Weitere Unterschiede zwischen dem östlichen und westlichen Zen werden in 4.6.7. angesprochen.
[117] MWW, 197. [118] A.a.O., 209.

fördert die allmähliche Übereinstimmung der aus dem Unbewußten aufsteigenden schöpferischen Kräfte mit den nach außen gesetzten Formen und Gestalten. Den Unterschied zwischen innen und außen, Subjekt und Objekt erlebt der Übende als aufgehoben[119]. Die im Prozeß auftauchenden Bilder und Gestaltungen aus den Tiefenschichten führen im Verlauf der Zeit zur Bewußtwerdung, z. B. der eigenen Schattenkräfte, archetypischer Symbole und Gesetzlichkeiten, all jener Kräfte im Menschen, die die Befreiung des Wesens behindern.

„Die Manifestation des schöpferischen Wesenskernes führt, wo der Übende am Zeichnen bleibt, zu dem gestalterischen Ausdruck einer Ab ovo-Entwicklung . . . Spontan erfährt der Übende die lösende und formierende Kraft des Kerns, wenn er lernt, durch die Rückgebundenheit an die Licht- und Schattenseiten seines Unbewußten mit seinen eigentlichen Kräften ‚ins Spiel' zu kommen."[120]

Die Übertragung dieses Prinzips, bei dem die Leistung im Dienst des Werdens steht statt ausschließlich im Dienst des Werkes[121], wird in den anderen meditativen Praktiken angewandt. Dazu gehören:

Das Malen und Schreiben, Gestalt-Übungen in Ton-Erde, Holz und Stein, Übungen am Instrument, im Kampf-Spiel im Stile des Zen, der Gebärde, dem Tanz. Außerdem die Personale Leibtherapie, die an der Ausformung der wesensgemäßen Gestalt, dem „Innenleib"[122], ansetzt.

Weitere Praktiken sind die gruppenorientierten Verfahren, wie Gestalttherapie, Psychodrama, Enlightenment intensive[123] und bioenergetisch ausgerichtete Gruppen. Diese im Rahmen der HP ausgeübten Verfahren zielen darauf ab, Blockaden und Panzerungen im Menschen zu durchbrechen. Die Übernahme dieser Methoden hat in der IT jedoch nicht allein die Befreiung zum „natürlichen Menschen" zum Ziel, sondern den Aufbruch zum initiatischen Menschen.

---

[119] Eine Parallele zu diesen Gedanken findet sich in einem Ausspruch eines östlichen Meisters, den Dürckheim zitiert: „Weisheit schaut nach innen, das gewohnte Wissen nach außen. Wenn man aber nach innen schaut, wie man nach außen blickt, macht man aus dem Innen ein Außen" (DUM, 244).
[120] Hippius in MWW, 219.
[121] A.a.O., 220.
[122] MWW, 230.
[123] Vgl. zur Struktur des Enlightenment intensive Reese, 1975 und Love, 1979, 214 ff.

Ein Vorbild für dieses allen Praktiken zugrundeliegenden Prinzip ist die altjapanische Übungstradition. Dort gehört – so Dürckheim[124] – zur Übung auf dem inneren Weg die Praxis der ehemaligen Kriegskünste wie Bogenschießen, Schwertfechten, Speerstoßen. Dabei soll nicht primär der äußere Feind überwunden werden, wie der exoterische Sinn dieser Kriegskünste vermuten ließe, sondern, einer esoterischen Auffassung gemäß, das weltbezogene Ich als der innere Feind. Unter den Künsten sind es bis heute in Japan die Teezeremonie, das Blumenstecken sowie Schauspiel, Tanzen und Singen. Nach Dürckheim ist es möglich, das diesen traditionellen Künsten zugrundeliegende Prinzip in das tägliche Leben zu übertragen, ohne es nur nachzuahmen, so daß alltägliche Handlungen auch dem westlichen Menschen zur Übung werden. Im Rahmen dieser Arbeit gehe ich auf drei exemplarische Übungspraktiken ein: Das bereits vorgestellte Za-zen, die Personale Leibtherapie und das Geführte Zeichnen[125].

3.4.4.3. Der Alltag als Übung
Die dritte Weise, den Sinn der Meditation in initiatischer Sicht zu vollziehen, geschieht im täglichen Leben. Die Bezeugung im Alltag gehört in der Anthropologie Dürckheims zur fünften Speiche des „Rads der Verwandlung". In einem kurzen Exkurs soll auf diesen zentralen Begriff in der IT eingegangen werden.

3.4.4.4 Das Rad der Verwandlung
In diesem Zusammenhang sollen die drei Schritte der Verwandlung zusammengefaßt werden[126]:

---

[124] MWW, 210.
[125] Vgl. 9.3. und 9.4.
[126] AÜ, 73 f. Im MWW, 161 f. spricht Dürckheim auch vom Rad der Verwandlung, das dort vier Schritte aufweist. Diese sind aus der Atemformel: Sich loslassen – sich niederlassen – sich einswerdenlassen – sich neukommenlassen abgeleitet (S. 144 ff.). Die „Bewährung im Alltag" als Punkt 5 in AÜ hat er in MWW nicht eigens herausgestellt, wird aber in dem Sinne wie in AÜ behandelt. Auf den ersten Blick auffällig dagegen ist das Fehlen von „sich niederlassen" in der ersten Version in AÜ. In MWW versteht Dürckheim darunter das Sich Niederlassen im Bauch-Becken-Raum, unter personaler Sicht das „Hinfinden zu einem Grundvertrauen, das keine rationale Legitimation in Gestalt erkennbarer oder geglaubter Sicherungen braucht" (MWW, 155 f.). Diese wichtige Voraussetzung auf dem Weg personaler Verwandlung hat Dürckheim in AÜ unter dem ersten und zweiten Punkt (Kritische Wachheit und Loslassen) subsumiert

1. Das Wesenswidrige muß preisgegeben werden.
2. Das Preisgegebene muß in dem alles aufnehmenden, lösenden verwandelnden und neugebärenden Grund eingeschmolzen werden (Integration mit dem Wesen).
3. Der aus dem Grund neu auftauchende Gestaltkern muß wahrgenommen, aufgenommen, zum Wachstum zugelassen und in die eigene Verantwortung aufgenommen werden (Artikulation aus dem Wesen).

Das Rad der Verwandlung weist nun fünf Speichen auf:

1. Die Bewährung der kritischen Wachheit bedeutet das Innewerden, das inständliche Spüren einer wesensfremden Fehlhaltung.
2. Loslassen dessen, was dem Weiterwerden im Wege steht.

Darunter versteht Dürckheim ein „Sich lassen"[127] des gegenständlichen Bewußtseins zu einer Haltung, in der das „Zulassen und Geschehenlassen"[128] des Wesens zur vorrangigen Aufgabe wird.
3. Einswerden mit dem Grund.

„Der verwandelnde Grund ist, psychologisch gesehen, der ‚mütterliche Raum' unseres Menschseins"[129]. Damit ist nicht nur das frühkindliche, u. U. traumatische Mutter-Kind-Verhältnis gemeint, sondern in einem metapsychologischen Sinne „die Brücke zur Erfahrung des mütterlichen Aspektes des überweltlichen Seins, das alles in der Welt Seiende und Gewordene nährt, trägt, umformt und erlöst"[130]. Mit diesem Seinsgrund eins zu werden, bedeutet zugleich die Erfahrung des eigenen Wesens. Im Grunde wird alles Wesenswidrige umgewandelt, geradezu eingeschmolzen, so daß es zur Geburt eines neuen Ichs kommen kann[131]. Mit dem Eingehen in den Grund tauchen neue, die Ich-Wirklichkeit überschreitende Dimensionen auf, die das gewohnte Ich-Gehäuse sprengen können. Zur Übung des Eingehens gehört das Infragestellen des Ichs und das Vorbereiten sowie Aushalten der neugeborenen Wesensqualitäten[132].
4. Neuwerden des aus dem Grund entsteigenden Inbilds, das sich dem Menschen in einer initiatischen Erfahrung als das nach Gestaltwerdung drängende Wesen offenbart. Dieser Ruf aus dem Wesen stellt den Menschen vor die Ent-

---

und nicht als eigenen Schritt herausgearbeitet. Statt von Bauch-Becken-Raum spricht er hier von der „Mitte" (AÜ, 77), der „Zentrierung" (S. 76), dem „Schwerpunkt" als das „Personale-in-der-Mitte-sein" (S. 80). Auch das Loslassen des Ichs und damit die leiblichen Fehlhaltungen zum Vertrauen hin (S. 87) ist hier angesprochen. Die Formulierungen und Konzentrierungen Dürckheims zum Rad der Verwandlung sind hier nicht unbedingt Ausdruck einer inhaltlichen Gewichtsverlagerung, sondern zeigen an, daß durch das spätere Einbringen (AÜ wurde 1961, MWW 1976 geschrieben) der Atemformel er die Verquickung mit der personalen Wandlung und dem Atem noch prägnanter herauskristallisiert.
[127] AÜ, 84. [128] A.a.O., 86. [129] A.a.O., 89.
[130] A.a.O., 90. [131] A.a.O., 94. [132] A.a.O., 100.

scheidung, diesem Appell zuzustimmen, ihm zu folgen, d. h. letztlich den Alleinvertretungsanspruch des Welt-Ichs aufzugeben und den Sprung zur Neuwerdung zu wagen.

5. Bezeugung und Bewährung im Alltag (deren Nichtgelingen wiederum von der kritischen Wachheit bemerkt wird).
Hier schließt sich der Kreis. Neben der gesonderten Übung, wie etwa die Übung des Atems oder des meditativen Sitzens außerhalb der Alltagswirklichkeit kann gerade der Alltag zur Übung werden.

Hier geht es um die Bezeugung und Bewährung dessen, was in der Übung erfahren und vertieft wurde, so wie es die augenblickliche Situation erfordert[133].

Doch diese Haltung und das entsprechende Tun gelingt nicht von selbst. Zwar „ist die Übung leicht, aber es ist schwer, ein Übender zu werden"[134]. Die Umsetzung des in der Übung Gewonnenen in die Alltags-Situation wird für den initiatischen Menschen zu einer bestimmenden Aufgabe. Nach Dürckheim kann dies dem Menschen nur in einem gewissen Umfang gelingen, insofern er die Ausbildung und Durchsetzung seines Inbildes in eigener Verantwortlichkeit mitbestimmt. Dies ist jedoch immer nur in einem bestimmten Maß möglich und „gehört . . . unabdingbar zum Menschsein"[135]. Mit anderen Worten, der Mensch kann seinem eingeborenen Inbild nur in unvollkommener Weise genügen, so wie es ihm unter den Bedingungen des Daseins möglich ist. Dennoch muß er sich ständig um den ihm aufgegebenen Auftrag bemühen.

Dieser Versuch erfordert seine aktive Mitwirkung auf dem Wege zur Selbstverwirklichung. Diese Aussage halte ich für besonders wichtig, um ein mögliches Mißverständnis zu vermeiden. Aus den Ausführungen über das Menschenbild könnte leicht der Eindruck entstehen, der initiatische Mensch bezeuge bereits in idealer Form die geforderte Vereinigung seines Welt-Ichs mit seinem Wesen. Das Ausschlaggebende ist jedoch nicht das Fernziel, die „Vollperson", oder der individuierte Mensch, sondern der „homo viator", der Mensch auf dem Weg[136]. Der Mensch gewinnt gerade dann an besonderer

---

[133] In Anlehnung an einen altbuddhistischen Spruch kann so „jede Situation zur besten aller Gelegenheit" werden (DUM, 247), um das „Sein im Dasein zu bezeugen" (DUM, 255).
[134] AÜ, 120.   [135] A.a.O., 121.   [136] Vgl. auch 5.2.

Transparenz, wenn er sich in seiner Schwäche und Unvollkommenheit in dem Suchen nach der Transzendenz voll annimmt[137]. Dann erfährt er

„daß alles, was wir Menschen mit Bezug auf Transzendenz vermögen, nie ein Machen, sondern immer nur ein Zulassen dessen ist, worauf der Seinsgrund in uns hindrängt".[138]

Immer geht es – gemäß dem Rad der Verwandlung – um das Preisgeben des einmal Erreichten, das allzu leicht zur Erstarrung, zum Stillstand zu führen droht. Nur in dem fortlaufenden Rhythmus von Sterben und Werden vollzieht sich die nie endende Verwandlung des Menschen[139]. Das Rad der Verwandlung dreht sich, indem der Mensch jede Verwandlungsstufe durchlebt. Da Stillstand auch zugleich das Ende der Verwandlung bedeutet, muß er der Unfertigkeit seiner selbst stets gegenwärtig sein. Er darf nicht der Illusion erliegen durch eine beglückende, erhellende Seinserfahrung nun die Vollendung erreicht zu haben. Gerade das „banale" Leben in seiner Alltäglichkeit, fernab von der stillen Meditationsecke oder den unter Anleitung vollzogenen aktiven Meditationspraktiken, fordert den initiatischen Menschen zur kämpferischen Bewährung seiner inneren Verfassung[140]. „Er darf dem Dunklen nicht ausweichen und darf auch beim Licht niemals verweilen"[141], sagt Dürckheim.

Im ständigen Heranwachsen, Sich-Verwandeln und Reifen begriffen geht der Mensch so seiner Bestimmung nach, von der die eine die Bewältigung und Gestaltung seines Werkes in der Welt verlangt. Dabei ergänzen und entsprechen sich die beiden Forderungen: Die zu erbringende Leistung in der Welt birgt die Frucht des Reifens auf dem inneren Weg in sich wie umgekehrt die innere, gelassene Haltung befruchtend auf die äußere Leistung wirkt[142].

Die Möglichkeiten der Bewährung, die Bekundung des „überweltlichen Lebens" in der geschichtlichen Daseinswirklichkeit müssen unter diesen Aspekten gesehen werden. Den Alltag zur Übung zu

---

[137] AÜ, 122. [138] A.a.O., 124.
[139] Vgl. dazu auch Keleman's Buch: Lebe Dein Sterben, 1977.
[140] Vgl. ÜL, 50. [141] AÜ, 129.
[142] Bei diesem Bemühen kann Hara eine wichtige Rolle spielen, das dem Menschen einen Zuwachs sowohl an physischer Leistungskraft und schöpferischen Potenzen als auch an innerer Festigkeit und Stabilität erbringt. Vgl. dazu 9.3.3.

nehmen, um zur reifen Person zu werden, wird im mitmenschlichen Umgang forgesetzt[143]. Die zu anfangs vorgestellte Definition „Meditation als Verwandlungsübung" im Sinn des „Zur-Mitte-Hingegangenwerden" erfährt aus den vorangegangenen Ausführungen ihre Bestätigung. Dürckheim faßt den Sinn des meditativen Tuns so zusammen:

„Das uns angeborene Unendliche in seinem Drang, im Endlichen zu erscheinen, das ist unsere wahre Mitte! Zu ihr hin aufzugehen, sie in der Fühlung zu bewahren, auf sie hin und von ihr her zu leben, mitten in der Welt, mitten in dem, was uns die Mitte verbirgt, das ist der Sinn des Meditativen schlechthin."[144]

Meditation als Verwandlungsübung kann so von anderen, heute inzwischen boomartig angewachsenen Meditationsformen und Entspannungsverfahren abgegrenzt werden.

Damit soll zum Schluß noch auf die Anwendung meditativer Verfahren in der Psychotherapie eingegangen werden. In seinem Beitrag „Meditative Praktiken in der Psychotherapie"[145] nimmt Dürckheim dazu Stellung. Entscheidend ist für ihn, inwieweit solche Methoden den Menschen auf den Weg zur inneren Reife bringen oder ihm ausschließlich Entspannung und körperliche Ertüchtigung vermitteln. Mit dieser Unterscheidung darf keine Wertung verbunden sein. Einige östliche Praktiken werden auf pragmatische Weise für die Bedürfnisse des leistungsgeschädigten westlichen Menschen angewandt, wie das Hatha Yoga als „heilsame Gymnastik"[146], statt als genuin gemeinte initiatische Übung für das „Anjochen an das Absolute"[147]. Der Sinn von Entspannungsübungen, die nicht zur Auflösung führen dürfen, liegt für Dürckheim in der Vorbereitung zu einer meditativen Übung[148]. Für den Umgang mit aktiven Imaginationsübungen legt er den gleichen Maßstab an[148]. Diese Praktiken sollten von daher nur im Dienst der Wesensbegegnung stehen, wozu aus tiefenpsychologischer

---

[143] Vgl. dazu ÜWL, 150-191, wo Dürckheim auf die Mitmenschlichkeit im allgemeinen und die des Arztes und des Psychotherapeuten eingeht, auch im Umgang mit alten Menschen und dem Sterbenden.
[144] DUM, 246. [145] MPP, 1295 ff.
[146] A.a.O., 1302. Von der Anwendung des Yoga aus diagnostischer und therapeutischer Sicht berichtet Matussek in Lobo, 1979, 108-117.
[147] DUM, 170. [148] MPP, 1305.

Sicht die Begegnung mit den Schattenkräften des Unbewußten gehört. An dieser Stelle treten Meditation und Tiefenpsychologie in eine fruchtbare Ergänzung ein, die die Vereinseitigung eines jeden Poles verhindert.

Zusammengefaßt ist das Ziel der meditativen Übungen in der IT primär nicht an einer pragmatischen und praktischen Wiederherstellung der körperlichen und seelischen Leistungs- und Funktionstüchtigkeit orientiert, sondern es geht um initiatische Übungen auf dem inneren Weg, die zur Ganzwerdung des Menschen beitragen. Dazu zählen Stille-Übungen ebenso wie das aktive Tun und die Bewährung im Alltag.

Thomas, der aus christlicher Sicht sich um eine Abgrenzung zwischen der ärztlichen und der religiösen Ebene bezüglich der Anwendung meditativer Verfahren in der Psychotherapie bemüht, schreibt:

„Alle Übungen planmäßiger Bilderschau, die nicht vom Anfang bis zum Ende wesensgemäß in religiöser Erfahrung verankert sind, also unter der tiefsten Erfahrung stehen: ‚Gott ist mir nahe und schützt mich', verdienen nicht den Namen ‚Meditation', sondern sind eine Änderung des Bewußtseinszustandes, eine hypnotische Umschaltung".[149]

Mit diesem Satz könnte auch das Anliegen in der IT formuliert werden, wobei ergänzend der Wandlungsaspekt zu betonen ist.

3.4.5. Zusammenfassende Darstellung des Dürckheimschen Menschenbildes

Aus dem bisher Angeführten soll die Quintessenz der metaphysischen Anthropologie Dürckheims zusammengefaßt werden[150] :

1. „Der Mensch ist seinem Wesen nach eine Weise des göttlichen Seins".[151]
2. „Das, was der Mensch seinem Wesen nach ist, ist ihm in dem, was er im Bewußtsein hat, verborgen".[151] Die Entfremdung zum Sein hält so lange an, bis der Mensch durch fortwährende Wandlung sich von seinem hypertrophen Welt-Ich befreit hat.
3. Der Grund für die Entfremdung und des damit verbundenen Leidens liegt

---

[149] Thomas, a.a.O., 101.
[150] Vgl. Dürckheim in Bitter, 1965, 196-211.
[151] A.a.O., 197.

im Festhalten an den erstarrten Positionen des Welt-Ichs, mit dem sich der Mensch identifiziert.
4. Die Überwindung des Leidenszustandes hin zum befreienden Erwachen eines neuen Bewußtseins geschieht im „Durchbruch zum Wesen", in einer Seinsfühlung, bzw. Seinserfahrung.
5. Die Folgen dieser Erfahrung bewirken neben einem erschütternden Erlebnis die dauernde Verpflichtung zu einer wesensgerechten Verwandlung.

In diesen Grundsätzen der Dürckheimschen Erfahrungsanthropologie kommt deutlich ein prospektiver, entelechialer Zug zum Vorschein: Der Mensch wird begriffen als ein sich zu seiner Person zu entwickelndes Individuum, das seine Bestimmung erkennen und verwirklichen soll. Als Konsequenz dieses theoretischen Grundmodells ergeben sich für den praktischen initiatischen Prozeß folgende Arbeitsansätze:

1. „Die Bereitung zur Einsfühlung mit dem Wesen"[152], d. h. *initiieren*.
2. Die Aufhebung dessen, was den Menschen vom Wesen trennt als das *Integrieren* durch die Arbeit am Unbewußten.
3. „Die Herstellung einer leibhaftigen Gesamt-Verfassung, die den Menschen befähigt, von dem zu zeugen, was er seinem Wesen nach ist: eine Weise des Seins und dazu bestimmt, es in der Welt zu offenbaren".[152] Gemeint ist das durch das „Exercitium ad integrum" zu erreichende *Inkorporieren*, sowohl in der Übung, die aus dem therapeutischen Arbeitsprozeß erwächst als auch im alltäglichen Lebensvollzug.

Diese Aussagen trifft Dürckheim in Anlehnung an die Praxis des Zen, in der er allgemeingültiges Wahrheitsgut widergespiegelt sieht, das zur Ganzwerdung des westlichen, modernen Menschen ergänzend einbezogen werden kann. Dabei geht es nicht um eine Übernahme, sondern um einen gleichrangigen Stellenwert neben westlichen tiefenpsychologischen Methoden. Dieser Ansatz einer integralen Sicht- und Behandlungsweise des Menschen soll in den folgenden Kapiteln weiter vertieft werden.

---

[152] A.a.O., 199.

II. KOMPARATIVER TEIL

4. Vergleiche zu verwandten Schulen und Richtungen

In diesem Abschnitt sollen nach der Darstellung des Vokabulars Dürckheims und Hippius' Vergleiche zu den von ihnen selbst angeführten verwandten Schulen und Richtungen vorgenommen werden. Bei diesem Vorhaben versuche ich, Parallelen einiger zentraler Begriffe aus der IT mit deren theoretischen und auch praktischen Konzepten herzustellen. Dadurch können manche bislang eventuell noch in ihrer Kommunizierbarkeit erschwerte Termini prägnanter herausgearbeitet werden. Außerdem wird dadurch die breite Basis der der IT zugrundeliegenden Konzeption deutlich und dem möglichen Vorwurf einer ausschließlichen auf subjektiven Erfahrungen und damit nur bedingt gültigen Aussagekraft und Grundlage der IT begegnet. Welches sind nun die Schulen und Konzepte, auf die sich Dürckheim und Hippius berufen?

„Was meine Zugehörigkeit zu Schulen unserer Zeit anbetrifft, so empfinde ich große Dankbarkeit gegenüber der Ganzheitspsychologie von *Felix Krueger* . . . Ohne Zweifel hat auch die Gestaltspsychologie von *Friedrich Sander* Einfluß auf mein Denken gehabt, wie auch in den letzten zwanzig Jahren das Werk *C. G. Jungs* und *Erich Neumanns*. Größeren Einfluß auf meine geistige und berufliche Entwicklung als alle anderen hatte *Meister Ekkehart*. Meine Vorstellung vom Menschen ist aus einer freien christlichen Tradition hervorgewachsen, deren zeitlose und universale Erfahrungsgrundlagen mir zuerst durch *Meister Ekkehart*, später dann auch in der Begegnung mit östlicher Weisheit ‚aufgingen'".[1]

Hippius bezieht sich besonders auf C. G. Jung, Erich Neumann[2] und G. R. Heyer[3]. Eine beiden gemeinsame Basis ist die bereits

---

[1] PS, 129.
[2] Hippius in TE, 81 ff.
[3] A.a.O., 25.

früher dargestellte Berufung auf universale religiöse Erfahrungsgrundlagen[4].

Im folgenden stelle ich den Bezug zur Ganzheitspsychologie von Krueger her und seine Bedeutung für Theorie und Praxis der IT.

4.1. Ganzheitspsychologie

Bei dieser Darstellung gehe ich auf das – für das heutige Psychologieverständnis – z. T. veraltet und altmodisch anmutende Vokabular von Krueger ein.

Historisch gesehen liegt der Keim für die Beeinflussung ganzheitspsychologischen Gedankengutes in der langjährigen Assistentenzeit Dürckheims (1925 - 1932) am Leipziger Psychologischen Institut unter Kruegers Leitung und in der Promotionsarbeit von Hippius über den „Graphischen Ausdruck von Gefühlen".

Nach Wellek[5] gehören zu den zentralen Themen der Ganzheitspsychologie: 1. Ganzheit, 2. Gefühl, 3. Entwicklung, 4. Struktur. Im Rahmen dieser Arbeit kann eine tiefgehende Analyse über die Beeinflussung dieser Leitthemen auf die theoretischen Grundlagen der IT nur bedingt geleistet werden. Dennoch sollen einige Berührungspunkte aufgezeigt werden:

Zum einen wird dadurch die Darstellung der metaphysischen Anthropologie von Dürckheim erweitert, zum anderen die Weiterführung des Kruegerschen Ganzheitsgedankens in den therapeutischen Bereich ersichtlich.

4.1.1. Ganzheit

Ein Vergleich zwischen dem Kruegerschen Ganzheitsbegriff und dem Gebrauch in der IT muß berücksichtigen, daß „Ganzheit" eine jahrhundertelange Vorgeschichte hat und zu Kruegers Zeiten eine Renaissance in der Psychologie erfuhr. Daher muß die Benutzung von „Ganzheit" in der IT nicht von vornherein seine Wurzeln in der

---

[4] Vgl. 3.1. und 3.2. S. a. PS, 129 und Hippius in TE, 26.
[5] Wellek, 1950, 10.

Kruegerschen Ganzheitspsychologie haben, sondern es scheint sich hier eher um den sinnverwandten Gebrauch einer allgemein geläufigen philosophischen Vokabel zu handeln. Die spezifische Erweiterung bei Dürckheim und Hippius liegt in dem Einbezug von östlichem und christlichem Gedankengut. Hervorzuheben in diesem Zusammenhang ist, daß Krueger selbst eine Verbindung zur abendländischen Philosophie, da insbesondere zu Aristoteles, der Scholastik und der deutschen Mystik zieht[6].

Für Krueger ist Ganzheit letztlich nicht zu definieren. Sie weist auf „ein Letztes zu Forderndes, nicht mehr Ableitbares"[7]. Er spricht von Ganzheit zuerst in einem abstrakt-philosophischen Sinn. Ganzheit zeichnet sich durch Gliederung und Gliedlichkeit aus. Zur Ganzheit gehören sowohl die Phänomene wie auch das ihnen zugrunde liegende „tragende Sein"[8].

Wie sieht Dürckheims Ganzheitsbegriff aus?

Dürckheim widmet in seinem Festschriftaufsatz für Govinda der „Ganzheit" einen ausführlichen Beitrag, indem er von der „Ganzheit des Menschen als Integration von östlichem und westlichem Lebensbewußtsein"[9] spricht:

1. Die Ganzheit ist dem Menschen eingeboren[10] und meint eigentlich das Menschseinkönnen[11]. Zur Ganzheit gehören die meist verdrängten Schattenkräfte des Menschen und das nicht zugelassene metaphysische Wesen.
2. Die Verfehlung der Ganzheit, die durch die einseitige Ratio-Betonung, dem Sinnverlust und der Reduzierung des Menschen zum Funktionär bedingt ist, äußert sich in dem spezifischen Leiden, nicht mehr heil zu sein.
3. Die Wiederherstellung der Ganzheit kann zum einen „durch die Stätte des tiefsten Leidens zur Stelle der Umkehr"[12] gelingen, zum anderen durch das Zulassen und Ausbilden des unterdrückten östlichen Prinzips im Menschen[13]. Dürckheim meint damit die „initiatische Wendung"[14], durch die dem Menschen die Chance zur Wiederganzwerdung gegeben ist.

Die Einbeziehung östlichen Gedankengutes zielt dabei direkt auf die „ganzheitsbezogene Reifung des Menschen . . ., vom transzendenten Grund her, d. h. vom übergreifenden Ganzen"[12]. Damit gehört zur

---

[6] Krueger, 1948, 8, 13.
[7] Krueger, 1948, 8.
[8] A.a.O., 12.   [9] EW, 156-179.
[10] A.a.O., 158.   [11] A.a.O., 165.
[12] A.a.O., 161.   [13] Vgl. dazu 4.6.   [14] EW, 176.

Ganzheit der überweltliche Kern[15], „das Wesen als die Weise, in der in ihm das allübergreifende Ganze individuell anwesend ist"[16]. Auch Hippius sieht den heutigen Menschen

„als einen a priori im all-einen Sein verwurzelten Weltenbürger und sein tiefstes Wesen als die jeweils individuelle Weise seines Begründetseins im göttlichen Urgrund an"[17].

Die angebotene Weg-Hilfe zielt daher auf die „Wiederherstellung und Neubelebung seines ihm immanent eigenen, nur bewußtseinsmäßig in Verlust geratenen Ganzheitsstatus"[17].
Insofern bezieht sich der Ganzheitsbegriff in der IT
1. auf die Person und Personwerdung: „Ganzheit offenbart sich in der Person"[18],
2. zielt er darauf ab, „des ganzheitlich-göttlichen Ursprungs wieder teilhaftig zu werden"[19].

Unter diesem Aspekt müssen die Vergleiche zwischen der Kruegerschen Ganzheitspsychologie und der IT gesehen werden. Das universelle Prinzip der Ganzheit wirkt auch im Menschen und da besonders in seinem Erleben und im Gefühl.

4.1.2. Gefühl

Am Kruegerschen Gefühlsbegriff ist der Einfluß auf die IT am deutlichsten nachzuvollziehen. Dürckheim geht nämlich von folgendem Satz aus, der an Kruegers „Tiefenqualität des Erlebens" orientiert ist:

„Eine Erfahrung ist um so tiefer, als an ihr die Ganzheit des Menschen beteiligt ist; um so flacher, als sie nur einen Teil seines Menschseins anspricht".[20]

Ebenso drückt Hippius es in ihrer Dissertation aus[21]. Im Mittelpunkt dieser Aussage steht die Gefühlslehre von Krueger. Er räumt dem Gefühl eine einzigartige Sonderstellung ein; für ihn ist es „der mütterliche Ursprung der übrigen Erlebnisarten und ihrer aller ergiebigster Nährboden"[22]. Dem Gefühl wird damit ein Primat vor allen

---

[15] PS, 158. [16] EW, 175.
[17] Hippius in TE, 26. [18] EW, 177.
[19] Hippius in TE, 35. [20] PS, 158.
[21] Hippius in TE, 23 und 1936, 257.

übrigen Erlebnisarten beigemessen. ,,Gefühle sind die Komplexqualitäten des jeweiligen Gesamtganzen, des Erlebnistotals"[23]. Unter Komplexqualitäten versteht Krueger die ungegliederten, diffusen Erlebnisganzheiten, die das normale Erleben kennzeichnen[24]. Später ersetzte Krueger den Begriff ,,Komplexqualität" durch ,,Ganzqualität". Dem Gefühl kommt im Bild der Gestaltpsychologie nicht das Figurale, Vordergründige zu, sondern der Charakter des Hintergrundes. Damit wird die angesprochene Beziehung zum ,,mütterlichen Ursprung, zum Nährboden" als dem erzeugenden Ur- oder oder Seinsgrund verdeutlicht. In diesem Sinne meint Krueger die irrationalen, nicht-intellektuellen Seelenbereiche. Die Gefühle als der Mittelpunkt des Erlebens haben wegen ihrer Verwurzelung mit der ,,Tiefe" die größte Nähe zur ,,Struktur".

4.1.3. Struktur

Für Krueger ist laut Wellek Struktur

,,ein Seiendes von ontologischer und damit metaphysischer Realität, ,relativ überdauernd' und konstant, das als ,tragender Grund', mithin als Substanz allem dem zugrunde liegt, was sich an Prozessen d. h. an Erlebnissen, (Vorgängen und Zuständen) in der Seele oder im Bewußtsein ereignet oder vollzieht . . . die Struktur ist Substanz, kraft derer und an der sich die psychischen Phänomene vollziehen"[25].

Die Gefühle, besonders die tiefen und gegensätzlichen, sind durch die spezifische Qualität der ,,Tiefe" charakterisiert. Dies wird am deutlichsten erfahren, ,,wenn das Fühlen von Werthaltungen bestimmt ist und unser Streben sich auf Wertvolles richtet"[26]. Damit sind die existentiellen Werte gemeint.

,,Wo immer einer etwas tief empfindet . . . stoßen wir auf Bestimmtheiten unseres Wesens – den Erlebenden ,geht es an' – auf einen ,Grund' in ihm, der für eine Dauer zusammengehörige Eigenschaften besitzt, des näheren auf Dauergerichtetheit, zuinnerst des Werthaltens"[27].

---

[22] Wellek, a.a.O., 15.   [23] Krueger, 1953, 206.
[24] A.a.O., 203.   [25] Wellek, a.a.O., 20.
[26] Krueger, 1948, 50.   [27] A.a.O., 68.

Das Erleben vertieft sich, wenn es durch Gegensätze oder Spannungen geprägt ist.

„Alle tieferen Gefühle enthalten, auch wenn sie in vollkommen einheitlicher Geschlossenheit erlebt werden, in sich etwas mehrspältig Gerichtetes. Und die tiefsten Bewegungen des Gemüts scheinen ohne Ausnahme darin übereinzustimmen, daß sie weitgespannte Gegensätze des Fühlens gleichzeitig, unmittelbar in sich vereinigen"[28].

Aus diesen wenigen Kernsätzen zeigt sich, daß nach Krueger der Mensch in seinen Tiefen und gegensätzlichen Gefühlen am ehesten mit seinem Seinsgrund, mit der tragenden „transphänomenalen „Struktur""[29] in Berührung kommt.

An diesen Erkenntnissen knüpft die Promotionsarbeit von Hippius an. Sie kommt dabei anhand der experimentellen Versuchsanordnung zu dem Schluß, daß der Mensch in sich einen letzten Grund, etwas Unbedingtes erlebt, dem sie die Qualität der Tiefendimension zuschreibt. Es ist das Erlebnis des Erfülltseins, des In-sich-Ruhens und des „gleichsam zeitlosen Schwingens in sich"[30].

Ferner hebt sie das individuell verschieden ausgeprägte Erlebnis hervor,

„daß der Grund in überpersonale und überindividuelle Bindungen eingelagert ist. Dieses verschieden starke Anteilhaben an metaphysischer Weite bedeutet zunehmende Steigerung des Erlebens. Das tiefe Gefühl . . . umspannt Gegensätzlichkeiten, ohne deswegen seine Einheitlichkeit zu verlieren. Die Gegensätzlichkeiten heben sich nicht auf, aber sie klingen zusammen zu einer höheren Einheit – so wie alles höher Gestaltete Gegensätze aufgehoben in sich birgt".[31]

Demnach ist Tiefe ein Indikator für das Maß der Beteiligung an der Ganzheit.

„Eben weil aber die Ganzheit des Menschen in seinem in numinosen Qualitäten erfahrbaren Kern wurzelt, muß eine gültige Erkenntnis, Lehre und Führung des Menschen sich allem zuvor um die Erfahrung, Erkenntnis, Befreiung, Entfaltung und Profilierung dieses Kerns kümmern"[32], sagt Dürckheim.

---

[28] A.a.O., 69. [29] Wellek, 28.
[30] Hippius, 1936, 328.
[31] A.a.O.
[32] PS, 158.

Insofern erfahren die Kruegerschen Grundgedanken in der IT sowohl einen festen Platz im theoretischen Gebäude als auch durch die Anwendung des von Hippius entwickelten Geführten Zeichnens eine praktische therapeutische Konsequenz.

Wie aber sieht aus der Sicht von Krueger die theoretische Untermauerung des Entwicklungsprozesses aus, von dem Dürckheim spricht?

4.1.4. Entwicklung

Bei der Darstellung der Gefühle und des Erlebens wird für Krueger die Unterscheidung zwischen den Gefühlen und den gefühlsartigen Erlebnissen bedeutsam[33]. Am Anfang der Entwicklung herrschen die diffusen, nicht gegliederten, komplexhaften, gefühlsartigen Qualitäten vor[34]. Wellek formuliert es so:

„Im Anfang war die Komplexqualität – nicht der Logos; das Angemutetsein, nicht das Denken; das Diffuse, nicht das Gestalthafte – das zuständliche, nicht das gegenständliche Erleben; das Erleben, nicht das (Ich- und Gegenstands-) Bewußtsein"[35].

Die in diesem Entwicklungsbegriff enthaltene prospektive Richtung kann zwischen die Pole des keimhaften Urzustandes und der vollendeten Gestalt eingeordnet werden. Der dazwischen sich abspielende dynamische Prozeß ist als ein fortschreitender Reifungsakt anzusehen, der sich durch zunehmende Differenzierung und Kristallisierung auszeichnet.

Dieser Entwicklungsbegriff kann über die Entstehung der Gefühle hinaus auf alle Werdeprozesse übertragen werden. Parallelen mit dem naturwissenschaftlichen Begriff der Onto- und Phylogenese sind ebenso herzustellen wie zu dem von C. G. Jung vertretenen Ansatz der Individuation und der „Ursprungsgeschichte des Bewußtseins" von E. Neumann[36].

---

[33] Krueger, 1948, 48.
[34] Dürckheim prägte den Begriff „Anmutungsqualität" für das gefühlsmäßige „Angemutetwerden" von Ganzqualitäten. Gemeint ist das Berührt- oder Angesprochenwerden von dem jeweils erlebten physiognomisch Wahrnehmbaren. Wellek greift Dürckheims Ausführungen über den „gelebten Raum" mehrfach in seinem Buch „Musikpsychologie und Musikästhetik", 1963, 319 f., 327 ff. auf.
[35] Wellek, 1950, 14.   [36] Vgl. 4.4. und 4.5.

Für Dürckheim und Hippius bedeuten diese Erkenntnisse die gezielte Anwendung dieses universalen Gesetzes auf den innerpsychischen Reifeprozeß des individuellen Menschwerdens. Aus spezifisch initiatischer Sicht meint dies das therapeutische Ingangsetzen von verhinderten Wachstumsprozessen, wobei durch die Wiederbelebung und Integration etwa von unterdrückten Emotionen immer auch die Durchlässigkeit zum Wesenskern angestrebt wird. Es geht also primär nicht um die Evokation zum Zweck des Ausagierens von gestauten Gefühlen, sondern um die Berührung mit dem zugrundeliegenden Wesen – jene Dimension, die Krueger als das „‚tragend' zugrundeliegende seelische *Sein*"[37] bezeichnete. Entwicklung in diesem Sinn, d. h. das sich in Phänomenen, Gestalten, Erlebnissen äußernde Werden ist nicht ohne Verankerung in einer „Tiefendimension"[38] zu sehen. Vor dem initiatischen Hintergrund ist der individuelle Entwicklungsverlauf durch vorgezeichnete Stufen gekennzeichnet, die einer vorgegebenen, entelechialen Gesetzlichkeit zu gehorchen scheinen[39]. Hippius spricht in diesem Zusammenhang von der „Architektur der Seele"[40].

Abschließend kann festgehalten werden, daß den von Krueger entwickelten Konzepten „Ganzheit, Struktur und Entwicklung" in ihrem allgemein-gültigen Aussagewert der Charakter der basalen Vorarbeit auf die später geleistete integrative Sicht- und Arbeitsweise in der IT zukommt. Das zeigt sich besonders am Entwicklungsbegriff.

Ähnliches gilt für den Strukturbegriff, der vom Inhaltlichen her in der Krueger-eigenen Terminologie Parallelen mit dem Dürckheimschen Wesensbegriff aufzuweisen scheint. Ebenso wie beim Ganzheitsbegriff kann hier auf eine Beeinflussung und Befruchtung auf die IT geschlossen werden.

Ferner zeigt sich, daß die Kategorie des „Gefühls" und die damit eingeführte „Tiefendimension" einen nachhaltigen Einfluß auf die IT

---

[37] Wellek, a.a.O., 17.
[38] A.a.O., 15.
[39] Vgl. dazu besonders 4.4. und 4.5., s. a. Sanders Begriff der „Aktualgenese" als die Entstehung von Gestalten aus diffus-ganzheitlichen Vorgestalten zur Endgestalt, (in: Sander/Volkelt, 1967, 101).
[40] MWW, 96.

ausgeübt hat. Hippius wies in ihrer Promotionsarbeit die von Krueger postulierte Dimension der Tiefe nach. Sie kam dabei zu dem Schluß, daß in den experimentell evozierten Gefühlen (wie tiefe Freude, tiefe Traurigkeit, Andacht und Ergebenheit) der „übergegensätzliche Charakter des Seins und die Möglichkeit der Begegnung mit dem eigenen Wesensgrund"[41] evident werden kann. Aus diesem Ergebnis entwickelte sie unter Einbezug der Tiefenpsychologie später die „Graphotherapie" und das „Geführte Zeichnen"[42].

4.2. Gestaltpsychologie

In diesem Kapitel soll der Feststellung von Dürckheim nachgegangen werden: „Ohne Zweifel hat auch die Gestaltpsychologie von Friedrich Sander Einfluß auf mein Denken gehabt"[1].

Auch in diesem Abschnitt ist die Schwierigkeit zu bewältigen, daß Dürckheim in seinen vielen Büchern für diesen Themenbereich nur äußerst sparsam auf die gemeinsame mit Sander am Leipziger Institut verbrachte Lehr- und Forschungszeit verweist, woraus wichtige Anhaltspunkte für die Entstehung und Entwicklung seines Gestaltbegriffes hätten entstehen können[2].

In einem knappen Überblick stelle ich die wesentlichsten Gedanken der Sanderschen Gestaltpsychologie vor und zeige ihre Bezugspunkte zur IT auf[3].

Hauptgegenstand der Gestaltpsychologie in ihren Anfängen ist die Erforschung der Wahrnehmungs- und Erlebensgesetze. Vor dem Hintergrund der Ganzheitspsychologie untersucht sie dabei das Verhältnis vom Ganzen zum Glied, wobei das Primat der Ganzheit vor der

---

[41] Hippius in TE, 23.
[42] Zur konkreten Anwendung, vgl. 9.4.
[1] PS, 129.
[2] Einige Hinweise finden sich in ZGE, 22 f., ÜWL, 57 ff. Selbst in der für diesen Abschnitt zuständigen Quelle „Inbild und Gestalt", eine erweiterte und überarbeitete Abhandlung des Festschriftaufsatzes zum 70. Geburtstag von Sander (Dürckheim, 1959, 564) fehlt eine „Aktualgenese" des Dürckheimschen Gestaltbegriffs.
[3] Bewußt verzichte ich bei der Darstellung der Sanderschen Gestaltpsychologie auf ihre geschichtliche Entwicklung und den Schulenstreit zur Gestalttheorie der „Berliner Schule".

Gestalt sich als durchgängig erweist. „Das Ganze ist mehr als die Summe seiner Teile", ist einer der Hauptsätze der Gestalt- und Ganzheitspsychologie. Sander definiert Gestalt wie folgt:

„Gestalten nennen wir heute . . . ausschließlich solche Gebilde, die gegen einen Grund (und zwar gegen einen Grund im eigentlichen oder bildlichen Sinne) relativ deutlich abgesetzt sind und die zugleich mehr oder minder gegliedert sind"[4].

Diese Definition, die in den Experimenten zum Figur-Grund-Verhältnis veranschaulicht wurde, erhält in der Dürckheimschen Auffassung eine spezifische Transponierung.

Dürckheim überträgt diesen Hauptsatz der Gesaltpsychologie auf das „Ganze des menschlichen Lebens"[5] unter dem Gesichtspunkt von „Gegenform und Einklang"[5]:

„Mehr und mehr begann der Gedanke mich zu beschäftigen, ob, wenn der Mensch in der rechten Seinsverfassung ist, also die rechte Eigenform besitze, sich dann Leben und Welt nicht ganz von selbst als rechte Gegenform präsentieren"?[6]

Für ihn stellt sich das raumzeitliche Leben als eine Form dar, die nicht ohne den Hintergrund des Überweltlichen zu sehen ist und von dessen harmonischem oder dissonantem Zusammenspiel Einklang oder Mißklang abhängt[7]. Bei diesem Bezug zu einer die raumzeitliche Wirklichkeit überschreitende Dimension ist die Erörterung des Gestaltbegriffs in der IT notwendig.

„Wir verstehen unter der Gestalt des Menschen die Art und Weise, in der sein Inbild in der Welt ‚da' ist"[8].

Dazu noch einige Erläuterungen zu dem bereits vorgestellten Begriff „Inbild"[9]. Das Inbild ist für Dürckheim das

„Wesen, verstanden als die unbeirrbar zu einer bestimmten Lebensgestalt drängende, verpflichtende und Grundsehnsucht bestimmende Werdeformel zu einer bestimmten Gestalt"[10].

---
[4] Sander/Volkelt, a.a.O., 43.
[5] ZGE, 23. [6] A.a.O.
[7] A.a.O., 26. [8] ÜWL, 62.
[9] Vgl. 3.4., Anm. 15.
[10] ÜWL, 61.

Es ist zugleich auch der vom Menschen eingeborene Weg, sein „Inweg"[9]. Im Inbild drückt sich die Spannung aus zwischen der unbedingten, überraumzeitlichen Wesensform und dem „Schicksalsleib"[11], der den Begrenzungen und Bedingtheiten der Welt unterworfen ist. In der so verstandenen Leibesgestalt des Menschen treffen daher die beiden Dimensionen zusammen. Damit ist der äußere wie der innere, der vordergründige wie der hintergründige Mensch gemeint, also die Person in ihrer Ganzheit.

Für dieses Thema bedeutsam ist nun, daß der so benutzte Gestaltbegriff aus der Sphäre des gegenständlichen Vorgegebenen, des Objektiven auf die Ganzheit der Person, damit auf das lebendige Erleben und das Leben überhaupt übertragen wird. Dabei besteht nach Dürckheim aber die Gefahr, daß bei dieser Transposition zugleich auch die statischen Qualitäten, wie sie z. B. dem Kunstwerk als einem Inbegriff objektiver Raumgestalt anhaften[12], auf den Menschen bezogen werden. Dadurch finde allzu leicht eine Verwechslung der Lebensgestalt mit der oberflächlichen Körpergestalt statt und einer nur fixierenden, einseitigen Betrachtung werde Raum gegeben. Statt dessen stehe gerade die zur Ganzheit gehörende unbedingte „Innengestalt"[12] im Brennpunkt.

Für Dürckheim dominiert also nicht die äußere feststehende *Form*, sondern die innere, ständige Werde- und Verwandlungs*formel*. Damit verleiht er dem Gestaltbegriff eine dynamische, prozeßhafte Komponente, indem er die Verwandlung des Menschen auf das unablässige Bemühen nach Gestaltwerdung richtet.

Als therapeutische Konsequenz folgt daraus: Je mehr der Mensch alles Fixierende, was seinem Inbild entgegensteht, aufgibt und „loslassen" lernt, desto eher kann sich die dem Inbild gemäße Gestalt auskristallisieren[13]. Bei diesem Wandlungsgeschehen zur „wesenseigenen Werdegestalt"[14] tritt auch eine allmähliche Veränderung in der äußeren leiblichen Gestalt ein.

Interessant in diesem Zusammenhang ist die Beobachtung, daß Sander in seiner Beurteilung der Gestaltphänomene auf der rein expe-

---

[11] DUM, 182.   [12] ÜWL, 63.
[13] A.a.O., 64, vgl. auch 3.4.4.3.1.
[14] A.a.O., 66.

rimentellen Basis eine differenzierte Weiterentwicklung vollzieht, die das Vorbild für die in der IT vertretene Sichtweise auf der personalen und transzendenten Ebene sein dürfte. Aufgrund seiner diffizilen experimentellen Untersuchungen zur Wahrnehmung kommt er zu dem Ergebnis, daß es eine „Tendenz auf Gestaltetheit"[15] gibt. Alle Gestalten tendieren dazu, eine Entwicklungsphase zu durchlaufen: Von der diffusen, ungegliederten Ganzheitlichkeit, der „Vorgestalt", dem „Gestaltkeim", zu einem prägnanten, geformten „gestalthaftem Ganzen", der Endgestalt[16].

Sander bezeichnet diesen „Prozeß erlebbarer Entstehung von Gestalten im entwickelten Bewußtsein"[16] Aktualgenese[17]. Der wichtige Schritt besteht bei Sander nun in der Übertragung der gefundenen „Tendenz auf Gestaltetheit" von der Ebene der Wahrnehmung auf die Entwicklung der Person.

„Die experimentelle Erforschung der Gestaltphänomene hat Gestaltmerkmale und Gestaltgesetzlichkeiten herausgearbeitet, die sich, so scheint es, mutatis mutandis, an personaler Gestalt und ihrer Entwicklung wiederfinden"[18].

Und weiter:

„Die Seele ist angelegt, diffus Ganzheitliches zu durchformen und umgekehrt unverbunden Stückhaftes als Glieder zu einem gestalthaften Ganzen zusammenzuschließen"[15].

Die Beobachtung eines durchgängigen gestalthaften Organisationsprinzips beantwortete für die Gestaltpsychologen der Leipziger Schule schließlich auch die Frage nach der Ursache der spezifischen Wahrnehmung der Figur oder des Grundes. Bei diesem Modellexperiment[19] spielte neben dem „Gestaltungsdrang als die triebartige Gerichtetheit auf Gestalt"[20] zusätzlich Einstellung, Erwartung sowie

---

[15] Sander/Volkelt, a.a.O., 104.
[16] A.a.O., 101, 105.
[17] Zur weitreichenden Bedeutung des aktualgenetischen Ansatzes s. Sander/Volkelt, a.a.O., 103.
[18] Sander in TE, 398.
[19] Das Figur-Hintergrund-Verhältnis kann auch auf die Beziehung Bewußtsein-Unbewußtes übertragen werden und auf den Bezug Person-Welt. Vgl. auch Weizsäckers „Gestaltkreis" und die Auswirkung auf die Psychosomatik. Die von Perls entwickelte Gestalttherapie basiert ebenfalls auf den theoretischen Grundlagen der Gestaltpsychologie. Vgl. Perls, Hefferline, Goodmann, 1979, 10 ff.
[20] Sander/Volkelt, 101, 105.

der bei der Person dominierende Gestaltungstypus eine Rolle[21].
Auch Dürckheim spricht von einem dem Menschen innewohnenden Gestaltungsdrang „zu der in seinem Wesen angelegten Lebensgestalt"[22]. Krueger formuliert:

„Worauf es letztlich ankommt, in der Geschichte der Gemeinschaft wie im Leben des Einzelnen, das ist Durchgestaltung des ganzen Seins"[23].

Er wie auch andere Vertreter der Leipziger Schule stützen sich auf ein von vielen Denkern und Philosophen postuliertes Gestaltungsprinzip: Den „übergreifenden Willen zur Form"[24] oder den „Drang nach Ganzheit"[25].

Festgehalten werden kann, daß in der Sanderschen Gestaltpsychologie und in der IT der Gestaltbegriff aus einem rein gegenständlichen und elementaristischen Verständnis gelöst wird.

Sander überträgt – die rein experimentelle Ebene übersteigend – die gefundenen Gestaltgesetze auf den Gestaltwandel personaler Selbstwerdung.

Bei Dürckheim ist im Konzept der metaphysischen Erfahrungsanthropologie das entelechiale Gestaltungsprinzip vom Menschen enthalten, das mit der Gestaltpsychologie größtmögliche – bis in den empirischen Sektor reichende – Affinität aufweist.

Durch gezielte Anleitung und Evokation wird in der IT das als a priori angenommene Gestaltungsprinzip zu seiner „Ent-wickelung" angeregt, um den notwendigen Ganzwerdungsprozeß im Integrationsakt der insuffizienten Seiten in Gang zu setzen. Im Geführten Zeichnen ebenso wie in allen anderen Selbsterfahrungsmedien sowie in der zielgerichteten Ausbildung von Schülern und Mitarbeitern wird nach diesem „Formelprinzip" verfahren.

Insofern sind die in der Ganzheits- und Gestaltpsychologie entwickelten Prinzipien und theoretischen Erkenntnisse wie die Tiefendimension der Gefühle und die Gestaltgesetze als der Nährboden für

---

[21] Vgl. dazu die Jungschen Funktionstypen, die in der IT bei der tiefenpsychologischen Anamnese auch mitberücksichtigt werden.
[22] ÜWL, 60.
[23] Zit. nach Wellek, 1950, 52.
[24] A.a.O., 53.
[25] Krueger, 1953, 148.

die in die IT transformierte konkrete psychotherapeutische Arbeit anzusehen.

Eine weitere Parallelität zwischen der Gestalt- und Ganzheitspsychologie ist in dem Bemühen von Krueger nach einer „Seinspsychologie in Metaphysiknähe getrieben und dabei dennoch empirisch angesetzt"[26] zu sehen. Krueger verlangt bei einer „metaphysischen Systematik unabweislich den Willen zur Rationalität . . ."[26] In diesem Sinne fordert auch Dürckheim einen „vorurteilslosen empirischen, nüchternen transzendentalen Realismus"[27].

4.3. Meister Eckehart

Gemäß des bisher praktizierten synoptischen Vorgehens verfolge ich nun als nächsten konzentrischen Ring verwandte Gedanken zwischen der Eckehartschen Mystik und dem der IT zugrundeliegenden Kernmodell. Dürckheim sagt:

„Größten Einfluß auf meine geistige und berufliche Entwicklung als alle anderen hatte Meister Eckehart"[1] . . ."weil mir in seinen deutschen Predigten die Wirklichkeit des Überweltlichen, d. h. also auch des überraumzeitlichen Seins erstmalig ‚schriftlich' begegnet ist".[2]

Die folgenden Verbindungen zu Eckehart beanspruchen keine erschöpfende Analyse. Der Versuch eines Vergleichs zwischen der metaphysischen Erfahrungsanthropologie Dürckheims und der Mystik Meister Eckeharts verlangt bei dem unerschöpflichen Thema der Mystik eine klare Beschränkung auf einige zentrale Themen. Ich verzichte soweit wie möglich auf theologische Parallelen und verweise auf einige mir deutlich erscheinende Gemeinsamkeiten.

Von der zeitgeschichtlichen Situation her gesehen, scheint mir eine Parallelität zwischen der mittelalterlichen, priesterlichen Seelsorge zu bestehen, dem Menschen auf seinem Weg zu Gott zu begleiten und dem Anliegen der IT, ihm zur Restitution seines doppelten Ur-

---

[26] Zit. nach Wellek a.a.O., 54
[27] PS, 161, vgl. auch Hippius' Anmerkung über das „surreal-Reale", 3.1., Anm. 38.
[1] PS, 129.
[2] Persönliche Mitteilung. Vgl. auch Dürckheim 1977, 464 ff.

sprungs zu verhelfen. Die Verlagerung von der ursprünglichen Seelsorge zur psychotherapeutischen Wegführung im Sinne der IT ist meines Erachtens in der heutigen Zeit durch die Verflachung der Religiosität und auch der priesterlichen Sendungs- und Führungskraft mitbedingt. Möglicherweise sind bei vielen heutigen hochsensiblen Menschen die inneren Nöte von einer ähnlichen Spannungs-, nicht Inhaltsintensität wie die unter Sündennot, Höllenfurcht und Urängsten Leidenden zur Zeit Eckeharts. Die Anweisungen, die Eckehart diesen Menschen gibt, könnten in einer eigenen Arbeit mit dem Angebot der IT verglichen werden, wobei dieser Ansatz nur ein kleiner Sektor aus dem Anliegen Eckeharts darstellt.

4.3.1. Der innere und der äußere Mensch

In der IT wird der Mensch als Teilhaber zweier Welten angesehen: Er ist irdischen und himmlischen Ursprungs. Die für die irdische Herkunft zuständige „Instanz", das Welt-Ich, ist mit seiner auf Sicherung und Fixierung bedachten rationalen Einstellung der Gegenspieler und Verhinderer des Wesens.

Unter Wesen versteht Dürckheim:

„den innersten Kern unserer Existenz, in der wir teilhaben an der Wirklichkeit jenes größeren und göttlichen Lebens, das unser kleines, zwischen Geburt und Tod ablaufendes Leben von Grund auf bestimmt und übergreift."[3]

Sinn und Auftrag des Menschen ist es, sich als „Bürger zweier Welten" zu erkennen: „dieser raumzeitlich begrenzten und bedingten Welt und einer anderen, überraumzeitlichen, unbedingten Wirklichkeit"[4].

Die Teilhaberschaft an den zwei Daseinswirklichkeiten kommt auch bei Meister Eckehart zum Ausdruck[5]. Er unterscheidet zwischen dem „inneren und dem äußeren Menschen". Eckehart nennt den einen

---

[3] DW (Dürckheim), 53.
[4] DUM, 24.
[5] Bei der Entwicklung von Eckeharts Seelenbegriff beziehe ich mich auf Ueda, 1965.

„den alten Menschen, den irdischen Menschen, den äußeren Menschen, den feindlichen Menschen, einen knechtischen Menschen". [6] Und weiter sagt er: „Der andere Mensch, der in uns steckt, das ist der innere Mensch; das heißt die Schrift einen neuen Menschen, einen himmlischen Menschen, einen Freund und einen edlen Menschen".[7]

Diese Textstellen scheinen eine gedankliche Verwandtschaft zwischen Dürckheim und Eckehart hinsichtlich der beiden im Menschen anwesenden Pole zu zeigen. Weitere Hinweise liefert der Aufbau von Ekkeharts Seelenstruktur.

Eckehart unterscheidet in der Struktur der Seele die Seelenkräfte und den Seelengrund. Im Seelengrund ist die Seele gottgleich und bildlos, denn Gott hat kein Bild von sich selbst. Die Seele ist hier in ihrer „Lauterkeit"[8] nicht von Bildern berührbar, sie hält alles Bildhafte von sich fern. Eckehart nennt die Lauterkeit „scintilla animae", Seelenfünklein[9]. An anderer Stelle sagt er:

„. . . daß etwa in der Seele ist, das Gott so verwandt ist, daß es eins ist und nicht vereint"[10].

Die Seele ist, zumindest in ihrem obersten Scheitel, wo sie das wahre Licht ist, Gottes Ebenbild[11]. Von diesem „Fünklein in der Seele" heißt es auch, daß es

„weder Zeit noch Raum je berührte. Dieser Funke widersagt allen Kreaturen und will nichts als Gott, unverhüllt, wie er in sich selbst ist".[12]

In diesen Zitaten wird das „göttliche Etwas"[13] bei Eckehart angesprochen, das in Parallelität zu Dürckheims Wesensbegriff zu sehen wäre[14]. Wie verhält es sich nun mit dem irdischen, dem äußeren Men-

---

[6] Quint, 1963, 140.
[7] A.a.O., Anzumerken zur Unterscheidung vom „äußeren und inneren Menschen" ist, daß Eckehart damit in der Tradition der mittelalterlichen Mystik steht, die ihre Systematik durch Dionysius Aeropagit erfuhr, der seinerseits stark neuplatonisch-plotinisch geprägt ist.
[8] Quint, 167.   [9] Ueda, 58.   [10] Quint, 215.
[11] Vgl. DW, I, 4, 421.
[12] Quint, 316.
[13] Dieser Ausdruck erfährt seine Berechtigung aus folgendem Zitat: „In allen guten Menschen ist Gott ganz, und es gibt ein Etwas in der Seele, worin Gott lebt, und es gibt ein Etwas in der Seele, wo die Seele in Gott lebt", (in: Quint, 340).
[14] Vgl. 3.3.3.2. und DUM, 51.

schen? Dazu ist kurz auf die Entstehung der ,,creatio" im Eckehartschen Sinne einzugehen.

Darunter versteht Eckehart jene Schöpfungen, die von Gott nach einer Idee seiner selbst sichtbar nach außen gesetzt sind: Sie sind ein ,,Fußstapfen Gottes"[15]. Im Unterschied zur reinen Abbildung der Ideen nach außen oder der Einprägung in die Materie bei der creatio, ist die Seele in der ,,factio" Gottes ein Ebenbild seiner selbst.

Wenn sich die Seelenkräfte des Menschen mit dem Bild der kreatürlichen Dinge beschäftigen, die ja eine Abbildung Gottes und eigentlich ein ,,reines Nichts"[16] sind, ist die Möglichkeit der Gottesgeburt in der Seele nicht gegeben. Die Seele hat gemäß ihrer Struktur zwei Möglichkeiten, sich zu verwirklichen:

,,. . . die eine, in ihrem Grunde Gott wirken zu lassen und im Wirken Gottes zu ihrer Wirklichkeit zu kommen, oder die andere, selbst mit ihren Kräften zu wirken und als das Wirken der Kräfte zu ihrer Wirklichkeit zu kommen"[17].

Dadurch sind die beiden Daseins- und Verwirklichungsmöglichkeiten formuliert, die auch mit dem Begriffspaar ,,vita activa – vita contemplativa" bezeichnet werden könnten, und die in der IT an die Unterscheidung zwischen dem natürlichen und dem von einer initiatischen Erfahrung betroffenen Menschen denken läßt[18].

4.3.2. Die Verhinderung der Gottesgeburt

Bei der Beschäftigung der Seelenkräfte mit den kreatürlichen, weltlichen Dingen entfernt sich die Seele von Gott, von dem Seelengrund und wird schließlich durch das Anhaften an den Bildern von der Kreatur abhängig – sie ist im Grunde bereits tot[19].

Die Wurzel für diese Abhängigkeit liegt in der ,,Eigenschaft", der ,,Bindung an das eigene Ich"[20]. Die Seele ist durch die Abnabelung von ihrem Grund nun mit sich selbst identisch. Dies hat eine falsche Einheit zur Folge, in deren Zentrum das Ich steht. Dieses trachtet da-

---

[15] Ueda, 50 f., zitiert nach Pfeifer 11,6 f.
[16] Quint, 171.   [17] Ueda, 67.
[18] Vgl. MWW, 90 ff.   [19] Quint, 340.
[20] Ueda, 69, zit. nach DW, II, 1, 25, 26.

nach, sich alles zu eigen zu machen. Im Eigen-nutz, der Eigen-liebe, dem Eigen-tum, dem Eigen-willen drückt sich dieses „Haben" aus. Sie ist die Ursache für die Verhinderung der Gottesgeburt, nicht die Beschäftigung der Seelenkräfte mit den Bildern der Kreatur[21].

In dieser Beschreibung des verborgenen Eigenschaftsmotivs läßt sich Dürckheims Charakterisierung des Welt-Ichs wiederfinden. Die Identifizierung mit dem Welt-Ich führt zu den bereits beschriebenen „Fehlformen des Ichs[22]. Aus diesen Fehlhaltungen entsteht existentielles Leiden[23], das zur Triebfeder eines Verwandlungsprozesses werden kann. In ähnlichem Sinne spricht Meister Eckehart:

„das schnellste Tier, das euch zu dieser Vollkommenheit trägt, das ist das Leiden".[24]

Auch Eckehart betont den positiven Aspekt des Leidens, insofern es die Möglichkeit zur Gottesgeburt, bei Dürckheim zur Wesenserfahrung, in sich birgt.

Albrecht zeigt in ihrer Dissertation „Der Trostgehalt in Meister Eckeharts Buch der göttlichen Tröstung und seine mutmaßliche Wirkkraft"[25] auf, daß Eckeharts Tröstungen bei Menschen in größter Sündennot und Höllenfurcht u. a. auch dahingehen, diese Qualen als göttlichen Willen anzunehmen und sich damit einer das Leiden umwandelnden Kraft zu öffnen. Albrecht schreibt zusammenfassend:

„Der Trost liegt daher weder in der Abschwächung des Leides noch in der Erziehung zur Unberührbarkeit dafür, er liegt vielmehr in der Fruchtbarmachung, der lebendigen Verwandlung des Schmerzes in gesteigertes Innengeschehen durch zustimmend-gottbezogene Erlebniskraft".[26]

Eine Parallele befindet sich bei Dürckheim, wo die tiefste, unannehmbar erscheinende Not die positive Chance enthält, durch das Akzeptieren und Eintreten in das Leiden den bisherigen ich-fixierten Standort zu überwachsen und dadurch dem Einfließen ungeahnter Kräfte Raum zu geben. Mit dem Aufgeben der Ich-Bezogenheit macht sich der Leidende empfangsbereit für das Zulassen einer höhe-

---

[21] Ueda, 69. [22] Vgl. 3.3.3.5.
[23] Vgl. MWW, 90: Das Leiden unter der Getrenntheit vom Wesen.
[24] DW, II, 5, 547. [25] Albrecht, 1953. [26] A.a.O., 115.

ren Dimension, der Transzendenz, in der er geborgen ist trotz aller ihn umgebenden Gefährdungen und Unsicherheit.

Die nächste Frage betrifft jene Möglichkeiten, die die Seele für die Gottesgeburt vorbereitet.

4.3.3. Vorbereitungen und Übungen zur Gottesgeburt

Hinweise zu Übungen oder Anleitungen, wie der Mensch die Gottesgeburt in der Seele vorbereiten solle, sind bei Eckehart nicht zu einer leicht lehrbaren Anleitung verarbeitet oder zusammengefaßt. Dürckheim hingegen leitet aus der Eckehart-Legende „Von dem guten Morgen"[27] eine Anweisung, nämlich das Stillsitzen als Aufruf zu den vielfältigsten Variationen der Stilleübungen, ab[28].

Ferner ist in dem Aufgehen jeglicher gedachter oder bildlicher Vorstellung von Gott [29] ein meditatives Element enthalten, das auf das „Leerwerden", das „Bildlose" zielt[30]. Weitere Empfehlungen Ekkeharts betreffen die zu seiner Zeit üblichen mönchischen Exerzitien.

„... und was andere Übungen angeht, sei es Fasten, Wachen, Beten, deren mögest du so viel pflegen, wie sie dich fördern können, daß du am Ende die Vollkommenheit gewinnest."[31]

Besondere Bedeutung gewinnt für Eckehart das Gebet „aus einem ledigen Gemüt"[32].

„Das ist ein lediges Gemüt, das durch nichts beirrt und an nichts gebunden ist, das sein Bestes an keine Weise gebunden hat und in nichts auf das Seine sieht, vielmehr völlig in den liebsten Willen Gottes versunken ist und sich des Seinigen entäußert."[32]

---

[27] Quint, 444.
[28] AÜ, 52: „In der Eckehart-Legende ‚Von dem guten Morgen', die von der Begegnung Meister Eckeharts mit dem armen Menschen berichtet, heißt es: ‚Du magst wohl heilig sein, wer hat dich heilig gemacht, Bruder?' – Die Antwort lautete: ‚Das tat mein Stillsitzen und meine hohen Gedanken und meine Vereinigung mit Gott'".
[29] Quint, 60.
[30] Vgl. 3.4.4.1., Anm. 99. Die geistige Verwandtschaft Eckeharts zum Zen-Buddhismus versucht Suzuki in „Der westliche und der östliche Weg", 1960 aufzuweisen. Vgl. auch Ueda, 145 ff.
[31] DW,I,5, 547, vgl. auch 460.
[32] Quint, 54.

Auf die Notwendigkeit des „Ledigwerdens" weist Eckehart in vielfachen, wortgewaltigen Variationen und Gleichnissen hin, z. B.:

„Der Tempel soll freiwerden von allen Hindernissen, das heißt von Ich-Bindung und Unwissenheit."[33]

Die Gottesgeburt kann nur dann stattfinden, wenn der Mensch sich von allen „Einbildungen" und jeglichem Haften an allen Dingen freimacht. Dies kann ihm in der „rechten Armut des Geistes" gelingen:

„Das ist ein armer Mensch, der nichts will, nichts weiß und nichts hat."[34]

Es geht also um das Aufgeben der Eigen-schaft, darum, Gott, ohne Eigenschaft

„zu lieben wie er ist, ein Nicht-Gott, ein Nicht-Geist, eine Nicht-Person, ein Nicht-Bild, mehr noch: wie er ein lauteres, reines, klares Eines ist, abgesondert von aller Zweiheit."[35]

Damit zielt Eckehart radikal auf das Aufgeben, das Loslassen von allen Bindungen des Menschen an die Dinge. Es geht um den „Durchbruch durch den wesenlosen Schein der Kreatur zu ihrem wesenhaften Kern"[36], sagt Quint. In seiner Kompromißlosigkeit, sich von allen Bindungen zu lösen, wird Eckehart nicht müde

„die geheimsten Bindungen des menschlichen Tuns und Lassens, die versteckten Regungen der Ichsucht, der Absichtlichkeit und ‚Meinung' aufzudecken, das verzückte Schielen nach Dank und Gegengabe zu brandmarken."[37]

Hier wäre zu fragen, ob Dürckheims Terminus des mystischen Todes"[38] als der Höhepunkt des Verwandlungsprozesses von „Stirb und Werde"[38] der von Eckehart gemeinten Forderung entspricht. In der Meditation liegt dem die vorgegebene Wandlungsformel zu-

---

[33] A.a.O., 156.
[34] A.a.O., 303. – Fromm, 1976, 68, bemerkt zu der „Habenorientierung" folgendes: „Laut Eckehart ist unser Ziel als Menschen, uns aus den Fesseln der Ichbindung und der Egozentrik, das heißt dem Habenmodus, zu befreien, um zum vollen Sein zu gelangen."
[35] Quint, 335.
[36] A.a.O., Einleitung, 46.
[37] A.a.O., 29. Vgl. auch das Tempelgleichnis, a.a.O., 155.
[38] MWW, 160.

grunde: Sich loslassen – sich niederlassen – sich einswerdenlassen – sich neu kommen lassen[39].

In übertragener Weise findet diese Formel dort Anwendung und wird zum „Innewerden" aufgegeben, wo es um den Abbau dessen geht, was die „Große Durchlässigkeit"[40] behindert. Das ist das auf Versicherung auf jeder Ebene bedachte Welt-Ich, sei es im Materiellen, den zwischenmenschlichen Beziehungen oder im Religiösen als

„Ausdruck einer Gesamteinstellung dem Leben gegenüber, der das Verwurzeltsein im Wesen fehlt."[41]

„Gelassen ist, wer sein kleines Ich gelassen hat[42], sagt Dürckheim. Das Loslassen, das Preisgeben aller vermeintlichen Sicherheiten, der „Sprung in Unbekannt, ohne Rest, voller Vertrauen"[43], leitet über zur Erfahrung des „mystischen Todes".

„Es ist das wirklich Zunichtewerden, es ist die Nacht. In ihr ist auch der dem Welt-Ich gebende Glaube an einen rettenden Gott vergangen. Es ist der Augenblick, in dem nichts mehr da ist, was da war, was Kraft, Sinn und Halt gab. Ohne diesen Tod gibt es nicht die Auferstehung aus dem Wesen."[44]

Dem Sterben des alten Ichs folgt die Neugeburt aus dem Wesen, „das Erlebnis des großen ‚Ich-bin'"[45].

Zusammengefaßt kann gesagt werden: Bei Eckehart geht es in diesem Zusammenhang darum, die Gottesgeburt in der Seele zu ermöglichen, bei Dürckheim um die „Begegnung mit dem Wesen als Erlebnis"[46]. Die Voraussetzung ist das Aufgeben der ichbezogenen Haftungen und das Leerwerden von jeglicher Vorstellung. Die Übungsanleitungen, die bei Eckehart nicht deutlich hervortreten, wohl aber von seinen Schülern, wie Johannes Tauler[47], gepflegt wurden, betreffen die mönchischen Exerzitien und das „allerkräftigste Gebet"[48].

Die IT, die mit ihrer seelenheil-kundlichen Praxis auch moderne

---

[39] A.a.O., 146, vgl. auch 3.4.4.1., Anm. 103.
[40] MWW, 153.   [41] A.a.O., 155.
[42] DW (Dürckheim), 63.
[43] MWW, 156.   [44] A.a.O., 160.
[45] A.a.O., 161.   [46] A.a.O., 117.
[47] Vgl. die Tauler Predigt 71 in Vetter, 1910, 384 ff.
[48] Quint, 54.

psychotherapeutische Methoden miteinbezieht, verfolgt mit der konsequenten Übung, dem „Exercitium ad integrum"[49] auf dem initiatischen Weg das gleiche Ziel. Zur Übungspraxis in der IT gehört das Za-zen, die Arbeitsweisen mit ihrem teils aktiv, teils passiv meditativen Ansatz und der Alltag als Übung[50]. Das Grundanliegen scheint mir bei Eckehart und bei Dürckheim das gleiche zu sein. Die Variationen in den praktischen Ausführungen sind vom zeitgeschichtlichen Umfeld abhängig, was nicht zur Verwischung der jeweiligen Eigenarten führen darf.

Im folgenden gehe ich nicht weiter auf mögliche Parallelen zwischen der Gottesgeburt in der Seele bzw. dem Durchbruchsmotiv zur Gottheit[51] einerseits und der „Großen Erfahrung" und dem „Durchbruch zum Wesen" andererseits ein. Diese herauszuarbeiten, übersteigt die Zielsetzung der Arbeit. Es wäre zu untersuchen, wie Dürckheims Formulierung: „Von dem Exil zurück in die Heimat"[52] als die in der IT erfolgenden therapeutischen Ansätze um die Gewinnung der Ganzheit mit der von Eckehart beschriebenen Forderung nach „Einssein mit dem Einen"[53] korrespondiert. Ferner auch, inwieweit die in der IT geübte Profilierung des Menschen zu seiner Personwerdung auch ein Anliegen Eckeharts ist.

4.3.4. Das Wirken „wahren Menschen"

Eine weitere offensichtliche Gemeinsamkeit soll abschließend erwähnt werden. Sie betrifft die Aktivität des Menschen in der Welt nach der mystischen Erfahrung.

„‚Nach außen zur Weltwirklichkeit in der Zeit', das bedeutet hier, ‚zum innersten Grund Gottes und über den Gegensatz von Zeit und Ewigkeit hinweg'; der Mensch, der diesen Weg zurückgelegt hat, ist gerade inmitten der Weltwirklichkeit innerlicher und überzeitlicher, als wenn er in seinem Innern in der zeitlosen Vereinigung mit Gott verbleibt. Er ist den Dingen vollkommen nahe und zugleich absolut entfernt von ihnen. Er ist ein gewöhnlicher

---

[49] DW (Dürckheim), 115.
[50] Vgl. 3.4.3. ff.
[51] Vgl. dazu Ueda, 82 ff. und 119 ff.
[52] MWW, 93
[53] Ueda, 128. S. a. Quint, 150.

Mensch unter Menschen und zugleich nicht mehr Mensch. Das ist ‚ein wahrer Mensch'"[54], sagt Eckehart.

Hier wird jeglicher Weltabgeschiedenheit oder Hinwendung an verklärendes Entzücken in der mystischen Ekstase eine deutliche Absage erteilt. Am klarsten drückt dies Eckehart in folgenden Sätzen aus:

„Wäre der Mensch so in Verzückung wie Sankt Paulus war, und wüßte einen kranken Menschen, der eines Süppleins von ihm bedürfte, ich erachte es für weit besser, du ließest aus Liebe von der Verzückung ab und dientest dem Bedürftigen in größerer Liebe."[55]

Mit anderen Worten, der „wahre Mensch" soll sich nicht bei beglückenden, faszinierenden Erfahrungen aufhalten, sondern in der Weltwirklichkeit mit der empfangenen Fülle des Seins wirken. An anderer Stelle führt Eckehart aus:

„Nun (aber) wollen gewisse Leute es gar so weit bringen, daß sie der Werke ledig werden. Ich (aber) sage: Das kann nicht sein! Nach dem Zeitpunkt, da die Jünger den Heiligen Geist empfingen, da erst fingen sie an, Tugenden zu wirken."[56]

Nach Eckehart schließt die Vereinigung mit Gott nicht die Werke der christlichen Tugenden aus, sondern die „Übung der wahren Tugenden"[57] ein.

Bei Dürckheim ist die „Große Erfahrung" nicht im Gegensatz zum Alltagsleben zu sehen, wie seine Forderung, den „Alltag als Übung" zu gestalten, zeigt. Hier darf es nicht bei einer erleuchtenden Seinserfahrung oder Seinsfühlung bleiben, sondern gemäß dem inneren Auftrag des Menschen ist die Bekundung des „Seins im Dasein"[58] die zu erarbeitende Aufgabe[59]. Erlebnis, Einsicht, Übung und Bezeugung gehören untrennbar zusammen. Die Notwendigkeit der Übung formuliert Eckehart so:

„Das kann der Mensch nicht durch Fliehen lernen, indem er vor den Dingen flüchtet und sich äußerlich in die Einsamkeit kehrt; er muß vielmehr eine in-

---

[54] Ueda, 137. Ueda kommentiert hier das Gleichnis von Maria und Martha (Predigt 28, Quint, 280 ff.) in dem oben genannten Sinn. Auch Quint schließt sich dieser Auslegung an (in: Einleitung, 46 f.) Vgl. auch Quint, 215.
[55] Quint, 67. [56] Quint, 288. [57] A.a.O., 289. [58] DUM, 255.
[59] Vgl. dazu die 4. und 5. Speiche des „Rades der Verwandlung", 3.4.4.3. und 3.4.4.3.1.

nere Einsamkeit lernen, wo und bei wem er auch sei. Er muß lernen, die Dinge zu durchbrechen und seinen Gott darin zu ergreifen und den kraftvoll in einer wesenhaften Weise in sich hineinbilden zu können . . . Fürwahr, soll er die Kunst beherrschen, so muß er sich viel und oft in dieser Tätigkeit üben . . . Späterhin, wenn er dann die Kunst beherrscht . . . genügt es völlig zu wissen, daß er seine Kunst betätigen will; und wenn er auch nicht beständig bewußt dabei ist, so vollführt er sein Tun doch, woran er auch denken mag, aus seinem Können heraus."[60]

Hier wären die bereits angeführten Merkmale der östlichen Übung zum Vergleich heranzuziehen[61]. Und ein weiteres wird wichtig:

„So auch soll der Mensch von göttlicher Gegenwart durchdrungen und mit der Form seines geliebten Gottes durchformt und in ihm verwesentlicht sein, so daß ihm sein Gegenwärtigsein ohne alle Anstrengung leuchte, daß er überdies in allen Dingen Bindungslosigkeit gewinne und gegenüber den Dingen völlig frei bleibe."[60].

Dieses Wirken in der Weltwirklichkeit ist von besonderer Qualität erfüllt, wie Eckeharts Zitat zeigt. Der Mensch handelt aus dem Durchdrungensein von der göttlichen Präsenz heraus und ist durch die Unabhängigkeit von den Dingen frei und in seinem inneren Grund unbewegt. Alles ist dann für ihn gleich-gültig.

„Das Wirken in der Weltwirklichkeit ist also zugleich ‚Ausübung aus dem lauteren Seelengrund' und ‚Einübung in die Tugend'"[62],

sagt Ueda. Dies ist die Weitergabe der mystischen Erfahrung in das Leben. Gemeint ist eine Aktivität, die schließlich aus dem ständigen Kontakt mit dem göttlichen Grund fruchtbar wird, die nicht nach dem Warum fragt, die „weiselos"[63] doch zugleich der zu erledigenden Weise entspricht.

Bei Dürckheim könnte der Mensch gemeint sein, der in einer anderen Wirklichkeit verwurzelt ist, d. h.

„er lebt zwar . . . im raumzeitlichen Dasein und seiner menschlichen Ordnung, aber er existiert aus dem überraumzeitlichen Sein, das das Dasein übergreift, durchwaltet und in Wahrheit auch ausmacht."[64]

---

[60] Quint, 61. [61] Vgl. 3.4.3. [62] Ueda, 138.
[63] DW,II,1, 90: Ûzer disem innersten grunde solt dû würken alliu dîniu werk sunder warumbe."
[64] DW (Dürckheim), 121.

Aus diesen Grundgedanken könnte eine wichtige Parallele zwischen der Mystik von Eckehart und der IT gezogen werden, nämlich in der Betonung des unmittelbaren Einfließenlassens der mystischen Erfahrung in die Wirklichkeit.

Dürckheim zieht den Trennungsstrich zwischen einem Mystiker und dem initiatischen Menschen so, daß das Leben des Mystikers immer wieder um das Ergriffensein von transzendenten Erlebnissen kreise, während der initiatische Mensch gezielt an einer ihn verwandelnden Gestalt und Struktur arbeite[65].

„Es gibt den Mystiker ohne initiatischen Anspruch, aber es gibt keinen initiatisch Voranschreitenden ohne grundlegendes mystisches Erlebnis"[66],

sagt er. Aus den vorangegangenen Ausführungen wurde deutlich, daß Eckehart nicht zu den Mystikern zu zählen ist, denen es nur um verzückende angelische Versenkungs- und Erleuchtungszustände geht. Vielmehr wäre er dem Kreis derer zuzurechnen, bei denen die mystische Erfahrung des Einsseins die ruhige Weltbewältigung geradezu fordert.

4.3.5. Abschließende Betrachtung

Ein immer wiederkehrender Gedanke in Eckeharts Werk, das in plastischen Analogien vorgetragene unermüdliche Predigen von der Gottesgeburt in der Seele des Menschen, was nur aus dem eigenen Durchdrungensein möglich erscheint, ist – in Parallelen – auch als das Anliegen von Dürckheim und der IT anzusehen. Voraussetzung ist die bei beiden stark betonte – bei Dürckheim bis zum übenden und therapeutischen Agens erklärte – allmähliche Beseitigung des dominanten, weltlichen, kreatürlichen Besitzanspruches. Die Rolle der Übung erscheint in der IT wesentlich weitergeführt als bei Eckehart, indem ihr ein exerzitienhafter Charakter zur Inkorporation transzendenter Erlebnisse zukommt. Dies muß unter dem spezifischen Aspekt der Bewußtseinsumwandlung zur personalen Ganzheit gesehen werden, was Eckehart in dieser Form sicherlich nicht anstrebte.

---

[65] MWW, 59 und DUM, 122.
[66] MWW, 59.

Die Akzentsetzung auf die von Eckehart ausgedrückte Nächstenliebe ist nicht allein auf die christliche Pflichtausübung zu beschränken. Es wurde deutlich, daß Eckehart die Ausrichtung auf den einheitlichen Lebensvollzug meint, wobei der Mensch – in der Terminologie von Dürckheim – gut zentriert aus seiner Mitte heraus in der Wirklichkeit lebt und wirkt.

Die Vergleiche zwischen Eckehart und Dürckheim wurden klar beschränkt auf einige wenige auffällige Gemeinsamkeiten. Davon erscheinen mir neben der Übereinstimmung der beiden Pole im Menschen als die wichtigsten, die positive Umwandlung des Leidens in existentielle Erfahrung und die Verquickung des mystischen Erlebnisses mit dem ,,profanen" Alltagsleben. Eckeharts Gedanken, ohne sie vorschnell aus ihrem genuin christlichen Kontext zu nehmen oder zu psychologisieren, erhalten meines Erachtens für die heutige Zeit ungeahnte Aktualität.

Die Alternative lautet also nicht: Hinwendung zum weltlosen Innen oder zur grenzüberschreitenden Ausweitung des Bewußtseins in überdimensionale Räume, wie die ekstatische Komponente der mystischen Erfahrung als das ,,Außer-sich-sein" fordern könnte. Nach dem oben verstandenen Umgang mit transzendenten Erfahrungen wird in der IT ein innerseelischer Evolutionsprozeß in Gang gesetzt, in dem letztlich zwischen Innen und Außen keine Trennung, zwischen Subjekt und Objekt keine Spaltung vorliegt, sondern zwischen innerer Erfahrung und äußerem Tun eine dynamische Bewegung vorherrscht, die aus dem erlebten Ganzheits- und Einsseinszustand schöpferisch wirkt.

Das Bemühen um die ständige mystische Bezogenheit mit jeweils verschiedener Akzentuierung kann als das zentrale Anliegen von Eckehart und Dürckheim angesehen werden.

4.4. C. G. Jung

In diesem Kapitel geht es um die Abklärung des Verhältnisses der IT zur Analytischen Psychologie von C. G. Jung. In diesem Zusammenhang taucht die Frage auf, welche Bedeutung und Berechtigung neben den in der IT stark betonten meditativen Übungen die tiefenpsychologische Vorgehensweise i. S. von Jung und Neumann haben. Dürckheim spricht von der „Notwendigkeit gleichzeitiger tiefenpsychologisch fundierter Bereinigung des Unbewußten"[1].

„Ohne sie wird der Mensch leicht Opfer seiner Illusionen, die ihn glauben lassen, der Transzendenz und also der Transparenz näher zu sein, als er es tatsächlich ist. Und wo der Mensch sich, z. B. in geistlicher Übung, nur dem Lichten zugewendet hält, sich um das Dunkle in ihm aber nicht kümmert, bleibt ihm der Teufel im Nacken."[2]

Hier wird deutlich, daß die IT keine „lichtvolle" Angelegenheit ist, die zu schnellen transzendenten Erfahrungen führt. Vielmehr ist die basale Gründung, die Tiefenarbeit am innerseelischen „Kanalnetz" unumgänglich, gerade auch bei den in der Meditation möglicherweise spürbar werdenden archetypischen Energiekonstellationen. Diesen, im Za-zen bekannten Erscheinungen in ihren vielfältigen Stufungen[3] wird im Gegensatz zur IT von den östlichen Zenmeistern zum großen Teil keine Beachtung geschenkt[4]. Allerdings darf nicht der Eindruck entstehen, als sei die tiefenpsychologische Arbeit an das Auftauchen möglicher Meditationsbilder gebunden. Diese können ein Anlaß sein. Ansonsten geben Träume, Erlebnisse aus der Stundensituation und die zugrundeliegende, den Schüler zur IT motivierende Leidensproblematik den Hintergrund ab zur tiefenpsychologisch begleitenden „Großen Therapie".

Psychotherapie steht – wie sie in der IT verstanden wird – nicht im Dienste der Selbstverwirklichung „nur um des heilen Selbstes willen", sondern der „Selbstverwirklichungsprozeß des Selbst um des Seins willen"[2] ist die eigentliche Aufgabe. Dabei leistet die tiefenpsychologische Arbeit mit dem Einbezug der unbewußten Kräfte eine unersetzliche Begleitfunktion.

Diese Seite der IT wird von Maria Hippius vertreten. Sie absolvierte bei G. R. Heyer, der persönlicher Schüler von Jung war, eine Lehranalyse, die sie dann bis zum Tode von E. Neumann bei diesem vervollständigte. Von ihm nahm sie besonders den Faden seiner ontologischen und erkenntnistheoretischen Grundposition auf. Aus der

---

[1] PS, 172.   [2] DUM, 220.
[3] Vgl. Lassalle, 1974, 63-79.
[4] Vgl. auch 3.4.4.1.

Lebens- und Arbeitsgemeinschaft mit Dürckheim entwickelte sich allmählich eine teils mehr aktive, teils mehr passive tiefenpsychologische Erfahrungs- und Handhabungspraxis auf den initiatischen Weg hin.

„Das sinnlich-übersinnliche Wahrnehmungsvermögen"[5] für unterschwellige Tiefenkräfte zu schulen, mit der Möglichkeit, diese auszudifferenzieren und als Erkenntnisgut an die Ratio anzuschließen, wurde der beherrschende Leitgedanke. Hippius ging es dabei um eine tiefenpsychologische Steuerung und Einverleibung initiatischer Prozesse. Auf den Bezug zu Jung eingehend, bemerkt sie:

„Es hat sich erwiesen, daß das, was Jung der Psychologie mit dem Wissen um den hierarchischen Aufbau und die Wirkkraft der Archetypen gibt, im Rahmen der Seelenheil-Kunde von weittragender instrumentaler und initiatorischer Bedeutung ist."[6]

„Von der Notwendigkeit tiefenpsychologischer Vorbereitung und Untermauerung des initiatischen Weges im Sinne Jungs sind wir überzeugt."[7]

In diesen Zitaten wird der theoretische Bezugsrahmen des zu leistenden Individuationsprozesses abgesteckt, der verstanden wird als „Erfahrung und Verwirklichung eines individuellen Einstandes in die Transzendenz"[8]. Die Berufung auf den von Jung aufgezeichneten Individuationsweg basiert laut Hippius zusammenfassend auf:
1. der „Lehre von den Archetypen und ihrer entelechialen Gestuftheit",
2. dem „Ernstnehmen der numinosen Erfahrungsqualitäten"[9].

Neben der entschiedenen Übernahme von Jungs Konzept gilt es auch, den von Hippius formulierten unterschiedlichen Standort zu Jung zu betrachten:

„Im Unterschied zur Jungschen Schule ist für uns Selbstverwirklichung in vollgültiger Weise aber nur zu verifizieren, wo leibhaftiges Tun und Sich-Verwandeln von Anfang bis Ende ins Exerzitium genommen sind."[10]

Aus diesen Prämissen ergibt sich für das Thema dieses Kapitels folgende Zielsetzung:

---

[5] Mündliche Mitteilung von Hippius.
[6] Hippius in TE, 81.
[7] A.a.O., 82 f.   [8] A.a.O., 82.   [9] A.a.O., 81.
[10] A.a.O., 83, vgl. auch 4.4.8.

1. Ich beleuchte im Rahmen des hier Möglichen die Hintergründe der dem initiatischen Weg zugrundeliegenden „entelechialen Gestuftheit" und den „hierarchischen Aufbau der Archetypen",
2. stelle ich den Bezug her zwischen Jungs Begriff des „Numinosen" mit seinem Überwältigungscharakter und der Seinserfahrung in der IT,
3. verweise ich auf Unterschiede zwischen Jung und der IT.

4.4.1. Zielgerichtetheit

Zunächst gehe ich auf das ein, was Hippius „die archetypische Gesetzlichkeit der Selbstwerdung"[11] nennt.

„Die Weghilfe bestünde also in der Rückführung und Wiederverwurzelung des Menschen in seinen Wesensgrund und in der Bewußtmachung und Ausbildung eines größeren Subjektes in ihm, das seine Wiederganzwerdung nach der Aufspaltung als Möglichkeit und Notwendigkeit *immer schon im Keime enthält*".[12]

Und weiter:

„Methodisch gesehen zielt eine existentiell und nicht nur psychologisch konzipierte Weghilfe von Anfang an darauf hin, die verschütteten oder noch embryonalen (weil unbewußten) Wesenskräfte zu wecken und ihnen Auftrieb zu geben".[12]

Die entsprechenden Parallelen dazu lauten bei Jung:

„Der Sinn und das Ziel des Prozesses sind die Verwirklichung der ursprünglich im embryonalen Keim angelegten Persönlichkeit mit all ihren Aspekten".[13]

An anderer Stelle sagt er:

„. . . handelt es sich um bedeutende Kernvorgänge in der objektiven Psyche; um eine Art Bilder des Zieles, die der zielgerichtet psychische Prozeß anscheinend selber setzt".[14]

---

[11] Hippius in TE, 82.
[12] A.a.O., 26 – Hervorhebung von mir.
[13] GW 7, 120.
[14] GW 12, 258, .vgl. auch GW 16, 339.

Jungs Schüler Neumann geht aufgrund seiner praktischen psychotherapeutischen Arbeit und der vergleichenden Mythenforschung davon aus, daß die Entwicklungsstadien des Bewußtseins

„in einer gesetzmäßigen Aufeinanderfolge sich konstellieren und so jede seelische Entwicklung bestimmen".[15]

Als unsichtbare, antreibende und „anordnende Kraft" wird bei Jung das Selbst angesehen,

„jene bewußtseinstranszendente, zentrale Instanz der Psyche, die sich von Anbeginn in einem ‚apriorischen Besitz des Zieles' zu befinden scheint und mit einer Art Vorwissen auf die ‚Entelechie, die Einheit und Ganzheit der menschlichen Persönlichkeit' hintendiert".[16]

Diesen Gedanken liegt die – schon seit der Antike anzutreffende – Idee eines teleologisch-ganzheitlich ablaufenden geheimen Lebensplanes in Phasen und Stufen zugrunde[17]. Als „principium individuationis"[18] wird in Anlehnung an Eislers Definition „der Existenzgrund von Einzelwesen oder Besonderheiten"[18] die höchstmögliche individuelle Ausprägung der dem Menschen potentiell innewohnenden Gestaltungskraft und Ganzheitlichkeit angesehen.

Jung bezeichnet den Selbstwerdungsprozeß, „die Herstellung einer psychischen Totalität im Menschen"[19] als „das noch sehr dunkle und erforschungsbedürftige Gebiet der persönlichkeitsbildenden Zentrierungsvorgänge im Unbewußten".[20]

Die zu erstrebende *Ineinandersetzung* auf dem Individuationsweg betrifft die Integration der Gegensätze. Zuvor muß jedoch die Gegensatznatur der Psyche, also die *Auseinandersetzung* in die verschiedenen Gegensätze, z. B. Licht und Schatten, immer mehr erlebt werden. Jung sagt dazu:

„Man kann diesen Gegensatz nur beherrschen, indem man durch die Anschauung der beiden sich von ihnen befreit und so in die Mitte kommt. Nur dort ist man den Gegensätzen nicht mehr unterworfen".[21]

---

[15] Neumann, 1974, 11.
[16] Jacobi, 1971, 42 zit. nach Jung in: Naturerklärung und Psyche, 35 und Frey: Die Anfänge der Tiefenpsychologie, 73.
[17] Jacobi, a.a.O., 11, 22.
[18] A.a.O., 22.   [19] A.a.O., 133.   [20] GW, 12, 549.
[21] Jacobi, a.a.O., 142, zit. nach Jung in GW 11, 674.

Bedeutung erlangt hier die Unterscheidung zwischen dem natürlichen, autonom verlaufenden Individuationsprozeß, der ohne bewußte, aktive Teilnahme und Auseinandersetzung abläuft und dem nach bestimmten Methoden geführten Prozeß, der ein ,,opus contra naturam"[22] darstellt.

,,Der Unterschied zwischen dem natürlichen, unbewußt verlaufenden und dem bewußt gemachten Individuationsprozeß ist gewaltig. Im ersteren Falle greift das Bewußtsein nirgends ein; das Ende bleibt daher so dunkel wie der Anfang. Im letzteren Fall dagegen kommt so viel Dunkles ans Licht, daß einerseits die Persönlichkeit durchleuchtet wird, andererseits das Bewußtsein unvermeidlich an Umfang und Einsicht gewinnt."[23]

Nach dem Konzept der IT geht es um das z. B. durch Seinsfühlungen initiierte Wandlungsgeschehen der im Grunde zur Entwicklung angelegten Gesetzmäßigkeiten, die durch Übungen aktualisiert, konkretisiert und damit bewußt und existentiell bedeutsam werden.

Die psychische Entwicklung verläuft nach dem bisher Gesagten in hierarchisch geordneten Etappen ab, nicht geradlinig, sondern in einer spiraligen, das Zentrum umkreisenden Verlaufsgestalt[24], so daß auf jeweils anderen Ebenen immer wiederkehrende Motive und Probleme zur Einlösung anstehen. In der übergeordneten Entität, dem Selbst als dem Zentrum der Persönlichkeit, erfolgt die ,,coniunctio oppositorum". Auch hier ist der dynamische Prozeßcharakter zu berücksichtigen und nicht das statische einmalige ,,Erreichthaben".

4.4.2. Die Archetypen

Um näher den psychischen Entwicklungsprozeß nachzuvollziehen, ist auf den Archetypusbegriff einzugehen.

,,Die Archetypen sind formale Faktoren, welche unbewußte seelische Vorgänge anordnen: sie sind ‚pattern of behavior'. Zugleich haben die Archetypen eine ‚spezifische Ladung': sie entwickeln numinose Wirkungen, die sich als Affekte äußern".[25]

---

[22] A.a.O., 29, 78.
[23] GW 11, 502.
[24] Jacobi, 1971, 46, vgl. auch 3.4.
[25] GW 8, 495. In dieser Definition des Archetypus ist sowohl der biologische Aspekt eingeflochten als auch der subjektive, innenbezogene, numinose Anteil. Über die viel-

Die Archetypen, die das kollektive Unbewußte bilden, stellen psychische Energiebündelungen dar. Jung unterscheidet – so Jacobi – den

„Archetypus an sich (per se), d. h. den nur potentiell in jeder psychischen Struktur innewohnenden, nicht wahrnehmbaren Archetypus einerseits und den aktualisierten, wahr-nehmbar gewordenen, in das Bewußtseinsfeld bereits eingetretenen Archetypus andererseits".[26]

Der „Archetypus an sich" ist ein in den „Abgründen" der Psyche unanschaulicher, in seinem Grundmuster unwandelbarer Faktor, ein der exakten Beschreibung entzogenes „Kraftzentrum". Durch individuell oder kollektiv konstellierte Erlebnisse kann es zu einer erhöhten Ladung der latenten „Kernkräfte" kommen, die sich dem Bewußtsein zunächst in einer diffusen, aber auch numinosen Qualität des Faszinosum und Tremendum zeigen kann.

Drängen diese Kräfte zu einer Entladung, so kommt es zur Aktualisierung des Archetypus, d. h. er wird dem Bewußtsein geradezu vorgestellt in Form von Bildern und Symbolen. Die Erscheinungsweise ist individuell variantenreich. Es gibt also viele Spielarten und die diversesten Einkleidungen. Der innerseelische Evolutionsprozeß ist für den Menschen mit starker emotionaler Betroffenheit und numinosem Ergriffensein verbunden. Die energetische „Voltspannung" erreicht eine immer höhere Potenzierung, es kommt zu einer bis an die Grenze des Erträglichen und Annehmbaren gehenden Verdichtung. An dieser Stelle ist der Boden bereitet für ein mögliches qualitatives Umschlagen, einen Wendepunkt, dann nämlich, wenn – so aus der Sicht der IT – der Mensch die unaushaltbare Spannung annimmt[27] und sich darin erkennt und findet.

Der Übersprung ist als Resultante aus hochpotenzierter „Kernspannung" und individueller Verwandlungsbereitschaft sicherlich nur bedingt erklärbar. Er kann als Durchbruch zu einer neuen Identitätsstruktur angesehen werden, zu dem von Hippius formulierten „größerem Subjekt"[28]. In Analogie zur Kernphysik spricht Hippius

---

fältigen Bedeutungen und Umschreibungen des Archetypusbegriffes, auf die ich hier nicht im einzelnen eingehen kann, vgl. Schlegel, 1973, 111 ff.
[26] Jacobi, 1977, 48, vgl. auch GW 8, 244.
[27] Vgl. S. 52 und MWW, 90.
[28] Vgl. 4.4.1., Anm. 12 und Hippius in TE, 26.

hier auch vom „geistigen Quantensprung"[29]. Der Versuch einer weiteren Umschreibung dieses Phänomens kann an dieser Stelle nur mangelhaft sein – für das Nachvollziehen dieser innerseelischen Mutation scheint mir die eigene Erfahrung als einziger Maßstab.

In der IT werden diese den Archetypen immanenten Energiepotentiale auf ihren finalen Sinn hin übungsmäßig evoziert, so daß die unpersönlichen, autonomen „Dominanten des Unbewußten"[30] eine wirkungsvolle Verbindung mit persönlich-geschichtlichen Inhalten eingehen können. Auf diesem Hintergrund werden Extremsituationen, die sich in krankhaft erscheinenden Störungen äußern können, als Ausdruck eines aus dem Grunde gesunden, nach Zielverwirklichung strebenden Prozesses angesehen[31]. Durch derartige Vereinigungsprozesse zwischen Kraftkonstellationen des kollektiven Unbewußten und dem bewußten Ich tritt nach und nach eine vom „Kern bis an die Peripherie" reichende Bewußtseinserweiterung und -vertiefung ein. Mit dem gelungenen Sprung auf eine andere Ebene wird eine neue Schleife auf der „Individuationsspirale" eingeleitet, eine neue Bewußtseinshaltung möglich.

---

[29] Mündliche Mitteilung. Auf das „echte und rechte Komplementaritätsverhältnis" (Meier, zit. in GW 8, 265) zwischen Psychologie und Physik, zwischen den psychischen, energetischen Aspekten und ihren Gesetzlichkeiten einerseits und den Kernvorgängen im atomaren Bereich andererseits macht Jung in Zusammenarbeit mit Pauli aufmerksam (vgl. GW 8, 475 ff., 220). Auch Anrich, auf den Hippius sich bezieht (mündliche Mitteilung), stellt in seinem Buch „Moderne Physik und Tiefenpsychologie", 1963, Parallelen her zwischen der Quantenphysik und den seelischen, energetischen Prozessen, wenn er davon spricht: „Die Quantelung des Seinsgeschehens hat zwei grundlegende Folgen. Erstens: alles Geschehen verläuft diskontinuierlich, das heißt gegliedert, nicht fließend, sondern in Sprüngen. Zweitens nur bestimmte Zuordnungen der gesamten Faktoren ergeben Quantelungen, nicht jede beliebige, gleitende ergibt eine Quantelungsmöglichkeit. Die erkannte außerordentliche Verbindung des seelischen energetischen Prozesses mit dem energetischen Prozeß der Welt des Physikalischen macht eine Befreiung der psychischen Energetik und überhaupt des psychischen Geschehens und Seins vom Quantelungsgesetz unmöglich" (a.a.O., 407).
Weitere Beziehungen zwischen Psychologie und Physik, denen unabhängig voneinander in den letzten Jahrzehnten tiefe Einblicke in die „Strukturgesetzlichkeit des Seins" gelangen, können an dieser Stelle nicht weiter verfolgt werden. Hier sollte lediglich auf eine mögliche Analogie aus dem Bereich der Kernphysik hingewiesen werden. Vgl. Heyer 1964 a und Capra, 1977.
[30] GW 11, 559.
[31] Vgl. den von Hippius geprägten Terminus „Initiatische Schizoidie", s. 6.1.1., Dürckheims „Inbild" und „Inweg", MWW, 96, vgl. auch AÜ, 107.

„Die Wandlung führt eben vom Tiefsten zum Höchsten, vom tierisch-archaisch Infantilen zum mystischen homo maximus,"[32]

sagt Jung. Damit umreißt er den mühsamen Weg zur Ganzheit des Menschen, zum „homo totus"[33], gemeint als die Aufforderung zur „imitatio Christi"[34]. Die Seele, nach Jung „naturaliter religiosa"[35], weist eine Entsprechung zum Wesen Gottes in sich auf, den „Archetypus des Gottesbildes"[36].

„Die Entwicklung und Erhöhung des eigenen inneren Menschen"[37] zielt darauf ab, „jenen Archetypus des Gottesbildes respektive dessen Ausstrahlungen und Wirkungen ins Bewußtsein überzuführen"[38].

Jung gab dem Christussymbol auch den Namen „Selbst",

„welcher Begriff einerseits bestimmt genug ist, um einen Inbegriff menschlicher Ganzheit zu vermitteln, andererseits unbestimmt genug, um die Unbeschreiblichkeit und Unbestimmbarkeit der Ganzheit auszudrücken".[39]

Das Christussymbol ist für Jung „vielleicht das am höchsten entwickelte und differenzierte Symbol des Selbst"[40]. In ihm vereinigen sich die Gegensätze sowohl zwischen der einmaligen menschlichen Individualität als auch der ewigen, absoluten, göttlichen Natur[41].

Das Selbst als das höchste Symbol kann aber nur durch den Bewußtwerdungsprozeß des archetypischen Bildegrundes erreicht werden. Im analogen alchemistischen „opus" hat der Adept die Stufen vom chaotischen Anfangszustand der „nigredo", auch „prima materia", „massa confusa" oder „Uroboros"[42] genannt, über die Zerteilung der Elemente, der Vereinigung der Gegensätze, den Tod dieses Vereinigungsproduktes zur „albedo" und der „Rötung" der anschließenden symbolischen „Chymischen Hochzeit" zwischen König und Königin zu bewältigen[43].

Während nach Jung der im Geist des Mittelalters befangene Alchemist es noch nicht vermochte, im äußeren alchemistischen Opus sein eigenes inneres Erlösungswerk zu vollenden, selbst an Christi Statt zu

---

[32] GW 12, 162. [33] A.a.O., 20 [34] A.a.O., 21.
[35] A.a.O., 27. [36] A.a.O., 25. [37] A.a.O., 21.
[38] A.a.O., 27. [39] A.a.O., 32. [40] A.a.O., 23.
[41] A.a.O., 34. [42] GW 12, 268 ff.
[43] Motive mit alchemistischen Inhalten finden sich in vielen Zeichnungen, die auf der Grundlage des Geführten Zeichens entstehen, vgl. auch Müller, 1979, 22.

treten⁴⁴, lautet die Forderung für den heutigen modernen Menschen, selbst „sowohl das zu Erlösende wie der Erlöser"⁴⁵ zu sein.

So geht es auch in der IT darum, sich vom anfänglichen *archetypischen* Gottesbild zu lösen, das archaische, mana-geladene Formen – wie etwa im alten Jahwe-Bild – aufweist und zum *inbildlichen* persönlichen Gottesbild vorzustoßen, dem „immanenten Christus"⁴⁶, den es durch aktives Tun auf dem Individuationsweg zu erlösen gilt.

Im weiteren versuche ich,

„die Suche des gespaltenen Menschen nach seiner Einheit von der vorgeburtlichen totalen Unbewußtheit auf das Ziel der totalen Bewußtheit hin"⁴⁷,

durch das Aufzeigen der einzelnen Etappen des Jungschen Individuationsweges vor dem Hintergrund des bereits vorgestellten initiatischen Wegs zu verdeutlichen.

Im wesentlichen sind dabei die folgenden einander durchdringenden und sich überschneidenden Etappen zu unterscheiden:

die Integration der Schattenkräfte,
die Begegnung mit dem gegengeschlechtlichen Seelenbild,
die Abhebung des Ichs von der Mana-Persönlichkeit,
das Selbst⁴⁸.

4.4.3. Der Schatten

Die erste Etappe auf dem Weg der Individuation ist die Konfrontation mit dem Schatten, der dunklen Seite im Menschen. Jung unterscheidet den persönlichen vom kollektiven Schatten.

„Unter dem individuellen Aspekt steht der Schatten für das ‚persönliche Dunkel', als die Personifikation der während unseres Lebens nicht zugelassenen, verworfenen, verdrängten Inhalte unserer Psyche, die u. U. auch einen positiven Charakter haben können . . ."⁴⁹

Das Bewußtwerden des „alter-ego"⁴⁹ als die Realisierung der eigenen Schattenseite und den zu leistenden Integrationsakt bedeutet für den Menschen eine harte Bewährungsprobe, da er seine Sinn- und Wert-

---

⁴⁴ GW 12, 406.   ⁴⁵ A.a.O., 352.
⁴⁶ MWW, 84.   ⁴⁷ Orelli, 1976, 127.
⁴⁸ GW 7, 191 ff. Vgl. auch Jacobi, 1977, 109 ff.
⁴⁹ Jacobi, 1977, 113.

kategorien in Frage gestellt sieht. In der IT gewinnt die Beseitigung der Blockaden, ohne die wesensgerechtes Reifen unmöglich ist – „kein gültiges Werden ohne Wahrnehmung des Schattens"[50] – besonderes Gewicht. Jung bemerkt zur Realisierung des Schattens:

„Eine bloße Unterdrückung des Schattens ist ebenso wenig ein Heilmittel, wie Enthauptung gegen Kopfschmerzen".[51]

Für Dürckheim steht der Schatten

„als das Insgesamt der zum Ganzsein des Menschen gehörenden aber nicht zugelassenen Lebensimpulse" . . . „sowohl dem reibungslosen Funktionieren des Welt-Ichs wie der Entfaltung des Wesens im Wege"[52].

Der Schatten hat seine Wurzeln oft in der Kindheit. Wenn das ursprüngliche Vertrauen[53] und damit die Tiefenverankerung mit dem Wesen durch Enttäuschungen und Versagungen der Bezugspersonen in der Kindheit gebrochen wurde, kann der Mensch oft sich nur noch auf sein Ich-Bewußtsein stützen, hinter dessen Fassade der Schatten sein Unwesen treibt[54]. Die Verdrängung der „natürlichen Ausdrucks- und Entfaltungsbewegungen"[55] bildet häufig den Anlaß für die „Unterdrückung des übernatürlichen Wesens"[56]. Darin sieht Dürckheim letztendlich das Unheilsein des heutigen Menschen begründet, „nicht mehr ‚Der' sein zu dürfen, der man im Grunde ist"[57].

Hier taucht der Terminus „*Kernschatten*" auf als das

„nicht zur Manifestation zugelassene Wesen. Das Wesen ist der eigentliche Kern des Menschen, darin er unaufhebbar teilhat an der überweltlichen Wirklichkeit des universalen göttlichen Geistes . . . Das Nichtzugelassensein des Wesens im Bewußtsein des Menschen bildet seinen tiefsten Schatten. Dieser Schatten jedoch ist das verdrängte Urlicht."[58]

---

[50] MWW, 72. [51] GW 11, 83.
[52] DUM, 145, vgl. auch 3.4.2.
[53] „Ursprünglich" bedeutet für Dürckheim „vor aller Erfahrung" (DUM, 146), wo also das Kind noch in der „ungestörten Geborgenheit im Sein" aufgehoben ist.
[54] MWW, 82 und DUM, 148.
[55] MWW, 82.
[56] A.a.O., 71; durch Traumatisierungen in der Lebensgeschichte können demnach sowohl die elementaren Persönlichkeitskomponenten wie Affekt und Antrieb abgedrosselt als auch der Wesenskern seiner Expression und Aktion beraubt werden.
[57] DUM, 148. [58] MWW, 81.

Die „nicht zugelassenen Expressionen, Aggressionen, Explosionen"[59] stellen von daher gesehen ein gewaltiges Kräftepotential dar, gegen dessen Umwandlung in konstruktive Energie als Widerstand besonders die „Angst vor der Zerstörung" des Bestehenden und die „Angst vor dem Neuen"[60] auftreten.

„Befreiung aber bedeutet nicht Auflösung der von den Schattenkräften verursachten Spannungen, sondern ihre Einlösung durch Integrierung der darin verhaltenen Kräfte".[61]

Die Aufarbeitung der „verdrängten menschlichen Lichtkräfte"[62] übersteigt in der IT das bloße Bewußtwerden des persönlichen Schattens. Hier drängen sich – laut Hippius – die „von Jung als ,nicht human' bezeichneten Archetypen"[63] mit absoluter Dynamik ins Bewußtsein. In diesen Extremfällen, in denen das „absolut Böse oder die schwärzeste Schwärze oder auch die weißeste Weiße"[64] den Menschen zu den letzten Grenzen des psychisch und physisch Ertragbaren hintreibt, kann bei entsprechend fundierten Vorerfahrungen unter Einbezug strenger strukturierender Exerzitien die Integration dieser überwertigen, hochpotenzierten Kern-Kräfte gelingen.

Für Hippius drückt sich in diesen archetypischen Kräften, die aufgrund ihrer kollektiven, unpersönlichen Inhalte das Bewußtsein bedrohen können, das Absolute des Kernschattens aus. Sie mißt ihm eine als absolut zu kennzeichnende Qualität bei im Sinne einer mit dem natürlich Menschlichen nicht mehr vergleichbaren seelischen Zuständlichkeit.

Im Bezug zu Jungs Konzept lassen sich Parallelen zu den kollektiven Schattenkräften herstellen, die in Form von nicht menschlichen Qualitäten und einer „geradezu dämonischen Dynamik"[65] ins Bewußtsein dringen können.

---

[59] DUM, 145.
[60] A.a.O., 142.
[61] MWW, 73, vgl. auch 3.4.2.
[62] Hippius in TE, 35.
[63] A.a.O., 35; vgl. GW 14, Bd. 3, 221: „Es handelt sich hier wohl um jenes letztinnig Böse, das der Mensch nicht integrieren kann, nicht um den ,inferioren Schatten', den ,Äthiopier', welcher das Böse im Mensch in seiner integrierbaren Seite darstellt".
[64] Persönliche Mitteilung von Hippius, vgl. GW 14, a.a.O.
[65] GW 7, 32.

„Es sind keine menschlich-persönlichen Eigenschaften, sondern mythologische. ‚Zauberer' und ‚Dämonen' sind mythologische Figuren, welche das unbekannte, ‚unmenschliche' Gefühl ausdrücken . . . Solche Attribute zeigen immer an, daß Inhalte des überpersönlichen oder kollektiven Unbewußten projiziert werden".[66]

Jung spricht auch von der „Tierseele"[67].

„Eine dunkle Ahnung in uns sagt uns, daß wir ja nicht ganz sind ohne dieses Negative, daß wir einen Körper haben, der, wie der Körper überhaupt, unweigerlich einen Schatten wirft, und daß wir nicht dreidimensional, sondern flach und wesenlos sind, wenn wir eben diesen Körper leugnen. Dieser Körper aber ist ein Tier mit einer Tierseele, d. h. ein dem Trieb unbedingt gehorchendes, lebendiges System. Mit diesem Schatten sich zu vereinigen, heißt Ja sagen zum Triebe und damit auch Ja sagen zu jener ungeheuerlichen Dynamik, welche im Hintergrunde droht". „Das Tiersymbol speziell, weist . . . auf das Außermenschliche, d. h. Überpersönliche hin".[68]

Weitere Vergleiche zwischen dem Kernschatten lassen sich zu Jungs Begriff der „Nigredo" und „Albedo"[69] oder dem „Summum bonum" und „Infinum malum"[70] als die jeweiligen zwei Koordinaten der „Schatten-Licht-Achse" ziehen. Im Rahmen dieser Arbeit kann ich aber nicht weiter darauf eingehen, da eine Vertiefung zu weit in alchemistisches Gedankengut führen würde[71].

Im Schnittpunkt, im Kreuz zwischen diesen beiden absoluten Größen vollzieht sich in der IT der schmerzhafte Prozeß der Menschwerdung. Das Bewußtmachen, Akzeptieren und Integrieren der aus der biographischen Genese zu erklärenden Schattenpotentiale, also der persönliche Schatten, bewirkt nicht automatisch die Behebung des Kernschattens.

„Die Not, die aus der Verstellung des Wesens fließt, muß als solche bewußt und auf besonderen Wegen behoben werden"[72],

fordert Dürckheim. Dieser Vollzug wird in der IT als ein bewußt geführter Prozeß im Rahmen des „opus contra naturam" angesehen, in

---

[66] GW 7, 101. [67] A.a.O., 32 f.
[68] A.a.O., 107. [69] Vgl. GW 14.
[70] Jung in „Septum sermones ad mortuos", (in: Jaffé, 1962, 393).
[71] Die geplante Veröffentlichung von Hippius wird speziell auf diese Thematik eingehen.
[72] MWW, 82.

dem die heilvolle Einbeziehung der aus der Dimension des Unbedingten, Transpersonalen virulent gewordenen Potentiale in den menschlichen, persönlichen und leiblichen Bereich das Hauptanliegen bildet. Das setzt voraus, daß der Kern in seiner ehemaligen Ganzheitlichkeit als ununterschiedene Einheit zwischen Bewußtsein und Unbewußtem getroffen wurde. Die durch die „Kernspaltung" freigesetzten Energien, die der Mensch erst als ihm nicht zugehörig, als ihm wesensfremd und nicht integrierbar erscheinend abwehrt, gilt es in meist langwierigen Integrationsakten zu kanalisieren und umzuwandeln. Dabei spiegeln sich überpersönliche archetypische Konstellationen in persönlichen Ereignissen.

In dieser Zielsetzung scheint die Jungsche tiefenpsychologische Konzeption weitergeführt zu sein, was durch die Akzentuierung auf die Durchlichtung des Kernschattenpotentials zurückzuführen ist. In den therapeutischen praktischen Übungen, die den Menschen mit seinem Wesenskern in Berührung bringen, müssen die Verhärtungen und Entstellungen gelöst werden, die den Wesenskontakt erschweren. Damit wird ein rein pragmatisches Vorgehen überschritten. Alles exerzitienhafte, auf die Befreiung des Menschen in seinem Wesen zielende Tun bereitet die „Erfahrung des immanenten Christus"[73] vor als

„das Innewerden der Teilhabe an einem allumfassenden, sich in all seinen Teilen erlösend und schöpferisch bezeugenden Ganzen"[74].

Es ist die konstruktive Fortsetzung eines oft nicht ernstgenommenen, ehemals in einer Seinsfühlung oder Seinserfahrung vernommenen Anrufs zur Arbeit an der wesensgerechten Gestalt und der Einlösung des „inneren Christus". Damit ist für Dürckheim ebenso wie bei Jung der „innere Christus" das eigentliche Zentrum der Persönlichkeit, das mit der Integration des Schattens immer mehr ins Licht rückt und sich auswirkt.

Zur Arbeit am Schatten gehört auch die Begegnung mit der Persona, besonders wenn

---

[73] MWW, 84.
[74] A.a.O. Für Dürckheim ist das „Urbild und Vorbild" dieses Ereignisses die Christus-Erfahrung des Paulus: „Nicht ich lebe, sondern Christus in mir".

„sie ihre Elastizität und Durchlässigkeit verliert, ein lästiges Hindernis oder gar eine tödliche Schranke"[75]

wird. Wenn hier von der „negativen" Persona gesprochen wird, so darf ebenso wie bei der Abhandlung des Dürckheimschen Welt-Ichs ihre gesunde Entwicklung und ihr notwendiges Funktionieren als

„. . . Beschützer und Regulator im Austausch zwischen der inneren und der äußeren Welt"[75]

nicht in Abrede gestellt werden.

Hier ist im wesentlichen die Identifizierung des Menschen mit der fassadenhaften Persona gemeint, mit deren Hilfe aus Gründen der funktionellen Anpassung oder der Bequemlichkeit eine scheinbar individuelle Angleichung an die Kollektivpsyche nach außen wie auch nach innen aufrecht erhalten wird.

In der Terminologie Dürckheims bietet sich die Parallele zum Welt-Ich an mit der entsprechenden gegenständlichen, fixierenden Bewußtseinshaltung[76]. Alles, was sich dessen Kriterien entzieht, wird einem Abwehrmechanismus gleich in den Bereich des Nur-Subjektiven, des Glaubens oder des Krankhaften[77] verwiesen. Die bereits zitierte Formel: „Das Welt-Ich als Widersacher des Wesens"[78] könnte sich dem so verstandenen Persona-Begriff bei Jung annähern, hinter der das individuelle Selbst noch verborgen ist:

„. . . und daß trotz einer ausschließlichen Identität des Ich-Bewußtseins mit der Persona das unbewußte Selbst, die eigentliche Individualität, doch stets vorhanden ist und, wenn auch nicht direkt, so doch indirekt sich bemerkbar macht."[79]

Die Einsicht in den Scheincharakter des so gelebten Daseins kann den Menschen aus dem bisherigen Zustand der gewähnten, gesicherten, alten Welt-Orientierung in eine Phase der Desorientierung, der psychischen Gleichgewichtsstörung stürzen und die Zerschlagung der überholten Fassade einleiten.

---

[75] Jacobi, 1977, 39.
[76] Auch hier gilt die Einschränkung über die einseitigen Aspekte des Welt-Ichs. Vgl. auch S. 56.
[77] ZW, 16. Vgl. auch 3.3.3.1.
[78] Vgl. 3.3.3.5.   [79] GW 7, 47

Dieser „Zusammenbruch der bewußten Einstellung"[80] dient in seiner positiven Perspektive dazu, dem Menschen die Kluft zwischen seinem statischen Welt-Ich-Bewußtsein und dem nach Manifestation drängenden Wesen überbrücken zu helfen.

4.4.4. Animus – Anima

Die nächste Etappe auf dem Individuationsweg betrifft die Integration der innerseelischen Ambivalenz im Menschen, die Pole der Anima in der männlichen Psyche und des Animus bei der Frau. Jung geht davon aus, daß die genetisch bedingte Doppelgeschlechtlichkeit einer ebensolchen im psychischen Bereich entspricht[81].

Das therapeutische Konzept ist bei Jung wie in der IT gleichermaßen wichtig: Die Notwendigkeit, sich dieser Urpolaritäten bewußt zu werden, sie zu unterscheiden und zu integrieren gehört als hier nicht weiter zu analysierender Therapieschritt zum beiderseitigen Bestandteil. Auch in der Beurteilung, warum dem heutigen Menschen die Beachtung und Einigung mit seinem gegengeschlechtlichen Pol wie auch der anderen Gegensätze so erschwert ist, stimmen beide Konzeptionen weitgehend überein.

Dazu zählt

1. die Identifizierung mit der Persona, der sozialen Rolle[82], dem Welt-Ich im Sinne Dürckheims,
2. das Fehlen von initiatischen Riten, die den jungen Menschen aus der Rolle des Heranwachsenden und damit aus dem Schutzbereich des „Mütterlichen" und des Unbewußten in die Adoleszenz entlassen,[83]
3. die Schwierigkeit und Quelle zahlreicher Erkrankungen des nach außen orientierten abendländischen Menschen, nach innen zu schauen,[84]

---

[80] A.a.O., 179.   [81] GW 7, 207-233.
[82] A.a.O., 213.   [83] A.a.O., 217, 253.
[84] A.a.O., 218, 222. Hier wird ein kulturspezifisches Phänomen berührt, das im östlichen Raum ganzheitlich gelöst schein, wenn man z. B. die Antwort eines östlichen Meisters nach der Besonderheit östlicher Weisheit zugrundelegt: „Weisheit schaut nach innen, das gewöhnliche Wissen nach außen. Wenn man aber nach innen schaut, wie man nach außen blickt, macht man aus dem Innen ein Außen" (DUM, 244). Hier findet sich eine gedankliche Parallele zu Jung, der hinsichtlich der Bewußtwerdung des Animaproblems sagt: „Stehe ich aber auf dem Standpunkt, daß die Welt außen und innen sei, daß Realität dem Außen wie dem Innen zukommt, so muß ich auch folgerich-

4. das mit der „Not der Zeit"[85] zusammenhängende Problem der „Überbetonung der männlichen, aktiven, fixierenden, setzenden, unterscheidenden, ordnenden und konturierenden Funktionen des menschlichen Geistes, denen gegenüber die lösenden, empfangenden, verbindenden, entgrenzenden, im Verborgenen tragenden, bergenden und verwandelnden weiblichen Kräfte zu kurz kommen."[86]

Der Mensch, wobei Jung wie Dürckheim v. a. die Probleme des Mannes betonen, der dergestalt im Schatten des Leistungszwanges steht, der sich nicht von den erwarteten, extremen, kollektiven Männlichkeitsnormen lösen kann, ist zur Verdrängung seiner weiblichen Seite geradezu genötigt. Damit ist ein weiterer Keim zur Verfehlung seiner Ganzheit gelegt, zugleich durch das daraus folgende mögliche Leiden aber auch die Chance zur Restitution seiner Ganzheit gegeben[87].

Die Evozierung der im Unbewußten ruhenden menschlichen Bipolarität und damit die Entwicklung zur echten Männlichkeit und vollen Weiblichkeit geschieht durch das Anbieten männlicher und weiblicher „Urgebärden des Seins"[88] nach Hippius, z. B. im Geführten Zeichnen oder bei der Tastarbeit im Ton, wobei ein innerer Erkenntnisprozeß in Gang gesetzt wird.

4.4.5. Das Ich und die Mana-Persönlichkeit

Nach der

„Überwindung der Anima als eines autonomen Komplexes und ihre Verwandlung in eine Funktion der Beziehung des Bewußten zum Unbewußten"[89]

---

tigerweise die Störungen und Unzuträglichkeiten, die mir von innen zustoßen, als Symptom einer mangelhaften Anpassung an die Bedingungen der inneren Welt auffassen" (in: GW 7, 219). Jungs Bedauern, daß „der abendländische Geist infolge seines Kulturmangels in dieser Beziehung für die Einigung der Gegensätze auf einem mittleren Wege, diesem fundamentalsten Hauptstück innerer Erfahrung, noch nicht einmal einen Begriff, geschweige denn einen Namen, den man dem chinesischen Tao mit Anstand zur Seite stellen könnte " (in: GW 7, 225), gefunden habe, ist das in der IT praktizierte Bemühen um Integration der Gegensätze, auch des „östlichen" Prinzips, entgegenzuhalten. Vgl. dazu 4.6.1.
[85] DUM, 46 f. [86] A.a.O., 47. [87] Vgl. MWW, 90.
[88] Hippius in TE, 69 f. [89] GW 7, 249.

geht es im nächsten Schritt um die Absetzung des Ichs von der Mana-Persönlichkeit. Diese ist „einerseits ein überlegen Wissender, andererseits ein überlegen Wollender"[90] und tritt auf in dem „Erscheinen des Alten Weisen, der Personifikation des Geistigen Prinzips"[91] beim Mann und der „Magna Mater" als Gegenbild bei der Frau. Eine Vielzahl von Erscheinungsformen ist in einem gewissen Spielraum möglich. Die Gefahr der Faszination, der Identifikation mit diesen mächtigen archetypischen Kräften kann den Menschen mitreißen, ihn möglicherweise einer Inflationierung aus dem Unbewußten ausliefern[92], wenn nicht der Prozeß der Differenzierung und der Bewußtmachung dieses „außerordentlich Wirkungsvollen"[93] einsetzt. Daneben kann sich das Ich bei mangelnder Differenzierungsfähigkeit der Mana-Kräfte bedienen, zur Mana-Persönlichkeit werden und damit erneut dem Archetypischen verfallen[94].

In der Terminologie der IT verwendet der Mensch in diesem Fall die Mana-Kräfte zum weiteren sichernden Ausbau seines Welt-Ichs, um damit noch perfekter in der Welt-Wirklichkeit zu funktionieren. Hier ist das Welt-Ich also nicht geopfert, sondern durch eine, im finalen Sinn betrachtet, ihm nicht zustehende Energieverlagerung aufgebläht. Infolgedessen kann es vorkommen, daß Menschen den neu gewonnenen Machtstatus bereits als das Ziel der Entwicklung ansehen und den weitere Prozeß nicht abwarten. Jung betont daher, daß „das Ich seinen Anspruch auf Sieg fallen läßt"[95], damit die Vormachtstellung des Unbewußten aufhört[96].

Durch das Bewußtmachen, die Entfaltung der innewohnenden Möglichkeiten und der Auflösung der Mana-Persönlichkeit kommt der ganze Mensch allmählich zu sich selbst

---

[90] A.a.O., 259.   [91] Jacobi, 1977, 125.   [92] GW 7, 256.
[93] Jacobi, 1977, 127.   [94] GW 7, 250.   [95] A.a.O., 252.
[96] Im Unterschied zum Erkennen der Gegensatznatur von Animus und Anima geht es laut Jacobi auf dieser Stufe darum „gleichsam wissend zu werden über das, was in einem der nur-weibliche bzw. nur-männliche Urgrund ist, bis zurück zu jenem Urbild, nach dem es geformt wurde. Wenn man die Formulierung wagen dürfte, könnte man sagen: der Mann ist stoffgewordener Geist, die Frau geistdurchtränkter Stoff; der Mann ist also in seinem Wesen geist-, die Frau stoffbestimmt. Und es gilt, die relativ breiteste Skala diesbezüglicher Möglichkeiten, die man in sich trägt und in sich entfalten kann, bewußt zu machen, vom primitivsten ‚Urwesen' in sich bis zu dessen höchstem, vielfältigstem und vollkommenstem Sinnbild" (in: Jacobi, 1977, 126).

„als einem seienden und lebenden Etwas, das zwischen zwei Weltbildern und ihren nur dunkel geahnten, aber um so deutlicher empfundenen Kräften eingespannt ist."[97]

Jung kündigt mit diesen Worten das Selbst als einen metapsychologischen Begriff an, der ebenso auch als der „Gott in uns"[98] bezeichnet werden kann.

4.4.6. Das Selbst

In den letzten Kapiteln war bereits öfters vom Selbst die Rede, weil es die konstituierende Größe ist und als „innerer Christus" das höchste Symbol bei Jung und Dürckheim darstellt. Das Erreichen und die Integration des neuen Mittelpunktes ist die Gewinnung der Ganzheit, „jene Einheit . . ., in der alle Gegensätze der Psyche aufgehoben sind"[99].

„Das Selbst ist eine dem bewußten Ich übergeordnete Größe. Es umfaßt nicht nur die bewußte, sondern auch die unbewußte Psyche und ist daher sozusagen eine Persönlichkeit, die wir auch sind."[100]

„Wie das Unbewußte, so ist das Selbst des apriori Vorhandene, aus dem das Ich hervorgeht"[101], sagt Jacobi. Die Beziehung der beiden Wirklichkeiten, der inneren wie der äußeren, zwischen dem Unbewußten und dem Bewußtsein, ergänzen sich zum Selbst[102].

Im Vergleich zur Dürckheimschen Relation des Welt-Ichs zum Wesen ist eine ähnliche Konstellation zu finden: Das „geglückte Welt-Ich"[103] ist durchlässig für das es umfassende Wesen. Dürckheim spricht in diesem Zusammenhang von der „transzendenten Bedeutung der Ich-Wirklichkeit"[104], wo es dem Menschen gelingt, sich als „seinsträchtiges Ich"[105] in der Welt zu bewähren.

Das „Wesen" bei Dürckheim, durch das der Mensch am Sein teil-

---

[97] GW 7, 260.   [98] A.a.O., 261.
[99] Jacobi, 1971, 63.   [100] GW, 195.
[101] Jacobi, a.a.O., 62.
[102] A.a.O., 1977, 130.
[103] DUM, 59.
[104] EW, 109 ff. und 3.3.3.5., Anm. 85.
[105] DUM, 53 und 3.3.3.5. Anm. 83.

hat, und das „Selbst" bei Jung können als einander entsprechende Begriffe aufgefaßt werden[106]. Beiden wohnt das entelechiale Entwicklungsprinzip inne, nach dem der Mensch der werden soll, zu dem er angelegt ist.

Dürckheim, der die menschliche Entwicklung zwischen den Polen Welt-Ich und Wesen eingespannt sieht, nennt die „Integration des individuellen Wesenskernes mit dem Welt-Ich . . . die Verwirklichung des wahren Selbstes"[107]. Mit dem Ausdruck „wahres Selbst", das nicht mit dem Jungschen „Selbst" verglichen werden darf, meint Dürckheim die „Voll-Person"[108] bzw. die Ganzheit des Menschen[109].

Über die Inhalte des Selbst ist nur Kenntnis über das individuierte Ich möglich, das „sich als Objekt eines unbekannten und übergeordneten Subjektes empfindet"[110]. Über das rationale, logische Denken kann der Zugang zum Selbst nicht gefunden werden.

„Die Anfänge unseres ganzen seelischen Lebens scheinen unentwirrbar aus diesem Punkt zu entspringen, und alle höchsten und letzten Ziele scheinen auf ihn hinzulaufen. Dieses Paradoxon ist unausweichlich, wie immer, wenn wir etwas zu kennzeichnen versuchen, was jenseits des Vermögens unseres Verstandes liegt"[111],

führt Jung aus. Das Selbst als die unbegreifliche transzendente Mitte der Persönlichkeit ist nach Jacobi der Ursprung und die Erfüllung des Ichs. Ursprung des Ichs, weil es den Teil der Totalität einnimmt, der für das Bewußtsein steht.

---

[106] Vgl. auch Schlegel, 1973, 317.
[107] MPP, 1306.
[108] DUM, 24 und 3.3.3.4., Anm. 73.
[109] Vgl. 4.4.1. Die Enstehung des Begriffes „wahres Selbst", der zu Mißverständnissen im Hinblick zum Jungschen Modell führen kann, erklärt sich aus der sprachlichen Gegenüberstellung zum Terminus des „Pseudo-Selbstes", den Dürckheim vor der Einführung seines Begriffes „Welt-Ich" benutzte. Unter Pseudo-Selbst versteht Dürckheim das Zentrum des von ihm später als gegenständlich benannten Bewußtseins (EW, 1956, 11). Statt Pseudo-Selbst sprach er in seinen früheren Werken auch vom „gegenstandssetzenden Ich" (DW, 10), „Ich-Selbst" (DW, 18), „kleinen Ich" (DW, 41). Zudem scheint das „wahre Selbst" eine in den fünfziger Jahren geläufige Vokabel gewesen zu sein, vgl. Schmaltz, 1951, 22.
[110] GW 7, 263.
[111] A.a.O., 261.

„Das Ich ist jedoch auch die ‚Erfüllung' des Selbst, da es die einzige Instanz der Psyche darstellt, die vom Selbst wissen, sich mit ihm in Beziehung setzen und mit ihm in einem ständigen, lebendigen Zusammenhang bleiben kann."[112]

So wie für Jung das Selbst ein Grenzbegriff ist, „an dem sich eine unbegrenzte Wirklichkeit ausdrückt"[113], spricht Dürckheim in seinem Wesensbegriff von der „überraumzeitlichen Wirklichkeit"[114]. Das Selbst ist nach Jung ein

„transzendentes Postulat, das sich zwar psychologisch rechtfertigen, aber wissenschaftlich nicht beweisen läßt."[110]

Jung, der damit die Überschreitung des nur objektive Kriterien zulassenden Wissenschaftskanons fordert, begibt sich auf das Gebiet der Erfahrungswissenschaft und metapsychologischer Aussagen. Ähnlich formuliert Dürckheim:

„Die den Horizont des natürlichen Daseins sprengenden Bilder und Kräfte, mit denen der vom Wesen Ergriffene sich identifiziert, lassen sich nicht in das Gefüge eines landläufigen psychologischen Erkenntnissystems einordnen, denn hier kommen metapsychologische, archetypische Mächte ins Spiel."[115]

Mit der Vereinigung von Ich und Selbst zur Ganzheit, bzw. von Welt-Ich und Wesen zur Voll-Person, sind die verschiedenen Gegensatzpaare der Psyche auf einer übergegensätzlichen Ebene zu einer Einheit geworden. Jung bezeichnet die damit einhergehende fundamentale Wandlung der Gesamtpersönlichkeit als „transzendente Funktion"[116].

„Sie heißt transzendent, weil sie den Übergang von einer Einstellung in eine andere organisch ermöglicht, das heißt ohne Verlust des Unbewußten."[117]

Mit dem Auftauchen der vereinigenden Symbole gewinnt die innerpsychische Realität als erfahrbare Wirklichkeit eine ebensolche Wirksamkeit wie die äußere objektive. Innen und außen haben sie gleiche Wertigkeit[118]. Durch die Anerkennung der autonomen Wirklichkeit

---

[112] Jacobi, 1971, 62.
[113] GW 112, 406, Anm. 13.
[114] DUM, 31, 51.   [115] MWW, 83.
[116] GW 7, 241.   [117] GW 8, 84.
[118] Vgl. 4.4.4., Anm. 84 und DUM, 244.

und Wirksamkeit des Selbst ist der unmittelbare Zugang zum Erleben des eigenen Inbildes möglich. Seine konkrete Manifestation findet sich in den vielfältigen Symbolen des Selbst, z. B. in den Mandalas[119].

4.4.7. Die numinose Erfahrung des Selbst

Wie schon an anderer Stelle angeführt, beziehen sich Jung und Dürckheim beim Gebrauch des Numinosen auf Rudolf Otto[120]. „Das Kriterium für die Symbole des Selbst ist immer das Numinose"[121], sagt Jacobi. Ebenso drückt Dürckheim es aus, wenn er sagt, daß zum Kriterium einer Seinsfühlung die „Qualität des Numinosen"[122] gehöre. Die vollgültige Wesenserfahrung, die Berührung mit dem Selbst in seinen differenzierten Symbolen ist von einem Gefühl des Ergriffenwerdens, des Überwältigtseins begleitet.

„Sie kamen zu sich selber, sie konnten sich selber annehmen, sie waren imstande, sich mit sich selbst zu versöhnen, und dadurch wurden sie auch mit widrigen Umständen und Ereignissen ausgesöhnt. Das ist fast das gleiche, was man früher mit den Worten ausdrückte: ‚Er hat seinen Frieden mit Gott gemacht, er hat sich seinen eigenen Willen zum Opfer gebracht, indem er sich dem Willen Gottes unterwarf.'"[123]

So faßt Jung die Erfahrungen seiner Patienten zusammen[124], die z. B. in den Mandalas „Symbole für ein Zentrum in ihnen selbst"[125] erlebten oder ein „Gefühl vollkommener Harmonie"[125] beschrieben. Mit dem Opfer ist in der IT das Aufgeben der Ratiofixiertheit und der unechten Willensdominanz gemeint, das Sterben des einseitigen Welt-Ichs. Erst dann ist die Geborgenheit im Sein möglich, erfährt der Mensch eine „größere Wirklichkeit"[126] in seinem begrenzten Dasein.

---

[119] Vgl. GW 9, 1, 373.
[120] Vgl. 3.4.1., Anm. 24, 27.
[121] Jacobi, 1971, 73, vgl. auch GW 6, 513.
[122] DUM, 99 ff., s.a. 3.4.2.
[123] GW, 11, 89.   [124] Vgl. RM, 19 f.
[125] GW 11, 88.   [126] DUM, 81.

„Dann ruht der Mensch in sich, weil er sich erfüllt, und die Wirkung des Echten geht von ihm aus."[127]

Wichtig für den Umgang mit den numinosen Erfahrungen, die nicht machbar sind, ist das Ernst-und Wahrnehmen der in ihnen enthaltenen Aussagequalitäten[128]. Bloße rationale Analyse und intellektuelle Erkenntnis ist bei der Tiefgründigkeit, Komplexität und Radikalität dieser hochwertigen Wandlungskräfte ungenügend. Vielmehr wird eine dialektische Auseinandersetzung über die angebotenen Arbeitsmedien notwendig, um die Assimilierung der numinosen Erfahrungen im Sinne der „Einkörperung"[129] einzuleiten, besonders dann, wenn der Aspekt des „Tremendum" als eine unheimliche, erschreckende Schattenqualität den Menschen zu überwältigen droht[130]. Das Phänomen des Überwältigtwerdens, die machtvolle Erfahrung des großen „Waltenden", wird bei Jung mit dem Charakter des Göttlichen belegt.

„Diejenige psychologische Tatsache, welche die größte Macht in einem Menschen besitzt, wirkt als ‚Gott', weil es immer der überwältigende psychische Faktor ist, der ‚Gott' genannt wird."[131]

Aus dieser Sicht ist jede religiöse Erfahrung von der Qualität des Numinosen durchwittert[132]. Sie kann dem Menschen, der sein konfessionell gebundenes und dogmatisches Glaubensbekenntnis als hohl und entwurzelt erlebt, einen neuen Nährboden, eine Rückbindung an seine eigenen „Quellen" geben. Hier kommt es dann möglicherweise zu einer echten Glaubens- und Gotteserfahrung.

Zusammenfassend kann gesagt werden, daß die in der IT gemeinte Wesenserfahrung ebenso wie die des Selbst bei Jung von numinoser und mithin religiöser Valenz ist. In ihr werden die Begrenzungen des nur rational Verstehbaren transzendiert. Die neue Dimension, die

---

[127] Jaffé, 1978, 88.
[128] Vgl. 3.4.1., Anm. 33-35 und DW 113.
[129] Vgl. 3.4.3., Anm. 74.
[130] Gemäß dem ambivalenten Charakter des Numinosen spricht Hippius auch von der „negativen Transzendenz" (mündliche Mitteilung). „Das Grausige, Gruselige, Gespenstische, Teuflische hat auch eine numinose Qualität" (DUM, 101), sagt Dürckheim.
[131] GW 11, 88, vgl. auch Jaffé, 1978, 45.
[132] DUM, 100.

sich auftut, umgreift die herkömmliche, natürliche Daseinsordnung – sie ist ganzheitlich und jenseits aller Gegensätze und hat für den Betreffenden eine unvergleichliche Wertigkeit und Evidenz. Für den Verlauf des Prozesses wird bedeutsam, daß es nicht allein um eine neue Erfahrung jenseits der Subjekt-Objekt-Spaltung geht, sondern um die Umsetzung, um das „Tun der neuen Wahrheit"[133].

4.4.8. Unterschiede zur Jungschen Schule

Die vorangegangenen Ausführungen bezogen sich besonders auf die Verwandtschaft im theoretischen Bereich zwischen dem Jungschen Modell und dem Konzept der IT. Die Gemeinsamkeiten hinsichtlich des Individuationsweges finden sich – wenn auch jeweils anders formuliert – im entelechialen Entwicklungsbegriff mit dem höchsten vereinigenden Symbol, Christus, in der Lehre von den Archetypen, der Integration der Schattenkräfte. Außerdem wird in der IT mit dem Kernschatten gearbeitet, insofern als durch exerzitienhafte Integrationsbemühungen eine Durchlichtung dieser hochpotenzierten Kernkräfte erwartet wird, die von Jung als nicht integrierbar galten. Weitere klärende Ausarbeitungen dazu, wie sie in vielen Seminaren von Hippius exemplarisch erörtert werden, liegen zur Veröffentlichung bereit. Dazu gehören Zeichenserien, Traumprotokolle und kasuistisches Material. Parallelen sind im weiteren zu sehen in der Nominierung der fassadenhaften Personahaltung und dem Negativaspekt des Welt-Ichs, im Gebrauch von Animus und Anima, der Konzeption der Mana-Persönlichkeit, dem Selbst und Wesen als Grenzbegriffe und in der Numinosität der Tiefenerfahrung des Selbst.

Aus diesem Kapitel treten die schulischen Unterschiede der beiden Richtungen noch nicht klar hervor. Doch kann aus dem bisherigen Darstellungsverlauf über die initiatische Wegführung das Zielbild der Inkorporation als wichtiges Unterscheidungskriterium gelten. Das Inkorporierenlernen von spiritueller oder imaginativer Valenz initiatischer Erfahrungen ist die konsequente Fortsetzung eines im Unbewußten angeregten Entwicklungsprozesses. Dazu gehört die Konkretisation, d. h. die Erarbeitung einer leibhaftigen und zugleich perso-

---
[133] Mündliche Mitteilung von Hippius.

nalen Gesamtverfassung mit der Kraft auch zur Meisterung der Alltagsrealität. Sie ist der Sinn des Bemühens um bewußte Selbstgestaltung.

Durch die aktiv-meditativen Exerzitien, also durch das vielfache, wiederholte Einüben von Strukturelementen, wie z. B. im Geführten Zeichnen, in Imaginationen, in Gebärden werden im Unbewußten bei entsprechender Öffnungsbereitschaft archetypiche Prozesse angeregt. In diesem Sinn ist das Wort „Evokation"[134] zu verstehen. Es kann ohnehin im Unbewußten nur das aktualisiert werden, wozu eine latente Ausdrucksbereitschaft besteht. Das initiatische Evozieren kann den Charakter eines Initiationsschubs aufweisen, der nicht gegen das Prinzip des unwillkürlichen „Geschehenlassens" unbewußter Abläufe verstößt, sondern diese vielmehr in Fluß bringt. Es wird – ähnlich der aktiven Imagination – dem anordnenden Archetyp gestalterischer Ausdruck verschafft, wie es in den gestaltschöpferischen Formen des Zeichnens, Modellierens, Tanzens usw. möglich ist.

Die durch die so verstandene Evokation angelassenen Entwicklungsverläufe werden in ihrer sich entfaltenden Eigendynamik belassen. So können z. B. in Zeichenserien solche Abläufe ohne Eingriffe, d. h. ohne neue Instruktionen des Therapeuten evident werden.

Die Arbeit am Leib als die Verleiblichung des Inbildes und von nach leiblicher Realisierung drängenden Bildern oder Ideen im Verlauf des initiatischen Einübungsprozesses wird in der Personalen Leibtherapie gefördert[135]. Die Kluft zwischen bewußtseinsmäßiger Mehrung und Vertiefung einerseits und einem sich in der konkreten Gebärde noch bekundenden Mangel an erfülltem Selbst-Gefühl, an leiblicher Integration andererseits, kann so überbrückt werden und zu einer Einheitlichkeit des Innen und Außen führen. Dieses Prinzip der Einkörperung und des Einübens hat bislang in der Jungschen Psychologie wenig Beachtung gefunden. Allerdings gehören seit neuestem am Jung-Institut in Zürich Atem- und Tanztherapie sowie andere, in der HP entwickelte Körpertherapieformen zum Ausbildungsprogramm der Kandidaten.

---

[134] Vgl. dazu besonders 9.4.
[135] Vgl. dazu 9.3. und 3.4.3., Anm. 77.

4.5. E. Neumann

Dieses Kapitel gilt der von Neumann ausgearbeiteten Theorie über die „Ursprungsgeschichte des Bewußtseins"[1], die für die IT ein wichtiges Instrumentarium bildet.
Neumann, Schüler und Mitarbeiter von Jung, vertiefte und erweiterte dessen Werk durch mythologische und religionswissenschaftliche Studien. Ausgehend von den aus mythologischen Überlieferungen abgeleiteten archetypischen Stadien der Bewußtseinsentwicklung, untersuchte er neben der „Ewigkeitsbedeutung des Archetyps"[2] dessen entwicklungsgeschichtlichen und psychologischen Komponenten für die Bildung der Persönlichkeit[3]. In der IT erfahren diese Grundlagen eine praktische therapeutische Anwendung in Form einer detaillierten Verwirklichungspraxis. Diese besteht nach Hippius darin,

„durch verschiedenartige Übungen psychologisch gewonnene Einsichten und Erfahrungen zu inkarnieren und so eine volle und neue menschliche Existenz, ein Leben in der Transparenz, erwachsen zu lassen."[4]

Ferner lassen „sich durch den graphischen Umgang mit Zeichen archetypischer Virulenz die Bildkräfte des Unbewußten ‚anreizen' und mit dem Exerzitium des Ein- und Ausbildens von Formeln nicht nur seelische Entwicklungsprozesse, sondern auch Verwandlungen fördern."[4]

Neumann äußerte sich in einem Gespräch mit Hippius erstaunt über diese Möglichkeit:

„Daß diese Möglichkeiten des Induzierens bestünden, müsse man logisch zugeben. Solches aber wirklich in Vollzug zu nehmen, wäre wiederum eine andere Sache.' Die Vorlage konkreten Materials hat ihn dann ernst gestimmt; denn es war das experimentum crucis zu seiner Theorie, wie ich umgekehrt in die bei mir entstandenen Zeichnungen nur über die Lehre von den Archetypen Licht bringen konnte."[4]

Der Hinweis auf das später noch zu besprechende Geführte Zeichnen bedeutet nicht, daß Neumanns Gedanken nur auf dieses Medium allein zu übersetzen sind.

---

[1] Neumann, 1974.   [2] A.a.O., 8.
[3] A.a.O., 213.   [4] Hippius in TE, 83.

Die besonderen Kernpunkte der „Ursprungsgeschichte des Bewußtseins", die zur weiteren Klärung der bisher formulierten Grundposition in der IT beitragen – besonders zum postulierten entelechialen Entwicklungsgeschehen – lauten für die folgende Untersuchung stichwortartig: *Uroboros – Zentroversion – Ich-Selbst-Achse.*

Aufgrund seiner vergleichenden Kultur- und Mythenforschung geht Neumann davon aus, daß die Entwicklungsstadien von einer ichkeimhaften, uroborischen „Einheitswirklichkeit"[5] sich ausdifferenzieren,

„die durch die ‚participation mystique' und die Nicht-Polarisiertheit in Innen und Außen, Bewußtsein und Unbewußtes charakterisiert wird[5]",

und zu einer – nach transpersonal zu verstehenden Steuerungsprinzipien – Herausdifferenzierung und Manifestation der Ich-Selbst-Achse führt.

4.5.1. Uroboros

Demnach herrscht im ersten Stadium der Bewußtseinsentwicklung die „Urvollkommenheit des Anfangs"[6], zu charakterisieren als eine

„Phase, in der das Unbewußte den Ich-Keim noch völlig in sich enthält wie der Mutterleib den Embryo, in der ein Ich als Bewußtseins-Komplex noch nicht aufgetaucht ist, und keine Spannung zwischen dem Bewußtseins-Ichsystem und dem Unbewußten existieren."[7]

Neumann nennt diese Phase „uroborisch":

„Auch wurde die Bezeichnung ‚uroborisch' für den ersten Daseinszustand der Vor-Ich-Zeit gewählt, weil das System der in sich geschlossenen, den Schwanz mit dem Maul berührenden und ihn so ‚fressenden' Schlange, des Uroboros, für die gegensatzlose Einheit dieser psychischen Wirklichkeit charakteristisch ist."[8]

Für die Tendenz des im Laufe der Entwicklung erstarkenden, aber noch passiven Ichs, dem Unbewußten wieder zu verfallen, prägte er

---

[5] Neumann, 1963, 198.
[6] Ders., 1974, 18.
[7] A.a.O., 222. Vgl. auch die Ausführungen zum Entwicklungsbegriff der Ganzheitspsychologie 4.1.4.
[8] Ders., 1963, 10.

den Ausdruck „uroborischer Inzest"[9]. Diese Rückkehr ist nicht an die erste Phase der Anfangsentwicklung gebunden, sondern kann bei jeder Bewußtseinssenkung auftreten, z. B. im Schlaf, in der Schwäche oder bei Krankheit[10].

Ausgangspunkt der Entwicklung ist die autonome Entfaltung des Ichs und des Bewußtseins aus dem die Ganzheit enthaltenen Unbewußten. Die Symbole für den Uroborus sind das „Große Runde", das Ei, die Uroboros-Kreis-Schlange und allgemein das matriarchale Prinzip der „Großen Mutter"[11]. Ohne im folgenden auf die einzelnen Verlaufsstadien näher eingehen zu können[12], befreit sich das Ich allmählich aus dem es ernährenden Urgrund und tritt bei fortschreitender Aktivität, Stärkung und Selbständigwerdung in die Phase der „Polarisierung und Welteltemtrennung..." ein, so daß „die bis dahin gegensatzenthaltende uroborische Einheitswelt in ihre Gegensätze auseinandertritt"[13]. Im Zuge dieses Stabilitätsgewinns entwickelt das Ich Sicherungs- und Abwehrmechanismen gegen die aus dem Unbewußten es bedrohenden und absaugenden Rückbindungskräfte. Damit erweist sich das Ich immer mehr als männlich gegenüber den ambivalenten Aspekten des Mutterarchetyps. Die geglückte Mutter-Kind-Beziehung ist in diesem Verlauf von großer Bedeutung für die gesunde Relation von Selbst und Ich, Unbewußtem und Bewußtsein[13].

4.5.2. Zentroversion

Dieser von der ehemaligen Urganzheit sich entfernende Prozeß über die Aufspaltung in die Archetypen[14] mit dem Ziel der Bildung eines Ich-Bewußtseinszentrums ist nach Neumann schöpferischer Aus-

---

[9] Ders., 1974, 222.
[10] A.a.O., 221.
[11] A.a.O., 18 ff. und Neumann, 1974a, 33 ff. Während der in der IT initiierten Zeichenprozesse tauchen solche Symbole häufig auf.
[12] Neumann, 1974, 18 ff.
[13] Ders., 1963, 199.
[14] Neumann, 1974, 257: „Das kollektiv Unbewußte wird im Laufe der Entwicklung beim Übergang von der Phase der Gestaltlosigkeit zu der Phase der Gestaltung aufgespalten in die Bilderwelt der Archetypen, die gleiche Entwicklungsrichtung aber führt weiter zur Aufspaltung der Archetypen selber."

druck und Wirkung eines dirigierenden transpersonalen Prinzips, des Selbst und der Zentroversion.

„Die psychische Funktion der Ganzheit, die in der ersten Lebenshälfte auch dahin drängt und führt, daß ein Bewußtseinszentrum gebildet wird und daß der Ich-Komplex allmählich die Stellung dieses Bewußtseinszentrums einnimmt, nennen wir Zentroversion"[15].

Neumann kommt zu dem Schluß, daß das Ichbewußtsein des Individuums in seiner ontogenetischen Entwicklung „die gleichen archetypischen Stadien zu durchschreiten hat, welche innerhalb der Menschheit die Entwicklung des Bewußtseins bestimmt haben"[16]. „Dabei ist die ontogenetische Entwicklung eine abgewandelte Rekapitulation der phylogenetischen Entwicklung."[17]

Die Stadienentwicklung unterliegt personalen und transpersonalen Faktoren:

„Personale Faktoren sind solche, die zur Einzelpersönlichkeit gehören und die sie mit keinem anderen Individuum gemeinsam hat, unabhängig davon, ob sie bewußt oder unbewußt sind. Die transpersonalen psychischen Faktoren dagegen sind kollektiv, über- und außerpersönlich, aber nicht als kollektiv äußere Bedingungen der Sozietät, sondern als innere Strukturelemente. Das Transpersonale stellt einen vom Personalen weitgehend unabhängigen Wirkungsfaktor dar, denn das Personale ist kollektiv wie individuell erst ein spätes Produkt der Entwicklung".[18]

Aufgrund der Annahme, daß „apriorische"[17], kollektive, transpersonale Faktoren die Entwicklungsstadien des Bewußtseins konstellieren und erst später die individuelle Entfaltung des Ich-Selbst-Bewußtseins einsetzt, liegt die Akzentuierung einer tiefenpsychologisch ausgerichteten Vorgehensweise auf der sorgfältigen Beachtung der gesetzmäßigen Abfolge jener transpersonalen Dominanten. Zusammengefaßt behauptet Neumann,

„daß diese Stadien, die archetypisch, d. h. kollektiv unbewußt determinierend sind, in der Mythologie der Menschheit sich vorfinden, und daß erst die Zusammenschau der kollektiven Entwicklungsschicht der Menschheit mit der individuellen Entwicklungsschicht des Bewußtseins ein Verständnis der seelischen Entwicklung im ganzen und der Individualentwicklung im einzelnen ermöglicht".[17]

---

[15] Neumann, 1963, 9.   [16] Neumann, 1974, 7.
[17] A.a.O., 11.   [18] A.a.O., 10.

Vor diesem Hintergrund werden in der IT individuelle Phänomene und personale Probleme in Verbindung gesehen zu menschheitlichen, außerpersönlichen, religio-gebundenen Wirkfaktoren. Der Hauptakzent liegt in der IT darauf, daß durch eine gezielte, indizierte Evokation der Archetypen jene transpersonalen Dimensionen an das Bewußtsein des ganzen Menschen angeschlossen werden[19]. Diese Möglichkeit der geführten Evokation, die über die Aufspaltung der Archetypen die latent vorhandene, jedoch in Verlust geratene ursprüngliche Ganzheit in den Prozeß der Ausdifferenzierung leitet, ist im Jungschen Sinne ein „opus contra naturam"[20], da der autonome, natürlich ablaufende Individuationsprozeß bewußt durchbrochen wird. Dies scheint für Neumann in dieser konsequenten Durchführung noch nicht praktikabel gewesen zu sein[21]. Insofern wird das von ihm postulierte, an Haeckels bioenergetisches, später von Stanley Hull erweitertes psychogenetisches Grundgesetz erinnernde Modell in der IT transzendiert, als hier durch aktive Initiierung und dem folgenden exerzitienhaften Tun mit dem Ziel der Inkorporation dieser neuen ichtranszendenten Erfahrungen immer mehr das Menschliche auf dem Hintergrund transpersonaler Dominanten sich herauskristallisiert.

Dadurch stellt sich der Mensch verantwortlich in den geschichtlichen Prozeß seines immanenten Entwicklungsgesetzes und lernt, sich in seiner Verwandlung selbst zu konstituieren.

4.5.3. Ich-Selbst-Achse

Im folgenden geht es um den entelechialen Werdeprozeß nach der „Urelterntrennung"[22].

„Mit dieser Zentrumsbildung filialisiert sich das Selbst, das im Ich eine ‚Instanz', eine ‚Filiale' errichtet, welche die Ganzheitsinteressen gegenüber den Einzelansprüchen der Innenwelt und der Umwelt zu vertreten hat. Dabei ist symbolisch die Beziehung des Ich zum Ganzheitszentrum die des Sohnes."[23]

---

[19] Vgl. 4.4.8., Anm. 134 über die Anwendung des evokativen Vergehens.
[20] Vgl. 4.4.1., Anm. 23.
[21] Vgl. 4.5., Anm. 4.
[22] Neumann, 1974, 91.
[23] Ders., 1963, 9.

Neumann legt – wie auch Jung – das Schwergewicht der zielgerichteten Entwicklung auf die Ich-Selbst-Achse, indem er das Ich mit seiner alleinigen Mittelpunktsbezogenheit relativiert und es einem Planeten gleich um das Zentralgestirn des Selbst kreisen läßt.

„Sobald wir aber begriffen haben, daß dieses Ich niemals ohne das ihm zu Grunde liegende Selbst existieren und sich entwickeln kann, kommt es zu der entscheidenden kopernikanischen Wendung in der Tiefenpsychologie, von der aus die menschliche Persönlichkeit und das menschliche Leben nicht mehr vom Ich aus zu verstehen ist, sondern vom Selbst her, um das dieses Ich kreist wie die Erde um die Sonne. Dann aber erkennen wir die Persönlichkeit als eine Wirklichkeit, in welcher die Ich-Selbst-Achse das tragende Phänomen ist."[24]

Mit der Filialisierung des Ichs vom Selbst wird auf der Ich-Selbst-Achse eine dynamische Bewegung, ein Spannungsgefälle wirksam zwischen den beiden Systemen Bewußtsein und Unbewußtem und deren Zentren Ich und Selbst[25]. Hier werden die Parallelen deutlich zu Dürckheims Beziehung zwischen dem Wesen und dem Welt-Ich, wenn er davon spricht,

„daß das Zentrum, in dem im Grunde alles verankert ist und auf das hin sich letztlich alles bezieht, die eigentliche Achse, um die sich alles dreht, nicht das Welt-Ich ist, sondern das uns in unserem Wesen eingeborene überweltliche Sein, das den Horizont des Ichs transzendiert."[26]

Auf dem initiatischen Weg lernt der Mensch den oftmals leidbringenden Spannungsbogen zwischen rein vom Ich-Bewußtsein her dominierenden Erkenntnissen und den Erfahrungen aus dem bewußtseinstranszendenten Bereich durchzuhalten und zu einer Integration zu bringen.

Nach Neumann verwischen sich mit der Annäherung des Ichs an das Selbst die Grenzen zwischen der im „Normalbewußtsein" herrschenden Spaltung von Innenwelt und Außenwelt, zwischen Subjekt und Objekt. Vielmehr wird mit einer als „abaissement du niveau mental"[27] zu charakterisierenden Bewußtseinsveränderung das Erlebnis der „Großen Erfahrung", der Einheitswirklichkeit"[28] möglich.

---

[24] A.a.O., 202. [25] A.a.O., 51. [26] DUM, 23. [27] Neumann, 1963, 53.
[28] A.a.O., 53. Nach Neumann wäre damit das Phänomen der Ekstase, das Erleuchtungserlebnis des Mystikers und des schöpferischen Prozesses erklärbar. Auch Dürckheims Begriff der „Großen Erfahrung" ist hier anzubringen (vgl. ZGE).

Voraussetzung zum Gelingen dieser Zentrumsverschiebung vom Ich zum Selbst ist eine gesunde, stabile Entwicklung der Urbeziehung des Kindes zur Mutter. Bei einer unsicheren und labilen Konstellation, die folgenschwer für die Beziehung des Ichs, bzw. des Bewußtseins zum Selbst und damit für das „In-der-Welt-sein"[29] werden kann, besteht die Gefahr einer Inflationierung aus dem Unbewußten. Hier ist die Möglichkeit einer Psychose mit ihrem „Überschwemmungscharakter durch das Unbewußte"[29] gegeben. In diesen Fällen muß erst in der therapeutischen Arbeit das Urvertrauen zum mütterlichen Urgrund wieder aufgebaut werden, um die ganzheitsbildende und kompensierende Funktion des Selbst wieder anzuregen und die Konstituierung der Ich-Selbst-Achse zu ermöglichen.

Bedeutsam für die Entwicklungsstadien der Bewußtseinswerdung ist nun, daß gemäß dem ambivalenten Charakter der Archetypen zwei entgegengesetzte Aspekte auftauchen: Der die jeweilige Entwicklungsphase dominierende Archetyp tendiert mit seiner festhaltenden furchtbaren Seite dazu, das Ich in seinem Machtbereich überwältigt zu halten[30]. Der dem Gesetz der Zentroversion folgende positive Aspekt der nächsthöheren Stufe dagegen drängt nach dem Sprung in die Progression. Dabei hat sich das Selbst, das für das Ich den höchsten Wert repräsentiert, mit seinem positiven und attraktiven Aspekt im Archetypus jener Stufe manifestiert. Hier werden der „Manifestationswandel des Selbstes"[31] und seine hierarchische Ordnung angesprochen. Demnach nimmt das an sich gestaltlose und dem Physischen wie Psychischen gegenüber transzendente Selbst[32] auf jeder Entwicklungsphase eine entsprechende bildhafte Erscheinungs- und Wirkform an. Der Konflikt für das – im mythologischen Sinne – „Helden-Ich" besteht nun darin, daß es den fälligen Wandel, d. h. das Verlassen der bisherigen Phase mit einer Preisgabe, mit der „Tötung des höchsten Wertes, einem ‚Gott-Mord'"[33] bezahlen muß. Das aber ist im existentiellen Sinn mit Angst, Schuld und Leiden verbunden, zumal die Manifestation des Selbst der höheren Stufe dem Ich vorerst noch als gefährlich und „sündhaft" imponiert.

---

[29] Neumann, 1963, 54.
[30] Vgl. 4.5.1., Anm. 9.
[31] Neumann, 1963, 201.
[32] A.a.O., 203.   [33] A.a.O., 200.

„Angstüberwindung ist deswegen das typische Charakteristikum des Helden und des Helden-Ich, das den Entwicklungsschritt zur nächsten Stufe wagt und nicht, wie der Durchschnittsmensch, der Selbsterhaltungstendenz des bestehenden Systems folgend, neuerungsfeindlich verharrt. Das macht die eigentlich revolutionäre Qualität des Helden aus. Nur ihm gelingt prinzipiell die Umwandlung von Angst in Lust bei der Überwindung der alten Phase".[34]

Aus diesen Sätzen kann ein Vergleich zu Dürckheim gezogen werden, wo es um den „Abbau des ‚kleinen', machtdurstigen, geltungsbedürftigen und am Besitz haftenden Ichs" geht, „das immer ängstlich auf seinen Bestand, seinen Erfolg und seine Position bedacht ist"[35]. Für den Menschen in dieser Situation verdichtet sich der Konflikt zwischen dem Ich, das dem Trägheitsprinzip verhaftet ist und dem für das Ich nicht einzuordnende und seine Position gefährdende Sehnen nach Erfüllung der innewohnenden Gestalt. Dem notleidenden Menschen in diesem Spannungsfeld bleibt oft nur der Sprung in eine ihm unbekannte Dimension. Hierbei ist vom zweifachen Bedeutungsgehalt von „Sprung" auszugehen: Zum einen ist damit die aktive, dynamische Komponente des „Übersetzens" gemein, zum anderen die statische Qualität im Sinne von Kluft, Riß. Die gezielte Wegführung ermöglicht in der IT das Erreichen des anderen Ufers, d. h. das Eintreten auf eine neue Bewußtseinsebene, die dem Menschen einen erweiterten Horizont mit für ihn noch ungeahnten schöpferischen Potenzen eröffnet. Dabei werden mitunter krisenhafte Zuspitzungen, schizoide Grenzzustände, die dem Charakter der Persönlichkeitsspaltung nahekommen von ihrer statischen Zuständlichkeit über den Wendepunkt in einen prozeßhaften Verlauf übergeführt[36]. Wichtig ist in diesem Zusammenhang die Aussage von Neumann:

„Dieser notwendige Konflikt besagt aber, daß die menschliche Entwicklung von Natur her auf eine schöpferische Offenheit hin angelegt ist, durch welche der Mensch ebenso zu einem kreatorisch-schöpferischen und heldischen wie zu einem leidenden Wesen wird. Denn schon die artgemäßen Stadien der Bewußtseinsentwicklung durchzumachen bedeutet, sowohl höchste Werte zu empfangen und sich mit ihnen zu identifizieren wie sie zu verlassen und die Identifizierung mit ihnen wieder zurückzunehmen".[37]

---

[34] Ders., 1974, 250.
[35] ZW, 91.   [36] Vgl. S. 128 f.
[37] Neumann, 1963, 201.

Danach wird das Durchmessen von „lichten Höhen" und abgründigen Tiefen als unbedingte Notwendigkeit auf dem individuellen Weg angesehen, mit allen Risiken und Chancen.

Welches ist nun nach Neumann das Ziel der Entwicklung?

„Während am Beginn der Ich-Keim in der Umschlingung des hermaphroditischen Uroboros gefangen ruhte, ist am Ende das Selbst die goldene Mitte des erhöhten Uroboros, einer Vereinigung von männlichen und weiblichen, bewußten und unbewußten Elementen, in der das Ich nicht untergeht, sondern als Selbst sich selber erfährt als vereinigendes Symbol".[38]

Die Stadien vom alles enthaltenden ungeschiedenen Uroboros führen mit allen ihren vielfältigen Verzweigungen und Verwicklungen über die Erstarkung des Ich-Keims aus der dominanten Umschlingung des Uroboros, über die Entstehung des Gegensatzes zwischen dem Ich und dem Unbewußten, den heldischen Kampf des emanzipierten Ichs gegen das Matriarchat und Patriarchat zur allmählichen Synthese der beiden Systeme Unbewußtes und Bewußtes. Zu diesem Prozeß gehört die von Jung beschriebene Integration der Persönlichkeitskomponenten wie Persona, Animus/Anima, der Schatten, usw.

Das Ziel ist „der obere geistige Mensch"[39] mit einem höheren Bewußtseinsstand, in dem das Ich seinen Absolutheitsanspruch als einzigartiges Zentrum der Persönlichkeit aufgegeben hat. Mit der Verschiebung des Zentrums auf das Selbst ist die „Einheitswirklichkeit", die zu Beginn auf einer dumpfen, unbewußten Stufe vorherrschte, durch zunehmende Aufspaltung, Differenzierung und Wiedervereinigung der in ihr enthaltenen Verzweigungen auf einer höheren Ebene wieder hergestellt.

Die Persönlichkeit ist nun nicht mehr mit der begrenzten Totalität des Ichs identifiziert, sondern erfährt ihr Ich als ein Filialorgan des übergreifenden Selbst als die eigentliche Einheit der Psyche. In den Worten Neumanns: Er erfährt sein eigentliches „Ich-Selbst-sein"[40].

---

[38] Neumann, 1974, 329.
[39] A.a.O., 249, s. auch 5.3.
[40] Neumann, 1961, 120.

4.5.4. Vergleiche zur IT

Nun soll ein Vergleich zwischen Neumanns Darstellung der Entwicklungsgeschichte des Bewußtseins und dem von Dürckheim skizzierten Entwicklungsprozeß zum inständlichen Bewußtsein aufgezeigt werden.

Nach Dürckheim ist das inständliche Bewußtsein „sowohl phylogenetisch wie ontogenetsich das früheste"[41]. In diesem Sinne ist es vergleichbar mit dem uroborischen Bewußtsein, in dem der Mensch als Ganzer, d. h. ohne Trennung und Spaltung im Denken, Wollen, Fühlen, zwischen Leib und Seele „noch vorwiegend aus dem überpersönlichen Sein heraus"[41] lebt. Im Prozeß der „fixierenden Verdichtung und ordnenden Vergegenständlichung"[41] kommt es zu einer Polarisierung zwischen „Ichwirklichkeit und Seinsgrund"[41]. Die Verbannung der ichtranszendenten Wirklichkeit wird mit Hilfe des objektivierenden, gegenständlichen Bewußtseins vollzogen mit seinem fixierenden Ich. Die höchste Stufe scheint nun im Triumpf des rationalen Bewußtseins erreicht zu sein, allerdings zum Preis der Entfremdung zum Wesensgrund[42]. Erst wenn die Spannung zwischen den beiden Polen zum Zerreißen führt, kann die Wandlungskraft des inständlichen Bewußtseins einwirken. Insofern handelt es sich hier um zwei Stufen des inständlichen Bewußtseins, vergleichbar mit dem Uroboros und dem erhöhten Uroboros bei Neumann:

„Das voll entfaltete inständliche Bewußtsein ist . . . ein höheres Bewußtsein. Es hat mit dem inständlichen Bewußtsein erster Stufe gemein, daß in beiden der Gegensatz gegenständlich – ungegenständlich fehlt. Im inständlichen Bewußtsein erster Stufe ist er noch nicht da, im wiedergewonnenen inständlichen ist er aufgehoben. Das inständliche Bewußtsein zweiter Stufe hat also die Erfahrung der Gegensätzlichkeit und des Leidens an ihr zur Voraussetzung. Selbst aber ist es übergegenständlich, d. h. es schließt die nun einmal konstituierten Gegensätze nicht aus, sondern in sich ein".[43]

Im inständlichen Bewußtsein wird daher das Sein in seiner eigentlichen „Substanz"[44] wahrgenommen, d. h. es tritt jene Bewußtseinsform ein, „in der der Mensch . . . seine Einheit im Grunde er-in-

---

[41] EW, 204. [42] A.a.O., 207.
[43] A.a.O., 208 f. [44] A.a.O., 209.

nert,"[45] wie auch dadurch die raumzeitliche, gegenständliche Welt erst auf das Sein hin transparent wird.

Dieser in Dürckheims Terminologie formulierte zugrundeliegende Entwicklungsprozeß des Bewußtseins findet eine wichtige Parallele zu Gebsers Werk „Ursprung und Gegenwart". Ebenso interessant scheint mir in diesem Zusammenhang Dürckheims Verweis zum Zen:

„Im Zen heißt es: Der Mensch lebt zunächst im Zen, dann fällt er aus dem Zen heraus, um aufgrund des hier entstehenden Leidens zu lernen, aus dem Zen zu leben".[46]

Welche Konsequenzen ergeben sich nun für die IT aus Neumanns theoretischem Grundgerüst?

Die von ihm postulierten Gesetzmäßigkeiten in der Entwicklung des Bewußtseins werden in der IT arbeitshypothetisch praktisch gehandhabt, in dem Sinne, daß die – meist manifest gewordenen – Verhaltungen und Verbiegungen ergründet und gerichtet werden, um den Menschen für die in ihm angelegte Bestimmung und die ihm gemäße Gestalt, also sein Inbild, freizulegen. Dabei werden durch gezielte Übungen Zentroversionsvorgänge in Gang gesetzt und archetypische Bildekräfte evoziert. Derartige initiatische Evokationen setzen die Entrollung, Entwicklung und u. U. auch die Entfesselung von seit langem gestauten Energien in Gang. Diese hochpotenzierten, nach entelechialer Verwirklichung strebenden Kräfte und ihre Verwandlung können durch die Reduktion auf „Urformeln" in den Übungskonkretisierungen exerzitienhaft kanalisiert werden.

Vorausgreifend ist das therapeutische Ziel nicht eine Symptomheilung wie in der pragmatisch ausgerichteten und Humanistischen Therapie mit befreiendem und möglicherweise bis zur Destruktion führendem Ausagieren und Abreagieren von ehemaligen traumatisierenden Frustrationen. Zwar gehören derartige *Elementar*-Äußerungen zum Heilungsprozeß auf der vom Ich dominierten Ebene und werden insofern nicht unterdrückt, doch wird nach dem Konzept der IT besonders das eingeborene Wissen um die Wiederherstellung der eige-

---

[45] A.a.O., 201.
[46] EW, 208. Dürckheim verweist hierbei auf Suzuki, 1954. Besonders anschaulich ist zu dieser Thematik die altchinesische Zen-Geschichte: Der Ochse und sein Hirt, 1976. Ein Vergleich zur christlichen Sündenfallproblematik wäre hier anzubringen.

nen Gestalt und deren Verwirklichung so hypostasiert, daß die *geistigen* Formungskräfte Aktivität entwickeln können. Die Integration von „Himmel und Erde" gehört hierher, die durch den gewonnenen Spannungsbogen aus dem Dualismus von Natur und Geist geführt wird[47].

Neumanns mythologisches und tiefenpsychologisches Konzept über die entelechiale Gerichtetheit der Bewußtseinsentwicklung ist ein maßgebender Ansatzpunkt für die praktische Durchstrukturierung der initiatischen Wegbegleitung. Dabei liegt der Akzent auf der aktiven Ausgestaltung von ansonsten kollektiv ablaufenden Steuerungsmechanismen, so daß die Voraussetzungen geschaffen werden, daß der Mensch seine existentielle Aufgabe, persönliche Bestimmung und Wahrheit erkennt.

Die Entwicklungsstadien des Bewußtseins spiegeln sich in den konkreten Ausgestaltungen des Übenden, z. B. im Tonfeld, im Geführten Zeichnen, in den Träumen, in der Verarbeitung von Tagesereignissen wider. Damit ist dem wegbegleitenden Therapeuten eine quasi diagnostische Möglichkeit zum Erkennen des jeweiligen Entwicklungsstandes gegeben.

4.6. Zen

Die besondere Bedeutung des Zen für die IT wurde bereits an mehreren Stellen hervorgehoben[1]. In diesem Kapitel geht es um die Herleitung der von Dürckheim eingeführten und praktizierten Form des „westlichen Zen"[2], wozu ich auf die wesentlichen Prinzipien des Zen-Buddhismus eingehe. Dabei versuche ich, die Kernaussagen von Dürckheims metaphysischem Menschenbild auch aus zenbuddhistischer Sicht zu beleuchten.

Die Zen-Schule gehört dem Buddhismus an, der aus drei Quellen gespeist wird: dem indischen Yoga, der Mahayana-Meditation und -Philosophie mit dem Ziel der Erlösung aus dem Kreislauf der Wieder-

---

[47] Vgl. auch 6.3
[1] Vgl. 3.2., 3.3.3.1. Anm. 33, 3.3.3.3., Anm. 53, 3.4.4.1.
[2] ZW, 127.

geburten und dem Taoismus aus der chinesischen Philosophie, in der Tao, der unaussprechliche Urgrund, die Leere, das Prinzip jenseits von Sein und Nicht-Sein dominiert.

Die Ausbreitung des Buddhismus erfolgte von seinem Ursprungsland Indien, wo die historische Begründerfigur Siddharta Gautama (563-483 v. Chr.) auftrat in östlicher Richtung nach China. Das Sanskritwort für Meditation „Dhyana" heißt in der chinesischen Übersetzung „ch'an" und wird durch die im 12. Jahrhundert erfolgte Ausbreitung des Buddhismus in die japanische Geisteswelt zu „Zen".[3]

Zen vertritt nach Lassalle einen „meditativen Intuitionismus":

„Die erlösende Erkenntnis kann weder durch dialektisches Denken noch durch Übermittlung in Worten erkannt werden, sondern sie muß durch Intuition erkannt werden, und zu dieser Intuition gelangt man durch die Meditation".[4]

Von den heute noch in Japan bestehenden Schulen – Lassalle führt elf an[5] – haben in diesem Zusammenhang die zwei Hauptschulen Rinzai und Soto besonderes Gewicht, wobei sich die Rinzai-Schule eher dem Koan als dem Weg zur Erleuchtung widmet, während die Soto-Schule das Schwergewicht auf das Za-zen legt. Doch werden beide Elemente in jeder Richtung geübt.

4.6.1. Zum Inhalt von Zen

Autoren, die Bücher über Zen geschrieben haben, heben die Schwierigkeit hervor, ohne eigenen Erfahrungshintergrund Zen zu verstehen. „Alle Bücher sind nur vorläufige Versuche, nichts Endgültiges"[6], meint Suzuki, stellvertretend für viele.

„Ein alter Meister, der zeigen wollte, was Zen sei, hob einen Finger, ein anderer warf einen Ball, ein dritter schlug dem Frager ins Gesicht."[7]

Die Schwierigkeit, das Wesen von Zen aufzuzeigen, ist nicht unbeträchtlich. Allan Watts sagt:

---

[3] Vgl. auch Kapleau, 476. Über die geschichtliche Entwicklung des Buddhismus s. Dumoulin, 1976.
[4] Lassalle, 1974. [5] A.a.O., 135.
[6] Suzuki, 1975, 43. [7] A.a.O., 44.

„Wer über Zen schreibt, muß zwei Extreme vermeiden: einmal, so wenig zu beschreiben und zu erklären, daß der Leser völlig verwirrt wird und zum anderen, so viel zu beschreiben und zu erklären, daß der Leser meint, er verstünde Zen".[8]

Dürckheim sagt folgendes aus:

„Zen ist nichts als Erfahrung: gesuchte Erfahrung, gemachte Erfahrung, bejahte Erfahrung, ernstgenommene Erfahrung, fruchtbar gemachte Erfahrung, bezeugte Erfahrung. So ist auch das Wissen, das im Zen enthalten ist, nie ein gegenständliches Wissen (savoir), sondern ein Lebenswissen (connaissance)."[9]

Dogmatische Lehrsätze gibt es nicht, sie sind für Zen „wertloses Papier, das zu nichts Besserem nutze ist, als den Abfall des Intellekts aufzuwischen"[10], sagt Suzuki provozierend.

„Die Lebensfülle, so wie sie wirklich lebt, ist das, was Zen zu erfassen sucht, und zwar auf dem kürzesten und lebendigsten Weg."[11]

Es ist wohl das pulsierende, stets gegenwärtige Leben, das im „Hier und Jetzt" in der banalsten Handlung seine innere Wahrheit für den bereit hält, der zu sehen versteht. Für Dürckheim ist in der Lehre des Zen eine allgemeingültige Kernaussage enthalten[12], die dem westlichen überrationalisierten Menschen – ohne daß er Buddhist werden müßte – eine Antwort auf seine existentielle Not zu geben vermag. Ausdrücklich spricht er davon, daß „es sich auch nie darum handeln könne, bestimmte Übungen ‚wörtlich' nach Europa einzuführen"[13].

Er wehrt sich gegen die Auffassung, „Zen sei Zen-Buddhismus oder kein Zen"[14]. Derartige Trennungen sind für ihn theoretischer Natur, nicht von der erfahrbaren Praxis durchdrungen: Indem sich der Mensch der Übungspraxis des Zen unterzieht, eröffnet sich ihm die Möglichkeit, mit seinem Wesen eins zu werden und die dem Menschen aufgegebene Verwandlung als die „Transparenz zur Transzendenz"[14] zu erfahren. Hier werden nach Dürckheim die „allgemeinmenschlichen Voraussetzungen jeder lebendigen Religiosität, ja jeder Entwicklung zur Vollreife des Menschen"[14] angesprochen. Diese

---

[8] Watts, 1956, zit. nach ZW, 75 f.
[9] ZW, 52.   [10] Suzuki, a.a.O., 37.   [11] A.a.O., 43.
[12] Dieser Ansicht schließt sich auch Lassalle an. Vgl. 1974, 392.
[13] PS, 162.   [14] ZW, 7.

Chance ist aber kein Privileg des östlichen Weges, sondern Thema eines jeden Kreises, dem es um die höhere Verwandlung des Menschen geht[15]. Dürckheim meint nicht die Übernahme und Befolgung der spezifisch östlichen Tradition des Zen-Buddhismus, sondern es geht ihm darum,

„das Allgemeinmenschliche, auf das es für uns Abendländer ankommt, aus dem Gewande fernöstlicher, buddhistischer, mahayana-buddhistischer und endlich spezifisch ostzenistischer Einkleidungen herauszulösen, in denen sich die allgemein gültige Wahrheit des Zen für uns zunächst oft verbirgt".[16]

In diesem Sinne betrachtet er „Östliches und Westliches" nicht ausschließlich als geographische Lokalisierung und Polarisierung der beiden Hemisphären Asien und USA/Europa, sondern als Ausdruck einer „Spannung zweier Pole in uns selbst"[17], die es aus ihrer extremen Vereinseitigung zu erlösen gilt. Erst durch die Integration der insuffizienten Seite – hier der östlichen – kann der westliche Mensch ganz werden. Damit hebt Dürckheim die Polarisierung zwischen Ost und West auf eine innerseelische Ebene[18]. Von daher gesehen erhält die Ausbreitung der Zen-Literatur in den Westen[19], das besonders in den letzten Jahren zunehmende praktische Interesse für alle angebotenen Formen, auch in ihren Extremformen, östlicher Meditationsbewegungen noch eine andere Bedeutung als die eines oberflächlichen „Zen-Snobismus". Wenngleich nach Benz eine westliche Verflachung und modische Umdeutung der Zen-Gedanken und -Praxis nicht geleugnet werden kann, so sind doch die ernsthaften Bestrebungen von neuentstandenen Meditationszentren, auch kirchlicher Institutionen, zu berücksichtigen, die dem modernen, westlichen, säkularisierten Menschen mit Hilfe der östlichen Prinzipien einen neuen geistigen Wurzelboden anbieten. Dadurch wird ihm die Chance gegeben, seine bisherige ratiobetonte Einseitigkeit zu durchbrechen und sich neuen Tiefenerfahrungen zu öffnen. Oft wird in der IT die Erfahrung gemacht, daß ein Mensch durch die Übung des Zen wieder

---

[15] Vgl. dazu das Anliegen von Lassalle, die geistige Verwandtschaft zwischen Zen-Buddhismus und der christlichen Mystik aufzuzeigen, 1969.
[16] ZW, 14.   [17] ÜWL, 84.
[18] Vgl. DUM, 244 und 4.4.4., Anm. 84.
[19] Vgl. dazu Benz, 1962.

einen lebendigen, vertieften Anschluß an seine bis dahin erstorbene christliche Religiosität findet. Dürckheims Anliegen konzentriert sich auf die Ausübung der existentiellen Praxis des Zen und auf den Einbezug in eine „Therapie im Geiste des Zen"[20].

„Zen zielt auf die Befreiung von seinem Welt-Ich und seinen Ordnungen abhängigen Menschen durch die Große Erfahrung des Wesens, darin das Sein im Menschen anwesend ist".[21]

Diese Zielsetzung „findet sich in aller lebendigen Religiosität, die letztlich das Leben meint"[22]. Von daher sind mit diesem Konzept der „Großen Therapie", in der es um die Erweckung und Bezeugung des Wesens geht, sowohl östliche Elemente aus der existentiellen Übungspraxis des Zen als auch westliche Grundlagen wie die Tiefenpsychologie im Sinne C. G. Jungs vereinbar. Das bedeutet nicht, daß in der IT die Anlehnung an die Prinzipien des Zen, speziell seiner Übungspraxis dazu führt, Zen als Psychotherapiemethode, etwa zur Behandlung von Neurosen, zu betreiben[23].

Bei der Untersuchung der Kernaussage des obigen Satzes[21], beziehe ich mich auf die bereits vorgestellten Definitionen von Dürckheims Vokabular und versuche, diese mit einigen Aspekten des Zen-Buddhismus, wie ihn z. B. Lassalle, Dumoulin oder Kapleau formulieren zu vergleichen. Dabei handelt es sich vor allem um die Auffassung des Ichs und des Wesens, des Leidens und der Großen Erfahrung mit ihren Folgen.

4.6.2. „Knechtschaft"

Suzuki faßt in folgendem Satz das Ziel von Zen zusammen:

„Zen ist seinem Wesen nach die Kunst, in die Natur seines Seins zu blicken, und es zeigt den Weg von der Knechtschaft zur Freiheit . . . Wir können sagen, daß das Zen alle Energien freisetzt, die in jedem von uns richtig und natürlich aufgespeichert sind, aber unter normalen Bedingungen verkrampft

---

[20] Dürckheim in Bitter, 1965, 196 ff.
[21] A.a.O., 197.
[22] A.a.O., 199.
[23] Vgl. a. Indikation des Za-zen 9.2.2.

und verzerrt sind, so daß sie keinen angemessenen Kanal zur Betätigung finden . . . es ist deshalb das Ziel von Zen, uns davor zu bewahren, geisteskrank oder verkrüppelt zu werden."[24]

Der Hauptangriffspunkt von Zen ist die Verabsolutierung von Ratio, Logik, Intellekt, die Anbetung von Nur-Objektivität. Suzuki sagt, „daß für die meisten von uns der Schluß nahe liegt, logisches Denken sei das Leben selbst und ohne logisches Denken sei das Leben ohne Bedeutung".[25]

Zen aber bringt den Menschen mit seinem transzendenten Kern in Berührung, der nicht der Ratio unterworfen ist. Zen vermittelt Erfahrung oder besser *ist* Erfahrung[26], die den Menschen bis in sein Innerstes bewegt und ihn aufrüttelt. Unter diesem Aspekt ist Suzukis Aussage von der „Knechtschaft" zu verstehen. Sie besagt, daß der Mensch unter der Vorherrschaft des dualistischen Denkens, der Logik steht. Die Dominanz der Ratio bewirkt eine spezifische Art der Wahrnehmung, nämlich die Trennung in ein Ich und dem ihm als Objekt gegenüberstehendes Nicht-Ich. Durch diese Subjekt-Objekt-Spaltung nimmt der Mensch die Wirklichkeit in einer beschränkten Weise wahr. Er unterliegt, wie Kapleau es formuliert, der Verblendung, d. i.

„Nichtwissen, ein Nicht-Gewahrnehmen des wahren Wesens der Dinge oder der wahren Bedeutung des Daseins. Wir werden von unseren Sinnen (einschließlich des sechsten Sinnes, des Intellekts und des diskriminierenden Denkens) verblendet, irregeführt insofern, als sie uns veranlassen, die Welt der Erscheinungen als die ganze Wirklichkeit anzusehen, während sie tatsächlich doch nur ein begrenzter und flüchtiger Aspekt der Wirklichkeit ist; das veranlaßt uns zu handeln, als sei die Welt außerhalb von uns, während sie doch in Wahrheit eine Projektion unserer selbst ist."[27]

Der Mensch wird im Zen als „Sklave von Wort und Logik"[28] angesehen. Solange er in diesen Fesseln lebt, lebt er nicht wirklich, sondern ist er gefangen und unfähig, einen neuen Standort zu gewinnen. An dieser Stelle bietet sich der Vergleich zu Dürckheims bereits zitierter

---

[24] Suzuki in Fromm, 1972, 147.
[25] Suzuki, 1975, 63.
[26] Vgl. 4.6.1., Anm. 9.
[27] Kapleau, 1972, 472.
[28] Suzuki, a.a.O., 60.

Definition des Welt-Ichs und des gegenständlichen Bewußtseins an[29]. Auch Dürckheim sieht den Menschen zutiefst den Banden des fixierenden und auf Absicherung bedachten Welt-Ichs gefangen, abgespalten von seinem Wesenskern. Diese Abtrennung ist Quelle vielfältigen Leidens[30]. Dürckheim sagt:

„Es ist von grundsätzlicher Bedeutung, nicht nur für das Verständnis von Zen, zu erkennen, daß dieser praktische Wille zur Selbstbehauptung und die theoretische Sicht des gegenständlichen Bewußtseins auf die gleiche Wurzel zurückgehen: auf das immer um sein Feststehen und auf die Wahrung seiner Stellung gerichtete Ich."[31]

In dieser Sichtweise ist der Wechsel, die ständige Veränderung, die Vergänglichkeit einschließlich des Todes, also die alles infragestellende und bedrohende Unsicherheit der Umstände, sowohl der äußeren Existenz als auch von einmal gefaßten Standpunkten, rationalen Erkenntnissen und objektiven Werten der große Gegenspieler, der Schatten des Ichs.

Als Leidenssymptom aus dieser verfehlten, ego-zentralen Lebenseinstellung heraus erwachsen die drei Grundnöte des Daseins[32], die durch Einsamkeit, Sinnverlust und Entpersönlichung beim modernen, sensiblen Menschen zu existentiellen Krisen und Grenzerfahrungen führen können.

4.6.3. Das Leiden in buddhistischer Sicht

Nach buddhistischer Lehre wird das gesamte Dasein als leidvoll angesehen: Der Mensch unterliegt solange dem ewigen Kreislauf von Geburt und Wiedergeburt, bis er die Gründe für das Entstehen in dieser Abhängigkeit erkannt hat. Alles Leiden hat seine Wurzel in der Vergänglichkeit und Verhaftung an die Dinge.

„Das ‚Entstehen in Abhängigkeit' will ich Euch darlegen: Durch Nichtwissen als Vorbedingung entstehen karmagestaltende Triebkräfte, durch Triebkräfte ein Bewußtsein, durch ein Bewußtsein eine geistig-leibliche Individualität, durch eine Individualität die sechs Sinne (die fünf Sinne und der Denksinn, das rezeptive Bewußtsein), durch die sechs Sinne Berührung (Bewußt-

---

[29] Vgl. 3.3.3.1. und ZW, 24 f.
[30] Vgl. 3.3.3.3. [31] ZW, 28. [32] DUM, 88.

seinsdruck), durch Berührung Empfindung, durch Empfindung Gier (Durst), durch Gier Lebenshang, durch Lebenshang karmisches Werden, durch Werden Wiedergeburt, durch Wiedergeburt Altern, Sterben, Kummer, Wehklage, Leid, Gram und Verzweiflung. So ist die Entstehung dieser ganzen Masse von Leiden"[33],

sagt Buddha. Das Nicht-Wissen um den wahren Grund der Abhängigkeitskette und die Gier, die die Befriedigung von Bedürfnissen eines illusionären Ichs erstrebt, sind die Hauptgründe für den Leidenszustand[34]. Es unterliegt alles einem fortwährenden Wechsel, nichts ist beständig, alles ist im Werden und Vergehen begriffen – es gibt nichts Beharrendes[35]. Gier und Leidenschaft bergen das Leid bereits in sich, denn das Begehrte, das nur von einem auf „Haben" bedachten Ich ausgehen kann, ist dem Verfall unterworfen[36].

In Dürckheims Gedankengut findet sich eine Parallele zu dem auf bloßes Fixieren und Sicherung gerichteten gegenständlichen Ich-Bewußtseins und dem daraus entstehenden Leiden[37].

4.6.4. Der Weg

Welches ist nun der Weg zur Befreiung, wie kann der Mensch einen Standpunkt jenseits aller Gegensätze erreichen, wie soll er die Bedingtheiten des leidvollen Daseins überwinden? Zen behauptet, den Weg weisen zu können, doch

„was immer es für Lehren im Zen gibt, sie kommen aus dem eigenen Inneren jedes Einzelnen. Wir selbst sind unsere Lehrer. Zen weist nur den Weg"[38],

sagt Suzuki. Dazu sind einige Voraussetzungen und Bedingungen nötig. Lassalle erwähnt die

---

[33] Samyutty-Nikaya, PTS-Ausgabe, 12, 1, zit, nach von Glasenapp (in: Antes, Uhde, 1972, 66).
[34] Vgl. dazu auch Schumann, 1963, 32, wo er ausführlicher die drei Arten der Gier beschreibt.
[35] Lassalle, 1974, 144.
[36] Vgl. dazu Dumoulin, 1978, 35: „Wir Menschen befinden uns nicht in der Existenzlage, in der wir sein sollten und zu sein wünschen. Im Buddhismus werden für diese Tatsachen vorzüglich Begier und Unwissenheit verantwortlich gemacht".
[37] Vgl. auch die Ausführungen zur „Eigenschaft" und der „Bindung an das Ich" bei Eckehart, 4.3.2.
[38] Suzuki, a.a.O., 36.

„Überzeugung von der Notwendigkeit des satori, der Entschluß, es um jeden Preis zu erlangen und die Gewißheit der Erwartung, daß man es bekommt."[39]

Diese Aussage gilt besonders für den japanischen Zen-Schüler, der unter Anleitung eines Meisters sich den Zen-Exerzitien unterzieht, um nach u. U. jahrelanger Za-zen- oder Koan-Übung einen plötzlichen Satori-Durchbruch zu erleben. In der IT wird nicht mit dieser Ausschließlichkeit dieser Prozeß verfolgt, dazu sind die kulturelle Ausgangsbasis und die Motivation, bzw. auch der Leidensdruck zu unterschiedlich. Hier wird bereits ein Merkmal des westlichen Zen ersichtlich, das darin besteht, daß der universale Kerngehalt der Übungspraxis des Zen in die Pluralität der Methoden und Übungen innerhalb der IT einfließt.

Im folgenden soll kurz auf das Koan eingegangen werden.

Unter Koan wird meist ein Ausspruch eines Meisters oder ein Wechselgespräch zwischen Schüler und Meister verstanden, dessen paradoxer, unfaßbarer und irritierender Inhalt dazu dienen soll, die Grenzen des logischen Verstandes und des diskursiven Denkens zu sprengen[40]. Dieser Weg ist mit äußerster geistiger Konzentration verbunden. Die Grenzen des Intellekts werden in u. U. schmerzhafter Weise erfahren, das Sicheinlassen auf das Lösen des Paradoxons verursacht seelisch-geistige Erschütterungen, eine Katharsis, die den Boden bereiten kann für eine Erleuchtungserfahrung.

In der praktischen Arbeit in der IT gibt es das Koan nicht, wohl aber können therapeutische Interventionen im Gespräch koanähnlichen Charakter annehmen[41].

---

[39] Lassalle, a.a.O., 88.
[40] Ein bekanntes Koan lautet z. B.: „Wenn beide Hände zusammengeschlagen werden, so entsteht ein Ton. Nun horche auf den Ton der einen Hand" (in: Suzuki, a.a.O., 58). Zuerst bemüht sich der Schüler verzweifelt um eine logische Lösung des im Koan enthaltenen unlösbaren Widerspruchs. Immer wieder wendet er es in seinem Geiste hin und her wie „einen Feuerball, den man im Munde hin und her bewegt, ausspeien möchte, aber nicht ausspeien kann" (in: Dumoulin, 1976, 86). Glaubt der Schüler, die Lösung erreicht zu haben, legt er sie dem Meister vor, der sie akzeptiert und ein neues, schwierigeres zur Aufgabe gibt oder die vermeintliche Lösung verwirft. Zum Koan vgl. auch Suzuki, a.a.O., 101 ff., Dumoulin, 1976, 77 ff., Fromm, 1972, 61 ff.
[41] Vgl. dazu die „paradoxe Intention" von Frankl und Watzlawick, 1969, 1974.

Die Übungspraxis des Za-zen wurde bereits ausführlich beschrieben[42], so daß ich an dieser Stelle nicht weiter auf sie eingehe.

4.6.5. Die Buddhanatur

Die Aufhebung der Begrenztheit des gegensätzlichen Denkens und die Erfahrung eines übergegensätzlichen Bewußtseins ist nach Dürckheim das Anliegen von Zen.

„Zen ist der Ausdruck einer übernatürlichen Erfahrung, in der uns ein Überweltliches aufgeht, in dem wir erlöst sind und darin wir in einem bestimmten Sinn nie unerlöst waren."[43]

Und weiter:

„Dieses Überweltliche heißt im Buddhismus Buddha-Natur, ist das Licht in uns, das uns, wenn wir zu ihm erwachen und es zulassen, ‚erleuchtet' und in der Erleuchtung in eine Verwandlung hineinstößt".[43]

An anderer Stelle heißt es:

„Was lehrt Zen? Jeder ist in seiner ursprünglichen Natur *BUDDHA*. Das ursprüngliche ‚Antlitz' ist durch die festlegenden gegenständlichen Ordnungen des an der Welt haftenden Ichs verstellt. Voraussetzung für die Reife, deren Frucht der zu seiner *BUDDHANATUR* hin befreite Mensch ist, ist daher das Sterben des Ichs und die Erfahrung des ‚Wesens'. Hindurchzudringen durch die Kruste seiner eingefleischten Vorstellungen und Begriffe hin zur erfahrbaren Präsenz seiner *BUDDHANATUR*, die ihn in individueller Weise mit dem Wesen verbindet, darum geht es!"[44]

In dieser Darstellung erfolgt eine inhaltliche Gleichsetzung der Begriffe „Wesen" und „Buddhanatur". Nach Lassalle geht es in der buddhistischen Lehre darum, daß durch die Bewußtwerdung seiner Buddhanatur der Mensch der werden soll, der er schon immer war[45]. In Anlehnung an Dürckheim geht auch Lassalle von der „allgemeinen Vorstellung von einem sozusagen doppelten Sein des Menschen aus"[45], wenn er den Begriff Buddhanatur umschreibt:

„Das eine Sein ist jener Teil unserer Existenz, dessen wir uns alle bewußt sind. Aber das ist nicht alles. Der Mensch hat auch Teil an dem ungeteilten

---

[42] Vgl. 3.4.4.1. [43] ZW, 52. [44] PS, 159.
[45] Lassalle in Reiter, a.a.O., 63.

und absoluten Sein, das allem, was ist, zugrundeliegt. Nach buddhistischer Lehre soll er an diesem absoluten Sein aber nicht nur teilhaben, sondern er muß sich dieses Zustandes auch bewußt werden."[46]

Diesem Ziel versucht die IT durch den Prozeß der Bewußtwerdung mit Hilfe tiefenpsychologischer Verfahren und des meditativen Übungsansatzes sich anzunähern.

Eine Parallele zum hinduistischen Atman-Brahman Begriff soll hier kurz angedeutet werden. Danach wohnt Atman als innerste Essenz, als „Ableger" von Brahman, dem Absoluten und Unwandelbaren dem Menschen inne. „Atman ist die Weise, in der Brahman in jedem von uns ist"[47], sagt Dürckheim. Das Erkennen der Einheit von Atman und Brahman führt nach hinduistischer Vorstellung zur Erlösung vom Einfluß des Leidens im Dasein.

Zusammengefaßt läßt sich mit Herrigel zur Buddhanatur sagen:

„... von der Buddhanatur könne weder Bewegtheit noch Unbewegtheit ausgesagt werden. Sie sei weder das eine noch das andere, sie sei beides zumal und sei es nicht. Was sie sei, könne nur erfahren, ergriffen, aber nicht begriffen und gedanklich expliziert werden."[48]

4.6.6. Satori

Die Schwierigkeit, die Lehre des Zen rational und wissenschaftlich explizit zu formulieren, wird auch bei dem Versuch deutlich, Dürckheims Terminus der „Großen Erfahrung" mit dem im Zen-Vokabular gebräuchlichen des „Satori" in Beziehung zu setzen. Im Ansatz der IT geht es darum, dem Menschen zum Durchbrechen aus leidverursachenden Fesseln des dominanten Welt-Ichs und des gegenständlichen Bewußtseins zu verhelfen und damit das Erwachen zu einer neuen Bewußtseinsdimension zu ermöglichen.

„Dieser Vorgang des Durchbruchs durch die trennende Wand, des Eingehens im Wesen und Wiederaufgehen als verwandeltes Ich ist die ‚Große Erfahrung'. Im Zen heißt sie Satori. Es ist die Metanoia des menschlichen Lebens und der Angelpunkt aller Seelenführung im Geiste des Zen."[49]

---

[46] A.a.O., 64.
[47] Mündliche Mitteilung.
[48] Herrigel, 1958, 91.
[49] ÜWL. 82, vgl. auch ZGE, 60.

Mit dem „Durchbruch zum Wesen" und der verwandelnden Erfahrung hinsichtlich des bisherigen seinswidrigen Zustandes und der fundamentalen Achsenverschiebung des Lebens vom fixierenden Ich-Zentrum zu einer übergreifenden transzendenten Wirklichkeit erfährt sich der Mensch in einem neuen, universal zu nennenden Subjektsein[50]. Satori meint für Dürckheim zweierlei:

„Ein erschütterndes, beglückendes, befreiendes Erlebnis und die Geburt eines neuen Gewissens, d. h. Auftrag zu einer Verwandlung, die der Sinn dieses Erlebnisses ist."[49]

Hier wird deutlich, daß für Dürckheim Satori seinen Sinn in der aus dieser Erfahrung folgenden Wandlung und Bezeugung erfüllt. Dies ist ein besonderes Kennzeichen des „westlichen Zen".

Im folgenden vergleiche ich diese Äußerung Dürckheims mit denen anderer Zen-Kenner und Zen-Meister.

Suzuki spricht vom Satori als

„intuitive Innenschau, im Gegensatz zum intellektuellen und logischen Verstehen . . . satori bedeutet die Enthüllung einer neuen Welt, die im Wirrwarr des dualistisch gebundenen Geistes unerkannt bleibt."[51]

Die Große Erleuchtung nennt Jung „den Durchbruch eines in der Ichform beschränkten Bewußtseins in die Form des nicht-ichhaften Selbst"[52] und stellt Parallelen her zu Meister Eckehart.

„Die Selbst-Wesensschau, das Öffnen des geistigen Auges und das Erwachen zum eigenen Wahren-Wesen und damit zum Wesen allen Daseins"[53],

---

[50] A.a.O., 83 f. [51] Suzuki, 1975, 90.
[52] Jung in Suzuki, a.a.O., 12. Jung bezieht sich dabei auf eine Textstelle von Eckeharts Predigt „Beati pauperes spiritu" (vgl. Quint, 308), wo er unter anderem den Ausdruck „Durchbruch" mit Zen-Sprüchen von Suzuki vergleicht: „Als ein Meister gefragt wurde, worin die Buddhaschaft bestünde, antwortete er: ‚Der Boden eines Kruges ist durchbrochen!'" (in: Suzuki: Essays I, p. 217) Ein anderes Gleichnis ist das „Aufplatzen des Sackes" (in: Suzuki: Essays, p. 100). Jung kommentiert Meister Eckeharts Text über den „Durchbruch" so: „Der Meister schildert hier wohl ein Satori-Erlebnis, eine Ablösung des Ich durch das Selbst, dem ‚Buddhanatur', also göttliche Universalität zukommt" (a.a.O., 12). Jung betrachtet das Satori-Erlebnis unter psychologischem Aspekt und enthält sich jeder metapsychologischen Aussage. Hier stellt sich die Frage, ob ein derartiges Erlebnis, das jenseits aller faßbarer psychologischer Kategorien stattfindet, nicht vorschnell doch kategorisiert und seines transzendenten Inhaltes entkleidet wird (s.a. Benz, a.a.O., 26 ff.)
[53] Kapleau, a.a.O., 464.

wird von Kapleau als ein Ereignis psychischer und physischer Revolution geschildert. Durch Satori wird der Bezug zum eigenen Wesenskern hergestellt, ein neues Bewußtsein erwacht, das bisherige dualistische, diskursive Denken hat seine Grenzen erreicht, es erfolgt das unbeschreibliche Aufspringen zu einer anderen Wirklichkeit. Dies ist der „vollkommen normale Zustand des Geistes"[54], dem eine geistige Wandlung, eine Umkehr vorangeht, die den Menschen in seinem Grunde, also radikal ergreift.

Dumoulin sieht Satori in ähnlicher Weise, wenn er es – nach den Erlebnisschilderungen von Zen-Schülern – als „kosmisches Erlebnis"[55] charakterisiert und auf Parallelen zu Buckes Definition des „Kosmischen Bewußtseins"[56] hinweist.

In diesen Beschreibungen wird der Doppelaspekt der Erleuchtungserfahrung betont. Sie bedeutet das Durchschauen der eigenen Wesensnatur und zugleich der Wesensnatur aller Dinge und des Kosmos.

Lassalle faßt wie folgt zusammen:

„Die Auflösung der Illusion des Ich-Komplexes in die Schau des All-eins-Seins, verbunden mit überwältigender Freude, tiefstem Frieden, völliger Sicherheit und restloser Befreiung von aller Furcht und allem Zweifel."[57]

Gerade bei dieser letzten Umschreibung werden die Parallelen zu Dürckheims Aufhebung der drei Grundnöte des Daseins deutlich[58]. Auf weitere Umschreibungen, Vergleiche zu Erleuchtungserfahrungen der Mystiker[59], theologische Diskussionen um die Bewertung der buddhistischen Schau mit dem christlichen Standpunkt kann hier nicht weiter eingegangen werden. Versuche, Satori in Worte auszudrücken, müssen mißlingen, da nur die eigene Erfahrung zum Maßstab werden kann. Und „wer etwas weiß, der sagt es nicht und wer

---

[54] Suzuki, 1975, 99.
[55] Dumoulin, 1976, 164.
[56] Vgl. 3.4.1., Anm. 31.
[57] Lassalle, 1974, 398.
[58] DUM, 88.
[59] Daß das Erleuchtungserlebnis kein Privileg östlicher Meister und Meditierender ist, sondern bei den Mystikern des Mittelalters ebenso anzutreffen ist wie bei anderen bedeutenden Gestalten der Geschichte sucht Bucke (a.a.O.) nachzuweisen. Lassalle spricht in diesem Sinne auch von der Universalität der Erleuchtung (a.a.O., 382).

sagt, der weiß nicht"⁶⁰, gilt für diese Erfahrung ganz besonders. Im übrigen liegt bei Dürckheim, wie Lassalle bemerkt

„der Schwerpunkt seiner Darstellung nicht so sehr auf dem Satori als auf der Übung des Zen, und das nicht nur in Form der Meditation, sondern in jeder Bewegung und Handlung des täglichen Lebens, die den Menschen der echten Freiheit immer näher bringen soll, bis sie in der ‚großen Erfahrung' ihre Krönung erhält."⁶¹

Wichtig erscheint mir, daß es verschiedene Vorstufen von Satori gibt, die sich durch den Grad der Intensität der Erfahrung unterscheiden, und die für die von Dürckheim getroffene Einteilung in „Seinsfühlungen" und „Seinserfahrungen" einen noch differenzierteren Maßstab abgeben könnten⁶².

So unterscheidet Lassalle zwischen dem langsamen, kleinen, großen und erneuten Satori⁶³.

Die in den therapeutischen Prozessen in der IT auftretenden Erfahrungen haben insofern den Charakter von Vorerfahrungen zur „Großen Erfahrung" hin. Es geht hier um die Aufarbeitung jener Kräfte, die diese behindern. Im Vergleich zum Zen-Weg handelt es sich um eine Schwerpunktsverlagerung: Während dort die Konzentration auf

---

⁶⁰ Lassalle, a.a.O., 80. Die einzige Möglichkeit, dem Phänomen näher zu kommen, sind die Erleuchtungsberichte der Erleuchteten selbst, in denen das Eigentliche allerdings auch nicht erwähnt werden kann. Schüttler hat in dieser Hinsicht Pionierarbeit geleistet, indem er japanische Zen-Meister über ihr Satori-Erlebnis befragte, psychologische Analysen lieferte und Vergleiche mit der europäischen Mystik anstellte. In seinen abschließenden Betrachtungen kommt er zu dem Schluß, daß in diesem Bereich religiösen Erlebens letzte Fragen ohnehin offenbleiben müssen, gerade da, wo es um metaphysische Wahrheiten geht. Das methodische Rüstzeug erweise sich als unzulänglich (1974, 131 ff.). Allerdings ist fraglich, ob man mit psychopathologischen Kategorien diesen Erlebnissen gerecht werden kann. Vgl. auch James, 1979.
⁶¹ Lassalle, a.a.O., 393.
⁶² Vgl. auch 3.4.1., Anm. 28-31.
⁶³ Lassalle, a.a.O., 85 ff.: Demnach zeichnet sich das langsame dadurch aus, daß es nicht voll zum Ausbruch kommt und einen Zustand zwischen „Nicht-Satori und Satori schafft." Beim kleinen Satori sind die Wirkungen nicht sehr nachhaltig, es ist nicht sehr intensiv. Die Gefahr besteht darin, daß der Schüler es bereits für das Ziel hält und seine Anstrengungen zurückschraubt. Das große Satori ist die Erleuchtung im Sinne des Wortes, bei der jeder Zweifel ausgeschaltet ist und das „Gefühl vollkommener Einheit, Ganzheit und Unendlichkeit in übersprudelnder Lebenskraft und unbändiger Freude" vorherrscht. Das wiederholte Satori besteht in einer meist kurzen „Auffrischung" der bereits einmal erlebten Erleuchtung.

dem Erreichen von Satori liegt und den während dieser Anstrengungen auftauchenden Widerständen, Bildern, „makyo" keine oder wenig Beachtung geschenkt wird, zielt die IT gerade auf die Bewußtwerdung und Integration dieser Energiepotentiale, die meist Schattenkräfte sind. Der Gebrauch von Satori in der IT ist unter diesen Vorzeichen zu sehen und nicht mit dem faktischen Eintreten von Satori gleichzusetzen, wie es die Zen-Meister umschreiben. In Relation zum Durchbruch des in seinem abstrakten Denken befangenen Abendländers zu einer ihn befreienden und seinen bisherigen Weg ändernden Erkenntnis und Einsicht halte ich auf einer analogen Ebene diesen Ausdruck allerdings für zutreffend.

Im folgenden stellt sich generell die Frage nach dem Wert und der Konsequenz von Erlebnissen des „ungeteilten, absoluten Seins"[64] und auch der vielfältigen „kleineren" Erfahrungen aus östlicher und westlicher Perspektive.

4.6.7. Westlicher Zen

Am Beispiel der verschiedenartigen Auffassung des Erleuchtungserlebnisses tritt die unterschiedliche Beurteilung und Konsequenz zwischen den beiden Richtungen deutlich zutage. Nach Dürckheims Sicht neigt der östliche Geist in seiner Extremform zur Entgrenzung und Auflösung im All-Einen, der westliche tendiert dagegen zur „Erstarrung in Formen und Zerstückelung des Lebens"[65]. Das Einswerden mit dem Absoluten besteht im Osten in einer fortschreitenden Verlöschung und Aufhebung des individuellen Ichs – dem Westen geht es stattdessen gerade um die individuelle Bekundung im Sinne einer Gestaltgebung seiner selbst aus und durch sein Wesen.

Handelt es sich also dort um Entwerdung, Ent-ichung, so ist hier das Werden in der Formwerdung gemeint als gestalthafte und personale Manifestation des Wesens, das sich im Werk wie in der Person selbst bekunden soll.

„Dort also das Ja zur nur übergeschichtlichen Welt, in der die geschichtliche aufgehoben wird, das Ja zum unpersonalen, alleinen Sein als dem eigentlich

---

[64] Lassalle in Reiter, a.a.O., 69.
[65] ZW, 127.

und einzig Wirklichen. Hier das Ja zur geschichtlichen Existenz und in ihr das Ja zur personalen Wirklichkeit des Menschen."[66]

Die beiden Standpunkte scheinen in dieser Gegenüberstellung unvereinbar zu sein. Die Möglichkeit einer Integration schildert anschaulich das Bild des Ein- und Ausatmens des Atmenden[67]. Der Atmende gleicht dem Tao, das dem Einklang der Pole von Yin und Yang entspricht. So wie das Leben Formen hervorbringt und sich jede zu ihrer individuellen Gestalt entwickelt, so strebt die gegenteilige Bewegung zur Auflösung und Zurücknahme in die es erzeugende Einheit. Beide Polaritäten zeugen vom *LEBEN*[68], dem Tao als das integrierende, übergegensätzliche Prinzip. Ebenso verhält es sich für Dürckheim mit der geistigen Akzentuierung der beiden großen geographischen Hemisphären, von denen die östliche eher das Yin-Prinzip, also das des ,,Heimholens", ,,Wiedereingehenlassens" vertritt, die westliche das Yang mit der Betonung auf dem aktiven Formen und Gestalten.

Diese geographische Lokalisierung hat nach Dürckheim eine Entsprechung zur innermenschlichen Polspannung, die dem Menschen zur Integration ansteht, besonders in der heutigen Zeit. Insofern besteht auf dem initiatischen Weg die Aufgabe, den Rhythmus von Yin und Yang, d. h. Männliches und Weibliches, Himmel und Erde, Tun und Nicht-Tun, Welt-Ich und Wesen zu entwickeln und in eine dynamische Spannung zu bringen, um nicht in den ,,todbringenden Gegensatz von Verspannung und Auflösung"[69] zu geraten. Damit können die angeführten Gegensätze in einer sie übergreifenden Sphäre aufgehoben werden, indem der Mensch sie – einem innerseelischen Brennpunkt gleich – in sich zu vereinigen lernt.

Allerdings muß folgendes zu der von Dürckheim vertretenen Ausgangsbasis gesagt werden: Wenn er pauschal vom ,,Osten"[70] oder vom ,,östlichen Geist"[71] spricht, so geht es ihm um die Auskristallisation von allgemeingültigen Kernaussagen, für die der Westen bisher eher taub war[72]. Es sollte jedoch bedacht werden, daß der Osten keine einheitliche Größe darstellt. Wilhelm bemerkt dazu:

---

[66] Dürckheim in Stachel, a.a.O., 303.
[67] ÜWL, 91 f.   [68] Vgl. 3.3.1.   [69] ÜWL, 93.
[70] Z. B. in ZW, 127.   [71] Vgl. ÜWL, 83.   [72] A.a.O., 91.

„Gewiß gibt es eine Art von Gemeinschaft, die für alle Kulturen von Konstantinopel bis Kalkutta und Tokio charakteristisch ist, wenn man sie Westeuropa und Amerika gegenüberstellt: diese Gemeinschaft läßt sich kurz bezeichnen als das Festhalten an naturgegebener Seelentiefe gegenüber der konsequenten Mechanisierung und Rationalisierung des Lebens im Westen. Ein wesentlicher Unterschied ist ferner zwischen Indien und Ostasien. In Indien war das geistige Leben unkörperlich. Vor der Energie geistigen Eindringens in die Tiefe der Welt verschwanden immer wieder die Umrisse des äußeren Daseins. Es löste sich in gleichgültigen oder gefährlichen Schein auf. Wichtig war allein das ewige Innere."[73]

Dürckheims Vergleiche zwischen Ost und West bewegen sich auf der Ebene des Yin-Yang-Prinzips, auf der diese Gegenüberstellung legitim ist. In seiner Darstellung fehlen jedoch spezifische Abhebungen zwischen der indischen und der japanischen Geisteswelt. Dadurch wäre das mögliche Mißverständnis einer Nivellierung zwischen den verschiedenen, in ihren Zielen und praktischen Wegen doch abweichenden religiösen und geistigen Strömungen des Ostens zu umgehen. Im Brennpunkt von Dürckheims Charakterisierung des Ostens scheinen mir Elemente aus indischen Erlösungsvorstellungen zu stehen, so daß die Unterschiede zur spezifisch japanischen Geisteswelt allzu leicht gleichgesetzt erscheinen[74].

Im folgenden soll näher auf den angekündigten Unterschied über das „Verhältnis zur Gestaltwerdung des Lebens"[75] am Beispiel des Erleuchtungserlebnisses eingegangen werden.

Für den Zen-Meister ist nach Dürckheim[76] ein Zeichen für die Echtheit des Satori-Erlebnisses beim Schüler die eigenständige Haltung, mit der er ihm auf einer ihm ebenbürtigen Stufe gegenübertritt. Durch Satori hat er den Weg der Erlösung von der Herrschaft seines kleinen Ichs gefunden und die „Schau des All-eins-Seins"[77] erfahren. Die in Erscheinung tretende und im Auftreten sichtbare Veränderung des Schülers ist – laut Dürckheim – für den Zen-Meister nur ein Zeichen, ein Symptom[78] für die erfolgte Berührung mit seiner Buddhanatur, während nach westlicher Auffassung gerade die Bezeu-

---

[73] Wilhelm, 1973, 177. Vgl. auch Lauf, 1976.
[74] Vgl. jedoch auch seine mündliche Mitteilung 4.6.7., Anm. 91.
[75] ZW 127. [76] A.a.O., 131.
[77] Lassalle 1974, 398. [78] ÜWL, 99.

gung der Individualität als Geburt der Person gewertet würde. Im christlichen Sinn von „personare"[79] wird darunter das Durchtönen, die Durchlässigkeit des Personenkerns, des Wesens verstanden, die sich in seiner einzigartigen Form im Schüler bekundet.

Hier wäre also die in langer Übung sich vollzogene Wandlung – durch die befreiende Erfahrung gekrönt – zur individuellen Person hin das Kriterium für den „Durchbruch zum Wesen". Im Zen dagegen wird hauptsächlich die Tatsache, die Erlösung vom Ich im Satori erfahren zu haben zum gültigen Maßstab. Die besondere Hervorhebung der Individualität gilt als Rückschritt vor dem Hintergrund der zu überwindenen Subjekt-Objekt-Spaltung[80].

„Er hat in dem Erlebnis der Einheit die Bestätigung seines Glaubens gefunden und verlangt nichts weiter"[81], lautet Lassalles Beurteilung zu diesem Thema.

Der Unterschied wird deutlich: Nach Dürckheim ist – auf der Ebene des Yin-Yang-Prinzips – in der östlichen Anschauung der Mensch mit seinem Wesen, seiner Buddhanatur, eins mit allen anderen, d. h.

„er ist dann mit seinem wahren Selbst nichts als dieses All-Eine, darin er mit allen Wesen in eines zusammenfällt".[82]

Für Dürckheim liegt allerdings auch eine andere Möglichkeit, eine dem Westen gemäße nahe:

„Das All-Eine bezeugt sich in seiner Wirklichkeit im Menschen in dessen individuellem und immer einzigartigem Wesen."[82]

Indem der Mensch seine Individualität findet, wird erst das All-Eine in ihm und durch ihn Gestalt, Person.

„Und dann wird gerade nicht die Aufhebung auch der Individualität im All-Einen, sondern die Auszeugung der Individualität in der ,Person' zu der dem All-Einen-Sein, dem überweltlichen Leben, gegenüber verantwortlichen Aufgabe."[82]

---

[79] DUM, 242.
[80] ÜWL, 90 f.
[81] Lassalle, a.a.O., 401.
[82] ÜWL, 96. Vgl. auch Schmaltz, 1951, 28: „Dem Osten geht es letztlich gar nicht darum, einmalige, unverwechselbare Persönlichkeiten zu entwickeln, wie es unser westliches Anliegen ist."

Zur Personwerdung gehört aus initiatischer Sicht die Vereinigung des überraumzeitlichen Wesens in seine individuelle Gestalt mit dem raumzeitlichen Welt-Ich, was durch den Individuationsprozeß und die Übungen gefördert wird.

„Und Person ist der Mensch nicht nur, weil das Sein überhaupt durch ihn hindurchtönt, sondern weil es als individuelle Gestalt in Erscheinung tritt."[83]

Dürckheim weist darauf hin, daß in der japanischen Sprache bis in die Neuzeit die Wörter „Persönlichkeit" und „Werk" keinen Platz hatten[84]. Gerade diese Tatsache bestätigt u. a. den individuellen Weg des Zen, der nicht mit dem westlichen, christlichen Prinzip der Personwerdung konform geht. Zum Zen-Weg gehört keine gezielte Aufarbeitung des Unbewußten im Sinne der Individuationsarbeit oder der Psychoanalyse, was nach meiner Meinung nicht zu der Wertung führen darf, der Zen-Priester oder Zen-Meister habe seine Person nicht entwickelt, bzw. sei keine Person, wenn überhaupt ein kultureller und psychologischer Vergleich hier statthaft ist. Eine differenzierte Beurteilung dieser Frage könnte durch persönliche, praktische Erfahrungen auf dem östlichen Zen-Weg möglich sein[85].

Zu Dürckheims Anliegen, daß der Mensch, dessen Wesen in der „Großen Erfahrung" erwachte, das immanente Inbild auf dem „uns eingeborenen In-weg, den wir Stufe um Stufe zu gehen haben"[86] in individueller, personaler Gestalt offenbart, d. h. er in weiterer ständiger Übungs- und Verwandlungsbereitschaft die neue „Weg-Gestalt" inkorporiert[87], findet sich im Zen eine Parallele zu dem von den Zen-

---

[83] ZW, 131.
[84] A.a.O., 128.
[85] Vgl. 9.2.4. S.a. Dürckheims Erfahrungen im ÜWL, 97 ff., wo er eher von „Persönlichkeit" als von „Person" bei seinen Begegnungen mit japanischen Meistern spricht.
[86] ZW, 130.
[87] In einem Gespräch über östlichen und westlichen Zen ergänzte er dazu folgendes: „Hier wird deutlich, daß der Westen, insbesondere der christliche Westen die raumzeitliche Existenz des Menschen nicht als Verschleierung der eigentlichen, d. h. überraumzeitlichen Wirklichkeit betrachtet, sondern als die Chance zu deren Manifestation. Während östliches Denken immer auf die Loslösung vom Körper zielt und ihn als eine Fessel der Seele betrachtet, ist er für uns die ‚raumzeitliche Gestalt des Geistes' (Rahner)."
Von diesem Hintergrund ist der Sinn aller in der IT praktizierten Übungen des Leibes zu sehen, wie Personale Leibtherapie, Hara-Übungen, Aikido, bei denen die Transparenz durch den Leib angestrebt wird, vgl. auch 3.4.3. und ÜL.

Meistern formulierten Grundsatz der Identität von Buddhagesetz und Weltgesetz. Es bedeutet die „Einheit von Religion und Weltlichkeit, Heiligem und Profanem"[88], wie sie nach Dumoulin v. a. in den Künsten zum Ausdruck kommt[89]. Aber auch für die Bewältigung des alltäglichen Lebensvollzugs steht dieses Gesetz, dem sich auch der erleuchtete Zen-Mönch, -Priester und -Meister unterwirft. Mehr noch: Jedes alltägliche Tun *ist* Zen[90]. Auch Dürckheim sagt:

„Satori, die Große Erfahrung, wo sie den Namen verdient, bedeutet ein erschütterndes und umwerfendes Ereignis, das den Menschen von der Herrschaft seines Welt-Ichs befreit und endgültig im Sein verwurzelt und erlöst. Dabei legt Zen jedoch auch Wert darauf, daß der Mensch von dieser seiner Verbundenheit mit dem Sein in seiner raumzeitlichen Existenz Zeugnis ablegt, sowohl in der Unerschütterlichkeit seines Selbstvertrauens, seiner Standfestigkeit, wie im Umgang mit den Dingen. Jeder Augenblick ist der beste aller Gelegenheiten, von der bleibenden Verbundenheit zu zeugen. Satori als Erlebnis bleibt auch im Osten ein seltenes Ereignis. Die größten Meister sprechen davon, es höchstens zwei-, dreimal im Leben gehabt zu haben."[91]

Damit bestätigt Dürckheim die im Zen praktizierte Umsetzung der Satori-Erfahrung in den alltäglichen Lebensvollzug und grenzt damit indirekt den Zen-Weg von anderen östlichen Auflösungstendenzen im All-Einen ab.

Weitere Vergleiche, bei denen kulturspezifische Umstände und Eigenheiten wie z. B. das klösterliche Gemeinschaftsleben, die Breitenwirkung des Zen auf das Volk sowie die Motivation zu berücksichtigen wären, unter denen sich in Japan Menschen – nicht nur Mönche, sondern auch Berufstätige – dem Zen-Weg als dem Weg zur Erleuchtung unterziehen, würden hier zu weit führen[92]. Für den westlichen Menschen herrschen andere Bedingungen vor, die eine ihm gemäße westliche Behandlung der Lösung seiner Problematik verlangt[93], wo-

---

[88] Dumoulin, 1976, 99.
[89] So sind nach Dumoulin die Künste in Japan (dort dō, der Weg genannt, a.a.O., 96) vom Zen-Geist inspiriert. In der IT werden die aus der japanischen Tradition stammenden Übungen wie Aikido und Iai-do geübt wie auch Ikebana. Vgl. 9.3.4.5.
[90] Vgl. dazu Herrigel, 1958, 53 ff., 100 f., Suzuki, 1975, 133 sowie Eckeharts Aussagen über das Wirken des „wahren Menschen" in der Welt (Vgl. 4.3.4.).
[91] Mündliche Mitteilung.
[92] Vgl. dazu Suzuki, 1975, 121 ff., Lassalle, 1974, 103 ff., Dumoulin, 1978, 80 ff.
[93] Interessant ist in diesem Zusammenhang eine Bemerkung von Jung über den östli-

bei in der IT die existentielle Lehre des Zen in ihrer allgemeingültigen Bedeutung als der zu integrierende Anteil miteinbezogen wird. Nicht das initiatische Erlebnis der überraumzeitlichen und übergegensätzlichen Einheitswirklichkeit bzw. der kleineren Zwischenerfahrungen ist das Endziel, sondern der daraus erfolgende Wandlungsimpuls und -prozeß zur inkorporierten und integrierten Person.

Zusammengefaßt sind die Merkmale, die den so verstandenen westlichen Zen mit seiner existentiellen Praxis als geeignet erscheinen lassen für den Einbezug in die Leitgedanken und praktische Durchführung der IT, speziell auch mit ihrem tiefenpsychologischen Konzept, folgende[94]:

1. derExerzitiencharakter, der durch den strukturierten Ablauf der Meditation im Stil des Za-zen gegeben ist und im übertragenen Sinn der geistigen Einstellung des Zen jedem Tun innewohnt, gilt in der IT für die meditativen praktischen Übungen als richtungsweisender Maßstab.
2. Durch die Betonung des richtigen Sitzens – „die senkrechte Aufrechte"[95] und die Beachtung des Atems mit der Bedeutung der Atemformel[96] für den initiatischen Weg wird der Leib in einer besonderen Weise einbezogen.
3. Durch die meditativen Übungen des „Leerwerdens"[97] wird jedem zweckgebundenen Denken und ichhaften Können die Grundlage entzogen, alle Absicherungen des Welt-Ichs werden in Frage gestellt und damit
4. der Durchbruch zu einer Erfahrung vorbereitet, in der der Mensch nicht mehr unter dem Primat seines logischen, dualistischen Denkens leidet[98]. Insofern steht der Individuationsweg unter dem Zeichen meditativer Übungen,

---

chen und westlichen Menschen: „Der westliche Mensch ist von den ‚zehntausend Dingen' bezaubert; er sieht das einzelne, er ist ich- und dingverhaftet und der tiefen Wurzel alles Seins unbewußt. Der östliche Mensch dagegen erlebt die Einzeldingwelt, ja sogar sein Ich wie einen Traum und wurzelt wesenhaft im Urgrund, der ihn so mächtig anzieht, daß seine Weltbezogenheit in einem für uns oft unbegreiflichen Maße relativiert ist" (in: GW 12, 22).

[94] Vgl. auch die Ausführungen 3.4.4.1.
[95] MWW, 137.
[96] Vgl. auch 3.4.4.1., Anm. 101-105.
[97] Zum positiven Aspekt der „Leere" vgl. ZW, 101. Auch Lassalle betont, daß man „Leere" nicht mit dem absoluten negativen Nichts gleichsetzen darf. „Leere" bedeutet vielmehr „leer, frei sein von jeder besonderen Bedingung" (in: 1974, 148). Gemeint ist das Absolute, das aus Mangel an einem positiven Ausdruck einen für uns negativ klingenden Beigeschmack erfährt.
[98] Vgl. dazu ZW, 52.

was nicht dazu führt, Zen als Therapie einzusetzen. Dieser Aspekt einer „Therapie im Geiste des Zen"[99] unterscheidet den westlichen Zen klar vom östlichen Weg.

Diese Charakteristika sind unter dem Aspekt der spezifischen westlichen Eigenart und Tradition, der abendländischen Gestalt- und Personwerdung zu verstehen, die in der IT im Sinne eines Bewußtwerdungsprozesses verläuft. Das beiden, östlichem wie westlichem Weg gemeinsam Anliegen, dem Menschen zur Erfahrung des Seins zu verhelfen, wird jedoch trotz differierender Ansätze dahin nicht beeinträchtigt.

Bewußt wurde eine vergleichende religionswissenschaftliche Diskussion über die gegensätzlich erscheinenden Vorstellungen der „letzten Wirklichkeit" bezüglich des Glaubens an einen persönlichen, gestalthaften Gott im Christentum und die Erfahrung der absoluten, apersonalen All-Einheit, der „Leere" im Zen nicht angeschnitten[100].

Damit sollen die vergleichenden Ausführungen über den Zen und die IT abgeschlossen werden. Übereinstimmungen zeigten sich zwischen den grundsätzlichen Aussagen bezüglich Welt-Ich und „Knechtschaft" und dem daraus resultierenden Leiden, dem Wesen und der Buddhanatur. Bei der Darstellung des Satori, das Dürckheim mit der „Großen Erfahrung" in Beziehung setzte, wurde deutlich, daß in der IT mehr auf die Vorstufen und Intensitäten solcher Erfahrungen Wert gelegt wird. Allzuleicht könnte der Eindruck entstehen, als hätten die in der IT eintretenden Erfahrungen Satori-Qualität, wie sie von den Zen-Meistern umschrieben werden. Bei den Ausführungen Dürckheims zum östlichen und westlichen Geist, die sich auf der Yin-Yang-Ebene bewegen, wurde auf die nötige Unterscheidung zwischen indischen Erlösungsvorstellungen und dem Zen-Weg hingewiesen. Die Frage der Personwerdung aus der jeweiligen Sicht wurde angesprochen, wobei nach meiner Meinung erst vertiefende persönliche und kulturelle Erfahrungen und Vergleiche weitere Aufschlüsse ergeben. Abschließend wurden die Kriterien eines westlich

---

[99] Dürckheim in Bitter, 1965, 196 ff.
[100] Vgl. dazu ZW, 132 und Dürckheim in Bitter, 1965, 209 sowie die Beiträge von Okumara, Waldenfels, Brantschen, Jäger in: Stachel, 1978. S. a. Dumoulin, 1976, 132 ff.

geprägten Zen aufgestellt und das Bemühen Dürckheims um die Integration von östlicher und westlicher Polarität auf eine innerseelische und allgemeinmenschliche Erfahrungsebene hervorgehoben.

5. Ziele der Initiatischen Therapie

Zielbestimmung, Erfolgs- und Verlaufskontrolle und Indikation gehören zu den schwierigen Methodenproblemen der Psychotherapieforschung. Besonders die tiefenpsychologischen Schulen, die weniger forschungsorientiert arbeiten, stecken ihre Ziele sehr weit und entziehen sich so häufig einer empirischen Validierung ihrer Ergebnisse. Wegen der vieldeutigen Auslegbarkeit des Heilungsbegriffs versprechen statistisch-finalistisch gefaßte Zieldefinitionen kaum eine eindeutige Festlegung und interpretierbare Erfolgsangaben.

Grund für die Mehrdimensionalität des Heilungsbegriffes dürfte die jeweilige Auffassung von Krankheit und dem entsprechenden Menschenbild sein.

Winkler[1] führt in seinem Sammelreferat eine Fülle von Zielsetzungen auf, die an die verschiedenen Psychotherapierichtungen von Freud und Jung über Kretschmer bis zu den existentialistischen, daseinsanalytischen Ansätzen reichen. Er endet mit der Bemerkung:

„Die Zielpyramide hat ihre Basis in der biologischen Existenz des Menschen, ihre Spitze aber im Unendlichen."[2]

Die für die Behebung von biologischen, somatischen Krankheitszuständen und Symptomen zuständige Somatotherapie und die diesen Bereich überschreitende Psychotherapie – in ihren vielseitigsten Ausfächerungen – stehen sich bis heute vielfach noch mißtrauisch und ablehnend gegenüber. Die heterogenen Leidensformen des heutigen Patienten verlangen jedoch eine nicht am Schulenstreit und deren theoretischer Fixierung orientierte Hilfestellung, sondern eine existentiel-

---

[1] Winkler, 1972, 68-96.
[2] A.a.O., 95.

le Weghilfe, die den Appell an die Erfüllung metaphysischer Ziele und Sinnfragen nicht von vornherein als krankhaft abweist.

Die Sichtweise von der „Ganzheit" des Menschen, in der sich die Leib-Seele-Einheit und der Entwurf zu seiner „höchsten Berufung, Aufgabe und Würde", mithin seiner „kosmisch-göttlichen Teilhabe"[3] widerspiegelt, ist wegen ihres hohen Abstraktionsniveaus wenig geeignet, stringente empirische Untersuchungen zu fördern. Die Einkreisung einer engumschriebenen Zielsetzung wird dadurch erschwert und führt zu einer Reihe „uninterpretierbarer Ergebnisse"[4] in der Perspektive der quantitativ vorgehenden Psychotherapieforscher.

Graupe kritisiert von daher die als Ziele umschriebene „Persönlichkeits-Reintegration" oder den „konstruktiven Persönlichkeitswandel" oder in „obskure Reifungsbegriffe" gefaßte Veränderungen als zu unspezifisch formuliert und schlägt engumgrenzte Fragestellungen vor, wie sie etwa in der Verhaltenstherapie möglich sind[4].

Diese einführenden Bemerkungen sollen einen kritischen Leitfaden abgeben bei der Vorstellung der in der IT postulierten Ziele. Dabei gehe ich so vor, daß ich

1. die bereits im Lauf der Arbeit erwähnten Ziele zusammenfasse und dabei die von Dürckheim und Hippius getroffene Unterscheidung zwischen pragmatischer und initiatischer Therapie erläutere,
2. das Ziel als dynamischen Werdeprozeß untersuche,
3. diese Zielformulierungen mit denen von Jung, Neumann und anderen vergleiche.

5.1. Ziele der pragmatischen und initiatischen Therapie

Aus den Ausführungen über Dürckheims metaphysische Anthropologie[5] wurde deutlich, daß dem Menschen – von seinem ursprünglichen doppelten Ursprung gespalten und damit seiner ehemaligen Ganzheit beraubt – in der IT zum Heilwerden und zur Restitution des verlorenen Ganzheitsstatus' verholfen werden soll.

---

[3] Heyer, 1964a, 34.
[4] Graupe in Strotzka, 1975, 35.
[5] Vgl. 3.3.

„Vielleicht aber ist es gerechtfertigt, den Bezug auf das ‚Heilsein des Menschen' als das aller Therapie Gemeinsame anzusehen"[6],

sagt Dürckheim. Bei diesem Bemühen differenziert er zwischen zweierlei Auffassungen, die für ihn den Unterschied zwischen pragmatischer und initiatischer Therapie ausmachen:

„Das pragmatische Heilen meint letzten Endes ein ‚Können': handeln, kämpfen, erkennen, gestalten, arbeiten, sich anpassen, lieben können usw., also Fitness und Efficiency."[7]

Hier geht es darum, den Menschen seiner „Funktionsuntüchtigkeit in der Welt"[6] zu beheben, ihn wieder „lebensfroh, leistungsstark und kontaktfähig"[8] zu machen.

„Das initiatische Heilen aber meint den Menschen jenseits seines Leistungsvermögens in der Welt, in seinem vollendeten Sein, es meint Transparenz und Reife."[9]

Um dieses Ziel zu erreichen, muß das „gestöre Verhältnis des Menschen zu seinem Wesen"[10] wiederhergestellt werden. Der verschiedenen Auffassung von Heilen entspricht ein unterschiedlicher Leidensbegriff: In der pragmatischen Therapie umfaßt er nach Dürckheim den leidenden Menschen „in seiner Natur, während die Sichtweise in der IT das Leiden am Nicht-eins-sein-können mit sich selbst den Menschen in seiner Übernatur"[11] betrifft. Daraus folgt für Dürckheim die Akzentuierung eines einerseits psychophysischen, mithin wissenschaftlich, medizinisch-therapeutischen Vorgehens, andererseits die Betonung eines metaphysischen bzw. metapsychischen Zugangs zum Menschen[11].

Der Schwerpunkt liegt in der IT darauf, „den Menschen fähig zu machen zum Eins-werden mit sich selbst"[12]. In dieser Zielsetzung befindet sich die IT in Übereinstimmung mit der von Künkel getroffenen Unterscheidung in Seelen-Heilkunde und Seelenheil-Kunde[13].

---

[6] PS, 131.
[7] ÜL, 41 f. und PS, 131 f.
[8] PS, 132.   [9] ÜL, 42.
[10] Dürckheim, 1973, 64.
[11] ÜL, 43.   [12] A.a.O., 45.
[13] Künkel, 1935. Vgl. auch Heyer, 1959 und 1964, 102 f.

„Die Seelenheil-Kunde sieht den Menschen – erkenntnistheoretisch und phänomenologisch – als einen a priori im all-einen Sein verwurzelten Weltenbürger und sein tiefstes Wesen als die jeweils individuelle Weise seines Begründetseins im göttlichen Urgrund an"[14],

sagt Hippius. Das Verhältnis zwischen IT und pragmatischer Therapie sieht Dürckheim zusammenfassend so, daß die IT primär nicht den Abbau neurotischer Symptome und Komplexe, das „Weganalysieren" von entwicklungsgeschichtlich frühen Frustrationen und Traumata intendiert[15], es

„letztlich nicht um den kreatürlichen Menschen mit seinem Nachholbedarf, seinem Anrecht auf Gesundheit und gesichertes Leben geht, sondern um den zu seinem Wesen erwachten und befreiten Menschen als potentiellen Zeugen der anderen Dimension".[16]

Die Polarisierung zwischen pragmatischer und initiatischer Therapie wird von Dürckheim auch in die Unterscheidung von kleiner und großer Therapie umformuliert[17]. Im gleichen Sinn differenziert Schmaltz:

„Die ‚kleine Psychotherapie' beschäftigt sich wesentlich mit der Heilung der Neurosen im engeren Sinne ... In der ‚kleinen Psychotherapie' müssen die wesentlichen Komplexe aufgelöst werden. Gegenstand der ‚großen Psychotherapie' hingegen sind die Bemühungen um die weitere Entwicklung der Persönlichkeit zur Ganzwerdung."[18]

Initiatische Therapie schließt pragmatische Verfahren nicht aus –
„... innerhalb einer Therapie können auch beide Formen zusammenwirken"[19] – sondern akzeptiert sie innerhalb ihrer Möglichkeiten. Sie verwirft lediglich die Verabsolutierung ihres einseitigen Körper- und Krankheitsbegriffs. Die IT setzt oft erst dort an, wo die pragmatische Therapie ihre Grenzen erreicht hat.

Eine lohnende Arbeit wäre die Untersuchung, ob sich die Klientel der IT den pragmatischen Zielen, zu denen nach Elrod's Überblick in der psychotherapeutischen Literatur „gesteigerte Lebenstüchtigkeit,

---

[14] Hippius in TE, 26.
[15] Vgl. ÜL, 45 f.
[16] PS, 152.   [17] ÜWL, 78.
[18] Schmaltz, 1951, 8 f.
[19] Dürckheim, 1973, 64.

gesteigerte Fähigkeit, Sich-selbst-zu-werden, gesteigerte Fähigkeit zu genießen und glücklich zu sein, gesteigerte soziale Anpassung"[20] zählen, annähern bzw. diese auch verwirklichen.

In der IT geht es um das „Umschlagen des gegenständlichen in ein inständliches Bewußtsein"[21]. Es genügt nicht allein die Hinwendung zur eigenen Innerlichkeit, da mit der Selbstreflexion die Gefahr der Vergegenständlichung eben jenes „Innenraumes" droht. Gemeint ist in der IT die unverwandte Bezogenheit auf die dem Menschen innewohnende, ursprüngliche, übergegenständliche Wirklichkeit, die der Mensch unter Anleitung aus seinem Wesenskern heraus artikulieren lernt. Therapie ist, so muß aus dem Angeführten geschlossen werden, wesensgemäße Seelen- und Wegführung, die den ganzen Menschen mit seinem transzendenten Kern anspricht. Die Betonung auf dem Heil- und Ganzwerden weist die IT als „Heilsweg"[22] aus.

Kritisch anzumerken ist, daß die Gegenüberstellung pragmatische versus initiatische Therapie in dieser Form zu pauschal formuliert ist. Hinweise auf die neben der IT bestehenden Richtungen der Logotherapie, Personalen Psychotherapie sowie der anthropologischen Psychotherapie, deren Konzepte nicht nur pragmatisch ausgerichtet sind[23], sind äußerst spärlich in den Werken von Dürckheim angebracht[24].

In einem Gespräch sagte Hippius, daß diese Richtungen als homogen und auch ‚ichtranszendent" beurteilt würden, wenngleich bisher noch keine theoretische Auseinandersetzung mit ihren Vertretern erfolgt sei. Dies sollte das Thema einer eigenen Studie sein.

---

[20] Elrod, 1974, 17-41.
[21] ZW, 44.
[22] Vgl. dazu Jacobi, 1977, 65, wo sie die Jungsche Psychotherapie als „Heilsweg" bezeichnet, „den einzelnen Menschen zu seinem ‚Heile' zu führen, zu jener Erkenntnis und jener Vollendung der eigenen Person, die seit jeher Zweck und Ziel alles geistesgerichteten Strebens war".
[23] Vgl. Wiesenhütter, 1979.
[24] Eine Ausnahme bildet Dürckheims Kapitel „Der Mitmensch in der Psychotherapie" in ÜWL, 167-174, wo er auf das Personenverständnis von Christian und Trüb eingeht und die Erwähnung von Vertretern der Personalen Psychotherapie in seinem 1954 erschienenem Aufsatz: Das Überpersönliche in der Übertragung (in: EW, 60-80).

5.2. Der Weg als das Ziel

Das Ziel als feste, als Endergebnis meßbare Größe gibt es nicht, denn der initiatische Prozeß schließt einen Fixationspunkt aus.

„Die Vorstellung eines Zieles, bei dem man ankommt, gehört der Welt des gegenständlich fixierenden Ichs an, dessen Herrschaft zu überwinden, d. h. aufzugeben, die erste Aufgabe auf dem Weg ist."[25]

Der Gedanke an ein Ziel ist in der IT untrennbar mit dem initiatischen Weg verbunden.

„Auf dem Weg kommt man nie ‚an'. Daß man dem Ziel näher kommt, merkt man daran, daß der Weg selbst das Ziel ist, das heißt eine Verfassung, die das Weiterschreiten garantiert, das nie endende und eben darin ewig schöpferisch-erlösende Stirb oder Werde."[26]

Jaffé kommentiert Jungs Ansichten dazu wie folgt:

„Die Gotteserfahrung – psychologisch die Erfahrung des Selbst – ist . . . eine ‚unendliche Approximation'; das Ziel bleibt unerreichbar und verborgen."[27]

Damit erhält der langwierige, nie endende Werdeprozeß einen kontinuierlichen Zielcharakter. Hippius sagt dazu:

„Andauernd sind mühselige Integrationsakte zwischen der Ebene des Bedingten und der des Unbedingten zu vollbringen."[28]

Mit anderen Worten:

„. . . die Verwirklichung des wahren Selbstes, als Integration des individuellen Wesenskernes mit dem Welt-Ich im Sinne C. G. Jungs, bildet Sinn und Ziel der Arbeit in Rütte. Es geht letztlich um die Ausbildung eines weltkräftigen Ichs, das dem Auftrag des Menschen zur Teilnahme an der weitergehenden Schöpfung gemäß ist."[29]

Bei dieser evolutionären Zielauffassung, in der Ziel und Weg in eines zusammenfallen, gilt als einziges erfahrbares Gesetz das Prinzip der Werdeformel von „Stirb und Werde", gerade auch in dem Konfrontationsfeld des alltäglichen Lebens, das zur Bewährung herausfordert.

---

[25] RM, 88. [26] DUM, 126. [27] Jaffé, 1978, 139.
[28] Hippius in TE, 34. [29] MPP, 1306.

Die praktische Arbeit in der IT steht unter der dreifachen Thematik: Selbsterfahrung, Selbsterkenntnis, Selbstverwirklichung. [30] Der Sinn der in der IT vollzogenen Weg-Übungen dient dazu, „die Erscheinungsformen des überweltlichen Seins, insbesondere in der Qualität des Numinosen, zu erspüren und zu erkennen"[31]. So zielen die Übungen darauf ab, den Menschen zur initiatischen Erfahrung zu erwecken, um die Bedingungen zu schaffen, durch ständige Verwandlungsarbeit zur durchlässigen, individuierten Person zu werden.

Zwei Zielansätze sind in der IT zu unterscheiden: Der eine versucht, mittels konkreter, initiatorischer Verfahren jene Blockaden – sowohl in ihrer leiblichen als auch seelischen Manifestation – abzubauen, die den Wesenskontakt erschweren. Damit werden die Voraussetzungen geschaffen, den Menschen an seine innere Gestalt, an sein entelechiales Werdegesetz anzuschließen, um sich wesensgemäß entwickeln zu können.

Der andere Ansatz bezieht sich auf die lebenslange, alltägliche Bemühung, das immanente Inbild zu realisieren und sich diesem Ideal durch die ständige Eigenarbeit weitestgehend anzunähern[32].

„Die Vorstellung eines endgültig gewonnenen Zustandes beglückender Präsenz aus dem Sein ist ein Irrtum . . . Das Wesen im Dasein bewähren kann nur ein Mensch, der sich nie einbildet, ‚fertig' zu sein. Nur wenn er weiß, daß er nie fertig ist, kann er mit der Welt fertig werden, wie sie ist, kann heiler werden gerade dort, wo sie ihn kränkt und kann auch den Kampf mit ihr aufnehmen."[33]

In diesen Worten wird dem möglichen Eindruck einer allzu idealisierten Vorstellung von der Wiederherstellung des heilen Menschen durch die Methoden der IT deutlich entgegengetreten. In Übernahme von Meister Eckeharts Wort: „Gottes Sein ist unser Werden"[34] weist Dürckheim über ein nur während des therapeutischen Prozesses zu erreichendes Ziel hinaus auf die das ganze Leben umspannende Wandlungsarbeit. Damit wird der Mensch zum selbstverantwortlichen Gestalter seiner selbst.

Der erste therapeutische Eingriff ist insofern der vorbereitende Schritt für die Individuationsarbeit.

---

[30] A.a.O., 1307.   [31] A.a.O., vgl. auch 3.4.
[32] Vgl. 3.4.4.3.   [33] AÜ, 126 f.   [34] A.a.O., 125.

5.3. Vergleiche zu Jung und anderen

Die Ziel- und Wegbeschreibung der IT kann auch als Entwicklung zum „höheren Menschen" aufgefaßt werden:

„Erst aus der Vereinigung von Himmel und Erde wird dann der höhere Mensch geboren"[35],

sagt Dürckheim. Oder Hippius:

„So kann der geheimen Bestimmung des bewußtseinsmäßig in Verlust geratenen höheren Entwurfs vom Menschen aus immanenten Entwicklungsdrang Folge geleistet werden."[36]

Dieser geistig evolutionäre Aspekt findet sich auch bei Jung:

„Eben dieser ‚homo totus' ist gesucht. Die Bemühung des Arztes sowohl wie das Suchen des Patienten zielt auf jenen verborgenen, noch nicht manifestierten ‚ganzen' Menschen, welcher zugleich der größere und zukünftige ist."[37]

Jungs bereits zitierte Forderung der „imitatio Christi"[38] gehört hierher, wobei das Ziel aber nicht die Verehrung eines höchsten göttlichen, überlegenen Vorbildes sein dürfte, die vor bloßer Nachahmung den eigenen höchsten Sinn vernachlässigt[39], sondern die

„Verpflichtung, seine beste Überzeugung, die immer auch völligster Ausdruck des individuellen Temperamentes ist, mit solchem Mut und solcher Aufopferung zu verwirklichen, wie dies Jesus getan hat . . . Versteht er aber den Sinn dessen, was er tut, so kann er ein höherer Mensch sein, der ungeachtet des Leidens, das Christussymbol verwirklicht."[39]

Die Annäherung an dieses Ziel ist Ausdruck einer Entwicklungsstufe „eines höheren Menschheitsbewußtseins"[39], ein Gedanke, der sich auch durch Gebsers Werke zieht.

Auch Lassalle sieht den Menschen in seiner geistigen Entwicklung auf dem Weg zur Integration dieser neuen Bewußtseinsdimension, wenn er auf die Zukunftsperspektiven von Aurobindo, Teilhard de Chardin und Gebser verweist. Er bemerkt schließlich:

---

[35] ÜWL, 112. [36] Hippius in TE, 82.
[37] GW 12, 20, vgl. auch 4.4.2, Anm. 32,33.
[38] Vgl. 4.4.2., Anm. 34.
[39] GW 13, 61. Zur Individuation der Menschheit vgl. die zusammenfassenden Ausführungen von Jaffé, 1978, 128-139.

„Es ist vielleicht ein großes Wort, aber ich spreche es bewußt aus: der Mensch der Zukunft sollte und wird Mystiker sein, wenn er die Chance nützt, die ihm gegeben wird."[40]

Die diesen Autoren vorschwebende Schau des zukünftigen Menschen betrifft die Forderung nach Ganzheitserfahrungen als eine drängende Alternative angesichts des heute viele Menschen erfassenden Gespalten- und Unheilseins.

Das Ringen um Ganzwerdung ist unter diesen Perspektiven keine leichte Aufgabe. Sie zielt auf die „Mitte des Kreuzes", in der die Vereinigung der zutiefst abgetrennten Gegensätze in einem schmerzhaften Prozeß zur Menschwerdung vollzogen werden kann.

„Das Ziel ist nur als Idee wichtig, wesentlich aber ist das opus, das zum Ziel hinführt: es erfüllt die Dauer des Lebens mit einem Sinn. Dazu vereinigen sich ‚rechte und linke' Ströme, und Bewußtes und Unbewußtes kooperieren."[41]

Damit setzt Jung das Werk, den Weg vor das Ziel. Gemeint ist auch hier das prozeßhafte Bemühen um Selbstwerdung. Bei Neumann ist es die dynamische Wechselwirkung auf der Ich-Selbst-Achse zwischen den beiden Polen Ich und Selbst. Hier wird Jungs Begriff der Individuation bedeutsam:

„Zum Einzelwesen werden, und insofern wir unter Individualität unsere innerste, letzte, unvergleichliche Einzigartigkeit verstehen, zum eigenen Selbstwerden."[42]

Individuation darf nicht mit Individualismus, Egozentrismus, eigenbrötlerischer Daseinshaltung mit antisozialem Einschlag verwechselt werden[43]. „Individuation schließt die Welt nicht aus, sondern ein"[44], sagt Jung.

„Zum eigenen Selbst werden", bezieht sich auf die Ganzheit, der sich der Mensch wegen des Spannungsgefälles zwischen dem nie ganz

---

[40] Lassalle in Reiter, 1976, 70. Vgl. auch Jores, 1964, der besonders das Gedankengut von Teilhard de Chardin, Gebser, Fromm, Neumann, Tournier und Dürckheim zu einer Synthese zu vereinigen sucht im Hinblick auf den neuen Menschen.
[41] GW 16, 213. Vgl. auch Jaffé, 1978, 94.
[42] GW 7, 191.
[43] Vgl. GW 6, 478.
[44] GW 8, 258.

bewußt zu machenden Unbewußten und dem Bewußtsein immer nur annähern kann. Insofern ist „an ihr weiterzuarbeiten, unsere lebenslängliche Aufgabe"[45].

Die in den Zeichenprozessen oder Träumen z. B. auftauchenden Vereinigungssymbole des Selbst haben antizipatorischen Charakter. Sie zeigen die Entwicklungsrichtung des Schülers an, die er als Werdender nach der Auffassung der IT nun in seiner konkreten Wirklichkeit und Leiblichkeit leben und „einfleischen" soll.

Diese Auffassung von Ziel als operationalisierbare Variable, als „Selbst" oder „Voll-Person" fixieren zu wollen, wäre ein Widerspruch in sich.

„Das Selbst ist eine absolute Paradoxie, indem es in jeder Beziehung Thesis und Antithesis und zugleich Synthesis darstellt, . . . denn nur das Paradoxe vermag die Fülle des Lebens annähernd zu fassen, die Eindeutigkeit und das Widerspruchslose aber sind einseitig und darum ungeeignet, das Unerfaßliche auszudrücken."[46]

Zuletzt soll noch auf Herrigels Erfahrungen eingegangen werden, der von den Verwandlungen berichtet, die er bei den Übungen des Bogenschießens nach jahrelanger konsequenter Übung durchmachte[47]. Hier gilt in höchster Vollendung das absichtslose Tun, bei dem das Ziel in Gestalt der äußeren Zielscheibe als Gegenüber nur sekundär ist, sondern der Schütze sieht die geistige Auseinandersetzung mit sich selbst, mit seinem inneren Gegner, der etwas leisten und erreichen möchte als das Ziel an.

In der IT liegt das Schwergewicht in Anlehnung an die japanische Tradition des Weges auf der „Treue zum Exerzitium", mit deren Hilfe der Mensch seinem zweifachen Auftrag gerecht werden soll:

„Die Welt zu gestalten im Werk und zu reifen auf dem inneren Weg"[48]. Immer wieder geht es darum, eine Deckungsgleichheit zwischen Inbild und Inweg anzustreben[49].

---

[45] Jung in: Jacobi, 1977, 107: „Die Persönlichkeit, als eine völlige Verwirklichung der Ganzheit unseres Wesens ist ein unerreichbares Ideal. Die Unerreichbarkeit ist aber nie ein Gegenstand gegen ein Ideal; denn Ideale sind nicht als Wegweiser und niemals Ziele".
[46] Jacobi, 1971, 69.
[47] Vgl. 3.4.3., Anm. 67.
[48] DUM, 26. [49] Hippius in TE, 30.

Das Ziel als der Weg, so könnte die gemeinsame Formel dieser Bemühungen lauten, ist ausschließlich nicht intentional, sondern prozessual zu sehen: Die Personwerdung ist das Ziel des Prozesses[50].

5.4. Abschließende Diskussion

Die Zielbestimmung in der IT ist nicht reduzierbar auf einen klar abgegrenzten und meßbaren Bereich. Es ist zu unterscheiden zwischen einem evokativen Ansatz, der gleich einer „Initialzündung" den Individuationsprozeß in Gang setzt und einer schrittweisen, der Eigenverantwortlichkeit des Menschen unterliegenden Annäherung an das Verwirklichungsziel der Personwerdung, wobei beide Ansätze nicht einander ausschließen, insofern das Modell der Individuationsspirale zugrunde liegt[51].

Mit Bühlers Anregung, zwischen immanenten und transzendenten Lebenszielen zu trennen, ist die IT nicht allein auf das Ziel der

„vollsten Entfaltung der besten Potentialitäten des Individuums zum Zwecke der vollsten Befriedigung des Individuums selbst"[52]

festzulegen, wie es nach Bühler in den Selbstverwirklichungstheorien von Horney, Goldstein, Fromm und Maslow zum Ausdruck kommt. Die IT sieht ihren Sinn darin, den Menschen zur „wahren Reife" zu führen, die er aus der Grundspannung zwischen dem natürlichen Bewußtsein und dem übernatürlichen Grund lebenslang einzulösen hat[53]. In diesem Sinn kann der Mensch an der Erfüllung seines „personalen Grundgesetzes"[50] arbeiten. Die IT bietet dazu die notwendigen Schritte der Menschen- und Seelenführung an und erhält damit eine psychagogische Funktion[54].

Die Parallelen zu Jungs Konzept und anderen universal ausgerichteten Entwürfen zeigte, daß in den vorliegenden Ansätzen ein sehr hoher Anspruch an den suchenden und leidenden Menschen gestellt

---

[50] Vgl. ÜWL, 161: Der Mensch als „Person im Werden".
[51] Vgl. 3.4., Anm. 14, 15.
[52] Bühler, 1959, 592.
[53] Vgl. DW, 153 und ÜWL, 149.
[54] Vgl. DW, 118, 126 und 7.1.

wird. Mir scheint es allerdings oft die einzige Not-Lösung zu sein. Die an Jungs Therapieform geübte Kritik, der individuierte Mensch begnüge sich mit seinem „Selbst-sein" und benötige die Bezogenheit auf das Du und die Umwelt nicht mehr[55], scheint mir trotz der engen Anlehnung an Jung für die IT nicht zuzutreffen. Dagegen spricht die von Dürckheim immer wieder geforderte „Bezeugung des Seins im Dasein"[56], die als Frucht der Reife in den „Feldern der Bewährung", im Alltag, in der „Mitmenschlichkeit", im „Altwerden" und im „Sterben" zum Tragen kommt[57].
Die Möglichkeit einer objektiven Überprüfung dieser Zielansätze im Hinblick auf den Reifenden bzw. individuierten Menschen durch Erfolgs- und Verlaufskontrollen gestaltet sich als außerordentlich schwierig und muß an dieser Stelle noch offen bleiben. Eine künftige Aufgabe wäre, anhand von Fallstudien und katamnestischem Material zu konkretisieren, was unter „Reife" zu verstehen ist. Noch eher scheinen mir die während eines therapeutischen Prozesses sichtbaren „Gestaltungen des Unbewußten" in Form von Zeichenserien, Träumen und Tongebilden dokumentierbar[58]. Zu den subjektiven Aufzeichnungen des Schülers und den Studienprotokollen des Mitarbeiters könnten projektive Tests hinzugezogen werden.

6. Indikation

Welche Kriterien bilden den Maßstab für die Anwendung der IT bei der Vielzahl der heutigen Suchenden und Leidenden? Ich beziehe mich dabei auf das bekannte metaphysische Menschenbild und konzentriere mich besonders auf jene Personengruppen, für die die „Grundnöte des Daseins"[1] eine spezifische Aussagequalität haben, insofern sie diese nicht als gegebene und zu ertragene Schicksalsschläge oder pas-

---

[55] Vgl. Winkler, 1972, 90 f.; s.a. Kaune, 1967.
[56] Vgl. DUM, 253.
[57] DUM, 253 ff., ÜWL, 150 ff.
[58] Die Diplom-Arbeit von Schoeller am Jung Institut in Zürich hat dies u. a. zum Ziel.
[1] DUM, 88, vgl. auch 3.3.1., Anm. 17.

siv zu erleidende Lebenskrisen ansehen, sondern sie als appellative, in ihrem Aussagesinn oft verborgene, aufrüttelnde Ereignisse auffassen. Bei der Vorstellung der Zielgruppen gehe ich speziell auch auf die „initiatische Schizoidie" ein und vergleiche die in der IT vorherrschende Auffassung über seelische Ausnahmezustände mit den Aussagen von Jung.

6.1. Zielgruppen

„Ein großer Teil der nach Rütte kommenden Personen findet den Weg zu uns, weil sie, von einer Seinserfahrung getroffen, jemanden suchen, der diese Erfahrung annimmt und aufschließt und einen Weg weist, auf dem der Mensch der werden kann, der in bleibendem Kontakt mit der Wirklichkeit bleiben kann, die er unabweislich für einen Augenblick erfuhr."[2]

Mit diesen Sätzen umreißt Dürckheim die Motivation und die Zielgruppe der Menschen, bei denen die IT angezeigt ist. Er bezieht sich hier auf die bereits vorgestellten Grundnöte, die den Menschen oft keine andere Wahl als einen „Sprung" in eine andere Wirklichkeit lassen, dann nämlich, wenn sie in leidvollen, ausweglos erscheinenden Situationen für einen Moment ihr Dasein akzeptierten und sich für sie verändernden Erfahrungen öffneten. Es sind jedoch nicht immer aufbrechende Krisen und schicksalhafte Grenzsituationen, die den Menschen aufrütteln und ihn suchend „aus einer echten Existenznot heraus nach dem Wege"[3] fragen lassen. Im folgenden gebe ich die von Dürckheim aufgezählten Personengruppen wieder, in deren Brennpunkt der Mensch steht,

„der den Einbruch von etwas Neuem erlebt hat, von etwas, das ihn zutiefst berührt hat – wundersam und unbegreiflich, beglückend, aber auch verpflichtend und voller Verheißung, etwas, das ihn nicht mehr losläßt."[4]

1. Gruppe:
Junge Menschen, „die nie an etwas geglaubt haben"[5], die aus politischen und weltanschaulichen radikalen Überzeugungen bis in Extreme hinein handelten

---

[2] PS, 175. [3] Hippius in TE, 25.
[4] RM, 20. [5] A.a.O., 21.

und deren weltanschauliches Konzept durch neue Erfahrungen zerschlagen wurde. ,,Plötzlich stimmt alles nicht mehr, und sie fragen jetzt in anderer Weise und nach etwas ganz anderem."[5]

2. Gruppe:
Menschen mit Glaubensproblemen. Sie haben ihren Kirchenglauben verloren und fühlen ein Unbehagen, weil ,,da etwas fehlt"[5]. Sie verdrängen alles, was sie an ihren alten Kinderglauben erinnert und werden dennoch irgendwann ,,in einer numinosen Qualität berührt"[5].

3. Gruppe:
Opfer einer radikalen Psychoanalyse. Es sind nicht nur Menschen, die von einem ,,Pseudo-Gott"[5] befreit und dadurch ,,seinstaub"[6] wurden, sondern oft auch alte Analytiker selbst, die jahrelang möglichst religionsfern arbeiteten und deren Bedrängnis und ,,schlechtes Gewissen"[6] sie suchen läßt.

4. Gruppe:
Alte Leute, die von ihrem verhärteten Ich einmal loslassen konnten und sich ,,in eine große Freiheit gestellt fühlten, die ihnen von ganz woanders her geschenkt wurde"[6].

5. Gruppe:
Gerettete Suicidalpatienten. Menschen, die kurz vor dem errettenden Erwachen ,,ihr eigentliches Wesen und die Große Freiheit"[6] erlebten. ,,Die unerhörte Erfahrung schwingt in ihnen nach"[6] und nun suchen sie nach der fruchtbaren Umsetzung dieses Erlebnisses[7].

6. Gruppe:
Jugendliche mit Drogenerfahrungen, die ,,Augenblicke von beglückender Größe und ungeahnter Weite"[6] erlebten. Skeptisch gegen die Droge geworden, suchen sie nach legitimen Wegen zu diesen Erfahrungen.

7. Gruppe:
Männer aus Wirtschaft, Industrie oder Politik, denen an der Grenze oder während eines Zusammenbruches ,,etwas Wunderbares, überwältigend Gutes, aus ihnen selbst"[8] widerfuhr. Die Qualität dieses Erlebnisses, von dem sie sich zu sprechen schämen, treibt sie ruhelos suchend nach verstehendem Beistand.

8. Gruppe:
Priester und Seelsorger, die treu ihren Dienst erfüllen und die ,,dennoch keine rechte Fühlung mehr zum Göttlichen haben"[9]. ,,Und dann kann es geschehen, daß eines Tages die ,andere Dimension' in sie einbricht, vielleicht beim Schälen eines Apfels oder beim Stolpern über einen Stein im Garten, – und für

---

[6] A.a.O., 22.
[7] Vgl. dazu die Berichte von Sterbenden, die Moody, 1977 sammelte
[8] RM, 23.   [9] RM, 23.

einen Augenblick erfahren sie sich in der Fülle des Seins."[10] Sie spüren eine schmerzliche Lücke in ihrer inneren Entwicklung, die durch die nach außen orientierte Konfessionshaltung nicht geschlossen wurde.

9. Gruppe:
Jugendliche mit dem Anschein eines schizophrenen Schubs.

Wollte man eine empirische Untersuchung dieses heterogenen Personenkreises vornehmen, so wäre nach meiner Ansicht besonderes Gewicht zu legen auf die Herausarbeitung jener umwälzenden Erfahrungen. Vergleiche mit der Lebenslaufforschung von Bühler[11] und den von Thomae erarbeiteten Kategorien in Daseinsthemen und Daseinstechniken[12] könnten wertvolle Hinweise abgeben für den von diesen Menschen vollzogenen Bruch in ihrer Biographie[13].

---

[10] A.a.O., Ich führe dieses Zitat an, um auch auf die „banalen" Auslöser einer Seinsfühlung hinzuweisen.

[11] Bühler, Massarik, 1969.

[12] Thomae, 1968. Vgl. auch Zwingmann, 1962, wo Krisen des Wachstums in den mittleren Lebensjahren, an der Lebenswende, im Alter sowie vom Alter unabhängige Krisen beschrieben werden; besonders in den Beiträgen von Zutt, 235-241, Jores, 284-289, Wittgenstein, 289-298, Lorenzer, 298-308.

[13] Für den Zeitraum Oktober 1978 bis Oktober 1979 habe ich die nach Rütte kommenden Gäste in Gruppen eingeteilt. Insgesamt kamen 589, davon ein Drittel zum erstenmal. 61 % waren Frauen. Die Einteilung in Berufsgruppen ergab folgendes Bild: Die Mehrzahl, 17,7 % sind Pädagogen, zusammen mit Psychologen und Psychotherapeuten, die 17,4 % ausmachen. Dann folgen die Vertreter der seelsorgerischen Berufe mit 15,9 %, davon 10,9 % Priester und 5 % Nonnen. Ärzte entsprechen 10 % und 9,8 % sind Sozialarbeiter. Damit stammen ca. 70 % der Klientel aus helfenden und sozialen Berufen. Die restlichen verteilen sich auf 7,9 % Schüler und Studenten, 7 % Arbeiter, Angestellte, 5 % Künstler, 4,5 % Menschen aus Wirtschaft, Industrie, Politik, 4,8 % Hausfrauen und ohne Berufsangaben. Auffällig ist das Fehlen von naturwissenschaftlichen und juristischen Berufen. Die hohe Beteiligung an akademischen Berufen läßt mehrere Deutungsschlüsse zu: Sie kann als Argument für die Bevorzugung einer elitären, intellektuellen Oberschicht gelten, die entsprechende finanzielle Mittel für einen Aufenthalt in Rütte hat im Vergleich zu den 7 % Arbeitern und Angestellten etwa. Möglicherweise sind jene Vertreter der helfenden Berufe, die wohl am ehesten und intensivsten mit den heutigen menschlichen Daseinsnöten konfrontiert werden, selber latent im hohen Maße hilfebedürftig im Hinblick auf ihr eigenes Wachstum und entwickeln ein entsprechend sensibilisiertes Problembewußtsein für ihre Eigennot (vgl. Schmidbauer, 1977). Nach meinen Beobachtungen trifft die zweite Möglichkeit besonders bei den Seelsorgern, Psychologen und Psychotherapeuten zu. Diese Menschen suchen, unabhängig vom Alter, so könnte geschlossen werden, neben den fast ausschließlich rational betonten Ausbildungswegen nach einer geistigen Verankerung ihrer Arbeit und damit auch ihres eigenen Menschseins. – Weitere Rückschlüsse sollten aus

Aus der Umschreibung des unter klinischer Perspektive betrachteten „Patientenguts" in den neun Zielgruppen, die nicht in einer dem psychologischen oder medizinischen Vokabular entlehnten Sprache gehalten ist, sondern aus der Sicht des Dürckheimschen Menschenbildes, wird deutlich, daß es nicht um eine Klassifizierung in traditionelle Krankheits- und Symptombilder geht. Die beschriebene Leidensproblematik dieser Menschen wird insofern in der IT als Suche nach neuer Sinnerfüllung, als das Ringen um Ganzwerdung verstanden. Bemerkenswert ist die Tatsache, daß diese Menschen das Gefühl der Unvollkommenheit ausdrücken, nicht „ganz" zu sein, daß ihnen etwas „fehle" und daß sie einem geradezu inneren, oft noch unklaren Auftrag oder einer inneren Stimme Folge leisten möchten[14]. Hochheimer spricht in diesem Zusammenhang vom „entelechialen Auftrag"[15], der diese Menschen nach den „Gründen und Zielen widerfahrender Erlebnisse"[15] suchen läßt. Auch hier könnten gezielte Befragungen weitere Aufschlüsse liefern.

Bei den angeführten Lebenskrisen und Grenzsituationen können auch manifeste Symptome mit neurotischen und psychotischen Erscheinungsbildern auftreten. Dieser neue „Patiententyp", der sich in seiner hintergründigen Problematik kaum in ein vorhandenes Kategoriensystem einordnen läßt,[16] befindet sich nach Dürckheim „auf der Schwelle zu einer grundsätzlich neuen, wirklich neuen Möglichkeit sinnerfüllten Lebens"[17].

Interessant ist die Bemerkung von Jung zu seinem Patientengut:

„Etwa ein Drittel meiner Patienten leidet überhaupt an keiner klinisch bestimmbaren Neurose, sondern an der Sinn- und Gegenstandslosigkeit ihres Lebens. Ich habe nichts dagegen, wenn man dies als allgemeine Neurose unserer Zeit bezeichnen sollte."[18]

---

größer angelegten Untersuchungen gezogen werden, die auch die Motivation der Betreffenden gezielt miterfaßt. Die hier vorliegenden, nur bedingt repräsentativen Daten (solche aus anderen Jahren liegen nicht vor und müßten erst erstellt werden) haben bei dem nicht empirischen Charakter dieser Arbeit einen ersten informellen Wert.
[14] Vgl. RM, 19 f. S.a. GW 17, 200: „Wer Bestimmung hat, hört die Stimme des Inneren, er ist bestimmt."
[15] Hochheimer, 1966, 28.
[16] Vgl. 2. und die Unterteilung in der TP zwischen Patient (Leidender), Klient (Lernender), Aspirant (Suchender), Hanefeld in Assagioli, 1978, 26 ff.
[17] RM, 24.   [18] GW 16, 44.

6.1.1. Initiatische Schizoidie

Ich gehe nun auf den unter Gruppe 9 bezeichneten Personenkreis ein, für deren Symptomatik und Daseinsproblematik Hippius den Ausdruck „initiatische Schizoidie"[19] prägte. Sie versteht darunter eine Form der verhinderten Initiation, die nicht mit den psychiatrischen Kategorien der Schizophrenie zu verwechseln ist.
Ein Zitat von Dürckheim soll das Gemeinte verdeutlichen:

„Immer größer scheint die Zahl der Jugendlichen, in denen die Haut, die sie vom Wesen trennt, so dünn, und die Macht, mit der dieses hervordrängt, so groß ist, daß wenig genügt, und es kommt zu einem oft gefährlichen Ausbruch. Es genügt eine Kleinigkeit, und die ihrem Wesen nicht gemäße, von ihrer Weltsituation her erzwungene Form bricht ein. Was nun geschieht, hat zuweilen den Anschein eines schizophrenen Schubs. Der junge Mensch führt wirre Reden oder spürt sich plötzlich als Jesus Christus, oder er wird handgreiflich und schlägt um sich und ist anscheinend reif für die psychiatrische Klinik. Wenn er dann wirklich dort landet, als Verrückter aufgenommen und behandelt wird, ist oft eine entscheidende Chance seines Lebens vertan; denn in Wahrheit war es ein Ausbruch seines Wesens, der behutsam hätte in rechte Bahnen geführt werden müssen. Was aber in solch tragischen Fällen in einer Weise hochkommt, die in der Tat oft schwer zu meistern ist, kennzeichnet eine Situation, in der heute sich viele befinden. Sie sind reif zum Eintritt in einen neuen Raum und bedürfen des Wissenden, der sie mutig, behutsam und mit Verständnis hinübergeleitet in das ihnen zugedachte eigentliche Leben."[20]

Ich habe dieses Zitat deswegen in aller Ausführlichkeit gebracht, weil darin die konsequente Auffassung des in der IT dominierenden ganzheitlichen Menschenbildes zum Ausdruck kommt, in dem außernormal erscheinende Zustände unter dem Aspekt aufbrechender, hochpotenzierter Wesenskräfte und deren notwendige Kanalisierung gesehen werden. Dabei wird nicht behauptet, daß es nicht auch Schizophrenie als Krankheit im psychiatrischen Sinn gibt. Das Erscheinungsbild eines quasi schizophrenen Schubs wird in der IT als verborgene Botschaft des u. U. nach dramatischen Ausbruch drängenden Wesenspotentials verstanden. Die grenzensprengenden Kernkräfte stammen aus dem Bereich des „Absoluten"[21] und sind mit

---

[19] Mündliche Mitteilung, vgl. auch 3.1., Anm. 30.
[20] RM, 28 f.
[21] Vgl. 4.4.3., Anm. 63, 64.

einer pragmatisch ausgerichteten Therapie nur ungenügend einbindbar[22].

Mit Jacobi kann Jungs Auffassung vom Wesen der Schizophrenie ähnlich gesehen werden, insofern sie

,,einen in sich, ohne Teilnahme des Bewußtseins, ablaufenden Individuationsversuch darstellt, d. h. einen immer wiederholten, vergeblichen Versuch des Unbewußten, das Bewußtsein durch die Intensität der archetypischen Bilder und Motive für deren Verstehen und Assimilieren zu gewinnen und das Individuum dadurch vom Überdruck der bedrohlichen Inhalte der unbewußten Tiefen zu befreien."[23]

Eine andere Parallele ist bei Evola zu finden, der als ,,Qualifikation" für die Initiation nur den ,,gesunden, vereinheitlichten und bewußten Menschen" gelten läßt[24]. Als einzige Ausnahme nennt er Krankheiten, die ,,einzelne virtuelle Möglichkeiten der Selbsttranszendenz"[24] bieten, so daß mit Hilfe ,,initiatischer Techniken"[24] eine heilvolle Integration möglich wird.

Das Erscheinungsbild dieser krankheitsähnlichen Zustände kann den Charakter von den in der Psychiatrie bekannten Kategorien der Neurosen und Psychosen, in all ihren differenzierten Formen aufweisen. Eine Differentialdiagnose ist nicht immer sofort zu stellen. Oft kann erst nach einigen Behandlungstagen entschieden werden, ob der

---

[22] Auf das Phänomen der ,,Kundalini-Kraft" und ihrer Erweckung soll hier am Rande hingewiesen werden. Gopi Krishna beschreibt in seinen beiden Büchern: Kundalini, Erweckung der geistigen Kraft im Menschen, 1977 und Höheres Bewußtsein, 1975 dieses Phänomen, das nach westlichen psychiatrischen Kategorien der Geisteskrankheit zuzuordnen wäre (1975, 133 f.) Von Weizsäcker äußerte sich in einem Interview des Bayerischen Rundfunks am 7. 1. 1979 zu dem Thema: ,,Meditation in dieser Welt":
,,. . . es ist aber gleichzeitig doch die Kundalini-Erfahrung, denn wie Gopi Krishna selbst in seinem heutigen Zustand sagt, natürlich ist ein großer Teil dessen, was wir Geisteskrankheit nennen, eine mißratene Erfahrung dieser Art." Einige, besonders junge Menschen, die sich der IT unterziehen, haben nach Hippius mit immer populärer werdenden fernöstlichen Meditations- und Yogapraktiken sowie esoterischen Geheimlehren experimentiert. Dabei sind sie mit ungeahnten und oft nicht mehr kontrollierbaren, freiwerdenden Kräften in Berührung gekommen. Das verantwortliche Umgehen mit diesen Potenzen erfordert besondere therapeutische Eingriffe. In der IT werden diese, für die Wissenschaftler und Beurteilenden selbst befremdende Erfahrungen ernstgenommen, da sie als lebendiger, evolutionärer Ausdruck eines potentiellen höheren Bewußtseins gelten. Vgl. auch Muktananda, 1979.
[23] Jacobi, 1971, 44.
[24] Evola, 1965, 200.

Betreffende nicht doch zusätzlicher psychiatrischer Behandlung bedarf[25]. Es ist auch eine Frage der Kapazität des Mitarbeiterteams, inwieweit Menschen mit unvermutet aus der Latenz durchgebrochener schwerer Symptomatik mit Borderline-Charakter, die auch unterstützender, gezielter medikamentöser Therapie bedürfen, in Rütte mitgetragen werden können.

Etwas anderes sind die während des Individuationsprozesses möglichen kurzfristig auftretenden krisenhaften Grenzsituationen mit psychotischem Habitus. Generell gilt, daß solche Menschen von mehreren Mitarbeitern, die eine „Kerngruppe" bilden, betreut werden, so daß ein „geführter Durchgang" im Sinne einer Begleitung während dieser Zuspitzungen gewährleistet ist.

Insgesamt werden die in vielen Variationen, bis in krankmachende Zustände reichende Störungen in ihrem oft außerordentlichen Erscheinungsbild als positive Chance zur Restitution des verlorenen Ursprungs behandelt.

Neben der „initiatischen Schizoidie" finden sich in der IT Menschen mit weniger stark ausgeprägten Störungen, bei denen neurotische und auch präpsychotische Anteile zu beobachten sind.

„Es gibt echte Lebens- und Reifekrisen, die man als Krankheit zum Heilwerden im Sinn der Restitution des widerfahrenen Verlustes an Ganzheit auf höherer Ebene auffassen muß – obwohl sie am Abgrund vorbeiführen können und sich gewiß oft auch eine neurotische Symptomatik im schulmäßigen Sinn feststellen läßt"[26],

sagt Hippius. Die IT ist nicht an ein festgelegtes psychopathologisches Modell gebunden. Sie befindet sich von daher in Übereinstimmung mit Jung:

„Ich selber habe auf eine einheitliche Neurosentheorie längst verzichtet, bis auf wenige, höchst allgemeine Gesichtspunkte, wie Dissoziation, Konflikt, Komplex, Regression, abaissement du niveau mental, die sozusagen zum eisernen Bestandteil einer Neurose gehören."[27]

Auch in Bezug zu Jungs Auffassung vom Sinn der Neurose bestehen eindeutige Parallelen zur IT:

---

[25] In diesem Fall besteht Kontakt zur Psychiatrischen Klinik in Freiburg, die umgekehrt auch Patienten nach Rütte überweist.
[26] Hippius in TE, 25. [27] GW 17, 132.

„Die Neurose ist keineswegs nur ein Negatives, sondern auch ein Positives. Nur ein seelenloser Rationalismus kann und hat diese Tatsache übersehen, unterstützt durch die Beschränktheit einer bloß materialistischen Weltanschauung . . . in der Neurose steckt in Wirklichkeit ein Stück noch unentwickelter Persönlichkeit, ein kostbares Stück Seele, ohne welches der Mensch zur Resignation, zur Bitterkeit und sonstigen Lebensfeindlichkeit verdammt ist."[28]

Neurotische Erscheinugsformen werden in der IT auf ihren verborgenen Ausdruck einer dem Betreffenden selbst oft unbekannten existeniellen Problematik abgeklärt. Insofern steht an erster Stelle nicht die Behandlung der äußeren Symptomatik.

„Den ‚Neurotiker' als feststehende psychologische Markierung kennen wir nicht. Weist sich einer aber beharrlich als ein solcher, dem Schulbegriff nach aus, so fühlen wir uns in der Regel nicht mehr zuständig. Es wird ihm vorgeschlagen, in eine klassische Analyse zu gehen."[29]

Gerade für den so verstandenen Neurotiker mit einem festgefügten Symptomenkomplex ist das für die initiatische Arbeitsweise förderliche Sicheinlassenkönnen auf den Stirb- und Werdeprozeß eine besondere Herausforderung. Die Abwehr gegen eine geahnte radikale Wende ist für manche zu groß, als daß sie sich der IT unterziehen wollen und können. Für diese Menschen ist eine andere Therapieform angezeigt, was sie meistens selbst sehr schnell spüren.

Dies berührt die Frage der Diagnose und der Auswahlkriterien.

6.2. Auswahlkriterien

Um die Frage der Diagnose und der Auswahl zu beantworten, schildere ich kurz den Verfahrensweg der Anmeldung in Rütte.

---

[28] Jung in Zentralblatt, 1934, 10, zit. nach Hochheimer, 1966, 39. Weitere Bemerkungen von Jung über den positiven Aspekt der Neurosen hinsichtlich der menschlichen Entwicklung halte ich hier für zitierenswert: „Die Neurose ist wirklich ein Versuch zur Selbstheilung" (1971, 198). – „Die Psychoneurose ist im letzten Verständnis ein Leiden der Seele, die ihren Sinn nicht gefunden hat" (in: GW 11, 358). – „Man sollte nicht versuchen, wie man die Neurose erledigen kann, sondern man sollte in Erfahrung bringen, was sie meint, was sie lehrt und was ihr Sinn und Zweck ist . . . Eine Neurose ist dann wirklich ‚erledigt', wenn sie das falsch eingestellte Ich erledigt hat. Nicht sie wird geheilt, sondern sie heilt uns" (in: GW 10, 195).
[29] Hippius in TE, 25.

Jeder Anfragende wird gebeten, einen handgeschriebenen Brief unter Angabe seiner Motivation für seinen Aufenthalt in Rütte einzureichen[30]. Anhand der geschilderten Problematik des Betreffenden, seines Leidensdrucks und der schriftpsychologischen Wahrnehmung der Handschrift, unter Berücksichtigung der Kapazitätsaufnahme (die Wartezeiten betragen meistens zwischen 6 bis 12 Monaten), erfolgen die Zu- oder Absagen. Außerdem sind Erstgespräche mit Frau Dr. Hippius oder Graf Dürckheim entscheidend. In den meisten Fällen wird eine dreiwöchige Probezeit vereinbart, falls die Entscheidung für einen Aufenthalt in Rütte ausfiel.

Herkömmliche psychodiagnostische Tests werden nur selten in den Beurteilungsprozeß einbezogen. Insofern ist das Wort „Diagnose" hier nicht in seinem üblichen Sinn anwendbar. Vielmehr scheint mir der von Evola geprägte Ausdruck der „Initiationsfähigkeit"[31] angezeigt:

„Allgemein gesprochen bezieht sich die Initiationsfähigkeit auf existentielle Sondersituationen, auf latente Tendenzen zur Selbsttranszendenz, auf ein aktives Aufgeschlossensein für das Jenseits-Menschliche. Fehlen Voraussetzungen dieser Art, dann ist das Individuum ungeeinet für die Initiation, entweder weil die Initiation dann wirkungslos bleiben muß oder weil sie sich nur als gefährlich und zerstörerisch auswirken kann".[31]

Evola weist wie auch Dürckheim darauf hin, daß diese Voraussetzung „nichts mit Eigenschaften profaner Art zu tun hat, so daß es geschehen mag, daß selbst ein hervorragender Vertreter der Bildungswelt, z. B. ein moderner Gelehrter oder Philosoph, eine geringere Initiationstauglichkeit aufweist als ein Halbanalphabet."[32]

Auf diese Selektions- und Aufnahmekriterien soll noch weiter eingegangen werden. Sie betreffen den bereits angedeuteten Unterschied zwischen dem „seinsoffenen" und dem „seinstauben" Menschen.

---

[30] Aufgrund der vorgestellten Statistik ergab sich, daß 36 % der Gäste bzw. Schüler eine Woche blieben, 30 % 2 Wochen, 14 % 3 Wochen, 7 % einen Monat. 7,5 % hielten sich länger als einen Monat in Rütte auf und 5,5 % mehr als ein Jahr. Anfragen kommen nicht nur aus Deutschland: 11,5 % der Aufgenommenen waren Holländer, 6 % Franzosen, 5 % Schweizer, 4,2 % stammten aus den übrigen europäischen Ländern, 2 % aus Übersee (USA und Japan). Damit beträgt der internationale Anteil im Jahr 1978/1979 etwas mehr als ein Viertel, was als Indikator für die Attraktion der Stätte, v. a. aus dem benachbarten Ausland gelten kann.
[31] Evola, a.a.O., 199.   [32] A.a.O., 198

„Es ist eine für die initiatische, ja, für alle personale Therapie schwerwiegende Feststellung, daß nicht jeder Mensch die Stufe, das heißt ‚die Ohren hat, zu hören'. Es gibt vortreffliche Menschen, die gut, tüchtig, zuverlässig und höchst intelligent sind und doch seinstaub."³³

Und: „Nicht jedem ist der initiatische Weg bestimmt"³⁴.

In diesen Sätzen Dürckheims wird der Gedanke der Entwicklungsstufe, der notwendigen Reife herausgestellt, die den Menschen erst befähigt, „den Ruf aus seiner Wesensnatur zu hören und die Bereitschaft, ihm zu folgen"³³. Dazu gehört das leidvolle Ringen um eine neue Bewußtseinsdimension und die eigenverantwortliche Bereitschaft, bisherige, eingefahrene Gewohnheiten und oberflächliche, auf Absicherung bedachte Einstellungen wahrzunehmen und aufzugeben, bzw. an ihrer Veränderung zu arbeiten.

Als Beispiele seien genannt der schmerzhafte, notwendig angesehene Bruch mit dem Partner, die Aufgabe eines unerfüllten Berufes oder eine sonstige totale Lebensumstellung und „Erschütterung der Wertwelt"³⁵, die für den Betreffenden oft zugleich die innere Gewißheit absoluter Stimmigkeit hat, auch wenn sie im Gegensatz zu gängigen Auffassungen und eigenen Vernunftgründen steht.

Das Erkennen und Erspüren des jeweiligen Entwicklungsstandes des Schülers ist sicherlich nicht allein durch einen rein rationalen und objektiven Zugang möglich; hier spielen nicht weiter analysierbare und wissenschaftlich nachprüfbare, subjektive, intuitive Fähigkeiten des beurteilenden Therapeuten auch eine Rolle. Dieser sollte aufgrund seines Entwicklungsstandes in der Lage sein, gleichsam durch die oberflächlichen Verhaltungen und auch Panzerungen hindurch „von Wesenskern zu Wesenskern"³⁶ zu schauen und so erste Anhaltspunkte gewinnen.

Hippius bemerkt zu dem Thema Diagnosestellung folgendes:

„Nöte, wie sie sich bei inneren Verwandlungsprozessen ergeben, a priori mit dem Stempel der ‚Krankhaftigkeit' zu versehen, scheint uns als diagnostische Fixierung verhängnisvoll. Jede solche Abstempelung birgt die Gefahr, den seelisch-geistigen Lebensnerv und die Lebenserwartung des um Neuwerdung Ringenden abzudrosseln."³⁷

---

³³ PS, 160.   ³⁴ RM, 164.   ³⁵ Neumann, 1973, 70.
³⁶ Vgl. 8.3.   ³⁷ Hippius in TE, 25.

Eine Diagnose aus der Feststellung einer äußeren Symptomatik und den darauf aufbauenden Therapieschritten zu stellen, wie sie in der klassischen Psychotherapie und Psychiatrie üblich sind, liegt nicht im Konzept der IT. Für den Therapeuten tritt die in engen Kategorien zu erfassende Fixierung einer individuellen Leidensproblematik und -symptomatik in den Hintergrund zugunsten einer im therapeutischen Prozeß für den Betreffenden selbst erfahrbaren Erkenntnis und Einsicht sowie der konsequenten, exerzitienhaften Arbeit auf seinem Weg. Jung äußert sich so:

„. . . die Diagnose ist nämlich eine höchst irrelevante Angelegenheit, insofern damit, außer einer mehr oder weniger geglückten Namensgebung für einen neurotischen Zustand, nichts gewonnen ist, namentlich nichts in puncto Prognose und Therapie . . . im allgemeinen genügt die Diagnose ‚Psychoneurose' im Gegensatz zu organischer Störung."[38]

Der Ausschluß organischer Schäden muß in der IT ebenfalls sichergestellt sein.

Im Lauf der Probezeit, d. .h. nach einigen therapeutischen Stunden wird ersichtlich, ob es dem Betreffenden am notwendigen Gespür und dem Einsatz für den initiatischen Verwandlungsprozeß mangelt oder nicht.

Ein weiterer Erkenntnisfaktor ist, wie bereits erwähnt, die Handschrift als eine deutbare Signatur- und Funktionsspur, mit der Aussagen möglich sind, ob der Betreffende im Sinne der IT einen Entwicklungsprozeß von seiner Substanz her leisten kann oder ob eine eher pragmatische, nicht bis an den Wesenskern rührende Therapie indiziert ist. Auf die Rolle der Graphologie in diesem Zusammenhang näher einzugehen, ist ein Thema, das einem späteren Ansatz zu reservieren ist.

Zusammenfassend kann gesagt werden, daß die Menschen, die sich der IT unterziehen, als notvoll Suchende auf einen Erfahrungshintergrund gepolt sind, in dem ihre rationale Bewußtseinshaltung in den Sonder- und Ausnahmesituationen ihres Daseins transparent wurde auf eine andere Wirklichkeit. Sie erleben in sich die Notwendigkeit

---

[38] GW 16, 92. Auf das Phänomen, daß die Diagnose nicht am Beginn der Behandlung steht, sondern erst in deren Verlauf sich herausstellt, weist Jung auch hin.

und opferungsvolle Bereitschaft, ihrer inneren deutlich wahr-genommenen Bestimmung Gestalt zu verleihen und sich darin zu verwirklichen[39]. Insofern findet auch eine Selbstselektion statt, d. h. die „Seinstauben" scheiden sich von selbst aus. Diese Aussagen mögen problematisch und elitär aussehen, sie geben aber deutliche Kriterien für eine immer größer werdende Zahl von Menschen, die aus der inneren Verstrickung und Verwicklung nach einer wesensgemäßen Entwicklung ihrer selbst suchen.

Unter diesem Aspekt ist nachvollziehbar, warum klassische psychodiagnostische Testverfahren – mit Ausnahme der Handschriftbeurteilung – nicht in den Auswahlprozeß einbezogen werden, da eine diagnostizierbare und klassifizierbare Störung, die durch die Kategorien einer pragmatischen Krankheitslehre geprägt ist, „dem wahren Problem der betroffenen Person im Grunde nicht zu entsprechen scheint"[40].

Dennoch halte ich für die Zukunft den Versuch für notwendig, die Praxis dieses Entscheidungsprozesses transparenter zu machen. Ferner muß auf den Mangel hingewiesen werden, daß seit Bestehen der IT bisher weder wissenschaftliche, empirische Untersuchungen über die Menschengruppen, die sich der IT unterziehen, vorliegen, noch kasuistisches Fallmaterial aufgearbeitet wurde[41]. Dadurch fehlt eine komparative Untersuchung bezüglich Prognose, Verlaufskontrolle, Effizienz und Katamnese. Bei einer zukünftigen Erhebung der vorgestellten Zielgruppen sollten Daten erhoben werden über die Persönlichkeitsstruktur, die Symptomatologie sowie die soziologische Herkunft. Idiographische und phänomenologisch-deskriptive Verfahren wie z. B. die biographische Analyse von Thomae, projektive Tests wie Rorschach, TAT, evtl. der Logo-Test von Lukas wären wahrscheinlich effektiver anzubringen als standardisierte, objektive Fragebögen und andere quantitative Meßverfahren.

Ein weiterer Ansatz sollte sich auf folgende Fragestellung konzentrieren:

Davon ausgehend, daß die als existentiell umschriebene Problema-

---

[39] Vgl. dazu Jacobi, 1971, 131 ff., wo sie auf die Kollision zwischen Pflichten, die aus dem Kollektiv erwachsen und denen der eigenen Persönlichkeit eingeht.
[40] Hippius in TE, 25.
[41] Vgl. S. 21.

tik der Suchenden sich auch in neurotischen und psychosomatischen Symptomen manifestieren kann, ist bezüglich der Therapieeffizienz nachzuprüfen, ob durch die Methoden der IT auch derartige „vordergründige" Beschwerden behoben werden. Aus der Unterscheidung zwischen pragmatischer und initiatischer Therapie wurde deutlich, daß es der IT primär nicht um eine äußere Symptombehandlung geht, was jedoch den Einbezug pragmatischer Verfahren nicht ausschließt. Hier wäre ein Ansatz zur empirischen Überprüfung, inwieweit klar umschreibbare Symptome durch die ganzheitlichen, meditativen Übungen wirksam gebessert werden [42].

6.3. Zur Individuation in der ersten Lebenshälfte

In der Aufzählung der neun in Frage kommenden Personengruppen ist ein großer Anteil von jungen Menschen angegeben, die in der ersten Lebenshälfte stehen, d. h. bis 40 Jahre alt ist. Aus meiner Statistik für 1978/79 geht hervor, daß dieser Anteil 47% ausmacht.

Ich halte es hier für wichtig, auf das Problem der Individuation in der ersten Lebenshälfte einzugehen im Hinblick auf Jungs Betonung, daß der „Individuation in die innere Wirklichkeit"[43] erst die Erfüllung des „Naturzweckes"[44] vorangehen solle. Darunter versteht er die

„Erzeugung von Nachkommenschaft und alle Geschäfte des Brutschutzes, wozu Gelderwerb und soziale Stellung gehören".[44]

Psychologisch ist damit die vorläufige Autonomie des Ichs gemeint als ein stabiles, bewußtseinsstarkes Zentrum, das sich gegen die kollektiven, zu Beginn der Ich-Entwicklung es bedrohenden Kräfte aus dem Unbewußten durchgesetzt hat[45].

---

[42] Aus meinen eigenen Beobachtungen und Erfahrungen geht dies deutlich hervor. Zu berücksichtigen sind aber auch die im Verlauf eines Bewußtwerdungsprozesses auftretenden vorübergehenden „Wachstumsbeschwerden" in Form von Krankheiten oder anderen „Reifungsschmerzen", besonders bei der Bewußtwerdung von leiblichen Fehlhaltungen.
[43] Jacobi, 1977, 10.
[44] Jacobi, 1971, 35.
[45] Vgl. dazu die Entwicklungsstadien nach Neumann 4.5.1.

„Immer ist jedoch durch Jung impliziert, daß die Bewältigung der Aufgaben der Jugend die Voraussetzung für die psychische Entfaltung der zweiten Lebenshälfte sei."[46]

Auf die doppelte Verwendung des Individuationsbegriffes, ihn nämlich ausschließlich für die zweite Lebenshälfte zu reservieren oder ihn für die Dauer des gesamten Lebens geltend anzusehen, weist zusammenfassend Dieckmann hin[47]. Es scheint mir wichtig zu berücksichtigen, daß nicht nur in der Lebensmitte ein markanter Wechsel stattfindet und mit einer Wende zur „inneren Wirklichkeit", zur Zentroversion einhergeht, sondern daß besonders auch die Jetztzeit zahlreiche junge Menschen zur Differenzierung und damit zur Entwicklung ihrer Person herausfordert. Hier tragen beim sensiblen jungen Menschen die vielfältigen Möglichkeiten der Grenzüberschreitungen durch Drogen- und Meditationserfahrungen oder der Umgang mit religiösen Subkulturen z. B. dazu bei, daß er bereits ohne eine stabile Ich-Bildung erarbeitet zu haben, mit archetypischen Tiefenschichten in Berührung kommt, deren Inhalte ihn zu überfluten drohen. Außerdem ist an den markanten Schwellen wie Pubertät, der Jugendzeit mit ihrem Beginn und dem Ende der Berufsausbildung usw. in der heutigen säkularisierten und ritualfeindlichen Welt keine Führung und Begleitung zu den neuen Entwicklungsstufen gewährleistet. Nach Neumann bildet

„das Fehlen von Riten und Institutionen in unserer Kultur, die wie die Pubertätsriten den Übergang des Jugendlichen in die Welt vermitteln, eine Ursache für das Entstehen von Jugendneurosen, denen die Schwierigkeit gemeinsam ist, Zugang zur Welt in der Anpassung an das Kollektiv und den Partner zu finden."[48]

Wolle man die derzeitige Situation, in der sich viele Sensible befinden, in der Polarität von „Natur und Geist"[49] bzw. „Himmel und

---

[46] Jacobi, 1971, 38.
[47] Dieckmann, 1976, 259-274. Auch Plaut, 1979, 173 ff. stellt solche Überlegungen an.
[48] Neumann, 1974, 326 und 1963, 205.
[49] In Jungs Konzept stehen sich „der Polymorphismus . . . einander gegenüber als Gegensatzpaare, genannt: Natur und Geist. Dieses Gegensatzpaar ist nicht nur der ewige Ausdruck, sondern vielleicht auch die Grundlage jener Spannung, der die psychische Energie entfließt" (zit. nach Jacobi, 1977, 66). Der Einbruch des Geistes in sei-

Erde" ausdrücken, so handelt es sich hier um das Phänomen eines übermächtigen Einbruchs aus der Geistspäre, dessen Integration durch die gegenpolige Verankerung in der „Erdmitte"[50] und die Entwicklung eines stärkeren Ichkerns therapeutisch anzugehen ist. Auch unter diesem Aspekt ist die Indikation und die Beurteilung der Initiationsfähigkeit in der IT zu sehen, daß für die Menschen, die von der Geistpolarität betroffen wurden, in ihrem Kern nun die notwendige Vereinigung mit ihrer insuffizienten Seite, ihrer Bios-Natur und ihren kollektiven Schichten ansteht. Hier liegt der therapeutische Schwerpunkt von einer „ichtranszendierenden Haltung" zur „ichzentrierten"[51], um die verhängnisvolle Dissoziation zu überwinden.

Auch der umgekehrte Weg ist möglich und nötig bei jenen Menschen, die in einer eher materialistischen, kollektiv eingebundenen Grundhaltung lebten, dabei – oft erst durch seelische und äußere Katastrophen – an ihre Grenzen kamen, und bei denen die Freisetzung ihres Geistpotentials der nächste Schritt ist. Bei diesen Menschen ist oftmals nicht das „Inkorporieren" die erste Zielsetzung, sondern die „Exkarnation", was besonders in den leibtherapeutischen Übungen gefördert wird.

„Das exerzitienmäßige Angehen und Aufheben der den natürlichen Menschen kennzeichnenden dualistischen Verstrebtheit – hier Geist, dort Stoff – ist eine Notwendigkeit im Rahmen aller echten, das Werden der ‚Person' meinenden Therapie"[52],

sagt Hippius. Gemäß dem Konzept von „doppelten Ursprung des Menschen" ist auch ein zweifacher Ansatz im therapeutischen Vorgehen indiziert.

---

ner archetypischen Form „ist ursprünglich ein Geist in Menschen- oder Tiergestalt, ein Daimonion, das dem Menschen gegenübertritt" (GW 9, 268), d. h. der Geist kann einen bedrohlichen Charakter mit der Folge der Inflation annehmen. „Die Gefahr wird umso größer, je mehr das äußere Objekt das Interesse fesselt, und je mehr man vergißt, daß mit der Differenzierung zur Natur eine solche der Beziehung zum Geiste Hand in Hand gehen sollte, um das nötige Gleichgewicht zu schaffen" (a.a.O., 229).
[50] Vgl. Dürckheims Buch: Hara- die Erdmitte des Menschen und 9.3.3.
[51] Bühler zit. nach Jacobi, 1971, 34. Bühler meint allerdings die umgekehrte Richtung des Prozesses, also von der „ichzentrierten Haltung zur ichtranszendierenden", wie es auch bei Jung und in der HP vorgesehen ist.
[52] Hippius in TE, 31.

„Wohl ist in den meisten Fällen das Lösen neurotischer Verhärtungen die Voraussetzung einer gesicherten Wesensfühlung . . . Oft ist es aber auch umgekehrt so, daß bewußte Fühlung mit dem Wesen das Freilegen und Auflösen neurotischer Mechanismen erleichtert, bisweilen sogar erst ermöglicht, insbesondere dann, wenn sie Schutzmechanismen des Ichs sind, auf die verzichtet werden kann, wenn der Mensch sein Zentrum im Wesen statt im weltbedingten Ich findet"[53],

führt Dürckheim aus. Auch Jung erwähnt daß es „Menschen wesentlich geistiger und solche wesentlich materialistischer Einstellung gibt"[54]. Bei beiden Möglichkeiten – sowohl vom Geist zur Natur wie auch von der „Erde zum Himmel" – besteht die Gefahr, daß u. U. kein zielgerichteter Prozeß mit der bewußten Arbeit an der Integration der polaren Seite zustandegekommen ist. Hippius spricht von einer „Kernneurose"[55], wenn durch initiatische Ereignisse der Wesenskern in eine Spaltung geriet, die dabei freigesetzten, hochpotenzierten Kräfte jedoch ohne entelechiale Richtung ungebunden ausstreuten, und die strukturierende Bewußtseinskraft bei einem zu schwachen Ich eingeschränkt ist. Dieser Vorgang läßt sich mit einer Aussage von Jung vergleichen:

„Ich gebrauche das Wort ‚zielgerichtet' allerdings mit einer gewissen Zögerung. Dieses Wort will mit Vorsicht und Einschränkungen gebraucht sein. Bei Geisteskranken kann man nämlich Traumserien und bei Neurotischen Phantasieserien beobachten, die so gut wie ziellos in sich selber verlaufen . . . Das Unbewußte ist ein reiner Naturvorgang einerseits ohne Absicht, aber andererseits mit jenem potentiellen Gerichtetsein, das für jeden energetischen Vorgang schlechthin charakteristisch ist. Wenn aber das Bewußtsein aktiv Anteil nimmt und jede Stufe des Prozesses erlebt oder wenigstens ahnungsweise versteht, so setzt das nächste Bild jeweils auf der dadurch gewonnenen höheren Stufe an, und so entsteht die Zielrichtung."[56]

Ein sicherlich nicht leicht zu treffendes und überprüfbares Kriterium für das Vorliegen einer Kernneurose ist nach Hippius die Unfähigkeit, einen sinnvollen Gestaltungsausdruck, z. B. im Geführten Zeichnen zustande zu bringen, wo Rückschlüsse auf einen keimhaften und damit zu fördernden Entwicklungsprozeß möglich sind.

---

[53] PS, 152.
[54] GW 16, 42f.
[55] Mündliche Mitteilung, vgl. auch EW, 63.
[56] GW 7, 254.

In der IT wird die heutige Zeitqualität, das Atomzeitalter, in Analogie zu den aufbrechenden inneren Kernkräften des Menschen gesehen[57], so daß die Nötigung zur Individuation immer weniger ein Privileg von einigen Auserwählten und Begnadeten oder außergewöhnlichen Menschen in der Lebensmitte wird, sondern zur Not-Wende bei der Vielzahl der heutigen jungen, orientierungslosen, nach Sinn und Ganzwerdung Suchenden.

Neben dieser hier besonders behandelten Personengruppe, die bereits in der ersten Lebenshälfte an ihrer Individuation aktiven Anteil nimmt, finden sich in der IT auch jene Menschen ein, die an der Wende zur zweiten Lebenshälfte stehen[58] und bei denen die „Bewältigung der inneren Dialektik, der zwischen Ich und kollektiven Unbewußten"[59] ansteht. Im Rahmen dieser Arbeit gehe ich allerdings nicht weiter auf deren spezielle Problematik und die der anderen Zielgruppen ein.

Zusammengefaßt kann gesagt werden, daß zur Initiationsfähigkeit folgende Faktoren gehören:

Das Offensein zu einem „Transgressus in eine höhere Seinswirklichkeit"[60], existentielle Nöte und krisenhafte Einbrüche als initiatische Appelle ernstzunehmen, die besonders auch junge Menschen heute zu bewältigen haben. Ferner wurde der jeweilige Integrationsansatz – entweder bei der Naturseite oder beim Geistpol – herausgearbeitet sowie die Kernneurose als Sonderfall vorgestellt. Die Individuation wird als gültig auch für die erste Lebenshälfte angesehen.

Oft taucht die Frage auf, wie junge Menschen ohne ausreichendes Einkommen einen mehrwöchigen oder monatelangen Aufenthalt in Rütte finanzieren sollen, zumal die Kosten nicht von den Kranken-

---

[57] Vgl. EXIST-Rütte Programm München, Mai bis August 1978: „Wir leben im Atomzeitalter. Kernkräfte sind aufgebrochen. Überpotenzierte Erfahrungen und tödliche Frustrationen liegen in der Luft, und zahlreiche Menschen sind davon betroffen."
[58] Bezogen auf die Gesamtpopulation von 589 Menschen im Jahr 1978/79 waren 37 % zwischen 41 und 50 und 16 % älter als 50. Damit macht die Zahl der über 40jährigen mehr als die Hälfte aus. Da die Altersgruppe der bis 40jährigen, die zur ersten Lebenshälfte zählt, 47 % beträgt, ist die Verteilung zwischen den beiden Lebenshälften annähernd gleich (47 % und 53 %). Weitere Interpretationen und Untersuchungen müssen späteren Arbeiten vorbehalten bleiben.
[59] Neumann, 1974, 327.
[60] Hippius in TE, 25.

kassen übernommen werden. (Der Stundensatz beträgt zwischen DM 40 und 60.) Zum einen besteht die, wenn auch begrenzte Möglichkeit, durch Arbeiten im Garten oder in der Küche des Gästehauses sowie im Haushalt von Graf Dürckheim und Frau Hippius Geld zu verdienen. Zum anderen kann aus den Mitteln der „Förderungsgesellschaft Rütte", die ein gemeinnütziger Verein ist, ein Kredit oder ein Zuschuß beantragt werden. Viele verdienen sich auch ihr Geld vor einem Aufenthalt in Rütte, bei anderen kommen die Eltern für die Kosten auf. Nach meinen eigenen Erfahrungen finden sich bei entsprechender Entschlossenheit, an sich selbst zu arbeiten, immer wieder Mittel und Wege.

7. Das Schüler-Mitarbeiter-Verhältnis

In diesem Kapitel geht es um die Interaktion zwischen dem Schüler und dem initiatischen Therapeuten. Es sollen zuerst die Begriffe des „Meisters" und des Schülers definiert werden. Dann schildere ich den Ausbildungsweg zum initiatischen Mitarbeiter und vergleiche in einem Exkurs die IT mit den Jugendreligionen.

7.1. Die initiatische Führung

Aus den bisherigen Ausführungen zur IT wurde deutlich, daß der Suchende, der Leidende, beim initiatischen Mitarbeiter eine therapeutische Weghilfe erfährt, die wegen ihres Einbezugs der transzendenten Dimension sowohl für den Führenden als auch für den Geführten eine besondere Anforderung stellt.

Die Idee von Meister und Schüler bzw. dessen konkrete Realisierung in der Trias Meister – Schüler – Weg hat eine lange Tradition und kann als archetypisches Modell auf den initiatischen Einweiungswegen gelten.

Kopp[1] verweist auf die verschiedenen Meisterfiguren, wie z. B.

---
[1] Kopp, 1978, vgl. auch Lindenberg, 1978.

den Schamanen als die früheste Form des Gurus, den geistigen Führer des Chassidim, den Zaddik, sowie auf den Zen-Meister. In seinem mit vielen Parabeln und Metaphern durchzogenen Buch vergleicht Kopp das heutige Sehnen und Suchen des leidenden Menschen mit der Pilgerschaftsidee früherer Zeiten, wo die Suche nach einem geistigen Führer motivierend war.

„Der Ruf nach dem Meister"[2] ist nach Dürckheim in der heutigen Zeit ein Symptom dafür, daß die berufsmäßigen Führer wie Lehrer, Erzieher, Ärzte, Psychotherapeuten und Seelsorger immer weniger als zuständig erkannt werden für die hier in Frage stehende Notsituation des modernen Suchers. Die Fähigkeit der Führung auf dem geistigen Weg hat vor dem Hintergrund steigender Suche nach transzendentaler Kontaktfähigkeit nur derjenige, der – so Dürckheim –

„in eigener Erfahrung um den himmlischen Ursprung des Menschen weiß und dieses Wissen im anderen zu bestätigen oder zu wecken und zur Antriebskraft zu einem neuen Leben zu machen vermag! Er ist der Führer auf dem Weg, den man den initiatischen nennt. Der Führer auf diesem Weg ist der Guru, der Meister."[3]

Die Voraussetzung, selbst sein Wesen in einer Seinsfühlung erfahren zu haben mit den daraus folgenden Verwandlungskonsequenzen bedingt eine ganz andere Weise des verstehenden Umgangs und der Führung mit jenen Menschen, die ähnliche Erfahrungen noch nicht bewältigen können und an einem nicht nur vordergründigen physischen oder psychischen Unheilsein leiden.

Der Arzt, der diesen Menschen vielleicht sediert oder in die Zuständigkeit des Psychiaters übergibt, der Psychologe oder Psychotherapeut, der diese Erfahrungen u. U. analysierend auf einen Komplex reduziert „oder sie als Illusion, Inflation oder Projektion deklariert"[4], der Priester-Seelsorger, der sie theologisch beurteilt oder anzweifelt und ihn vielleicht auf die gängigen Glaubensdogmen verweist – alle diese „eigentlichen" potentiellen Führer und Übermittler einer überweltlichen Wirklichkeit sind nach Dürckheim meist nicht „wegerfahren". Sie wissen wenig um einen „transzendenten Kern"[5]. Die bisherige Orientierung an einer pragmatischen Heilkunst ist in diesem Sin-

---

[2] Vgl. das gleichnamige Buch von Dürckheim.
[3] DUM, 215f.   [4] DUM, 225.   [5] A. a. O., 218.

ne für das „andere Leiden" nicht zuständig, solange der Heil-Kundige selbst nicht einen Sprung in diese Wirklichkeit gewagt hat. Allerdings räumt Dürckheim ein, daß mehr Menschen sich ein „meisterliches Wirken" zutrauen könnten,

„wenn sie sich überhaupt der hier vorliegenden Thematik und der damit gegebenen Möglichkeit und Aufgabe bewußt wären und den Mut hätten, sie zu übernehmen, d. h. den Schritt vom Therapeuten zum ‚Guru' zu wagen."[6]

Diese Wende vom Therapeuten zum Guru, die die Aufgabe des traditionellen Helfers erweitert, wird sich – so Dürckheim – der in der naturwissenschaftlichen Ausrichtung geprägte und ausgebildete Therapeut nur schwer zugestehen wollen[7]. Aber andererseits wird der „Ruf nach dem Meister" zu einer unabweislichen Forderung,

„sich als Guru zu bewähren, als Meister! Sich dazu zu bilden, dazu verpflichtet ihn unsere Zeit."[8]

Dem initiatischen Führer auf dem Weg, der dem Menschen zur Wesenserfahrung und Reife führt, verleiht Dürckheim das Attribut des Meisters, des Gurus.

7.2. „Der Meister"

In unserer Zeit, in der vor Jugendsekten und Meditationsführern gewarnt wird, haftet der Bezeichnung „Guru" das Fluidum moderner östlicher Meditationslehrer an, die mit z. T. undurchsichtig erscheinenden Methoden die völlige Hingabe von Personen und Eigentum an die Autorität der Meisterfigur verlangen.

In diesem Zusammenhang ist wichtig anzumerken, daß Dürckheims Charakterisierung des Meisters an dem Vorbild des japanischen Zen-Meisters orientiert ist. Er bezieht sich dabei auf eigene Begegnungen mit japanischen Meistern und auf das zahlreiche Schriftgut über ihr Wirken[9].

---

[6] RM, 32.
[7] Dürckheim, 1973, 73.
[8] RM, 33.
[9] Vgl. Bi-Yän-Lu, 1960 und Suzuki, 1973, zit. nach ZW, 82/86. Dies geht auch rein formal daraus hervor, daß Dürckheim in seinem 1972 erschienenen Buch „Der „Ruf

Die Art des Zen-Meisters im Umgang mit seinen Schülern ist darauf gerichtet, alle eingefleischten Haltungen und rational fixierte Meinungen in Frage zu stellen und als Haftungsprinzip des weltsüchtigen, kleinen Ichs zu entlarven[10]. Absurde Äußerungen und Handlungen wie „der wohlgezielte Schlag, der Schock, der Faustschlag ins Gesicht, die Ohrfeige, die Kränkung, das höhnische Lachen, der erschreckende Schrei"[11] und andere, für das Ich-Bewußtsein unannehmbare Verhaltensweisen sind in der Zen-Tradition seit Jahrhunderten von den Zen-Meistern angewandte Methoden. Sie dienen dazu, den Schüler aus seinem schlafenden ichverhafteten Zustand aufzurütteln. Daß Dürckheim dieses Zitat anführt, bedeutet nicht, daß diese Praktiken auch in die IT Eingang gefunden haben.

Nach Dürckheim befindet sich der westlich Mensch durch die Hypertrophie seines Ich-Bewußtseins und den daraus resultierenden Folgeerscheinungen viel eher an jenen Grenzen, an denen er sich durch Leiden z. B. für neue Erfahrungen öffnen und einem Wendepunkt in seinem Leben zusteuern kann als der Schüler des Zen-Meisters, der in ihm erst die Voraussetzungen dazu schaffen muß[12].

Ohne auf einen tieferen Vergleich mit den in der japanischen Tradition gepflegten zen-meisterlichen Praktiken einzugehen, durch die der Meister seinen Schüler zu den Erfahrungen des Seins aufzuschließen sucht[13], stellt sich hier die Frage, welche Bedeutung diese Anlehnung für die IT hat.

An dieser Stelle soll zuerst noch einem möglichen Mißverständnis vorgebeugt werden, das aus der Lektüre von Dürckheims Aussagen zum Schüler-Meister-Verhältnis entstehen könnte.

Die zitierten Wiedergaben über die japanische Zen-Praxis hinsichtlich des meisterlichen Einwirkens auf den bedingungslos gehorchenden Schüler müssen als zutreffend und gültig für den japanischen Kulturraum, speziell das dortige Klosterleben gesehen werden und dürfen nicht in ihrer praktischen Auswirkung auf die Verhältnisse in

---

nach dem Meister" bei dem Kapitel über den „Schüler" (S. 49 ff.) die entsprechenden Abschnitte aus „Zen und wir", erschienen 1961, zitiert (S. 67 ff.). In diesem Kapitel behandelt er das Schüler-Meister-Verhältnis aus der Sicht der japanischen Zen-Praxis.
[10] ZW, 78.
[11] A.a.O., vgl. auch Lassalle, 1974, 45 ff.
[12] Vgl. ZW, 133.   [13] ZW, 86.

der IT übertragen werden. Beim heutigen Stand der Diskussion über die Praktiken östlicher Gurus könnte vorschnell generalisiert werden, als herrsche in der IT ein ähnlich strenges, autoritäres Modell vor. Klarzustellen ist, daß Dürckheim mit der vorliegenden Charakterisierung unabhängig von den realen Verhältnissen in der IT die japanische Zen-Praxis beschreibt. Eine unbesehene Übernahme oder reine Nachahmung dieser genuin zenistischen Vorgehensweise liegt nicht im Sinne Dürckheims und findet auch nicht statt[14].
Der initiatische Mitarbeiter ist kein erleuchteter Zen-Meister. Seine Weise der Führung und Weg-Begleitung muß im Kontext zu den spezifisch westlichen, psychotherapeutischen Methoden im Sinne Jungs und Neumanns gesehen werden sowie zu den zugrundeliegenden meditativen Übungen. Was Dürckheim bewogen haben mag, das japanische Schüler-Meister-Verhältnis vorzustellen, könnte in seiner Absicht begründet sein, eine Orientierung, nicht aber eine reflexionslose Übernahme östlicher Praktiken für die westliche Psychotherapie anzubieten. So sind auch seine Ausführungen über das nun zu besprechende dreifache Meisterprinzip zu verstehen, wo er eine Integration von zenistischen und christlichen Gedanken vorbereitet.

Ich skizziere nun kurz die drei Möglichkeiten des Meisters, um daraus die notwendigen Aufschlüsse für die Arbeit und die Ausbildung des initiatischen Mitarbeiters zu gewinnen. Während nach Dürckheim der westliche Kulturkreis die Meistertradition eher vernachlässigte[15], stellt sie im „Osten" eine spezifische Erscheinungsweise dar, bei der nicht nur der äußere, leibhaftige Meister im Mittelpunkt steht, sondern ebenso der „innere" und der „ewige Meister". Dabei ist der

„‚Ewige Meister' ein Prinzip, das geschaut wird in einem Urbild, einer Idee, einem Archetypus."[16]
„Die Idee, die das Wort ‚Meister' bezeichnet, ist die des Homo maximus, des Universalen Menschen, in dem das Sein, das *Leben* in seiner Totalität – als Fülle, Gesetz und Einheit – offenbar geworden ist in menschlicher Gestalt und sich in einem zugleich weltüberlegenen und weltkräftigen Tun verwandelnd und fortzeugend auswirkt in der Welt."[16]

---

[14] Vgl. PS, 162.
[15] Dürckheim, 1973, 73.
[16] RM, 35.

Nach Dürckheim ist Christus für das Abendland die Verkörperung und Verwirklichung des Ewigen Meisters[17].

„Der leibhaftige Meister ist die Verwirklichung dieser Idee in der geschichtlichen Wirklichkeit."[18]

Er ist für den Schüler das Vorbild und der Ansporn, in sich den inneren Meister zu entwickeln.

„Der innere Meister ist das in einem Menschen als Verheißung, Möglichkeit und Auftrag erwachte Potential zur Verwirklichung des Ewigen Meisters in leibhaftiger Gestalt."[19]

Der Dreiheit des Meisterbegriffes steht die Dreiheit von Meister-Schüler-Weg gegenüber:

„Den Meister gibt es nur in bezug auf einen, der bedingungslos den Weg des Lebens zu dieser Gestalt sucht: Das ist der Schüler. So gibt es den Meister nur zusammen mit dem Weg und dem Schüler."[20]

Ich konzentriere mich hier besonders auf den Aspekt des leibhaftigen Meisters. Der Meister durchlebt selbst die Verwandlungsformel des „Stirb und Werde" in allen Konsequenzen und ist „durchlässig geworden für sein Wesen"[21].

„Kraft seiner Fühlung mit seinem Wesen nimmt er in allem, was ihm begegnet, das Wesen wahr, und kraft seiner Durchlässigkeit wirkt er Transparenz für Transzendenz in seinem Umkreis"[21].

Von daher rührt seine Fähigkeit, die Verstellungen und Verhinderungen des Schülers auf seinem Weg zu erkennen und richtungsweisende Verwandlungsimpulse anzuregen[22]. Er verhilft dem Schüler dazu, seinen inneren Meister als eigene Instanz in sich selbst zu entdecken und zu verwirklichen.

„Die Voraussetzung für das Finden und das Annehmen eines Meisters in der Welt ist, daß man im Grunde seines Wesens selbst der Meister ist und beginnt, seiner bewußt zu werden."[23]

---

[17] A.a.O., 95-97
[18] A.a.O., 35 und 42-46.
[19] A.a.O., vgl. auch 39-41.
[20] A.a.O., 35. [21] A.a.O., 43.
[22] A.a.O., 55-70. [23] A.a.O., 39.

Unter diesem Aspekt hat der äußere Meister keinen fesselnden, den Schüler in seinen Machtbereich ziehenden Einfluß, sondern seine Wirkkraft ist in der gegenteiligen Aufgabe begründet:

Den Menschen zu seiner ihm immanenten, autonomen Meisterfigur hin zu entbinden, ihn also selbst zum Meister werden zu lassen[24]. In dem Maße, in dem der Mensch sich suchend auf den Weg nach dem äußeren Meister begibt, erwacht in ihm sein innerer Meister[25]. Er wird damit auch zugleich zum Schüler und hat so eine bestimmte Entwicklungsstufe erreicht[26]. So vollzieht sich Suchen und Finden auf zwei Ebenen: Das Erwachen des inneren Meisters führt zu einer wirklichen Begegnung mit einem leibhaftigen Meister. So findet der Schüler seinen äußeren Meister auf seinem Weg, zugleich lernt er allmählich, in sich das Potential seiner inneren Meisterinstanz zu erspüren und zu realisieren[27].

Wichtig erscheint mir, daß vom Konzept der Zielsetzung in der IT dem Meister nicht das Image einer quasi unfehlbaren, vollkommenen und unerreichbaren Heilsfigur beigemessen wird, sondern dem Meistergebrauch eine dynamische Komponente innewohnt. Der in der IT gemeinte Mitarbeiter ist selbst in ständiger Wandlung begriffen, so daß man sagen kann: Es geht um die Meisterschaft im Werden.

Erwähnenswert sind in diesem Zusammenhang die Ausführungen von v. Scheidt, der eine ausführliche Darstellung des „Guru-Prinzips"[28] gibt. Anstatt vom Guru-Prinzip zu sprechen, schlägt er auch die Bezeichnungen „Mentor-Prinzip, Rabbi-Prinzip, Starzen-Prinzip oder Meister-Prinzip"[29] vor, je nach kultureller Tradition. So verweist er auf die hervorragenden Vertreter dieses Prinzips in der europäischen Geistes- und Kirchengeschichte. Dürckheims Anmer-

---

[24] Vgl. Kopp, a.a.O., 163: „Den Buddha töten heißt, die Hoffnung zerstören, daß irgend etwas außer uns selbst unser Meister sein kann."
[25] Vgl. dazu auch die Schriften von Joh. Tauler in Jungclaussen, 1975.
[26] RM, 41.
[27] Vgl. RM, 39., S. auch Dürckheims Ausführungen zur Gestaltpsychologie (4.2.), nach denen eine konkrete Realisierung im Aussen, d. h. in der gegenständlichen Welt eintrifft, wenn der Mensch in gemäßer Seinsverfassung ist (4.2. Anm. 7), ihm von daher die Welt als die entsprechende Gegenform zu seiner inneren Gestalt entgegentritt.
[28] v. Scheidt, 1975, 261 ff.
[29] A.a.O., 262.

kung, „daß wir im Abendland keine Meistertradition haben"[30], wäre demnach wohl eher auf die aktuelle Situation zu beziehen. Mit dem Guru-Prinzip in der heutigen Zeit meint v. Scheidt eine empathische Beziehung und intensive Koppelung auf der unbewußten Ebene zwischen Analytiker und Analysand.[31]

In diese Verbindung fließt „die Vermittlung von existentiellen Erfahrungen"[32] ein. Diese Tradierung ist nach v. Scheidt jedem „Wissendem" möglich, „der befähigt ist, seine größere Erkenntnis und vor allem Selbsterkenntnis an den weniger wissenden Schüler . . . weiterzugeben"[33]. Bei dem existentiellen Wissen im Vergleich zum unpersönlichen Faktenwissen ist – besonders bei den indischen Gurus – „immer schon das Wissen um das Transzendente enthalten"[34]. In der IT ist der initiatische Mitarbeiter in der Lage, dieses Wissen innerhalb seiner Möglichkeiten zu übermitteln und damit initiatorisch zu wirken[35].

Das Guru-Prinzip wird gerade heutzutage leicht mißverstanden und ist mit großen – meist negativen – Emotionen beladen. Das abschließende Zitat von Hauer zeigt die ursprüngliche Bedeutung von „Guru" auf:

„Das Wort wird gewöhnlich als ‚Meister' oder ‚Lehrer', ‚Weiser' übersetzt. Seine wörtliche Bedeutung läßt aber uns erst den tiefen Sinn diese Art von Lehrer erkennen, denn das Wort bedeutet ‚der Gewichtige, der Schwere'. Gewichtig, schwer ist dieser Mensch nicht nur kraft seines Wissens, sondern durch seine innere Vollmacht, die in der radikalen Erfahrung dessen wurzelt, was er lehrt, also was er in seinem innersten Wesen ist. Dieses gibt ihm die selbstverständlich wirkende Kraft und Vollmacht."[36]

Welches sind nun die Ausbildungskriterien zum initiatischen Mitarbeiter? Dazu beginne ich an der Basis, nämlich beim Status des Klienten und des Schülers.

---

[30] Dürckheim, 1973, 73.
[31] v. Scheidt, a.a.O., 260. Vgl. auch 8.
[32] v. Scheidt, a.a.O., 259.
[33] A.a.O., 262.
[34] A.a.O., 263.
[35] Vgl. dazu 7.5.1. und 8.
[36] Hauer, 1958, 432.

7.3. Der Gast oder Klient

Als wesentliche Voraussetzung für die Mitarbeiterschaft gilt, daß der Betreffende selbst als Gast bzw. Schüler sich dem initiatischen Prozeß unterzogen hat[37].

Als Gast, Klient oder Suchender wird in der IT derjenige bezeichnet, der aufgrund einer existentiell umschreibbaren Problematik – meist mit mehr oder weniger ausgeprägten neurotischen oder präpsychotischen Anteilen – für einen begrenzten Zeitraum in Rütte aufgenommen wurde und sich den Übungen der IT unterzog. Die Klassifizierung „Patient" wird nur ungern vorgenommen, auch wenn sie bei manchen Menschen von ihrer Symptomatik her gerechtfertigt erscheint. Bei entsprechender Arbeit in den verschiedenen angebotenen Medien zeigt sich, in welchem Maß dem Gast Einblick, Bewußtseinsfähigkeit und Verantwortlichkeit für den eigenen Prozeß möglich ist. Nach einiger Zeit verläßt er wieder Rütte[38], möglicherweise ohne daß es zu einer Identifikation mit seinem Werdeprozeß kam, d. h. er konnte sich der Formel des initiatischen „Stirb und Werde" nur begrenzt oder gar nicht überlassen. Diese Menschen benötigen meist mehrere Anläufe, bis ihre Widerstände umwandelbar sind. Es sind die von Dürckheim beschriebenen Menschen, die sich auf dem „Weg zum *Weg*" befinden, die sich noch nicht endgültig für die Weiterentwicklung im initiatischen Sinne entschließen können[39].

7.4. Der Schüler

Nach möglichen und wünschenswerten Phasen der Rückkehr in die Alltagswirklichkeit mit der Chance, das Erfahrene konkret in den alltäglichen Lebensvollzug umzusetzen und einzuüben, ist das Krite-

---

[37] Ausnahmen bilden qualifizierte Therapeuten mit Berufserfahrung, die sich als Gasttherapeuten in Rütte aufhalten. In den letzten Jahren kamen verstärkt hinzu Vertreter der HP und TP, die fortlaufende Ausbildungsprogramme in Bioenergetik, Gestalt und Kurse in Tanz, Körpertherapie etc. anboten.
[38] Vgl. die Angaben über die Verweildauer in Rütte 6.2., Anm. 30. Nicht nur in Rütte, auch in der Zweigstelle München wird initiatische Arbeit angeboten, hier mehr unter „ambulanten" Bedingungen.
[39] Vgl. RM, 52.

rium für den Schüler, immer ernsthafter und intensiver die Arbeit an seinem Individuationsprozeß aufzunehmen. Dabei ist er bereit, sich in seinem Kern in aller Konsequenz zu erfahren, was mit aufrüttelnden Erkenntnissen, emotionalen Krisen und verwandelnden Durchbrüchen verbunden ist. Besonders die Bearbeitung der Schattenproblematik führt oft zu tiefgreifenden innerseelischen und auch die somatische Ausdrucksebene tangierenden Umstrukturierungen. In diesem Stadium können einige der von Dürckheim getroffenen Forderungen für den Schüler aktuell werden.

„Doch wer darf sich Schüler nennen? Nur der, den die Sehnsucht von Grund auf gepackt hat, der, von der Not an die Grenze getrieben, glaubt, draufgehen zu müssen, wenn er nicht durchbricht.

Nur der, den die Unruhe des Herzens ergriff und ihn nicht mehr losläßt, eh sie gestillt ist."[40]

Hier charakterisiert Dürckheim mit idealistisch klingenden Worten den Schüler, der in der Wirklichkeit seines Schülerseins steht, d. h. er ist bereits auf dem *Weg*, bzw. „der *Weg* hat ihn"[41]. Er läuft nicht mehr Gefahr, seinem Verwandlungsgesetz untreu zu werden[42], wenngleich er von Versuchungen in Gestalt des „Widersachers"[43] heimgesucht werden kann. Der Schüler entwickelt das Gespür für sein ihm gemäßes Entwicklungsgesetz, das er auch akzeptiert und aktiv unterstützt, wenn er mit seinen Schattenqualitäten und vermeintlichen Regressionen konfrontiert wird. Gerade die wechselnde Gegenüberstellung mit den dunklen, insuffizienten und lebbaren, verwirklichten Seiten während der geführten Bewußtseins- und Verwandlungsarbeit, was mit einer sichtbare Annäherung an seinen Kern einhergeht, wirkt als motivierende Antriebsfeder für die Fortsetzung des einmal begonnenen Individuationsweges. Der Mensch spürt, daß er sich selbst untreu wird, sich verfehlt, wenn er auf diesem Weg stillsteht. Der wirkliche Schüler ist

---

[40] ZW, 78 f., s. a. RM, 49 f. und DUM, 232 f. Zu einigen in diesen Abschnitten zitierten „Reizworten" wird in der Diskussion über die Jugendreligionen ausführlich Stellung bezogen, s. 7.6.
[41] RM, 53. Vgl. auch den Unterschied zwischen dem Weg zum *Weg* und dem *Weg*, 3.4., Anm. 11.
[42] RM, 53.
[43] Vgl. 3.3.2., Anm. 24.

„bereits dort, wo auch der Meister ist, auf dem Weg, nur daß man es beim Meister schon etwas mehr sieht als beim Schüler."[42] Mit anderen Worten, Schüler und initiatischer Mitarbeiter bewegen sich beide auf dem gleichen Weg-Kontinuum; der Unterschied zwischen beiden ist in der Distanz voneinander zu sehen.

„Wir alle sind im Grund, wenn auch noch schlafende, Schüler des ewigen Meisters"[44],

sagt Dürckheim. Kopp bemerkt dazu:

„Was der Guru dem Suchenden an Wissen voraus hat, ist, daß wir alle Pilger sind."[45]

Dieser Weg ist durch verschiedene Reifestufen gekennzeichnet, die aus tiefenpsychologischer Sicht durch die Arbeit an der Bewußtseinsentwicklung im Sinn von Jung und Neumann und der Übungs- und Verwandlungsarbeit bewältigt wird. Der Schüler, der sich auf diesen Prozeß einläßt, lernt so allmählich nach erfolgter Identifikation mit seiner Wegentwicklung – sich selbst immer mehr verstehend und er selber werdend – seine Entwicklungskrise zu überwinden und sich neu zu konstituieren. Er ist dann immer mehr in der Lage, die angebotenen und am eigenen Leibe erfahrenen Übungen nicht nur effizient auf sich selbst anzuwenden, sondern z. B. in einer überwachten Betreuungsaufgabe auf andere zu übertragen. Hier erfolgt ein erster Transgressus, der den Übergang zum Mitarbeiter vorbereitet.

Wenn Dürckheim von der Notwendigkeit spricht, daß auch der klassische Therapeut den Sprung zum Guru, zum Meister wagen sollte – wobei er damit den Meister im Werden meint – so hat er noch keine Aussagen über den konkreten Ausbildungsweg zum initiatischen Therapeuten getroffen. Dieses Thema wird in seinen Werken generell so angesprochen, daß nur derjenige,

„der selbst ohne Unterlaß die Einswerdung mit seinem Wesen sucht und sich hierzu selbst um ein meditativ orientieres Leben bemüht und sich selbst einer meditativen Praxis unterwirft . . . auch in der Lage sein wird, dem jeweiligen Stand seines Patienten vom Wesen her gerecht zu werden und seine Übungsweisen entsprechend auszuwählen und zu modifizieren."[46]

---

[44] RM, 48. [45] Kopp, a.a.O., 21.
[46] ÜL, 84. Wenn Dürckheim hier das Wort „Patient" gebraucht, so deswegen, weil er sich in diesem Aufsatz speziell an Ärzte gewandt hat.

Aus dieser Forderung werden die Kriterien für die Ausbildung des an seiner Wesensentwicklung orientierten Therapeuten ersichtlich.

7.5. Der initiatische Mitarbeiter

Der initiatische Mitarbeiter hat durch seine jahrelangen Verwandlungs- und Reifungsprozesse eine immer größere Distanzierung zu seinem eigenen Entwicklungsprozeß erreicht, d. h. er ist objektiver sich selbst gegenüber geworden und hat im Neumannschen Sinn eine relativ stabile Ich-Selbst-Achse errichtet. Die Voraussetzung zur Mitarbeit besteht ferner darin, daß er ein eigenes Arbeitsmedium gefunden hat, durch das er das initiatische Verwandlungsprinzip vermitteln kann. Er ist in der Lage, einen initiatischen Prozeß beim Schüler zu evozieren und so initiatische Bewußtseinserschließung zu bewirken und auch den Schüler auf diesem Weg zu begleiten[47]. Dieses Vorgehen ist nur dann möglich, wenn er weiterhin an der Instanz seines „inneren Meisters" arbeitet und kraft dieser inneren Substanz wirkt.

Die Wahl für ein bestimmtes Arbeitsmedium ist dadurch erleichtert, daß der Mitarbeiter von seiner Berufsausbildung her bereits technisch-fachliche Voraussetzungen aufweist, die nun durch die Entfaltung und Ausdifferenzierung seiner menschlichen und personalen Qualitäten erweitert und bereichert werden.

Kriterium für den Eintritt in den Mitarbeiterstatus ist nicht primär das professionell erworbene Können, sondern die in Eigenarbeit gewonnene Befähigung zur wegbegleitenden Führung[48]. Die Entscheidung zur Aufnahme in den Mitarbeiterkreis wird in Übereinstimmung mit den Leitern von Rütte und den Mitarbeitern getroffen.

---

[47] Zum Gebrauch und der Anwendung des „Evozierens" vgl. 4.4.8., Anm. 134.
[48] Vgl. GW 16, 80: „Den Ausschlag gibt nicht mehr das ärztliche Diplom, sondern die menschliche Qualität." – Weiteren Aufschluß über den Weg vom Schüler zum Mitarbeiter wird die geplante Selbstdarstellung von Mitarbeitern über ihre Entwicklung durch den Prozeß in Rütte geben.

7.5.1. Ausbildung

Während seiner anfänglichen therapeutischen Arbeit steht der angehende Mitarbeiter in Intervision mit anderen älteren Therapeuten. Dazu kommt die für jeden obligatorische Teilnahme an Selbsterfahrungs- und Ausbildungsgruppen, die z. T. von auswärtigen Gasttherapeuten angeboten werden, deren Konzeption mit dem initiatischen Leitgedanken assimilierbar ist, z. B. Gestalt, Bioenergetik, Tanz. Die angehenden Mitarbeiter werden außerdem in einer sogenannten „Kerngruppe" zusammengefaßt, deren Leiterin, M. Hippius, nicht nur die theoretischen Grundlagen der IT vertieft, sondern auf tiefenpsychologischer Basis auch einen gruppenspezifischen Lernprozeß aktiviert. Ebenso treffen sich die Mitarbeiter mit Graf Dürckheim zu regelmäßigen Aussprachen über Probleme ihrer Arbeit. Theoretische Seminarveranstaltungen, bei denen Hippius kasuistische Demonstrationen anhand von Zeichenserien und Traumprotokollen erläutert, gehören weiterhin zum Ausbildungsprogramm, ebenso wie regelmäßige Colloquien über Tiefenpsychologie und gemeinsame Meditationssitzungen.

Durch jahrelange, im initiatischen Sinne geleistete Entwicklungsprozesse, die weiterführenden Inter- und Supervisionen und die praktischen wie theoretischen Fortbildungen durchläuft der initiatische Mitarbeiter einen Selbsterfahrungsprozeß, der Parallelen zur Lehranalyse aufweist[49]. Dieser ist allerdings noch nicht in dem Maße institutionalisiert wie z. B. an den Jung-Instituten oder in der psychoanalytischen Ausbildung. Im Rückblick auf die eingangs formulierte Überlegung zur möglichen Mißverständlichkeit des Meister- und Gurubegriffs kann nun folgendes gesagt werden:

Meister bzw. Guru meint in der IT nicht einen Erleuchteten oder einen modernen Sekten- und Meditationsführer oder einen vollkommenen Weisen, der seine Jüngerschaft kraft seiner charismatischen Ausstrahlung und seines missionarischen Heilseifers zur möglicherweise nicht nur ideologischen Abhängigkeit (ver)führt[50].

---

[49] Vgl. a.a.O., wo Jung die „Selbsterziehung des Erziehers" fordert. S. a. die von Sutich getroffenen Kriterien in Hanefeld, a.a.O., 31.
[50] Vgl. RM, 68, wo Dürckheim vor der „Verfälschung von Meistergebärden in Gestalt von übertriebenen Forderungen, gierigen Ansprüchen, anstößigen Gesten, die im

Vielmehr ist der initiatische Führer ein Wegbegleiter, der immer fähiger wird, „meisterlich" zu wirken: Er bemüht sich um die Meisterschaft im Werden, indem er die initiatischen Prinzipien immer getreuer für sich selbst zu verwirklichen trachtet und sie so aus eigener Autorisierung vermitteln kann. So sagt Dürckheim:

„Es geht nicht darum, sich als Meister zu fühlen . . . Aber in dem Maße, als wir uns selbst im Zeichen der hier gestellten Fragen und auf dem Wege initiatischer Verwandlung befinden, stehen wir in der Kraft des inneren Meisters und dürfen ihn sprechen und antworten lassen."[51]

Wenn der Therapeut, besonders der nach klassischen, naturwissenschaftlichen Kategorien ausgebildete den Sprung zum Guru, d. h. zum Menschenführer wagt[52], wird der Patient zum Schüler. Beide befinden sich auf dem Weg. Die pragmatische Heilungsabsicht wird so durch die initiatische Heilkunst erweitert[53].

7.6. Vergleichende Anmerkungen zu den Jugendreligionen

Die zitierten Aussagen Dürckheims über das Schülertum und das Schüler-Mitarbeiter-Verhältnis in der IT könnten bei der heutigen Sensibilisierung der Öffentlichkeit über die Gefahren der sog. Jugendsekten bzw. Jugendreligionen mißverstanden werden.

Eine abgewogene und von Sensationseffekten freie kritische Stellungnahme ist bisher zu diesem Thema kaum zu finden. Eine Ausnahme bilden die differenzierten Aussagen von Mildenberger[54], der vor einer allzu leichtfertigen Generalisierung einiger Extremfälle warnt. Außerdem sind die engagierten Artikel des Berliner Schriftstellers Lenz hervorzuheben, der die bisherigen Aufklärungskampagnen der Kirchen, der Bundesregierung und v. a. der Massenmedien einer scharfsinnigen und äußerst kritischen Analyse unterzieht. Im

---

Mantel eines Meisterprivilegiums, dem sich der Schüler zu unterwerfen hat, den wirklichen Meister nachäfft", warnt.
[51] Dürckheim, 1973, 73.
[52] Vgl. 5.4., Anm. 54.
[53] GW 16, 81.
[54] Mildenberger, 1979.

Vordergrund sonstiger Untersuchungen und Schriften, da besonders von Pfarrer Haack[55], stehen meist nur die negativen Auswirkungen, die nicht zu leugnen sind.

Der Versuch, mit anprangernden Berichten partielle Extremerscheinungen bereits als das Typische des Ganzen herauszustellen, scheint mir ein ebenso sektenimmanenter Zug zu sein wie der simplifizierende Absolutheits- und Totalitätsanspruch mancher Jugendsekten selbst. Die Grenzen sind in dem geradezu unübersehbaren Gebiet der Alternativbewegungen sehr fließend. Trotz alledem soll in Anlehnung an Mildenberger differenziert werden zwischen den eher „harten Kernen" der Jugendsekten, die in den USA auch „cults"[56] genannt werden und den sektenfreien religiösen Subkulturen, deren Teilnehmer eher unorganisiert, undogmatisch und mit zuweilen leicht utopischen Vorstellungen einen alternativen, lebensreformerischen Stil praktizieren[57]. Diese losen Gruppierungen sind ebenso wie eine dritte Zielgruppe gefährdet, pauschal mit den Jugensekten gleichgesetzt zu werden: Es sind die „psycho-religiösen Gruppen", zu denen nach Mildenberger u. a. die Humanistische und Transpersonale Psychologie gezählt werden, die z. B. in Zist praktiziert wird, sowie der Ashram von Bhagwan Shree Rajneesh in Poona mit vielen Zentren in Europa. Auch die IT würde sicherlich, wäre sie bekannter, unter diese Kategorie subsumiert werden. Ihr gemeinsames Bemühen ist es, den ganzen Menschen durch innovative Methoden zu behandeln und zu seiner Authentizität hin zu verwandeln. Im Falle Bhagwan wurden dabei von den Massenmedien spektakuläre Praktiken vermutet und in Parallelität zu den Jugendsekten gesetzt[58].

In der Folge halte ich es für sinnvoll, auch aus prophylaktischen Erwägungen, die IT mit den inzwischen publik gewordenen Kriterien über die Jugendsekten zu vergleichen, d. h. ich stelle das Konzept der IT bewußt den Extremgruppierungen gegenüber. Auf diese Weise kristallisieren sich am deutlichsten die Unterschiede heraus.

Mit dieser Vorgehensweise teile ich nicht die Auffassung, daß die Jugendsekten mit den von der Bundesregierung und den Massenme-

---

[55] Haack, 1978.
[56] Mildenberger, a.a.O., 271.
[57] Vgl. Lenz in Esotera, 12/78, 1128.
[58] Mildenberger, a.a.O., 158-171.

dien beschriebenen Strukturmerkmalen abgedeckt und festgelegt seien. Die z. T. auch schillernden Zwischentöne im Gesamtspektrum der Alternativbewegungen können hier nicht gesondert in Beziehung zur IT gesetzt werden.

Lenz, der als objektiver Kenner und Berichterstatter der neuen Bewegung gilt, bezieht seine Kritik an der Anti-Sekten-Kampagne

1. auf den pauschalen, polemischen und zur Begriffsverwirrung beitragenden Ausdruck „Jugendreligionen, bzw. Jugendsekten"[59],
2. versucht er, die offizielle Kritik, besonders der Amtskirchen, als deren Projektionen zu entlarven,
3. prangert er die unbesehene Übernahme der Anklagepunkte des umstrittenen, meinungsbildenden Pfarrers Haack an,
4. warnt er vor der Verschleierung der eigentlichen Gefahren der Jugendsekten durch eine derartige tendenziöse Berichterstattung mit ihren Folgen, die bereits die Züge einer Sündenbockpsychologie anzunehmen scheint.

Dabei negiert Lenz nicht die dokumentarisch belegten Unglücks- und Schadensfälle durch den Beitritt zu den Jugendsekten; ihm geht es um eine sachliche Analyse der einseitigen Kampagnen, die nach seiner Ansicht die realen Gefährdungen der heutigen Jugendlichen und jungen Erwachsenen[60] sowie die Hintergründe dieser Erscheinungen vertuschen. Das latente Bedürfnis, sich in religiösen Fragen ansprechen zu lassen und Alternativmodelle auszuprobieren, ist allerdings kein Privileg der Jugendlichen mehr. Die kaum noch zu übersehende Fülle von meditativen – im weitesten Sinne – Angeboten wird von Menschen aller Altersgruppen wahrgenommen, offenbar auch von Menschen aller Schichten[61]. Laut Mildenberger liegt das Übergewicht bei den 25 bis 40jährigen[62].

---

[59] Vgl. auch Mildenberger, a.a.O., 36: „Die Abgrenzung dessen, was da als ‚neue Jugendreligionen' oder ‚Jugendsekten' gelten soll, bleibt unklar, weil keine sauberen Kriterien für die Erhebung des Tatbestandes entwickelt wurden."
[60] Darunter versteht er die jährlich ansteigenden Raten von Selbstmorden bei Kindern und Jugendlichen, von Mißhandlungen durch die Eltern, von Verkehrsunfällen, Alkoholmißbrauch usw., in: Esotera, 5/79, 428.
[61] Mildenberger, a.a.O., 124.
[62] „Zahlenmystik der Aufklärer" (Lenz in Esotera 5/79, 426 ff), d. h. nach Lenz manipulierte Zahlenangaben über die wirkliche Sektenanhängerschar, neben anderen, offenbar gezielten Diskriminierungsmaßnahmen durch die Sektenexperten und die Presse, vernebeln eine kritische Aufklärung über tatsächliche Gefahren der Jugendsekten. Außerdem werde allzu undifferenziert das Geschehen in Guayana als warnendes Bei-

Diese Fakten sind wichtig, um die folgenden Punkte einer differenzierten und kritischen Stellungnahme zu unterziehen und nicht die in der Öffentlichkeit kursierenden Argumente unbesehen zu übernehmen[63].

In einer Stellungnahme vom 10. 7. 78 zählt das Bundesministerium für Jugend, Familie und Gesundheit sechs Gruppierungen zu den Jugendsekten mit folgenden Strukturmerkmalen:
1. „Autoritäre, patriarchale Führergestalt,
2. totaler Gehorsam der Anhänger,
3. nach strengem Reglement ausgerichtetes Gemeinschaftsleben,
4. kompromißlose Ablehnung der ‚alten Gesellschaft',
5. mit moralischem Rigorismus gepaartes elitäres Sendungsbewußtsein der ‚Jünger'"[64].

Ohne auf die wichtigen Unterschiede zwischen den einzelnen Gruppierungen weiter eingehen zu können, sind die Aussagen der Bundesregierung über die Folgen einer Mitgliedschaft bemerkenswert:

„Mit dem Beitritt zur Sekte ist offenbar bei vielen Sektenmitgliedern eine beängstigende Persönlichkeitsveränderung verbunden. Fachleute sprechen von ‚Entpersonifizierung durch Wirklichkeitsverlust'. . . . Nicht wenige ehemalige Sektenangehörige müssen über lange Zeit psychotherapeutische oder psychiatrische Hilfe in Anspruch nehmen."[65]

Als Gründe für den Beitritt zu einer Jugendsekte werden folgende Motive genannt:

„Weltflucht aus Zukunftsangst – Enttäuschung über weithin als sozial ungerecht empfundene gesellschaftliche Wirklichkeit – Probleme in Familien, Schule und Beruf – Unvermögen, Leistungsdruck zu kompensieren und Unfähigkeit, Spannungen im Verhältnis zur sozialen Umwelt zu ertragen – Wunsch nach sinnerfülltem Leben – Streben nach liebevoller Annahme und

---

spiel hingestellt und mögliche Parallelen zu den heterogen, in ihren Strukturen nicht unbedingt vergleichbaren Meditationsbewegungen gezogen.
[63] Vgl. die Schlagzeilen wie: „Jugendsekten. Die neue Droge", Der Spiegel, 29 v. 17. 7. 78. – „Die falschen Heiligen", die ZEIT – „Obskuren Sekten verfallen", BILD – „Kein Guro ohne Giro", Die Wirtschaftswoche, zit. nach Mildenberger, a.a.O., 37.
[64] Zu den Sektengruppen gehören: Scientology Church, Mun-Sekte, Children of God, Hare-Krishna-Bewegung, Divine-Light-Mission, Gesellschaft für Transzendentale Meditation (TM), zit. nach Mildenberger, a.a.O., 34.
[65] A.a.O., 35.

personaler Geborgenheit in Gemeinschaft Gleichgesinnter – Drang, ein von Askese, Unterordnung und Spiritualität gekennzeichnetes Leben zu führen."[65]

Im Zeichen der „Legitimationskrise" sucht der verunsicherte Mensch in dem Angebot der Jugendreligionen seine Selbstfindungsprobleme zu lösen. Aber gerade dort sind die Gefahren in der Identitätsfindung besonders groß, da statt Persönlichkeitsentwicklung vielfach neue Abhängigkeiten und Regressionen die Folge sind.

Wissenschaftliche Untersuchungen des amerikanischen Psychiaters Clark zu den „destructive cults"[66] kommen zu dem Schluß, daß die meist labilen Jugendlichen – von ihnen sind 58 % psychisch gestörte, 42 % normale junge Menschen, die sich gerade in Entwicklungskrisen befinden[67], – durch gezielte Werbepraktiken mit den neuen Gedanken der Sekte indoktriniert werden. Unter massivem Gruppendruck wird die bewußte kritische Kontroll- und Verstandesfunktion ausgeschaltet, durch extreme Überwachung alle früheren Privatkontakte unterbrochen usw., so daß in kürzester Zeit eine Umerziehung und Einstellungsänderung des Mitgliedes stattfindet, die Clark als „Entpersönlichung" charakterisiert. Regression und Aufgabe der Eigenverantwortlichkeit, blindes Vertrauen an die absolutistischen Glaubenssätze der Sekte und damit an den Führungsstil des meist zum Messias hochstilisierten Führers sind die Haltungen des so „umprogrammierten" Jugendlichen.

Hilfreich zum Verständnis der neuen religiösen Gruppierungen scheinen mir die Ausführungen von Neumann zu sein. Demnach wird von den Mitgliedern ein utopischer Erlösungszustand herbeigesehnt. Das Individuum wird mit dem „Pleroma" als die „Fülle des Göttlichen in seinem vorweltlichen Zustand"[68] in einer mystisch-inflationistischen Weise gleichgesetzt und so in den „Stand der Erlöst-

---

[66] Vgl. den Artikel: Sind Sekten gesundheitsschädlich? (in: Psychologie heute 3/78, 7 ff.), in dem die Ergebnisse von Clark's Untersuchungen referiert werden. Zu den „destrucktive cults" zählt er die angeführten Gruppen mit Ausnahme der TM. S. auch Langen in Mildenberger, a.a.O., 155, der 3 Gruppierungen von Meditationsgeschädigten aus der TM unterscheidet.
[67] Vgl. dazu die Aussagen von Stierlin in Mildenberger, a.a.O., 255, demzufolge die meist jugendlichen Erwachsenen sich in einem „in between-state" befinden. Die meisten Sektenangehörigen sind „eher situativ als von Kindheit an gestört".
[68] Neumann, 1973, 82.

heit[68] erhoben. Damit umgeht das Individuum – gleich ob als der Führer selbst oder der nacheifernde Anhänger – illusionistisch die Schattenproblematik der Außen- wie der eigenen Innenwelt.

„Das Individuum wird auf diese Weise rekollektiviert, d. h. wieder zum kollektiven Massenteil gemacht; indem ihm seine Einzelverantwortung genommen wird, wird es aber zugleich von seiner Isoliertheit erlöst."[69] Statt spiritueller Entfaltung und Entwicklung zum autonomen, in sich „gekernten" Menschen ist nun dogmatische Fixierung, Entmündigung und Abhängigkeit vom Guru vielfach das bedrückende Erscheinungsbild von den Anhängern der „destructive cults"[70].

Die Gefahr der Verallgemeinerung und Verabsolutierung solcher Ergebnisse ist offensichtlich bei der Betrachtung der vielfältigen Anti-Sekten-Kampagnen gegeben. Im folgenden versuche ich, die einzelnen Strukturmerkmale zwischen den so dargestellten Jugendsekten und der IT miteinander zu vergleichen.

AD 1.:

Die differenzierten Aussagen von Mildenberger über die „religiöse Revolte" unterscheiden sehr deutlich zwischen den „harten Gruppen und ihrem autoritären Stil"[71] und den eher „meditativen und ekstatischen Strömungen, den Guru-Bewegungen, den freien Lebens- und Bewußtseinsmodellen der weltanschaulich- religiösen Alternativszene wie einigen Aspekten der jugendlichen Pop-Kultur"[71], bei denen im Gegenteil narzißtisch-regressive Komponenten im Vordergrund stehen und die keine ausgesprochene Führerstruktur aufweisen[72].
In den Ausführungen der Bundesregierung sind die streng autoritär geführten Jugendsekten gemeint mit einem „real existierenden Führer, der nachweislich wohlhabend ist. Der Führungsstil ist autoritär, der Glaube absolutistisch und anderen Glaubenssystemen gegenüber intolerant. Unangezweifelter Gehorsam ist eine der Bedingungen der Mitgliedschaft . . . Einige dieser Führer lassen es zu, daß man sie als Messias verehrt."[73]

---

[69] A.a.O., 83.
[70] Vgl. dazu die kritischen Anmerkungen von Mildenberger (a.a.O., 258), der darauf hinweist, daß in den USA zu den „cults" auch die radikalen und extremen Gruppierungen wie etwa die „Manson family" zählen. Von daher seien seine Untersuchungen, die noch aus der harten Konfrontationszeit stammen, nicht unbedingt für europäische Verhältnisse maßgebend.
[71] Mildenberger, 227.
[72] A.a.O., 208.
[73] Psychologie heute, 3/78, 7 ff.

In der IT stehen an der Spitze die beiden Begründer und Lehrer Graf Dürckheim und Maria Hippius, doch kann ihre Position schwerlich mit dem autoritären Führungsstil der Jugendsektenführer verglichen werden. Weder versuchen sie noch die Mitarbeiter, ihre Schüler zu indoktrinieren und in ihrer Eigenständigkeit zu beschneiden oder in ihrer Entwicklung nach ideologischen Gesichtspunkten zu steuern. Das therapeutische Konzept ist an dem Initiation-Individuationsprinzip orientiert und schließt christliche Ansätze und östliche Praktiken mit ein. Es fördert, im Gegensatz zu den erwähnten Gefahren von Persönlichkeitsverlust oder Identitätsverwirrung und Regression, die Entfaltung zur eigenverantwortlichen Person, die sich gerade aus absoluten, das eigene Wachstum behindernden Bedingungen und Glaubensansätzen – sei es der Eltern oder sei es durch gesellschaftliche Einrahmungen – zu lösen lernt, um dann in einen neuen dialogischen Bezug zu treten.

Ein von „oben" aufoktroyiertes Glaubensbekenntnis und damit die Eingrenzung auf einen engen weltanschaulichen oder religiösen Bereich steht im Widerspruch zur Konzeption der IT. Zeitweilige, für den therapeutischen Prozeß notwendige Übertragungsvorgänge – wie in jeder anderen tiefenpsychologisch orientierten Therapie auch – dürfen nicht mit einer messianischen Anbetung verwechselt werden. Sicherlich ist in der IT vonseiten vieler Schüler und auch der Mitarbeiter eine den beiden Begründern gegenüber bezeugte Verehrung kein Kriterium für die offenbar bei manchen Jugendsekten beobachtete, an Hörigkeit grenzende Abhängigkeit der Anhänger von ihrem Guru.

Ad 2.:
Der totale Gehorsam, ein fast konsequentes Attribut einer patriarchalen, autoritären Führung ist kein Strukturmerkmal der IT. Hier ist zu unterscheiden eine freiheitseinschränkende Form des Gehorsams von jener Art der Autorität, deren Wirkung nicht von einer egozentrischen Machthaltung des Betreffenden ausgeht, sondern kraft einer überpersönlichen Legitimation und Motivation ausgeübt wird[74].

Wenn Dürckheim von „Gehorsam" und dem „Großen Vertrauen" spricht[75], so ist damit keine unterwürfige Haltung bzw. Übergabe des Ichs oder des materiellen Besitzes des Schülers an den initiatischen Mitarbeiter oder an die Leiter selbst gemeint. Der Haupttenor liegt auf der Entwicklung zur Treue dem eigenen „absoluten Gewissen"[76] gegenüber, also der Instanz

---

[74] Vgl. dazu 8.: Das Überpersönliche in der Übertragung. Vielleicht ist die Unterscheidung zwischen „potestas" i. S. von Amtsgewalt, Herrschaft, Macht angebracht (lt. Stowasser, lat. Wörterbuch) und „autoritas" bzw. Autorität, die weniger auf Macht als auf geistiger Leistung, auch auf Tradition beruhender Einfluß und das daraus erwachsende Ansehen einer Person oder Einrichtung" meint (lt. Duden).
[75] Vgl. DUM, 232.
[76] RM, 51.

des erwachenden „inneren Meisters"[77]. Der leibhaftige, äußere Wegbegleiter dient geradezu als Entwicklungshelfer für die werdende Autonomie dieser inneren Instanz. Das Schüler-Mitarbeiter-Verhältnis ist insofern im Gegensatz zur heteronomen durch die *autonome* Disziplin gekennzeichnet.
„Es gibt zwei Formen von Disziplin: die heteronome und die autonome. In jener ist der Mensch einer äußeren Autorität unterworfen, erfährt sie als Fremdmacht und Beschränkung seiner Freiheit. Die autonome Disziplin ist Ausdruck der Treue zu einer Entscheidung zugunsten des eigenen Wesens".[78]

Der Schüler hat in den Stadien seiner Entwicklung erfahren, daß Äußerungen und Anweisungen des Mitarbeiters – etwa unermüdliches exerzitienhaftes Üben im Zeichnen – die ihm von seiner momentanen Entwicklungsstufe her fremd, verwirrend oder paradox erscheinen mögen, nicht Ausdruck unmenschlicher Willkür oder autoritärer Anmaßung sind, sondern vorausschauendes Wissen des Wegbegleiters. Dahinter verbirgt sich häufig die gezielte Evokation zu einer neuen Entwicklungsstufe.

Ad 3.:

Sektenkritiker heben hervor, daß durch die große Kohäsions- und Integrationskraft mancher Gruppen – verbunden mit gezielten Strategien – der künftige Sektenanhänger sich immer mehr von bisherigen Außenweltkontakten abkapselt. Durch seine Isoliertheit wird er in Bezug zu seinen früheren Kontakt- und Verbindungspersonen allmählich kommunikationsunfähig und immer mehr auf das Leben im Kreise von Gleichgesinnten angewiesen. Die Rückkehr in seine gewohnte Lebens- und Arbeitswelt ist dadurch stark erschwert, falls sie überhaupt noch erstrebt wird.

Das Gemeinschaftsleben in Rütte weist keinen spezifischen Gruppencharakter auf, wie es in den Sekten und vielfach auch in den alternativen Therapiezentren zu beobachten ist. Ein wichtiger Grund dürfte darin liegen, daß in der IT der Selbstfindungsprozeß stark die Entwicklung des Einzelnen betont, was neben der Akzentuierung auf Einzelstunden zu konzentrierter Eigenarbeit und ständiger Übung herausfordert. Dadurch ist in manchen Entwicklungsphasen eine geradezu klausurhafte Bezogenheit auf sich selbst nötig und mit einem Zurückgeworfensein auf die eigene Problematik und deren Bearbeitung verbunden. Dieser Vorgang der Zentroversion wird bisweilen, besonders von auswärtigen Gasttherapeuten oder auch Gästen als allzustarke Isoliertheit und als ein Mangel an Gemeinschaftsleben empfunden und könnte leicht mit den Rückzugserscheinungen der Jugendsektenanhänger gleichgesetzt werden. Wenngleich mitunter phänomenologisch hier eine Parallelität festzustellen ist, so sind doch die Hintergründe in der IT anders gelagert. Die

---

[77] A.a.O., s. a. 7.2., Anm. 19
[78] RM, 51, vgl. auch MWW, 55, wo Dürckheim von der „Wesensautorität innen" spricht.

Verweildauer der Gäste oder Schüler in Rütte beträgt am Anfang im Durchschnitt ca. zwei Wochen und kann je nach Notwendigkeit des inneren Prozesses auch mehrere Monate dauern. Immer ist jedoch die Rückkehr in die Alltagswirklichkeit möglich und auch erwünscht, um die gewonnenen Erfahrung im sozialen Leben umzusetzen und einzuüben.

Der gegenüber den Sekten sowie sonstigen Meditationsbewegungen häufig formulierte Vorwurf: „Flucht aus der Wirklichkeit, Verrat am Engagement, Absinken ins Kritiklose und Passive, Lust an der Verschwommenheit"[79], wird oft auch auf die IT gemünzt in dem Stile, daß Rütte eine heile, paradiesische Welt sei, eine idyllisch gelegene Insel und ein Zufluchtsort, weitab vom hektischen und leistungsfordernden Getriebe der übrigen Welt. Dazu ist zu sagen, daß von vielen Menschen, besonders am Anfang ihres Aufenthaltes in Rütte der Eindruck der Stille und der als erholsam empfundenen Hochlage des Schwarzwaldkurortes Todtmoos geteilt wird. Gleichwohl ist Rütte kein Sanatorium oder eine Klinik. Diese äußeren geographischen Begünstigungen dürfen nicht über den wirklichen innerseelischen Prozeß hinwegtäuschen, der bei den meisten Menschen intensiv anläuft, und der z. B. kontinuierliches Exerzitium an sich selbst mit nicht immer angenehmen Konfrontationen der eigenen Schattenqualitäten verbindet. Denn der zur Eigenarbeit bereite und fähige Mensch wird oft bald mit seinem „Gebrochensein", mit seinem individuellen, existentiellen Schuldiggewordensein konfrontiert. Während dieses mitunter alle Kräfte beanspruchenden Werdeprozesses innerhalb des geschützten Rütte-Raumes ist bei den Sektenangehörigen im Gegenteil ein Rekollektivierungsprozeß – Clark spricht in diesem Zusammenhang von Entpersönlichung – zu bemerken, der einen strengen Gruppenzusammenhalt geradezu herausfordert. Dieses Phänomen eines reglementierten Gemeinschaftslebens würde in Rütte den zur individuellen Entfaltung benötigten Freiheitsraum stark beengen oder gar verhindern.

Ad 4.:

Die Motivation der jungen Menschen, sich einer religiösen Gemeinschaft anzuschließen, wurde von der Bundesregierung neben den als unerträglich empfundenen gesellschaftlichen Verhältnissen auch mit der Sehnsucht nach einem sinnerfüllten Leben begründet und dem Bedürfnis nach vertiefter Spiritualität. Dieser Wunsch, der offenbar bei vielen Menschen so dringend ist, daß sie ihre bisherige existentielle Lebenspraxis aufzugeben bereit sind, um neue Alternativen ihres Daseinsvollzugs zu erproben, wird aus der Sicht der IT als das Suchen nach der eigenen Ursprünglichkeit verstanden. Die Rückbindungsmöglichkeiten an den eigenen Kern i. S. von „religio" kann anscheinend in einer für die Betroffenen gemäßen Weise weder in den Familien noch in den von der Gesellschaft getragenen Institutionen wie Kirchen und Ausbildungsstätten geschehen und geleistet werden. Die Sehnsucht nach vertiefter trans-

---

[79] Lenz in Esotera 11, 78, 1003, wo er die Schlagzeilen einiger Massenmedien zitiert.

zendentaler Kontaktfähigkeit, verbunden mit der erstrebten emotionalen Wärme in einer Gemeinschaft wird bei dem zutage tretenden Defizit gesellschaftlicher Zustände bei den religiösen und alternativen Minderheitsgruppierungen scheinbar gestillt. Die Abkehr von den nicht länger akzeptierten Mangelerscheinungen in der etablierten Gesellschaftsform wird allerdings häufig mit einer erneuten, dogmatisch fixierten und ideologisierten Verbündung erkauft.

„Kompromißlose Ablehnung der alten Gesellschaft" im Sinne einer protestierenden Abkehr von gesellschaftlichen, unerträglich scheinenden Zwängen wäre in der IT eine allzu einfache projektive Verdrängung, ein Abschieben der eigenen Verantwortlichkeit auf die äußeren Umstände. Gerade dieses Verhaltensmuster wird durch die Individuationsarbeit in Frage gestellt. In den therapeutischen Stunden erfährt der Mensch seine durch gesellschaftliche und erzieherische Umstände eingefleischten Bedingtheiten. Er lernt nun, diese wesensverhindernden Komponenten zu erkennen, zu durchbrechen und den unterbrochenen Anschluß an den eigenen Urgrund wiederherzustellen. Dieser langwierige Verwandlungsprozeß führt durch archetypische Entwicklungsstadien, die der Mensch immer mehr – und dabei bedarf er der kundigen Führung – als ichstarkes und wesensbezogenes Individuum zugleich bestehen lernt. Durch die Gewinnung einer neuen Ethik i. S. Neumanns[80] ist er dann allmählich in der Lage, auch dem Kollektiv wieder in sinnvoller Weise dienlich zu sein. Insofern sind auch die Voraussetzungen für ein neues politisches Bewußtsein gegeben, nicht im revolutionären oder anarchistischen Sinne, sondern im eher stillen reformerischen und radikalen Stil i. S. des Wortes, das seine Wandlungskraft aus der wachsenden, in sich gefestigten und „ausstrahlenden" Person schöpft. Im Laufe der letzten 15 Jahre leisteten eine Vielzahl von Sozialarbeitern, Sozialpädagogen und Psychologiestudenten ihre Praktikantenzeit in Rütte ab. Sie, wie auch die große Zahl von Theologen, Priestern und auch Männern aus großen Industrie- und Wirtschaftsbetrieben könnten wegen des eigenen Wandels, dem sie sich unterzogen eine Multiplikatorenfunktion in ihrer Alltags- und Berufswelt ausüben[81].

Eigene Beobachtungen, die empirisch zu untermauern wären, zeigen an, daß sehr viele Menschen, die in Rütte oder in München an ihrem Individuationsprozeß arbeiten, entweder ihren bisherigen Beruf ändern und Ausbildungen im Sozial- oder Psychotherapiefeld beginnen oder in ihrem bestehenden Beruf die selbst erfahrenen und gewonnenen Einsichten und Fähigkeiten aufgrund ihres eigenen Wandels fruchtbar einsetzen.

Ad 5.:
Gezielte Werbekampagnen und Indoktrinationsmethoden gehören nicht zu den Strategien der IT. Wie aus den Kapiteln zur Indikation hervorging, unter-

---

[80] Neumann, 1973.
[81] Vgl. 6.1., Anm. 8.

zieht sich der Schüler freiwillig bzw. aufgrund seiner spezifischen Leidensproblematik der IT. Missionarisches Sendungsbewußtsein ist hin und wieder nach ersten „Erfolgserlebnissen" einzelner Anfänger zu beobachten, besonders nach der Rückkehr in den Alltag, wenn sie von ihren Erlebnissen berichten. Doch zeigt sich sehr schnell, daß ohne die nötige Entwicklungs- und Reifestufe ein möglicherweise „Bekehrter" bald das Interesse an der IT verliert, falls er überhaupt aufgenommen wurde. Das Attribut „elitär" wird der IT oft in dem Sinne zugeordnet, daß nur eine begrenzte Schar „Auserwählter" aufgenommen werde. Wie schon früher ausgeführt, gilt für die IT wie auch für andere tiefenpsychologisch arbeitende Schulen ein gezieltes Indikations- und Selektionsverfahren. In der IT gehört zur Anforderung an den einzelnen die Bereitschaft – fast immer ist es die drängende innere Not – zur Selbsterfahrung, Wandlung und Selbstverantwortung, die unter dem Vorzeichen einer den gesamten Menschen bis in seinen Wesenskern erfassenden Transformation steht. Eine steigende Zahl der heutigen psychisch labilen, sensiblen und kreativen Menschen befindet sich in einem latenten, meist ungesteuerten Krisen- und Wandlungsprozeß, der sie suchend nach verstehendem Beistand Ausschau halten läßt. „Die Wende zum „Initiatischen"[82] ist kein Privileg mehr eines exklusiven Kreises, sondern wird zunehmend in den diversesten Varianten eine notwendige Aufgabe für die Vielzahl der nach neuem Sinngehalt und der nach transzendenten Dimensionen Suchenden. Entscheidend im Konzept der IT ist dabei, daß es nicht um eine enthusiastische Bewußtseinserweiterung geht, sondern um die konzentrierte Arbeit an einem fundierten, tiefenpsychologisch abgesicherten Unterbau, der die nötige stabile Basis und Verankerung abgibt für das Erschließen jener Dimensionen. Parallel dazu wächst das Verantwortungsgefühl sich selbst und der sozialen Umwelt gegenüber.

Die Möglichkeit, die IT mit den Jugendsekten gleichzusetzen, liegt rein äußerlich an dem sprachlichen Gebrauch mancher Reizwörter, die in dem jeweiligen „Lager" in unterschiedlicher Bedeutung verwendet werden, so z. B. Autorität, Gehorsam, Vertrauen. Es sind gerade jene Wertbegriffe, die in der heutigen säkularisierten Zeit immer sinnentleerter geworden sind und leicht mit dem Stempel des Illegitimen versehen werden. In der IT wird versucht, diese hinfälligen Leerformeln mit ihrer tieferen Bedeutung zu beleben und damit ihre ursprüngliche Aussagequalität zu treffen. Bei näherer Betrachtung sind die Unterschiede – nicht nur vom theoretischen Konzept, sondern auch vom praktischen therapeutischen Vorgehen und der Zielsetzung – nicht zu übersehen.

---

[82] MWW, 110.

Der Hauptunterschied dürfte in dem „principium individuationis"[83] aufseiten der IT gegenüber dem „principium congregationis" bei den Jugendsekten liegen. Gemeint ist die konsequente Arbeit an der „personalen Identität" einerseits und die mögliche Gefahr der Ich-Auflösung mit dem Ersatz der „Gruppen-(Sekten) Identität" andererseits. „Guru" bedeutet in den Extrem-Gruppierungen die absolute und ausschließliche Bindung an einen äußerlichen, persönlichen Führer. Es handelt sich hierbei um eine einseitige Kommunikation, in der der Guru kraft seiner Position außer einer Erweiterung von Einfluß, Macht sowie materiellen und seelischen Aneignungen sich selbst nicht einem persönlichen Erfahrungs- und Reifeproezß unterzieht, wie es in der IT, der Transpersonalen Psychologie und in anderen psychotherapeutisch orientierten Modellen gefordert wird. Die Entwicklung der immanenten Autorität unter Zuhilfenahme eines nicht ausschließlich quasi-göttlich legitimierten Führers, sondern eines glaubwürdigen und ethisch verantwortlichen Wegbegleiters, ist die wesentliche Zielsetzung der IT in diesem Bereich.

Bei einer differenzierten Beurteilung zeigt das Erscheinungsbild der religiösen Gemeinschaften und der subkulturellen Alternativbewegungen das vielfach ungestüme und noch unbeholfene Streben und Aufbrechen nach einer neuen Religiosität an[84].

Die Hintergründe der heutigen Krise, die nicht nur die Jugend und die jungen Erwachsenen erfaßt, sollte mit sensiblen Methoden erforscht werden und von einer nicht moralisierenden, sondern verstehenden Haltung geprägt sein. Hinter dem Vehemenz, mit der diese und andere Minderheiten bekämpft werden, die die Banalisierung der heutigen Normierung zu überwinden suchen, scheint sich mir eine massive restaurative Tendenz anzuzeigen. Es wird sich herausstellen, ob die bisherige Art der Auseinandersetzung, deren Schärfe sicherlich auch durch die Spiegelung der eigenen Insuffizienz bedingt ist, in eine positive Herausforderung einmünden kann. Das mit im Grunde ehrlicher Besorgnis ausgedrückte Bedürfnis nach Geborgenheit, Zukunftsperspektive, Sinngehalt und der Suche nach grenzüberschreitenden Erfahrungen kann sowohl zur wirklichkeitsentfremdenden

---

[83] Vgl. 4.4.1., Anm. 18 und Michel, 1979, 44
[84] S. a. Riedel, 1976.

Flucht als auch zum Aufbruch gereichen, in dem eine vertiefte und intensive Weise des Menschseins erstrebt und verwirklicht wird.

Die Gemeinsamkeiten im existentiellen Bedürfnis der Schüler in der IT wie auch der Sektenmitglieder dürfte zusammengefaßt in dem Suchen nach Selbstfindung und der Erschließung des Bewußtseins bestehen. Die bereits beschriebene Weise, wie mit diesen, vorerst noch von einer sensiblen Minderheit artikulierten Wert- und Zielvorstellungen jeweils umgegangen wird – von der Manipulation bis zur Selbstaktualisation – macht den wesentlichen Unterschied zwischen der IT und den Jugendsekten aus. Die Erfahrung im Umgang mit transzendenten Dimensionen, deren personaler Verankerung und Verwandlung, die erst eine realitätsbezogene Alltäglichkeit ermöglicht, schafft wegen der im Grunde gleichen Motivationslage beider Vergleichsgruppen für die IT günstige Voraussetzungen zur psychotherapeutischen Behandlung von Sektengeschädigten. Aber auch prophylaktische und psychohygienische Aufgaben könnten von ihr wahrgenommen werden. Auf diesem Sektor bietet sich in der Zukunft ein weites Aufgabenfeld an.

Das vielfältige, in der öffentlichen Diskussion noch längst nicht beendete Thema um die Jugendsekten konnte hier nur in einigen Ansätzen berührt werden. Insbesondere war ein Eingehen auf die Unterschiede zwischen den einzelnen Gruppierungen nicht möglich. Initiatische Therapie und Jugendsekten haben – das zeigten die vorliegenden Anmerkungen – trotz einer partiellen Gemeinsamkeit in der Nomenklatur differierende Ansätze. Das therapeutische Konzept der IT, das im Gegensatz zu den Jugendsekten, die erst seit den letzten zehn Jahre etwa verstärkt aktiv wurden, besteht bereits seit dreißig Jahren und wurde durch die Verleihung des Bundesverdienstkreuzes an Graf Dürckheim im Jahre 1977 auch von staatlicher Seite gewürdigt.

8. Das Überpersönliche in der Übertragung

Das komplexe Thema der Übertragung soll hier unter dem Gesichtspunkt ihrer überpersönlichen Bedeutung behandelt werden. Die Akzentuierung auf diesen Bereich ergibt sich aus Dürckheims grundlegendem Aufsatz zu diesem Thema: „Das Überpersönliche in der Übertragung – der Mensch als Mittler zum Wesen"[1], dessen Kerngedanken ich hier zusammenfasse.
Die enge Verbindung der IT zu Jungs Gedankengut macht den Einbezug seiner Sicht zum Übertragungsgeschehen notwendig. Dabei wird im Übertragungsablauf ein „objektives Drittes" als das waltende Prinzip für den Fortgang der Weiterentwicklung sowohl des Schülers wie des Therapeuten angesehen. Insofern führe ich bei dieser Darstellung die im vorigen Kapitel begonnenen Ausführungen zur Ausbildung des initiatischen Mitarbeiters fort. Bewußt berühre ich die traditionellen Übertragungskonzepte der Psychoanalyse nur am Rande; andere Modelle wie etwa im klientenzentrierten Ansatz können nicht herangezogen werden[2].

8.1. Das Überpersönliche in der therapeutischen Übertragungssituation

„In den Übertragungen steckt nicht nur ein biographisch erklärbarer persönlicher Sinn, sondern auch eine nur metapsychologisch verständliche, überpersönliche Bedeutung."[3]

Mit diesem Kernsatz verleiht Dürckheim der Übertragung eine nicht nur im klassischen Sinn zu beachtende Bedeutung, sondern beleuchtet sie in ihrem hintergründigen, verborgenen, transzendenten Sinn. Mit Maeder, den er in diesem Aufsatz zitiert[4], handelt es sich bei der Übertragung

---

[1] Zuerst erschienen 1954, dann in EW, 1956. Hier zitiere ich aus der Neuauflage von EW, 1978, 60-81.
[2] Eine Übersicht findet sich in Peters, 1977. Vgl. auch Winkler 1971.
[3] EW, 63 f.
[4] Dürckheim bezieht in diesem Aufsatz viel öfters die theoretischen Konzepte beson-

„nie nur um eine regressive Projektion, sondern um einen von progressiven und überpersönlichen, also nur vom Wesen her verständlichen Allgemeincharakter."[5]

Und:

„Die Zurückführung der ‚Instanz', die der Therapeut für den Patienten darstellt, immer nur auf Figuren des Familienromans wäre also – wie Heyer das ausdrückt – eine ‚reduktive Verfälschung prospektiver Tendenzen'".[6]

Im Übertragungsgeschehen enthüllt sich mithin ein die biographische Entwicklung übergreifender Aspekt, der eng mit der doppelten Schlüsselrolle der Eltern verbunden ist:

„Vater und Mutter sind, metapsychologisch verstanden, also viel mehr als die guten oder schlechten Eltern dieser Welt. Sie sind die Förderer oder Verhinderer des Einklangs mit der Ordnung des divinen Seins . . . die eigentliche und vom Wesen des Kindes her auch geforderte Funktion der Eltern ist, säkulare Mittler des Divinen zu sein!"[7]

Eine gestörte Eltern-Kindbeziehung kann nach Dürckheim bewirken, daß die erlittenen Enttäuschungen eine folgenschwere Abspaltung von der „noch ungebrochenen Verankerung im Sein"[8] mit dem dazugehörigen Urvertrauen, Urglauben und der Urgeborgenheit nach sich ziehen. So können durch Versagungen der Schlüsselfiguren in der Kindheit nicht nur später sich auswirkende psychische Störungen entstehen, sondern zugleich wird die für das Kind erforderliche Rückbindung an das Sein und damit der Nährboden für die Ausbildung zur Person erschwert[9].

„Es geschieht eine Verhinderung der eigentlichen existentiellen Entwicklung, eine Blockierung der Integration von Bewußtseinsform und Wesen, also der wahren Individuation, und dies ist dann das eigentliche Leiden".[10]

So drückt sich nach Dürckheim in der Übertragung auch die Suche des Menschen nach „dem Halt im Unendlichen"[11] aus, nach der

---

ders der Personalen Psychotherapeuten ein, wie etwa Maeder, Michel, Herzog-Dürck, als dies in seinen späteren Werken der Fall ist. Vgl. auch 5.1., Anm. 24.
[5] EW, 73 zit. nach Monatsschrift für Psychiatrie und Neurologie, 125, 1953, 605.
[6] Heyer, 1952, zit. in EW, 75.
[7] EW, 74.
[8] A.a.O., 72, vgl. auch 4.5.3., Anm. 29 die Parallele zu Neumann.
[9] Vgl. die Fehlformen des Ichs, 3.3.3.5.
[10] EW, 73 f.   [11] A.a.O., 75.

,,metaphysischen Verankerung seines Lebens"[12], wie Rotthaus sagt. ,,Bodenlosigkeit und Angst, Vereinsamung und Leere, Schuld und Verzweiflung"[13] als existentielle Grundleiden des heutigen Menschen können beim Schüler in einer Übertragungssituation dazu führen, ,,im Therapeuten eigentlich den Heil-bringer im dreifachen Sinn zu suchen: den Vermittler des Haltes im Unendlichen, den Erschließer des Sinnes im Unendlichen und den Mittler der Geborgenheit im Unendlichen".[13]

Mit der möglichen Idealisierung als der ,,Allmächtige . . . der Vollendete . . . der große Liebende"[13] findet hier die Übertragung ,,nicht auf die Person, sondern auf die Idee"[14] statt.

8.2. Der Therapeut als ,,Mittler zum Heil"

Der Therapeut als Heilbringer ist nach Maeder ,,das Symbol der Erhaltung und Reintegrierung der Ganzheit"[15]. In der Übertragung erscheint der Therapeut in der Sicht des Schülers möglicherweise ,,als das Sinnbild des Seinsollenden"[15], d. h. er erfährt den Therapeuten in seiner Entwicklung zur Durchlässigkeit zu seinem Wesenskern als fortgeschrittener als er selbst es ist. Diese Affinität und Sehnsucht, die von seinem noch verborgenen Wesenskern zu dem des Therapeuten ausstrahlt, schafft ein für den Entwicklungsprozeß nötiges Spannungsfeld. Darin ist nicht nur der Raum für reduktive, vom personalistischen Verständnis her zu bearbeitende Projektionen, sondern auch für jene Inhalte, die als ichtranszendent anzusehen sind.

Im Rückblick auf den Entwicklungsgang des Mitarbeiters wurde gesagt, daß dieser sich auf dem *WEG* befindet, er sich in der Meisterschaft im Werden übt, was den initiatischen Verwandlungsprozeß voraussetzt. Der initiatische Mitarbeiter hat in sich die Instanz seines ,,inneren Meisters" entwickelt und ist kraft seiner Durchlässigkeit zu

---

[12] Rotthaus, 1954, zit. in EW, 121.
[13] EW, 80. Dürckheim behandelt diese drei Notleiden gesondert, s. EW, 74, vgl. auch 3.3.1. und 3.3.3.3.
[14] Medtner, 1935, in EW, 80.
[15] EW, 77, vgl. auch Maeder, 1968, 19-28, wo er unter Zuhilfenahme geschichtlicher und mythologischer Parallelen, z. B. das Tao-Te-King von Lao-Tse die Übertragung in seiner überpersönlichen Bedeutung beleuchtet.

seinem Zentrum Vorbild für den Schüler. Er weiß aus eigener Erfahrung um die menschlichen Gesetzlichkeiten auf dem Weg und deren Höhen und Tiefen[16].

Da der initiatische Therapeut mit allen Ebenen in Berührung gekommen ist, der vorpersonalen wie der transpersonalen, wird er im Sinne des Heilbringers nicht nur zur Projektionsfigur für vergangene, mögliche traumatisierende Erlebnisse des Schülers mit den Bezugspersonen seiner Kindheit, sondern auch zum Stellvertreter einer überpersönlichen Mission. Er wird aus der Sicht des Schülers im Verlauf des Übertragungsprozesses zum Vorbild und Sinnbild für dessen eigene noch zu verwirklichende Integration mit seinem Inbild, mit seinem existentiellen, noch verborgenen Gesamtentwurf. Dem Übertragungsvorgang wohnt damit ein progressiver Sinn inne; der Therapeut wird zum „Mittler des Heils"[17].

Mit dieser Sichtweise wird die Bearbeitung des persönlichen Unbewußten und die analytische Auflösung neurotischer Mechanismen keineswegs als unnötig erachtet oder durch eine rein überpersönliche Haltung des Therapeuten als ersetzbar angesehen[18]. In der IT wird auch dieser Thematik das gebührende Gewicht beigemessen – jedoch wird neben dem gezielten analytischen Eingriff der notwendige Freiraum gelassen für katalytische und synthetische Heilungsvorgänge im Sinne der initiatischen Zielrichtung.

8.3. Die Wirkkraft des Therapeuten in der Übertragung

Die geschilderte Sicht- und Vorgehensweise, nämlich hinter den vordergründigen, aus der Biographie her erklärbaren Übertragungsmechanismen die hintergründige Sehnsucht und Not des Schülers ernstzunehmen, der mit Hilfe des Therapeuten Verankerung und Gebor-

---

[16] Vgl. RM, 65 ff.
[17] Diesen Ausdruck gebraucht Dürckheim nur in der Zusammenfassung seines Aufsatzes: „Das Überpersönliche in der Übertragung", der zuerst 1954 erschien (a.a.O., 190).
[18] EW, 76: „Das bedeutet nicht, daß dadurch etwa die analytische Auflösung neurotischer Mechanismen ersetzt werden könnte. Je härter ihre Fixierung, desto mehr bleibt ihre Einschmelzung auf analytischem Wege die erste Aufgabe."

genheit im Sein wiederfinden möchte, verlangt vom initiatischen Mitarbeiter besondere Voraussetzungen.

Dürckheim hebt den „Einfluß der Strahlung" hervor, die er „aus seiner existentiellen Mitte heraus von *Wesen* zu *Wesen* ausübt"[19]. Er befindet sich damit in Übereinstimmung mit Herzog-Dürck und anderen Vertretern der Personalen Psychotherapie wie Michel und Trüb:

Die Strahlung kommt „aus dem Ernstnehmen von Mensch zu Mensch, das durch die neurotischen Dressate hindurch auf den Personenkern des Partners zustrahlt"[20], sagt Herzog-Dürck.

„Die dem Patienten gegenüber gestellte Aufgabe setzt . . . im Arzt die Befähigung voraus, nicht nur aus psychologischem Verständnis und Können, sondern vor allem aus unbeirrbarer Liebeskraft zum latenten Wesenskern des Patienten vorzudringen, ihn anzusprechen und in die heilende Zwiesprache hineinzuführen"[21],

ist die Aussage von Michel zu diesem Thema. Und weiter heißt es bei Dürckheim, daß der Therapeut seinen Schüler in seinem „Wesensgewissen"[22] anspreche. Damit beruft sich Dürckheim auf Schottlaender:

„Hinter dem Imperativen des Über-Ich . . . von ihm verdeckt, ja eigentlich bekämpft, schlummert das echte Gewissen des Menschen, das ihn dazu bringen will, er selbst zu werden, und der Psychotherapeut ist der Bundesgenosse jenes schlummernden Gewissens".[23]

Das Anklingen dieses „Sprachrohrs zur Transzendenz"[23] wie es Frankl nennt, bewirkt der Therapeut weniger durch seine Worte oder sein Schweigen als vielmehr durch den „inneren Blick, der unverwandt auf das Wesen des Partners gerichtet bleibt"[23].

Eine weitere Wirkung des Therapeuten geht nach Dürckheim von seiner Lehre aus, wobei nicht die Form eines philosophischen Systems oder einer Weltanschauung ausschlaggebend ist, sondern die Überlieferung „in seiner Weise, so wie sie in ihm lebt"[24].

---

[19] EW, 75 f.
[20] Herzog-Dürck, 1953, zit. in EW, 76.
[21] Michel, 1953, zit. a.a.O. Vgl. auch Trüb, 1957.
[22] EW, 78.
[23] A.a.O., ohne weitere Quellenangabe.
[24] RM, 57. Dieses Kriterium hat Dürckheim der Meistertradition des Zen entlehnt. Vgl. 7.2. und Lassalle, 1974, 38-54, 97 f.

„Nicht, was der Meister sagt, ist so wichtig, sondern wie er es sagt, und daß *er* es sagt. Denn das Gesagte wirkt nur, wenn der Sagende es selbst ist. Der Meister überzeugt nicht mit Argumenten, sondern mit seinem Sein".[24]

Eine interessante Parallele ist dazu Jungs Äußerung: „Jeder Psychotherapeut hat nicht nur seine Methode: er selbst ist sie".[25]

Damit wird deutlich: Überpersönliche Übertragung meint in erster Linie nicht ein „Sich-Treffen von Welt-Ich und Welt-Ich (Therapeut und Patient)", sondern es tritt „das Sichbegegnen von Person zu Person"[26] ein, „von Herz zu Herz, von Wesen zu Wesen, vom Sein, das der Meister im Grunde ist, zum Sein, das auch der Schüler in seinem Wesen ist"[27]. Dürckheim bezieht hier die Aussagen von Christian[28] über die ambivalente Haltung in der therapeutischen Beziehung mit ein, die er mit den Formulierungen des „Antreffens" i. S. einer kühlen, unpersönlichen, objektiven Distanzierung beschreibt und dem „Begegnen" als „gelebtes rückhaltloses Mitsein, in personaler Hinwendung, im gegenseitigen Verstehen und Einverständnis"[28]. Die personale Begegnung hat von daher nichts mit den Extremen einer sachlich-distanzierten Fallbearbeitung oder einer allzu direkten „privat-persönlichen Verstrickung"[29] mit den „verschiedenen Weisen des Affiziertseins im Sinne eines affektiven oder emotionalen Bezuges"[30] gemein – diese Art des Kontaktes bewegt sich auf der Ebene des „Antreffens" oder berührt den raumzeitlich bedingten „Schicksalsraum"[31]. Gemeint ist vielmehr die „überpersönliche Zusammengehörigkeit im überweltlichen Leben"[32]. Auf dieser Basis sind Mitteilungen und Einwirkungen des Therapeuten möglich und legitim, die vom Schüler in der ersten Reaktion möglicherweise als unsensibel und unpersönlich erlebt werden, z. B. in Form von Paradoxen, koanähnlichen Äußerungen oder von Empfehlungen einer dem Schüler unverständlichen Übung.

Voraussetzung für solche initiatische Eingriffe ist, daß der Mitarbeiter selbst aus einer Wesenserfahrung gespeist ist und „selbst wieder im Urglauben steht"[33].

---

[25] GW 16, 94.   [26] ÜWL, 170.   [27] RM, 57.
[28] Christian, 1958, zit. in ÜWL, 168.
[29] ÜWL, 172.   [30] Christian zit. in ÜWL, 170.
[31] ÜWL, 179.   [32] A.a.O., 170.   [33] EW, 78.

Im Verlauf seines Werdeprozesses erkennt er seine eigenen Projektionen immer mehr und entwickelt in der Bezogenheit zu seinem Schüler ein Gespür für dessen Fassaden. Dürckheim spricht hier von dem „inneren Auge" als der Gabe,

„das, was ein Mensch eigentlich, das heißt vom Wesen her ist, zu unterscheiden von dem, was er jetzt in seiner Erscheinungsform ist und auch von dem, was er hinter seiner Fassade tatsächlich, aber nur als der von der Welt Bedingte ist".[34]

Dieser Durchblick ist durch die – immer wieder zu erarbeitende – „Präsenz der anderen Dimension . . .",[35] legitimiert[36].

8.4. Der dritte Faktor im Übertragungsgeschehen

Aus dem Satz von Jacobi:

„Jeder Seelenführer kann den von ihm Geleiteten nur so weit bringen, als er selber gekommen ist"[37],

zeigt sich die Notwendigkeit, daß der Therapeut, um einen Schüler annehmen zu können, er

„dies aber nur dann wirklich tun kann, wenn er zuvor sich selber in seinem So-sein angenommen hat"[38].

Jung fordert hier klar die „eigene Wandlung, nämlich die Selbsterziehung des Erziehers"[39]. Durch die Dualunion zwischen Therapeut und Schüler tritt ein „Gestaltkreis" in Kraft. Er ist durch die verstehende und auch aktiv teilnehmende Haltung des Therapeuten gekennzeichnet, die Übertragungs- und Reifungskrisen seines Schülers als nicht wesensfremde, sondern durch seinen eigenen Werdeprozeß als ihm im Grunde affine, nachvollziehbare Situation zu verstehen,

---

[34] Dürckheim in Bitter, 1965, 201.
[35] RM, 63.
[36] Vgl. auch RM, 57: „Vom Einen erfüllt, schaut er nur unverwandt auf das Eine, schaut auf des Schülers Wesen, fühlt zu ihm hin aus seiner Mitte heraus, liebt es, ruft es an und stößt unmittelbar darauf zu".
[37] Jacobi, 1977, 73.
[38] GW 11, 367.
[39] GW, 16, 80.

ohne sich mit ihnen zu identifizieren[40]. Indem er eine mitmenschliche Atmosphäre und Schwingung schafft, die zugleich ihre verwandelnde Wirkkraft aus der Verwurzelung in einem „Dritten", einem überpersönlichen Kraftfeld bezieht, hilft er, die für die Bewältigung der Krise benötigten latenten Kräfte im Schüler zu konstellieren.
Insofern ist der Therapeut zur ständigen Präsenz aus seinem Wesenskern gefordert. Er wird mit dem Ringen des Schülers um seine Identität, um das Finden seiner eigentlichen Bestimmung und Aufgabe konfrontiert und u. U. mit psychisch induziert. Im Verlaufe des Prozesses ist „der Arzt ebensosehr ‚in der Analyse'... wie der Patient"[41]. Beide begeben sich in ein unbekanntes Terrain, wobei dem Therapeuten aufgrund seiner eigenen Entwicklung und seiner intensiveren Erfahrung, Erforschung und Verarbeitung seiner Seelentiefen eine führende und begleitende Aufgabe zukommt. Jung charakterisiert die Situation so:

„Die unvermeidliche psychische Induktion bringt es mit sich, daß beide von der Wandlung des Dritten ergriffen und gewandelt werden, wobei allein das Wissen des Arztes wie ein flackerndes Lämpchen die tiefe Dunkelheit des Geschehens spärlich erhellt"[42].

8.4.1. Die Gegenübertragung

Bei den in der IT in Gang kommenden Tiefenprozessen ist damit zu rechnen, daß auch beim Therapeuten latente, noch unbewußte Inhalte aktiviert werden können[43]. Diese ihm selbst noch fremden Anteile können individuelle Schattenkräfte sein, die durch integrierende Bewußtseinsarbeit zu seiner weiteren Entwicklung und Verwandlung beitragen. Der Therapeut wird damit zum Schüler, ist zugleich aber auch Weg-Begleiter. Die Bearbeitung, Integration und Lösung dieser janusartigen Aufgabe wird in der IT durch den Austausch von Stunden unter den Mitarbeitern, bzw. in den Fortbildungsgruppen, etwa

---

[40] Sicherlich spielen beim Übertragungsgeschehen auch typen- und persönlichkeitsspezifische Faktoren des Therapeuten eine Rolle, nicht nur die überpersönliche Einstellung. Vgl. dazu auch Riemann, 1974, 107-120.
[41] GW 16, 77.
[42] GW 16, 211.
[43] Vgl. a.a.O., 187.

mit gestalttherapeutischem Akzent, bewältigt. Neben der nötiger Stabilität und Verankerung in seiner eigenen Tiefe ist Eigenerfahrung im Umgang mit Kernkräften eine weitere Voraussetzung, wenn bei Schülern vorpersonale, d. h. archetypische, hochpotenzierte Kräfte in Erscheinung treten[44]. Um bei akuten Grenzfällen der Gefahr zu begegnen, daß der verantwortliche Therapeut, der die Bezugsperson für diesen Schüler darstellt von diesen gewaltigen Kernpotentialen infiziert wird, wird oft eine ,,Kerngruppe" gebildet.

Sie bringt mit der vereinigten Integrationskraft mehrerer in Kernprozessen erfahrener Mitarbeiter eine Kanalisierung und Strukturierung dieser überwertigen Kräfte zuwege. Neben diesem Sonderfall kann mit dem von Jung in Analogie zur alchemistischen Bilderserie hergestellten Gegenübertragungsverhältnis zusammenfassend davon ausgegangen werden, daß Schüler wie Therapeut Partner eines sie übergreifenden Geschehens sind. Ihre dialogische Beziehung wird durch die Verbindung ihres Unbewußten zur Quaternität erweitert. Die dabei in Aktion tretenden Gegenübertragungskräfte beinhalten für den Therapeuten ein beträchtliches Potential zur persönlichen Weiterentwicklung wie auch die Gefahr einer zu starken psychischen Infizierung. Diese Problematik mit ihren jeweils individuellen und u. U. äußerst komplizierten Mechanismen kann hier nicht weiter behandelt werden[45].

8.5. Ablösung und Einlösung

Die angesprochene Idealisierung auf den Therapeuten wird aus der Sicht der IT nicht allein als Entdeckung und Aufhebung einer Illusion des Schülers angegangen – dies wäre auf der rein psychologischen Ebene unter dem Aspekt der Übertragungsneurose angebracht. Dürckheim hebt hervor, daß der Schüler in der Ablösung vom Therapeuten die Chance hat, ,,die Einlösung einer im Wesen liegenden Verheißung in einer Beziehung von Wesen zu Wesen"[46]zu vollziehen.

---

[44] Vgl. 4.4.3., Anm. 64.
[45] Vgl. GW 16, 194.   [46] EW, 79.

Hier ist also nicht allein die Ablösung des Schülers vom Therapeuten auf der biographischen und persönlichen Projektionsebene gemeint.

„Und in der Auflösung der Übertragung, die Ausdruck der prospektiven Tendenzen aus dem Wesen ist, geht es darum, daß der Patient die Fühlung mit seinem Seinsgrund wiedergewinnt".[47] Dabei wird jener Anteil, den der Schüler auf den Therapeuten projizierte, als zu seinem eigenen Wesenskern gehörig erlebt, d. h., der Schüler erfährt sich immer mehr als autonom. Der bisherigen Übertragungshaltung zum Therapeuten macht eine allmähliche „wesenhafte Verbundenheit"[48] Platz. Damit hat der Schüler einen entscheidenden Schritt zu seiner Identitätsfindung vollzogen und wird nun immer fähiger, aus seiner Mitte heraus nicht nur ihm wesensgerechte Kontakte zu seinen Mitmenschen herzustellen, sondern ebenso eine tiefere Beziehung zu seinem eigenen, nicht endlichen Urgrund[49]. Damit verlagert sich die Interaktionsebene zwischen Schüler und Therapeut immer mehr zur intrapsychischen, d. h. der Schüler kann nun mit größerer Wachheit die Signale aus seinem Unbewußten, bzw. die „Stimme seines Wesens" wahrnehmen und damit mehr Eigenverantwortung für sein bewußtes Sein übernehmen.

8.6. Zusammenfassung

Im Brennpunkt der Übertragungsthematik in der IT steht die Überschreitung eines ausschließlich personalistisch-reduktiven Verständnisses von Übertragungsvorgängen. Die Rolle des initiatischen Mitarbeiters ist nicht mit einer professionellen Haltung erschöpft. Er wird zum idealisierten Vorbild, auf das der Schüler seine eigene Sehnsucht nach Identitätsentwicklung projiziert.

---

[47] A.a.O., 75. [48] A.a.O., 79.
[49] Vgl. EW, 80. Mit einem Vergleich aus Jungs „Letztwerk" (Mysterium coniunctionis II, 306) könnte man sagen: „Er ist dann in der Lage des alchemistischen Schülers, der bei einem Meister in die Lehre geht und alle Kunstgriffe des Laboratoriums erlernt. Einmal aber muß er sich selber ans opus machen, welches, wie die Alchemisten betonen, kein anderer für ihn tun kann".

Die psychische Infizierung und die Gegenübertragungsvorgänge lassen das „Dritte der Zwei"[50] entstehen, wodurch auch der Mitarbeiter selbst zur Bearbeitung eines manifest und bewußt werdenden „blinden Fleckes" genötigt werden kann. Seine Wirkung innerhalb des therapeutischen und initiatischen Agierens und Evozierens bezieht er aus einem überpersönlichen Raum, d. h. aus seiner Verankerung mit seinem Wesenskern. Es ist die Anjochung an die „Meister und Schüler verbindende Einheit des Seins"[51], die die Basis ist für existentielle Verwandlungen. Dies befähigt ihn, den Schüler im richtigen Zeitpunkt auch mit ungewöhnlichen und „untherapeutischen" Aussagen und Aktionen in dessen Wesenkern zu treffen. Der im Laufe des dialektischen Prozesses eintretende Ablösungsvorgang hat Durchbruchscharakter zur Identitätsstruktur des Schülers.

Die Darstellung dieses linearen Übertragungsablaufes mit der Thematisierung des Überpersönlichen ist mannigfachen, hier nicht erwähnten Abweichungen und Varianten, z. B. der negativen Übertragung unterworfen. Insofern konnte hier wegen der Komplexität des Themas nur eine angenäherte Beschreibung dieses zentralen Vorganges erfolgen.

---

[50] Giegerich, 1978, 241.
[51] RM, 62.

III. DESKRIPTIVER TEIL

9. Die praktischen Arbeitsweisen der Initiatischen Therapie

Nach der Vorstellung der theoretischen Grundlagen und den komparativen Aspekten soll nun das Konzept der IT durch die – wenn auch begrenzte – Darstellung einiger praktischer Arbeitsweisen ergänzt und vertieft werden. Bei der Vielzahl der angebotenen Übungspraktiken konzentriere ich mich auf die Personale Leibtherapie und das Geführte Zeichnen, die neben dem von Dürckheim eingeführten Za-zen als eher passiv-meditative Übung zu den ursprünglichen Ansätzen in der Entwicklungsgeschichte der IT zählen.

Alle in der IT praktizierten Arbeitsweisen haben meditativen Übungscharakter und kreisen um die beiden Pole der initiatischen Erfahrung (Initiation) und der darauf aufbauenden Verwandlungsarbeit zur individuiert durchlässigen Person[1]. In diesem Sinne zählt als Effizienzkriterium primär nicht das, was bei der Übung an äußerem Leistungserfolg herauskommt, etwa ein Kunstwerk im Zeichenprozeß oder eine angenehme Entspannung bei der Leibarbeit, sondern das, was den Menschen zur Entdeckung seines Wesenskernes führt und ihn in seinem Wesensgrund verankert. So kann jede Übung dazu dienen, sowohl die Bedingungen für einen initiatischen Einbruch zu schaffen als auch aufspringende Kernkräfte exerzitienhaft zu strukturieren und in den Dienst des Individuationsprozesses zu stellen. Die Pluralität der angebotenen Übungen hat insofern keinen quantitativ-additiven Charakter, sondern ist unter dem Aspekt der Assimilierung unter das meditative Leitprinzip zu sehen. Wegen der Beschränkung auf drei Übungsweisen sollen zumindest die anderen, hier nicht weiter darzustellenden Praktiken aufgeführt werden:

---

[1] Vgl. 3.4.3. und Rütte-Prospekt, 3.

I. Kreativtherapie
Geführtes Zeichnen, Mandala-Zeichnen, Graphotherapie, Geführtes Schreiben, Tast- und Gestaltungsübungen in Tonerde sowie Taktilübungen mit anderem Material, Selbsterfahrung im Schau-Spiel und rituelle Übungen, Selbsterfahrung durch die Stimme, Selbsterfahrung am Musikinstrument, Theater-Workshop, Tanz.

II. Hand-Werk
Nähen, Spinnen und Weben, Knüpfen, Plastisches Gestalten.

III. Gruppen
Psychodrama, Gestalttherapie, Enlightenment intensive.

9.1. Psychotherapeutische Methoden

Die in der IT praktizierten psychotherapeutischen Methoden sind unter dem Vorzeichen der „Großen Therapie"[2] zu sehen, die ihrem Ansatz nach mit der Tiefenpsychologie von Jung und Neumann verbunden sind sowie mit den spezifischen Leitgedanken des „Initiatischen"[3] und der existentiellen Übungspraxis. Zu den in der IT einbezogenen psychotherapeutischen Verfahren im engeren Sinn zählen das tiefenpsychologisch ausgerichtete Gespräch, Psychodrama und Gestaltarbeit sowie aktive Imagination. Sicherlich ist eine Eingrenzung auf diese Arbeitsbereiche nicht generell gültig, in jedem anderen Übungsmedium können Interaktionen mit psychotherapeutischer Notwendigkeit auftreten. Die Inhalte dieser Arbeit beziehen sich auf:
1. die Aufarbeitung der persönlichen Biographie,
2. das Erkennen und Annehmen von Schattenkräften,
3. der Umgang mit Träumen,
4. die Integration archetypischer Inhalte vor- und transpersonaler Art,
5. die Bewußtwerdung der im Leben in der Gemeinschaft und in den Übungen gemachten Erfahrungen,
6. das Erinnern und Bewußtmachen von Seinsfühlungen und initiatischen Erfahrungen[4].

Hier zeigt sich, daß diese Methoden nicht nur pragmatisch, z. B. auf die Erhellung der persönlichen Geschichte des Schülers oder die

---

[2] Vgl. ÜWL, 78.   [3] Vgl. 3.1.   [4] Rütte-Prospekt, 7.

Symptombereinigung gerichtet sind, sondern letztlich immer wieder den transzendenten Hintergrund durchscheinen lassen, der dem Schüler das Bewußtsein für die Signaturen seines Gewordenseins und seines Auftrags eröffnen soll[5]. Dazu gehört z. B. bei der biographischen Anamnese das Erinnernlassen numinoser Erlebnisse, besonders aus der frühen Kindheit. Die dabei ins Bewußtsein tretenden Reminiszenzen haben für den initiatischen Mitarbeiter nicht allein den Wert eines u. U. zentralen Schlüsselerlebnisses auf der biographischen Ebene. Sie werden vielmehr zum Anlaß genommen, dem Schüler zum Ernstnehmen dieses ihm nun nicht mehr verborgenen, möglicherweise von ihm als absonderlich und illegitim gehalten Erfahrungsinhaltes zu verhelfen.

„Der noch Verunsicherte wird in seinem Wahrnehmungvermögen für Ereignisse transzendenten Gehaltes geweckt und dazu ermutigt werden, sich auch bewußtseinsmäßig mehr und mehr auf das Erfassen eines höher dimensionierten Erlebnispotentials einzulassen".[6]

Wichtig wird hier, daß dem Schüler jene Blockaden und Wirkmechanismen in seinem Dasein transparent werden, die ihn am Kontakt mit seinem Wesenskern bisher behinderten und die es jetzt zu erkennen und zu überschreiten gilt. So kann ehemals als Mystisches, Surreales oder Ver-rücktes Erlebte seinen richtigen Stellenwert erhalten: „Das Überwirkliche wird *wirklich*".[7]

Im folgenden ist es nicht notwendig, auf die einzelnen Techniken der so verstandenen psychotherapeutischen Verfahren näher einzugehen, da sie sich z. B. an den Methoden der Jungschen Tiefenpsychologie orientieren[8] und von daher als bekannt gelten können.

9.2. Die Rolle der Meditation im Stile des Za-zen

Die Rolle und Bedeutung der Meditation als Verwandlungsübung in Abhebung zur gegenständlichen Form der Meditation auf dem initia-

---

[5] Vgl. PS, 130: „Ich versuche, jede Art von ‚Psyche-Psychotherapie' zu vermeiden".
[6] Hippius in TE, 26.
[7] Hippius in TE, 27.
[8] Vgl. Jacobi, 1977, 73 ff.

tischen Weg – auch in Zusammenhang mit der tiefenpsychologischen Bearbeitung des Unbewußten – wurde in früheren Kapiteln bereits dargestellt[9]. Dasselbe gilt für die theoretischen Grundlagen der Meditation im Stile des Za-zen[10]. Die Bedeutung liegt hier auf „im Stile" und zeigt an, daß die in Rütte geübte Meditation keine Imitation der japanischen Za-zen-Praxis ist.

Eine ausführliche Beschreibung der praktischen Sitz-Technik des Za-zen ist an dieser Stelle nicht angebracht[11], zumal die Übung des Za-zen sich nicht auf das reine Sitzen und eine begrenzte Übungszeit beschränkt, sondern eine den ganzen Alltag durchziehende Verfassung meint. Dabei lernt der Mensch allmählich, in seinem Hier- und -Jetzt-Bezug voll gegenwärtig zu werden und von daher seine Handlungen zu tun oder auch lassen zu können[12].

In diesem Kapitel stelle ich den größeren Zusammenhang her, in dem die Meditation im Stile des Za-zen innerhalb der IT zu sehen ist. Dabei gehe ich ein auf:
1. die Entwicklung des Za-zen in Deutschland,
2. Indikation und Kontraindikation des Za-zen,
3. die Rolle des Za-zen im Rütte-Tagesablauf,
4. Rütte-Kontakte und Austauschprogramme mit dem japanischen Rinzai-Zen-Kloster in Eigen-ji.

9.2.1. Die Entwicklung des Za-zen in Deutschland

Laut Dürckheim, der seit seinem Japan-Aufenthalt (1937-1947) mit den Zen-Übungen vertraut war, fand das Za-zen erstmalig Einzug in Deutschland auf der „Ost-West-Tagung" der „Gemeinschaft Arzt und Seelsorger" 1967 auf Schloß Elmau, wo er und Pater Lassalle mit den Tagungteilnehmern Za-zen übten[13]. In der Folgezeit war das Interesse an Wiederholungen und weiterer Verarbeitung, besonders vonseiten kirchlicher Institutionen so stark, daß vermehrt Vorträge

---

[9] Vgl. 3.4.4. und 4.4., Anm. 3,4.
[10] Vgl. 4.6.
[11] Vgl. dazu die von Dürckheim empfohlene Anleitung in Kapleau, 421 ff. sowie in ZW, 104 ff., ÜL, 71 ff., s. a. Lassalle, 1969, 12 ff.
[12] Vgl. MPP, 1304.
[13] Vgl. MPP, 1302 und Esotera, 5, 1979, 442.

und Meditationstagungen in Deutschland, Holland, Belgien, Frankreich und der Schweiz folgten. Inzwischen finden jedes Jahr mehrere Meditationstagungen in Rütte statt, deren Teilnehmer sich zum großen Teil aus kirchlichen und klösterlichen Bereichen des In- und Auslandes zusammensetzen[14].

9.2.2. Indikation und Kontraindikation des Za-zen

Bei der immer größer werdenden Zahl von Meditierenden ist die Frage nach der Indikation bzw. Kontraindikation des Za-zen besonders wichtig, zumal in der heutigen Zeit die Diskussion über Meditationsgeschädigte aktuell geworden ist. Dürckheim versteht das Za-zen nicht als eine gelegentliche Übung. Za-zen ist für ihn eine

„geistliche Übung, die nur für die Menschen in Frage kommt, die ernsthaft nach der Einswerdung mit ihrem Wesen suchen und den initiatischen Weg gehen.

Kontraindiziert ist das Za-zen für depressive Menschen, die in der Gefahr sind, beim Za-zen in eine dunkle, gefahrenvolle Tiefe zu fallen.

Kontraindiziert ist es auch bei Menschen, die im Za-zen eine Art Leibesübung sehen, die als technische Leistung zu werten ist, also einen Ehrgeiz haben, der auf der rein pragmatischen Ebene liegt.

Kontraindiziert auch für den Typ, der im Za-zen nichts anderes sucht als äußere Gelassenheit und Ruhe.

Kontraindiziert für jene Menschen auch, die im Za-zen erlebnishungrig auf schöne Erlebnisse hoffen."[15]

Damit gibt Dürckheim eindeutig Selektionskriterien an. Gefährdet sind demnach Menschen mit neurotischen Anteilen sowie alle „Grenzgänger" mit praepsychotischem Einschlag. Ungeeignet ist Za-zen auch für alle von modischen Meditationsströmungen Faszinierte, die schnelle pragmatische Effekte erstreben. Notwendig ist daher eine sorgfältige Einführung in die Meditation, die auch mit Leibübungen und Gesprächen einhergeht. Wichtig ist die Rolle eines Weg-Begleiters, mit dem der Anfänger auftauchende Probleme beim Meditieren

---

[14] Im Verlauf der letzten Jahre wurden im deutschsprachigen Raum zahlreiche Meditationszentren gegründet. In der INFORMATION 65 der Evangelischen Zentralstelle für Weltanschauungsfragen werden 38 Zentren aufgeführt (Stand 1976), wovon ein großer Teil Klöster sind.
[15] Mündliche Mitteilung.

besprechen kann. In den alle 14 Tage stattfindenden Aussprachenachmittagen mit Dürckheim ist dazu Gelegenheit wie auch in Einzelgesprächen.

9.2.3. Die Rolle des Za-zen im Rütte-Tageslauf

Jede Woche findet in Rütte nach einem klärenden Vorgespräch für die Neuangekommenen eine Einführung in das Za-zen statt, die Dürckheim selbst vornimmt. Der so Instruierte hat nun die Möglichkeit, jeden Morgen von 6:45 Uhr bis 8 Uhr im Zendo unter Dürckheims Führung an der Meditation im Stile des Za-zen teilzunehmen. In der Regel üben ca. 20 Meditierende in einem Rhythmus von 40 Minuten Za-zen, 10 Minuten Kin-hin und wieder 20 Minuten Za-zen. Kin-hin ist das meditative Gehen. Es wird in einer kontinuierlichen, von keinem Stillstand unterbrochenen, konzentrierten Schrittfolge zeitlupenartig, gleichsam meditativ vollzogen. Dabei ist die harmonische Verbindung zwischen dem Schrittsetzen und dem Atemrhythmus besonders wichtig[16]. Zugleich ist es ein Umsetzen der im Za-zen angesammelten Energien in diese Form des Gehens. Am Nachmittag bietet sich von 17.15 Uhr bis 18.15 Uhr eine weitere Gelegenheit zur Meditation, die unter der Leitung eines darin geübten und erfahrenen Mitarbeiters stattfindet, der ebenfalls in der Lage ist, Einführungen und Korrekturen zu geben. Während ihres Rütte-Aufenthaltes werden die Teilnehmer gemäß des in der IT herrschenden exerzitienhaften Grundgedankens gebeten, regelmäßig an der Meditation teilzunehmen. Dadurch werden sie trotz aller auftauchender Widerstände, Ausflüchte und Entschuldigungen zu einem konsequenten, regelmäßigen Tun aufgefordert, das dem Tagesverlauf von Beginn an eine starke Strukturierung verleiht. Der so begonnene Tag schafft die Voraussetzung, die Meditationserfahrung in den Alltag zu integrieren und nicht auf die relativ kurze Dauer des gemeinsamen Sitzens zu reduzieren.

---

[16] Eine genauere Beschreibung findet sich in ÜL, 81 ff., vgl. auch MWW, 165-168 und Kapleau, 453.

9.2.4. Rütte-Kontakte und Austauschprogramme mit dem japanischen Zen-Kloster in Eigen-ji

Seit 1973 steht Rütte in Kontakt mit dem japanischen Kloster Eigen-ji in der Nähe von Kyoto. Jedes Jahr wird unter Leitung seines Abtes, dem Zenmeister Yuho Seki, Vertreter des Rinzai, und zwei seiner Mönche oder Priester ein einwöchiges Sesshin abgehalten[17]. Unter dem Thema „Zen auch als europäisches Problem" stand die Reise von Hippius nach Eigen-ji, wo sie 1974 auf Einladung dieses Zen-Meisters einen Vortrag hielt. Dabei wurde die Frage thematisiert, inwieweit auch der östliche Mensch, speziell der Japaner unter dem Zeichen des Sündenfalls leidet und sich der bewußten Begegnung mit seinen Schattenkräften stellen kann. Eine Frage, die auf den grundlegenden Unterschied zwischen westlicher und östlicher Geisteshaltung hinweist[18].

1976 blieben zwei Mönche für ein Jahr in Rütte, wo sie neben Einführungen in das Za-zen und regelmässigen Wochenendsesshins Unterricht in der japanischen Malkunst, in Sumi-e und Kalligraphie gaben. Im Austausch reisten vier Mitarbeiter nach Eigen-ji, wo sie neben Za-zen und Koanübungen sowie harter Arbeit im Kloster in Ikebana, Urasenke, der Teezeremonie und in Shakuhachi, japanische Bambusflöte bzw. in Iai-Do, der Schwertkunst ausgebildet wurden. Inzwischen geben sie diese Übungen in ihren Stunden in Rütte und München an ihre Schüler weiter.

Dieser lebendige Austauch mit den Vertretern der östlichen Zen-Praxis darf nicht als sehnsüchtige Heilserwartung einer asiatischen Hochreligion gegenüber bewertet oder mit einer modisch-aktuellen Faszination für östliche Erlösungswege verwechselt werden. Aufschlußreich ist die Aussage von Yuho Seki bei seinem fünften Sesshin-Besuch in Rütte 1977:

„Zen kam ursprünglich aus Indien. Von Indien kam es nach China. In China entstand ein chinesischer Zen. Dann kam Zen von China nach Japan, und es entstand ein japanisches Zen. Heute kommt Zen nach Deutschland, nach Europa, und es ist nun an euch, ein deutsches, ein europäisches Zen entstehen zu lassen".[19]

---

[17] Yohu Seki besucht bei seinen Deutschlandreisen auch andere Zen-Zentren.
[18] Vgl. 4.6.7.
[19] Zit. nach Dürckheim in Stachel, 1978, 303.

Nicht die unterschiedslose Übernahme der buddhistischen Auffassung und damit die Verwischung der christlichen und fernöstlichen Gegensätze ist hier gemeint, sondern gerade die Aktualisierung und Realisierung der christlichen Spiritualität, die durch zen-buddhistische Akzente mit ihrem metakonfessionellen Kern vertieft werden kann. Bemerkenswert erscheint mir die Tatsache, daß nach der Entwicklung und Ausbreitung des Buddhismus von Indien über China und Japan nun der vierte Schritt in Richtung Osten, über die USA nach Europa erfolgt. Und zwar nach der theoretischen Fühlungnahme in den zwanziger Jahren – in Gestalt von Übersetzungen von Zen-Texten – jetzt in Form einer praktischen Übungsmöglichkeit[20]. Die Aussagen von Yuho Seki bestätigen Dürckheims Bemühungen um die Schaffung eines „westlichen Zen"[18].

Zusammenfassend ist für Dürckheim das Za-zen ein Exerzitium, das den Menschen für die Erfahrung seiner inneren Transzendenz zu öffnen vermag. Diese Erfahrung ist nicht an eine konfessionelle Glaubenshaltung gebunden[21], sondern enthält für den Menschen die Chance, „an den tiefsten Kern seiner Personalität heranzukommen"[22].

Der Einfluß des Za-zen, der vor 13 Jahren in Deutschland entscheidend von Dürckheim mitgeprägt wurde, scheint nach der Beurteilung der stürmischen Entwicklung in den letzten Jahren eine immer wichtigere Rolle zu spielen für die Begegnung des – weltanschaulich verstandenen – beiderseitigen Ost-West-Gefälles.

---

[20] Vgl. dazu auch die Aktivitäten des in Paris lebenden Soto-Zenmeisters Taisen Deshimaru, der als Abgesandter für Europa gilt und die zahlreichen Zen-Klöster in den USA, speziell in Kalifornien. Vgl. den Beitrag von Nishimura über „Die Öffnung des Rinzai-Zen in die Breite" in Stachel, a.a.O., 96-109.
[21] „Im Za-zen geschieht nichts, was christlicher Religiosität widerspricht, wohl aber solches, das zu aller auf Erfahrung gegründeter Religiosität gehört" (MWW, 141), sagt Dürckheim.
[22] Dürckheim in Esotera 5, 79, 442.

9.3. Personale Leibtherapie

Die Rolle der Personalen Leibtherapie wurde im Laufe der Arbeit bereits öfters angesprochen[1]. Die praktische Durchführung und die theoretischen Grundlagen werden in diesem Kapitel als miteinander verbunden dargestellt, was zu Rückblenden zum metaphysischen Menschenbild in der IT führt, bzw. auch bisher nur angedeutete Aspekte schärfer herauskristallisiert.

Die zentrale Aussage Dürckheims zur Personalen Leibtherapie betrifft „den Körper, den man hat und den Leib, der man als personales Subjekt in dieser Welt ist"[2]. Unter dem Begriff „Leib" wird nicht ein von Seele und Geist abgetrennter Körper verstanden, sondern der ganze Mensch „in der Weise seines leibhaftigen Daseins"[3]. Im Leib zeigt sich, wie der Mensch in der Welt da ist. Dieses Konzept sieht den Menschen als einheitliches, sich „darleibendes", leibhaftiges Subjekt, das nicht in einer Addition aus Körper, Seele und Geist besteht[4]. Der ganzheitliche Mensch in seiner existentiellen Bezogenheit zu sich selbst, zum Du und zur Welt steht im Mittelpunkt der Betrachtung.

Einige der praktischen Behandlungen können als bekannt vorausgesetzt werden. Der Akzent liegt – wie bei allen anderen Übungspraktiken in der IT – darauf, wie diese Übungen mit Hilfe einer konkreten Behandlungspraxis und Orientierung an dem zugrundeliegenden Menschenbild dem Menschen die Wesensfühlung und die Einkörperung derartiger Erfahrungen ermöglichen.

Nicht gesondert behandele ich den Bezug der Personalen Leibtherapie zu der Vielzahl der Atem- und Bewegungsschulen. Dieser Vergleich würde zu weit führen. Ein Ansatz in dieser Richtung ist die Dissertation von Horn: Leibtherapie als Psychotherapie[5]. Ich gehe

---

[1] Vgl. 3.4.3., Anm. 50., 4.4.8.
[2] ÜWL, 114.
[3] A.a.O. Butendijk kommt in Anschluß an die Arbeiten von G. Marcel und Merleau-Ponty zu einer ähnlichen Formulierung: „Wir haben nicht nur einen Leib, wir sind auch unser Leib" (zit. nach Stolze in Heyer-Grote, 1970, 313).
[4] Das Leib-Seele-Problem (vgl. dazu u. a. Seifert, 1979) sowie die Ansätze der psychosomatischen Forschung können nicht weiter berührt werden.
[5] Erscheint voraussichtlich Herbst 1980.

weiterhin nicht speziell ein auf den Stellenwert meditativer Entspannungsverfahren in der heutigen Psychotherapie[6].

9.3.1. Theoretische Anmerkungen zum Begriff Personale Leibtherapie

Die Zusammensetzung dieses Ausdruckes weist in Korrespondenz zu dem in der IT gebräuchlichen Vokabular darauf hin, den Menschen zum „Durchtönen", – hergeleitet aus per-sonare[7] – zur Durchlässigkeit für seinen Wesenskern, seiner Identität zu verhelfen. Dazu muß der Leib als „Trägerinstrument" geradezu in die richtige Schwingung und Stimmung gebracht werden. Das zugrundeliegende Menschenbild meint den Menschen in seiner Ganzheit. Die Beziehung des Menschen zum Kosmos, zur Welt und zu sich selbst ist abhängig von seiner Leibrealität und der daraus resultierenden Leibpräsenz. Aus psychosomatischen und psychoanalytischen Studien ist bekannt, daß „Störungen der leiblichen Erlebnisfähigkeit"[8] unmittelbaren Einfluß auf die Realitätsbewältigung und auf das Selbstkonzept des Menschen haben.

In der Personalen Leibtherapie ist in erster Linie nicht der möglichst reibungslos zu funktionierende und leistungsfähige Körper gemeint, den es fit zu halten, zu trainieren oder auch im Notfall zu „reparieren" gilt und dem der Mensch in einer distanzierten Objektbeziehung gegenüber steht. Zum Leibverständnis der Personalen Leibtherapie gehört das Befolgen des „Leibgewissens"[9].

Die „geformte Durchlässigkeit"[10] des Leibes als Zeichen der „Reife des Leibes"[11], die nicht biologisch zu verstehen ist, ist erkennbar in der zentrierten Haltung, im Atem und im stimmigen Verhältnis von Spannung und Entspannung[12]. In der Personalen Leibtherapie lernt der Mensch, seine eingefleischten Fehlhaltungen, wie sie sich in psy-

---

[6] Eine Übersicht dazu geben Thomas, 1973, Stokvis, Wiesenhütter, 1979 sowie Scharfetter, 1979. Vgl. auch 3.4.4.3.1., Anm. 145-149.
[7] Vgl. 4.6.7., Anm. 79 und DUM, 242.
[8] Vgl. Eicke, 1973, 22.
[9] DUM, 1973. Dürckheim unterscheidet dreierlei Leibgewissen. Das erste ist auf Gesundheit und Funktionieren bezogen, das zweite orientiert an der Schönheit etc., das dritte an der Leibtransparenz.
[10] A.a.O., 167.   [11] A.a.O., 183.   [12] Hara, 115 ff.

chosomatischen Krankheitsbildern ausdrücken können, wahrzunehmen und auch in Zusammenhang zu bringen mit seinen Verhinderungen im alltäglichen Tun. Dazu dienen die Spürübungen des „Innenleibes"[13], die eine differenzierte, im Verlauf des inneren Übungsweges entwickelbare Wahrnehmungsfähigkeit für die eigenen Undurchlässigkeiten und Panzerungen des Leibes ermöglichen. Damit erhalten die in der Personalen Leibtherapie praktizierten Übungen und Anleitungen die Bestimmung, eingefleischte, vom statischen Welt-Ich her fixierende und blockierende Haltungen im Leib aufzulösen und den Menschen in seiner Mitte zu verankern. Dadurch kann der oft extreme Verkrampfungs- oder Auflösungsmechanismus abgelöst werden durch das harmonische Wechselspiel von Spannung und Entspanntsein. Der Atem gewinnt an Tiefe und Natürlichkeit und kommt ohne Zutun von selbst.

Das Erarbeiten der Leibesmitte kann mit u. U. massiven Heilungsschmerzen einhergehen. Dieser Transformationsprozeß berührt auch die seelische und geistige Ebene, z. B. in Form von gesteigertem Zutrauen und dem Bekenntnis zu sich selbst und einem Grundvertrauen dem Leben gegenüber. Wegbegleitende, tiefenpsychologische Arbeit unterstützt dabei den Bewußtwerdungs- und Integrationsprozeß. Fehlformen des Leibes werden als sichtbarer Ausdruck einer nicht wesensgemäß gelebten Daseinsgestalt angesehen. Das therapeutische Tun und auch die aktive Beteiligung des Behandelten ist darauf gerichtet, in ständiger Übung den Fehlhaltungen des Leibes nachzuspüren, um das Hervorkommen der „wesensgemäßen Form zu ermöglichen"[14].

„So verstanden ist der Leib das Ganze der Gestimmtheiten und Gebärden, in denen der Mensch sich selbst als die ihrer selbst bewußte und zugleich die Welt erlebende und in ihr handelnde Person fühlt, ausdrückt und darstellt, in Raum und Zeit besteht oder untergeht, sich zum wahren Selbst hin verwirklicht oder verfehlt".[15]

Insofern kann man vom Leib als Ausdrucksmedium der Person sprechen. Dürckheim spricht in diesem Zusammenhang auch von der

---

[13] DUM, 191
[14] ÜWL, 115.
[15] Dürckheim in Petzold, 1974, 12.

„reinen Gebärde"[16]. Er meint damit den unverstellten Wesensausdruck, der durch die Arbeit an den eingefleischten Leibformationen schrittweise immer unverfälschter ausstrahlt.

„Und je reiner die Gebärde, um so heiler wird in ihr und durch sie der Mensch. So kann man von der heilenden Kraft der reinen Gebärde sprechen."[16]

Besonders im Angebot des rituellen Schauspiels – ein weiteres Übungsmedium in der IT, auf das ich aber nicht weiter eingehen kann – und in den Exerzitien mit Masken kann die „heilende Kraft der reinen Gebärde" entwickelt und heilerisch eingesetzt werden. Die personale Leibtherapie sieht den Menschen im Insgesamt seines leiblichen Ausdrucks. Dazu zählen Geste, Gang, aktuelle wie habituelle Gebärden, Stimme, Haltung und Atem. Spannungen und Störungen im Leib sind nach dem geschilderten Konzept

„nie nur physische Störungen, sondern Spiegelungen einer wesenswidrigen Unordnung und Fehleinstellung"[17].

Für einen geschulten Leibtherapeuten sind derartige Verhaltungen sichtbare, diagnostische Kriterien, wobei Diagnose und Therapie ein voneinander abhängiges System bilden, da der fortschreitende Entwicklungsverlauf des Schülers kein in sich abgeschlossenes Ziel hat[18].

9.3.2. Zur Leibsymbolik von „oben" und „unten" und der „Mitte"

Die Notwendigkeit, auf die anthropologischen Grundlagen näher einzugehen, ergibt sich aus der Beachtung, die in der Personalen Leibtherapie den oberen und unteren Leibräumen sowie der Mitte zuteil wird. Diese Leibentsprechungen[19] müssen in Zusammenhang gesehen werden zu Dürckheims Begriffen der Himmels-, Erd- und der Herzmitte[20].

Der Bezug von oben und unten als das polare Eingespanntsein des

---

[16] AÜ, 52.
[17] Dürckheim in Petzold, a.a.O., 18.
[18] Vgl. Petzold, a.a.O., 303 f. und 5.2., 6.2, Anm. 33, 34.
[19] Auch der Bezug zu links und rechts gehört hierhin, wie z. B. das Erspüren der oft jeweils unterschiedlich bewußten Körperhälften.
[20] RM, 152 ff.

Menschen zwischen Himmel und Erde bekundet sich in der aufrechten Haltung des Menschen. „In ihr erscheint symbolisch das Verhältnis von Geist und Materie"[21]. Oben und unten haben nie nur einen primär physikalischen Sinn, sondern sind nach Dürckheim v. a. personal zu verstehen[22]. Unten kann einmal die Erde sein, auf der wir mit unseren Füßen stehen. Dann ist der Bauch-Becken-Raum die Mitte als die Verbindung des Menschen mit seinem Ursprung und der Kopf das Oben. Der Bauchraum wird in dieser Auffassung zum Reich der „sinnlichen Triebe und Bedürfnisse"[23] reduziert. Der Mensch versucht, diese für ihn unberechenbare Welt der Triebe, des Irrationalen mit Hilfe von Ratio, Nur-Objektivität und dualistischem Bewußtsein zu bändigen.

Oben und Unten werden in Dualitäten von „hoch und niedrig, edel und gemein, geistig und stofflich, hell und dunkel"[24] gesetzt. Für den Menschen in der Verwandlung wird der Bauch-Becken-Raum als der „Raum der tragenden und erneuernden Wurzelkräfte"[25] zum Unten.

Dürckheim spricht auch von der Erdmitte des Menschen als der Hara-Raum[26]. Der Mensch ist noch nicht in seiner wahren Mitte, wenn er seine Erdmitte bzw. seine Himmelsmitte „um den Kopf herum"[27] gefunden hat. Erst durch die Integration dieser beiden Pole in der Herzmitte wird er Person[28].

Die Herzmitte meint nach Dürckheim nicht alleine das organische Herz und den dazugehörigen, oft verhärteten oder aufgeblähten Brustraum und auch nicht die gefühlsmäßige Haftung an „Gut oder Böse", sondern das „Große Herz"[29]. Es ist der Schnitt- und Kreuzungspunkt der beiden Dimensionen, der „mütterlich-kosmischen

---

[21] DUM, 181.
[22] RM, 153, wo Dürckheim sich auch auf Vetters „Personale Anthropologie", 1966 bezieht.
[23] RM, 157.   [24] Hara, 90.   [25] RM, 155.
[26] Vgl. das Buch „Hara"
[27] RM, 157.
[28] A.a.O., 160 ff. Vorher ist der Mensch noch nicht als Person wirklich in der Welt (RM, 159); er kann geradezu ichlos von beiden „Mächten" absorbiert werden und „vorpersönlich wie mancher Heilpraktiker oder auch unpersönlich wie mancher Priester" (a.a.O.) wirken.
[29] RM, 159.

Mächte"[30] der horizontalen Erdkräfte und der vertikalen „väterlichen Logoskräfte des Geistes"[30]. Die wahre Mitte, die Herzmitte – sie wäre mit der „Buddhanatur" vergleichbar – darf nicht als ein endgültiger, fixierter Punkt angesehen werden. Sie ist vielmehr vom Wegcharakter her gesehen einer dynamischen Bewegung vergleichbar. Unter den weltlichen Bedingungen kann der Mensch auch immer wieder seine Horizontale und Vertikale wie auch den Schnittpunkt beiden Dimensionen, seine Mitte, verlieren und muß dann an ihrer Wiedergewinnung arbeiten[31].

In der leiblichen Entsprechung ist es der Brust-Raum als der Bereich der Emotionen, die der Mensch erst zulassen und ausdrücken und von Projektionen bereinigen muß, ehe er zu einem echten Kontakt von Herz zu Herz, von Wesen zu Wesen fähig wird[32].

Die Verstiegenheit in das ausschließlich rationale Oben, in die Überintellektualisierung und die Kopflastigkeit führt beim heutigen Menschen zur unheilvollen, seine Ganzheit verfehlenden Abschnürung von dem eigentlichen tragenden, nährenden Raum der Erdmitte.

Der Schwerpunkt ist zu sehr nach oben verlagert, der Bezug nach unten verleugnet, die Mitte verfehlt. Lowen sagt:

"Die Überbetonung des Geistes hat entkörperlichte Geister und entgeisterte oder entzauberte Leiber zur Folge".[33]

„Solche Menschen gehen, stehen oder sitzen mit hochgezogenem Leibe. Sie fassen beim Gehen nicht Fuß, sondern wippen, trippeln und tänzeln. Sie verneinen ihre natürliche Schwere. Sie richten sich nicht in organischer Weise auf, sondern sind mit hochgespannten Schultern noch oben ‚verzogen'. So wirken sie je nachdem verkrampft, aufgeblasen oder ‚verstiegen'."[34]

So charakterisiert Dürckheim die Mehrzahl der nicht in ihrem Leib inkorporierten Menschen. Die habituell verspannte Schulterpartie ist nach dieser Auffassung mehr als nur eine physische Verkrampfung der Muskulatur und einer, bioenergetisch verstanden, Energiestauung, die mit Massage, Entspannungsübungen oder Injektionen zu beheben wäre. Sie ist von der Gebärdensprache her

---

[30] A.a.O., 160.
[31] A.a.O., 161 f., s. dort auch Näheres über das Herz als die „Mitte des Kreuzes".
[32] Vgl. 8.3.
[33] Lowen, 1978, 164.
[34] DUM, 177.

"Ausdruck für eine der Ganzheit des Menschen und seiner Selbstverwirklichung entgegenwirkende, überstarke Ichbetontheit, die vielerlei bedeuten kann: mangelndes Lebensvertrauen, Ängstlichkeit, ständige Alarmbereitschaft, eitle Eingebildetheit, Aufgeblasenheit. Mit all dem ist verbunden ein Mangel an personaler, das heißt sowohl physischer, seelischer wie geistiger Stabilität. Und alle Verspannung nach oben droht überdies immer in ihr Gegenteil, die aufgelöste Haltlosigkeit, umzuschlagen".[35]

Damit ist die andere Möglichkeit auch angesprochen, nämlich den Schwerpunkt zu weit nach unten absacken zu lassen, so daß der Mensch zu sehr in die Auflösung gerät und kein ihn abgrenzendes „Ich-Gehäuse"[36] bilden kann. Bei solchen Menschen erscheint „das Gegründetsein in den Wurzeln . . . als lastende Schwere, das Basishaben als ein Kleben am Boden. Solche Menschen gehen nicht, sondern schleppen sich dahin, sie sitzen nicht, sondern sacken zusammen, sie stehen nicht, sondern fallen nur eben nicht."[34]

Die individuelle Weise der Verfehlung in Verspannung oder Auflösung drückt sich auch im Verhältnis zur Welt und zu sich selbst aus. Im Fall der Verkrampfung ist der Mensch.

„verschlossen, nicht lebendig konturiert, sondern in seinen Zügen verhärtet, erstarrt, unbeseelt. Er ist kontaktlos wie eine leblose Figur."[37]

Er schwingt nicht im lebendigen Rhythmus vom Geben und Nehmen, Halten und Loslassen, Ich und Du. „Seine Ausdrucksgebärden sind gehemmt und stockend".[38]

Auf der anderen Seite fehlt die nötige Distanz zur Umwelt. Diese Menschen erliegen allzu leicht den Reizen und Aufforderungen der Außenwelt, sie lassen sich überfremden und kennen keine Grenzen. Sie

„wirken gefühlig, formlos, ohne innere Richtung und Ordnung. Die Gebärden sind ohne Maß, unrhythmisch, entgrenzt und unkoordiniert."[39]

Dürckheim faßt diese beiden Grundmöglichkeiten wie folgt zusammen:

„Das innewohnende Leben kann stärker sein als die Schale, oder aber die Schale unterdrückt das innere Leben."[39]

---

[35] ÜL, 18. [36] Vgl. 3.3.3.5., Anm. 79 und Hara, 88.
[37] DUM, 178. [38] A.a.O., 179. [39] DUM, 179.

Diese beiden Grobeinteilungen dürfen nicht in den Rang einer Typologie erhoben werden. Sie sind als Anhaltspunkte für die Beurteilung der individuellen Gebärdensprache des Menschen zu verstehen sowie aus anthropologischer Sicht seiner personalen Darleibung. Der Variantenreichtum und auch die mögliche Vermischung beider Formen unterliegt zahlreichen, hier nicht weiter beschreibbaren Differenzierungen. Das Idealbild des in sich ruhenden Menschen, des Menschen in seiner Mitte, wäre nach Dürckheim,

„wenn seine Verfassung unstörbar das ewige Aus und Ein des Atems zuläßt, darin er sich in die Welt hineingibt, ohne sich zu verlieren, bei ihr verweilt, ohne verschlungen zu werden, sich zurücknimmt, ohne sich zu trennen und bei sich bleibt, ohne sich zu verhärten."[39]

Hier ist der ganze Mensch gezeichnet, der aus initiatischer Sicht als sich ständig verwandelnde Person in sich, in seinem Wesenskern zentriert ist, sein Ich gelassen hat und von daher auch in seinem Leib „gelassen in Form"[40] ist. Der Mensch in seiner aufrechten Haltung zwischen Himmel und Erde, der die Mitte zwischen den Extremen der Verzogenheit und Verstiegenheit einerseits und der Auflösung andererseits gefunden hat, ist in seiner wesensgerechten Verfassung. Dann bedeutet „unten" nicht das zu verdrängende und zu überwindende Elementarreich bzw. das schwerfällige Verhaftetsein mit der Materie, sondern Verankerung, Erdung, Verwurzelung mit der lebensspendenden Erdmitte. „Oben" hat dann nicht den Charakter von einseitiger Intellektualität, Verkopfung und Überbetonung ethischer Wertmaßstäbe, sondern Durchlässigkeit zur Transzendenz, zur Himmelsmitte. Gemeint ist damit das Einmünden auf den WEG und das allmähliche Erreichen der personalen Ganzheit[41]. Im folgenden geht es um die Zentrierung des Menschen in seiner basalen Mitte, im

---

[40] A.a.O., 184. Dürckheim hebt an dieser Stelle hervor, daß es dem initiatischen Menschen nicht gegeben ist, sich dauernd in dieser Präsenz zu seinem Wesen zu fühlen (DUM, 181 f.).
[41] Die theoretische Darstellung in diesem Kapitel ist auf dem praktischen Hintergrund zu sehen, daß jeder Schüler im Laufe seiner Individuationsarbeit mit seinen Leib-Fehlhaltungen konfrontiert wird – sei es bei der Einweisung in die Za-zen-Meditation, sei es im Aikido, T'ai Chi oder in den Stunden bei einem Leibtherapeuten. Darüberhinaus kann er jede Gelegenheit benutzen, sich in seinem Leib und in seiner Haltung anders zu erfahren als er es bisher gewöhnt war.

Hara. Die Verankerung im Hara ist der erste notwendige Schritt auf dem Weg vom Welt-Ich zur Personwerdung[42].

9.3.3. Hara

Der Stellung des Menschen zwischen Himmel und Erde entspricht symbolisch die Bipolarität von Geist und Materie, zwei Polaritäten, die ihre Leibkorrespondenz im Kopf und Bauchraum haben. Besonders der Bauch ist im Erleben des Menschen ein markantes Zentrum.

Grunerts Beitrag „Der Bauch: Vorstellungen, Empfindungen und Phantasie"[43] zeigt die eminent wichtige Betonung des Bauchraumes als Lebens- und Leibeszentrum in phylo- wie ontogenetischer Sicht auf. Dabei zieht er etymologische Vergleiche ebenso heran wie solche aus dem Volksmund, der Weltliteratur sowie der psychoanalytischen und psychosomatischen Krankheitslehre.

Im Körperschema gilt der Bauch als die Welt der Triebe und der Affekte sowie des Unbewußten[44]. Er ist auch der leibliche Schwerpunkt, die Mitte des Körpers. Und ein weiterer Aspekt der Leibesmitte kommt hinzu, den auch Grunert anführt:

„Als Inbegriff der Mitte zeigt Hara, daß der Mensch mit seiner leiblichen Mitte auch seine innere Mitte gefunden hat."[45]

Damit wird die rein physiologische und anatomische Bedeutungsebene von „Bauch" verlassen und die eher seelisch-geistigen Zusammenhänge und Symbolentsprechungen rücken ins Blickfeld.

Hara bedeutet nach Dürckheim nicht nur Bauch und ist damit das „Zentrum des Menschenleibes"[46], sondern auch „das Zentrum im geistigen, genauer gesagt naturgeistigen Sinn"[47].

Kapleau definiert Hara wie folgt:

---

[42] Vgl. RM, 155.
[43] Grunert, 1977, 180-225.
[44] Vgl. Neumann, 1974, 32 und 1974a, 205.
[45] Grunert, a.a.O., 185.
[46] Hara, 41.
[47] A.a.O., Zur umgangssprachlichen Bedeutung von Hara im Japanischen s.a. „Hara", 39 ff. Wichtig ist hier nochmals die Anmerkung, daß der Mensch im Hara noch nicht in seiner eigentlichen Mitte, der Herzmitte, ist (vgl. 9.3.2., Anm. 27, 28).

„Dieses japanische Wort bedeutet Bauch, Eingeweide, Unterleib, hat aber gleichzeitig eine seelisch-geistige Bedeutung, wie es deutlich aus den Worten von HARADA Roshi hervorgeht: ‚Ihr müßt erkennen, daß der Mittelpunkt des Weltalls eure Bauchhöhle ist!' Dabei ist die Bauchhöhle eben der Hara."[48]

Auch für Lowen, der sich in seinem Verständnis von Bauch an Dürckheim orientiert und der die im westlichen Kulturraum anerzogene Haltung „Brust raus – Bauch rein"[49] ebenso wie Dürckheim kritisiert, ist die Bauchregion der Sitz des Lebens:

„Man sitzt buchstäblich in seinem Bauch und hat durch ihn Kontakt mit dem Beckenboden, den Geschlechtsorganen und den Beinen. Wenn man sich aufwärts in die Brust oder in den Kopf zieht, geht dieser unentbehrliche Kontakt verloren. Die Aufwärtsrichtung geht hin zum Bewußtsein und zum Ich."[50]

Das Konzentrationszentrum des Hara-Raumes befindet sich drei Querfinger unterhalb des Nabels, wenngleich „im Hara sein" meint, sich im gesamten Bauch-Beckenraum zu sammeln und niederzulassen. Durch fortwährende Übung bildet sich allmählich „ein Sitz des Bewußtseins, ein Brennpunkt vitaler Energie, der den gesamten Organismus beeinflußt"[51]. Im Hara ist der Mensch „im Lot"[52], er ist

„frei von der Vorherrschaft des kleinen Ichs und gelassen verankert in seiner Erdmitte. Besitzt er Hara, dann vermag er in gleicher Weise den Forderungen der Welt und den des inneren Weges freier und gelassener genügen."[53]

Im Hara wird der Mensch frei von seiner Egonzentrik, „von allen Überlegungen eines von Begriffen eingeengten Verstandes"[54]. Im

---

[48] Kapleau, a.a.O., 447, s.a. Lassalle, 1974, 278.
[49] Vgl. dazu Hara, 11 f.
[50] Lowen, 1978, 46.
[51] Kapleau, 109. Kapleau verweist hier auf Govinda, der seinerseits die Bedeutung der „Chakren" in diesem Zusammenhang betont. Vgl. zur Chakrenlehre Bohm, 1953, Leadbeater, 1969, Gopi Krishna, 1975.
[52] Dürckheim erinnert hier auch an die Christusdarstellungen der Frühgotik sowie an die Buddha- und Boddhisattvasfiguren, bei denen der Bauch besonders betont ist, jedoch nicht im Sinne eines dicken Bauches, sondern einer Schwerpunktsammlung im Unterbauch. Vgl. dazu die Abbildungen in Hara. Beachte auch die frz. Redewendung: être dans son assiette, d. h. in seinem Sitz, in seinem Becken sein, s.a. RM, 126 und ÜL, 33.
[53] Der Mensch, der sich vertrauensvoll in seiner Leibesmitte niederlassen kann, schließt sich damit an seine Erdmitte an, d. h. an die „im Verborgenen wirkende Große Natur als den Raum göttlichen Ursprungs" (Hara, 97).
[54] Kapleau, 110.

Hara wird jede Verhärtung – sei sie leiblicher oder seelischer Natur – „eingeschmolzen, verwandelt und neugeboren"[55]. Für die praktische Behandlung bedeutet dies, dem Menschen seine Abgespaltenheit bewußt zu machen, d. h. ihn seine Fehlhaltungen und seinen mangelnden, auch seelischen „Tiefenatem" aktiv spüren zu lassen und an der erlebten Insuffizienz integrativ zu arbeiten. Lowen sagt dazu:

„Die Bedeutung des Bauches und des Hara liegt darin, daß man nur dann die Spaltung zwischen dem Bewußtsein und dem Unbewußten, zwischen dem Ich und dem Körper, zwischen dem Selbst und der Welt vermeidet, wenn man gefühlsmäßig in seinem Bauch ist. Hara steht für einen Zustand der Integration oder Einheit in der Persönlichkeit auf allen Ebenen des Lebens."[56]

Dazu muß der Mensch allmählich lernen, sich in einer für ihn erst vermeintlichen regressiven Bewegung nach unten, in den Bauch-Becken-Raum niederzulassen.

„Die Bewußtseinsordnung des fixierenden Ichs, das im Ich verwickelte, an allem haftende Herz, die vom Ich beengte Natur, all dies muß aufgegeben und zurückgelassen werden auf der Reise nach unten."[57]

Je mehr der Übende konsequent trotz aller Widerstände in dieses Loslassen und sich Niederlassen einwilligt, desto mehr spürt er eine natürliche Aufwärtsrichtung nach oben – leiblich gesehen in der Wirbelsäule, die durch die Lockerung von gewohnheitsmäßigen Spannungen sich streckt. „Die so entstehende Aufrechte ist voller Elastizität und Bewegung".[58] Aus personaler Sicht geht damit eine „Veränderung des ganzen ‚Ich-Weltgefühls'"[59] einher, da der Mensch immer mehr von seiner Ego-Dominanz abläßt und zu seiner Wesensgestalt findet[60].

„Hara befreit den Menschen von dem Erscheinungsbild einer ‚Persona', d. h. von all den innerlich unwahren Haltungen, die durch die Rolle, die einer in der Welt spielt oder darstellen möchte, entstehen."[61]

---

[55] Hara, 97. [56] Lowen, a.a.O., 47. [57] Hara, 97.
[58] A.a.O., 120. Diese natürliche Aufrichtung ist die Voraussetzung für die feinstoffliche Arbeit mit den Energieströmen, wie sie aus der Chakrenlehre bekannt sind.
[59] A.a.O., 118.
[60] Vgl. auch Kapleau, 109 f., wo er von dem Gefühl „von Freiheit und gesteigerter Lebenskraft" spricht sowie von den vegetativen und seelisch-geistigen Wirkungen der Hara-Übungen.
[61] Hara, 122.

Die Gewinnung von Hara bedeutet in der IT dreierlei:
1. zum einen die Erdung, d. h. die Verwurzelung mit der Realität, die Bejahung der Triebwelt, der Anschluß an das Grundvertrauen sowie Bodenständigkeit und Durchsetzungskraft[62]. Zum anderen macht die Verwurzelung mit der Erde überhaupt erst die vertiefte und erweiterte Geistigkeit möglich.
2. die „rechte, dem Menschen entsprechende wahre Form"[61]. Das bedeutet sowohl, daß der Mensch freier wird von Rollenzwängen und Fehlhaltungen als auch, daß er immer mehr seine ursprüngliche Wesensgestalt verwirklicht.
3. „Steigerung der Transparenz"[61], gemeint als allmählich wachsende Durchlässigkeit, durch die der Mensch die Voraussetzungen schafft, in denen die „universale Lebenskraft"[63] zum Ausdruck kommen kann.

Das Erreichen von Hara erschöpft sich nicht allein in der möglichen Lösung von psychologischen und psychosomatischen Blockierungen, sondern zielt auf eine Gesamtverfassung, die dem Menschen den Kontakt zu seinem „doppelten Ursprung" ermöglicht[64].

Die starke Akzentuierung der Leiblichkeit in der IT mit dem Ziel der Inkorporierung auf dem initiatischen Weg erhält vor dem Hintergrund einer durch die Kirche betriebenen Körperfeindlichkeit besonderes Gewicht. So sagt Dürckheim:

„Im christlichen Westen, für den die Inkarnation, die Fleischwerdung des Geistes, in der Mitte steht, wurde der Leib immer wieder als Widersacher und Störung auf dem Weg zum Heil empfunden, als habe er eine nur säkulare und antigeistige Wirklichkeit".[65]

---

[62] In den Übungen der Personalen Leibtherapie vermittelt z. B. das Stehen auf dem Boden dem Menschen das Gefühl der Standfestigkeit auf der Erde und die Weise, wie er sich in der Welt bewegt oder festhält. „Der Sinn des Erdens ist das ungestörte Wachsen" (MWW, 126). Zur Grundübung von Hara s. DUM, 191 ff.
[63] PS, 166. Lowen formuliert es so: „In Wirklichkeit stellt Hara einen Zustand der Transzendenz dar, in dem das Individuum sich durch die vollständige Verwirklichung seines Seins als Teil der großen Einheit oder des Universalen fühlt" (in: Lowen, a.a.O., 47). Laut Dürckheim kann der Mensch sich an die „Ki-Kraft" anschließen, die ihn zu außerordentlichen Leistungen befähigt. Voraussetzung dazu ist, das ichhafte Machen und Wollen abzubauen. Vgl. ÜL, 36 f. und DUM, 190.
[64] Ein Beispiel soll das Gesagte verdeutlichen: Nach einer Spürübung im Liegen, bei der der Schüler sich nach dem Freiwerden von Blockaden im Durchströmtwerden von einer ihm unbekannten Kraft erfuhr, sagte er: „Ich fühle mich wie aus einem Guß in mir und mit der Welt". Mit dieser Umschreibung meinte er nicht nur sich selbst als leibliche Ganzheit, sondern drückte zugleich das Gefühl des Einklangs und Eingebettetseins mit dem Kosmos aus. Aus seiner Ausstrahlung war zu bemerken, daß er sich in einem „außerordentlichen" Zustand befand.
[65] PS, 162, s.a. Lowen, a.a.O., 264.

Mit dem Erwerb von Hara lernt der Mensch aber nicht nur, sich in seinem Leib zu verankern und als Leib, der er ist, sich in der Welt zu bewegen und zu bewähren, sondern er öffnet sich ohne die Beengung seines dualistischen Bewußtseins einer ihn umfassenden größeren Wirklichkeit. Letztlich handelt der Mensch im Hara „wie von selbst, ohne Überlegung und Willensakte, aus seinem Wesen heraus"[66], wie Lassalle sagt.

Der neue Gravitationsschwerpunkt im Unterbauch befähigt den Menschen auch zu weltkräftigen Leistungen, indem er z. B. gelassen und unbefangen aus der richtigen Haltung heraus das nötige und vorhandene Wissen und Können im erforderlichen Augenblick zur Verfügung hat und einsetzen kann. Insgesamt ist Hara „die Gesamtverfassung des Menschen als Leib, die das ausschaltet, was ihm im Wege steht"[67].

Hara-Übungen sind von daher ein unverzichtbares Grundübungselement in der IT und stehen am Anfang jeder Behandlung.

Eine Einschränkung gilt jenen Menschen, die Hara pragmatisch mißbrauchen könnten. Der Gewinn von Gelassenheit und gesteigerter Wirkungskraft darf nicht ausschließlich im Dienste des Welt-Ichs stehen und damit u. U. zu einem größeren Machtmißbrauch führen[68].

9.3.4. Behandlungsmethoden

Die vorangegangenen theoretischen Einflechtungen waren nötig, um die Bedeutung der Leibsymbolik aus der Sicht der metaphysischen Anthropologie in der IT zu beleuchten. Die diagnostischen und behandlerischen Möglichkeiten des Leibes erhalten so einen tieferen Sinn, als in Verkrampfungen und Verspannungen eine ausschließlich somatische Genese mit entsprechenden therapeutischen Interventionen zu sehen. Dabei wird in der IT nicht übersehen, daß „alles was im Leib, der man ist, geschieht, auch den Körper, den man hat, betrifft, also auch den Muskelkörper"[69].

---

[66] Lassalle, 1974, 278.
[67] DUM, 189.
[68] Vgl. dazu die Anmerkungen zur Mana-Persönlichkeit 4.4.5.
[69] Mündliche Mitteilung von Dürckheim.

Neben der Grundübung[70], den Schüler seinen richtigen Schwerpunkt spüren zu lassen, hat die personale Leibtherapie eine Vielzahl von Spürübungen zur Verfügung. Je nach aktueller Notwendigkeit in der Stundensituation kann das Gewicht des Übungs- und Behandlungsansatzes auf der Leibbehandlung liegen oder die Arbeit an der Stimme und an den Gebärden im Vordergrund stehen. Auch sind gelegentliche Massagebehandlungen angezeigt, die weniger einer pragmatischen Entspannungsübung dienen, als zur Lösung muskulärer Blockaden eingesetzt werden und damit den grobstofflichen Körper meinen.

Das Leibkonzept in der Personalen Leibtherapie sieht den menschlichen Körper als in vielen Schichten und Schalen aufgebaut. Dürckheim spricht in diesem Zusammenhang „neben dem physischen und dem psychischen noch ein ‚drittes System'. . . den Ätherleib"[71] an als ein feinstoffliches Schwingungssystem[71]. Die unter „Prana" in Indien bzw. „Ki" in Japan bekannte „Lebenskraft" führt bei Stauungen im feinstofflichen Energiesystem zu Stauungen und Verkrampfungen auf der physischen und psychischen Ebene. Dürckheim nennt die Art, derartige Störungen im Ätherleib verantwortlich zu behandeln, „magnetische Behandlung"[72]. Diese Auffassung vom Leib als vielgliedriges Schwingungssystem findet ihre Parallelen im esoterischen Gedankengut und auch in der Praxis von Geistheilern, sowie in der Anthroposophie.

9.3.4.1. Atem- und Leibbehandlung

Dem Atemrhythmus kommt in der Personalen Leibtherapie nicht nur die Bedeutung von Luftholen und -lassen zu, vielmehr entspricht aus personaler Sicht der Atem dem

„Sichöffnen und Sichwiederschließen, Sichhergeben und Sichzurückempfangen, Sichlösen und wieder Form gewinnen usw. der Person"[73].

---

[70] Übungsanleitungen zum Spüren von Hara finden sich besonders in ÜL, 18 ff., wo anhand von Abbildungen auch das Stehen, Sitzen und Gehen im Hara beschrieben wird, s. a. Hara, 115 ff.
[71] PS, 170.
[72] A.a.O., 189 f. Außerdem erwähnt Dürckheim eine weitere unorthodoxe Behandlungsmethode, die „Mikrovibration" (PS, 170).
[73] A.a.O., 168 f.

In der bereits zitierten Meditationsformel wird die Symbolik des Atemrhythmus[74] für die personale Leibverfassung besonders deutlich. Das obere Sichloslassen bedeutet für den Übenden, sich bewußt und entschieden auf die verkrampfte und hochgezogene Schultern-, Nacken- und Brustpartie zu konzentrieren und sich als dort verspannte Person zu spüren und zu lösen. Im folgenden atembegleitenden Sichniederlassen leitet er die obere Spannung in den Bauch-Becken-Raum und stellt damit den Kontakt über die Beine zum Boden her, so daß die Spannung abfließen kann. Dieser bewußte Ableitungsversuch geschieht mit dem Ausatem, wobei der Übende sich nun auch in der dritten Ausatemphase, zwischen Aus- und Einatem ganz auf die Befreiung des oberen Haltekrampfes und die Verwurzelung in seiner Erdmitte konzentriert. Mit der Schwerpunktverlagerung nach unten und der oberen Krampf- und Spannungslösung ist keine Auflösung gemeint, auch nicht eine nur wohltuende Entspannung[75], die sich u. U. in Formlosigkeit und ungespannter Haltung ausdrücken könnte. Im vierten Schritt kann sich der Mensch im Einatem als Neuwerdender erfahren, wenn es ihm gelingt, sich in der Einatemphase loszulassen, d. h. das Neuwerden geradezu als Geschenk zu empfangen[76].

„Dann wird dank der Befreiung ‚wovon' die Befreiung ‚wozu' gespürt: In der dem Leibe ursprünglich zugedachten, nunmehr befreiten Gestalt."[77]

Bezogen auf den Atem kann der Übende dann die Erfahrung machen, daß nicht er es von seinem Willen her ist, der den Atem macht, sondern daß „Es atmet"[78].

Im leibtherapeutischen Ansatz sind Elemente aus der Atemtherapie zu finden, die Dürckheim auch kurz skizziert[79]. Entscheidend ist jedoch nicht allein die Lenkung des Atems in den Leib bzw. in die ge-

---

[74] Vgl. 3.4.4.1., Anm. 103 und MWW, 148 ff.
[75] Vgl. MWW, 153.
[76] Vgl. dazu auch Peltzer in TE, 128.
[77] MWW, 151. [78] Hara, 152.
[79] Diese hier nicht im einzelnen vorzustellenden Atemtherapieverfahren und ihre Erweiterungen führt Dürckheim in MPP, 1299 f. auf. Dazu gehören: Die Atemtherapie von Prof. I. Middendorf, die Schule Schlaffhorst-Andersen, die Lösungs- und Atemtherapie von A. Schaarschuch, das aus China stammende T'ai-Chi-Chuan. Beiträge zu anderen Behandlungsverfahren finden sich in Petzold, 1974 und Heyer-Grote, 1970.

stauten oder undurchlässigen Leibräume, womit die Atemdurchlässigkeit und Wiederherstellung der natürlichen Atemfunktion angeregt werden kann, sondern die bewußte Kontaktaufnahme mit sich selbst im Leib. Was darunter zu verstehen ist, soll das folgende Zitat verdeutlichen:

„Der Körper ist wie ein leerstehendes Haus, das erst mit der ‚Einwohnung' zu dem Leib wird, der ich bin . . . Ich muß lernen, mein Haus zu bewohnen, einzuziehen – dieses ‚Einziehen' ist ein ganz realer Vorgang. Er meint zweierlei: Ich ziehe *in* etwas ein und: Ich ziehe *etwas* ein. Ich muß meine nach außen gerichteten Sinneswahrnehmungen sammeln und nach innen richten . . . Wir kennen diese Übung aus der Meditation, in der die Sinneswahrnehmungen in den unbeweglichen Leib eingezogen werden."[80]

Diese bewußte Reise in den Innenleib verlangt vom Schüler Konzentration und Fähigkeit des aktiven Einspürens. Er lernt so, allmählich in sich zu gehen.

„Es ist wirklich ein Vorgang des Einstülpens des Kopfes mitsamt aller Sinneswahrnehmungen, um mich in den verschiedenen Leibräumen, in immer tieferen und feineren Schichten zu erfahren."[81]

Als Vorbereitung für diese inneren Tastübungen dient das von Alexander entwickelte Eutonieprinzip[82] und das Erobern der Leibräume, wie es aus der Atemtherapie bekannt ist, was zu vermehrter Spürfähigkeit und Differenzierung des Leibes mit seinen Verspannungen verhilft[83]. Der aktive und konzentrative Beitrag des Behandelten besteht darin, sich bewußt in die verstellten Leibräume zu begeben. Bei diesem bewußten Eintreten wird dieser Leibraum belebt, was auf der somatischen Ebene durch eine verstärkte Durchblutung, den Anschluß an die den Körper durchfließende Atemwelle und eine Veränderung des Gesamttonus in diesem Raum festzustellen ist. Damit ist eine Wohlspannung weder in der Entspannung im Sinne einer auflösenden Erschlaffung noch eine Überspannung gemeint. Allmählich greift diese Spannung auf den gesamten Organismus über. Der

---

[80] Graubner, 1975, 1.
[81] A.a.O., 2.
[82] Vgl. Alexander, 1976.
[83] Vgl. MWW, 152 und MPP, 1300. Stokvis und Wiesenhütter sprechen in diesem Zusammenhang von der „kinästhetischen Bewußtmachung", zit. nach Stolze in Heyer-Grote, a.a.O., 319.

Mensch erfährt sich durch die „Einwohnung" in diesen neuen Raum auf eine neue Weise, in der er als ganzer Mensch auf einmal gegenwärtig und beteiligt ist[84]. Die Sammlung des Menschen mit seinen Sinnen und seinem Bewußtsein in den Leibräumen wird durch die Hand des Behandlers erleichtert[85].

Im Vergleich zur Atemtherapie und einigen ihrer Varianten geht es also primär nicht darum, den Atem in die Leibräume kommen zu lassen, sondern die Wahrnehmungskonzentration über die Sinne dort zu sammeln, worauf der Anschluß dieses Bereiches durch die Atemwelle eintritt. Dadurch ist die Kontaktierung und Verbindung an die in den blockierten Räumen gespeicherten Energien und ihre bewußte Integration möglich. Hier treffen Leibtherapie und Tiefenpsychologie zusammen, indem so verstellte Leibräume zurückerobert werden und die ursprüngliche traumatisierende Situation aufbrechen kann. So ist die Chance der bewußten Verarbeitung gegeben.

Die Erfahrung zeigt, daß derartige, oftmals schmerzende, geladene Stellen mit Erlebnissen gespeichert zu sein scheinen – Graubner spricht hier vom „Leibgedächtnis"[86] – so daß dem Behandelten plötzlich Bilder und Assoziationen auftauchen, die mit der berührten Partie in einem affektiven Kontakt stehen. Inhalte solcher emotional geladener Bilder sind meist Traumatisierungen aus der Kindheit oder von Verletzungen und Schocksituationen durch einen Unfall oder eine Operation. In der Stundensituation werden diese verletzten und abgespaltenen Leibräume allmählich wiederbelebt und ans Bewußtsein angeschlossen, was durch verbale Analyse oft nicht möglich ist.

Zwei kurze Fallbeispiele zur Verdeutlichung:

Die Leibtherapeutin behandelt eine ca. 55jährige Frau mit Herzrhythmusstörungen an den dem Herzen zugeordneten Reflexpunkten am Fuß. Plötzlich taucht ihr eine Erinnerung auf, wie sie mit ca. 8 Jahren sich einer Vergewaltigung durch ihren Onkel erwehrt. „Damals setzte mein Herz fast aus", sagte sie und bringt dieses längst vergessene Erlebnis mit ihrer Herzstörung in Zusammenhang.

---

[84] Vgl. dazu die Beispiele von Peltzer, a.a.O., 129.
[85] „Der Behandler erleichtert durch die Berührung einmal das Einziehen der Sinne, um sie an einer bestimmten Stelle zu versammeln – und zum anderen sichert er den Realitätsbezug. Er gibt auch Schutz und Stütze bei Durchgängen oder bewahrt vor zu tiefen Einbrüchen" (in: Graubner, 1975, 8).

Eine 37jährige Frau, die ausschließlich negative Kindheitserinnerungen an ihre Mutter hat und – tiefenpsychologisch gesehen – von einem negativen Mutterarchetyp besetzt ist, erinnert sich während der Behandlung an ihrem Brustbein an eine positive Szene aus ihrer Kindheit: Sie ist ca. 8 Jahre alt, als sie eines Tages eine alte Tante besucht, die in einer ärmlichen Mansarde wohnt. Bei ihr fühlt sie sich zum erstenmal wohl und geborgen. Mit diesem Erlebnis eines positiven Mutterarchetyps, das sie wie ein Märchen erzählt, wird ihr plötzlich bewußt, daß sie sich einen heilen Raum bewahrt hat, an den sie sich trotz aller Traumatisierungen immer wieder anzuschließen lernen kann.

Gerade das letzte Beispiel zeigt, daß im Leibgedächtnis nicht nur die negativ geladenen Erinnerungen und Traumatisierungen gespeichert sind.

Während der Behandlung tritt der Übende behutsam und mit wachsender Bewußtseinsfähigkeit in das gestörte Leibfeld ein. Dabei helfen, gerade beim Auftauchen von starken Widerständen in Form von Angst und Verdrängungsmechanismen wegbegleitende, tiefenpsychologisch orientierte Gespräche mit dem Behandler sowie die Traumarbeit. Möglich sind auch gestalttherapeutische Ansätze. Das Ziel ist dabei immer, dem Schüler seine leiblichen Fehlhaltungen, die meist Schutzhaltungen sind, an sein Bewußtsein zu bringen, wobei die, wenn auch mitunter schmerzhafte, leibhafte Bewußtwerdung als unbedingt notwendig erachtet wird.

Die Beobachtung des Leibgedächtnisses führt in der IT zu der Folgerung, daß jedes Geschehen, das dem Menschen „unter die Haut ging", das ihn seelisch berührte – wobei berühren im doppelten Sinn zu verstehen ist – seinen Niederschlag wie eine Einstempelung im Leib hinterläßt. Die biographisch bedingten Störfelder[86] scheinen eine bedeutsame Grundlage für spätere psychosomatische Erkrankungen abzugeben.

Insofern ist bei entsprechenden somatischen Beschwerden und medizinisch gesicherten Befunden auch eine differenzierte Zusammenarbeit zwischen Leibtherapeut und Arzt hilfreich und nötig. Aus der Sicht der IT sollte in diesen Fällen eine medizinische Behandlung,

---

[86] Vgl. auch Reich, 1972, 227: „Jede muskuläre Verkrampfung enthält die Geschichte und den Sinn ihrer Entstehung." S.a. MWW, 152 sowie die von Petzold entwickelte „Thymopraktik" (in: Petzold, a.a.O., 351 f.).

z. B. einer gestörten Organfunktion in ihren Heilungsschritten gekoppelt sein mit der allmählichen Aufarbeitung der dazu korrespondierenden Traumatisierung.

Emotionale Ausbrüche wie Schreien, Weinen, Lachen oder auch stiller Schmerz tragen zur Entladung der leiblich-seelischen Verspannungen und Blockaden bei, so daß oft auch vom somatischen oder orthopädischen Standpunkt her erstaunliche Korrekturen oder Heilungen von u. U. jahre- oder jahrzehntelangen Fehlhaltungen sich einstellen können[87]. Das gezielte Ausagieren emotionaler Blocks wird in der IT nicht in der Ausschließlichkeit intendiert, wie es in vielen neuen Techniken aus der HP, wie z. B. der Alexander Technik, bestimmten Formen der Bioenergetik, dem Rolfing oder der Primärtherapie der Fall ist. Das bedeutet nicht, daß in der Personalen Leibtherapie Emotionen unterdrückt oder zurückgehalten werden. Der Akzent liegt darauf, den Schüler nicht zu sehr in eine Identifikation mit seinen Emotionen zu bringen, um seine Energien nicht in u. U. ihn leermachendes und blindes Ausagieren und Abreagieren zu verlieren.

Die Wegbegleitung leitet den Schüler zur Bewußtwerdung und zur Verwandlung an, so daß er durch Benennung und Objektivierung schrittweise fähig wird, sich von der möglichen Identifizierung und Besetzung zu lösen. Statt in ausgedehnte Ausagierungsansätze wird der Schüler – was von der jeweiligen Entwicklungsstufe des einzelnen abhängt – zur Integration der in den Blockaden enthaltenen und nun freiwerdenden Energien geführt. Bei Wiederholungen von emotionalen Grundsituationen kann der Schüler lernen, bis zur emotionalen Entladungsschwelle zu gehen, aber dann die Ausdrucksenergie für die Erweiterung seines Bewußtseins umzuwandeln. Der Schwerpunkt liegt in der IT auf dem Anschließen solcher, manchmal archetypischer Kräftekonstellationen mit überwältigendem Charakter an das Bewußtsein und auf den damit erfolgenden Verwandlungsimpuls zur neuen Gestalt.

Wenn das Leibgedächtnis erwacht, erlebt sich der Mensch voll in der „Realität einer verdrängten oder abgesunkenen Situation. Raum und Zeit springen im ‚Hier und Jetzt' in einem Punkt zusammen. Die Übung ist: Ganz

---

[87] PS, 167.

darin zu stehen, ohne in einer Identifikation abgesogen zu werden. Es tritt eine Bewußtseinserweiterung nach innen ein – eine Vertiefung und Intensivierung der Wahrnehmung."[88]

Die Befreiung „wovon" wird zum reflektierten „Wozu"[89].

Hier wird deutlich, daß die Verwandlung des Menschen zu einem neuen Leib-Bewußtsein langsam und schrittweise vor sich geht, da die gemachten Leiberfahrungen auch bewußtseinsmäßig erarbeitet und integriert werden. Dieses Vorgehen kann als wichtiges Kriterium gelten, um die IT von der HP mit ihren eher blockadeaufbrechenden Ansätzen abzugrenzen. Oft kann das bewußte Hineinspüren und Eintreten in einen Schmerzraum statt einer Abwehr, die den Atem stocken läßt und nun unter Druck durchbrochen wird, eine tiefgreifende Lösung, Einsicht und Verwandlung hervorrufen, die ohne dramatische Aktionseffekte verläuft und den Menschen dennoch befreit und zugleich verändert. Überhaupt Schmerzen zu empfinden und auch zu äußern, zeigt an, daß der Schüler beginnt – wozu auch das Vertrauen zum Behandler gewachsen sein muß – seine schmerzabweisenden Blockademechanismen aufzugeben und sich neuen Erfahrungen zu öffnen. Nicht immer ist allerdings eine rasche Schmerzbeseitigung durch den Behandler angezeigt. Allzuleicht tritt die Gefahr der passiven Konsumentenhaltung auf, die dem Menschen die Chance nimmt, sein Leibgewissen ernst zu nehmen, d. h. den tieferen Sinn des Schmerzes und seinen Appell zu erkennen, akzeptierend in den Schmerz einzutreten und sich verwandelnd zu erfahren.

Bei den intensiven leibhaften Entwicklungsprozessen steht der Behandler in einer besonderen Verantwortung.

„Zur Selbsterfahrung in seinem Weg-Medium kommt ein Behandler-Bewußtsein, das auf der Basis intensiven Handelns Kategorien des Individuationsprozesses und Qualitätssprünge in eine andere Dimension, wie sie sich im Leibe zeigen, erkennt"[90],

schreibt Graubner. Hierzu gehört neben langjähriger Erfahrung und Ausbildung in der Atem- und Leibbehandlung und der Kenntnis tiefenpsychologischer Prozesse auf dem initiatischen Weg die persönli-

---

[88] Graubner, a.a.O., 5.
[89] Vgl. 9.3.4.1., Anm. 77.
[90] Graubner, 1979, 2.

che Reife und Bezogenheit des Behandlers auf die transzendente Dimension[91].

9.3.4.2. Shiatsu
Ein weiteres Medium zur leibhaftigen Bewußtwerdung ist das Shiatsu. Durch Shiatsu wird der Energiekörper in rhythmischer Abfolge mit Hilfe des Daumendrucks angesprochen. Shiatsu basiert auf der chinesischen Meridianlehre und kann, ähnlich der Akupunktur, zur Behandlung von chronischen Krankheiten und Energiestauungen eingesetzt werden. Auch hier gilt, daß Shiatsu keine ausschließlich pragmatische Indikation hat.

9.3.4.3. Die Stimme
Eine weitere Übung betrifft die Selbsterfahrung im Ton und in der Stimme. Die Stimme ist nach Dürckheim „untrüglicher Spiegel der eigenen Innerlichkeit"[92]. Sie gibt Auskunft über die jeweilige Wesenspräsenz oder Ich-Verstellung[93]. Eine wichtige Übung ist die Vokalraumarbeit in Verbindung mit Hara-Übungen. Hier werden – meist in Kleingruppen – über Vokale und Konsonanten Leibräume und Energiezentren geweckt, die den Menschen an seine innere Wesensgestalt anschließen können. Er kann seinen Eigenton finden, was neben einem hörbaren, für den Menschen stimmigen Ton auch zugleich eine unhörbare, innere Schwingung bedeutet, mit der er in Harmonie ist. Im Gruppengeschehen ist dann auch ein gemeinsames stimmiges Tönen möglich. Diese Arbeit, die hier nicht weiter vorgestellt werden kann, schließt an die Mantrapraxis östlicher Meditationsformen an und fällt in den Bereich einer angewandten Esoterik.

9.3.4.4. Freie Bewegungsübungen und Bewegungstherapie
Bei diesen Übungen kann der Mensch sich im bewußten Vollzug seiner Gebärden erfahren, hier kann er die neu erspürten Eindrücke, etwa aus den Stunden, ausdrücken lernen und sich in jede, aus seinem Innenleib erwachsene Bewegung einlassen lernen. So kann er zu einer

---

[91] Vgl. auch 8.3. [92] ÜL, 68.
[93] Näheres s. ÜL, S. 67 ff. und MWW, 227 ff. Ein interessanter sprachlicher Gleichklang findet sich in dem französischen Ausdruck „trouver sa voie" – seinen Weg finden und „trouver sa voix" – seine Stimme finden.

veränderten Selbstwahrnehmung und Begegnung mit dem anderen im Außenkontakt kommen. Dazu gehört auch der Tanz bzw. die Tanzimprovisation[94]. Besondere Bedeutung erhalten auch die aktiv-meditativen Bewegungsübungen wie das Aikido und das T'ai-Chi-Chuan.

9.3.4.5. Aikido

Aikido darf nicht als japanischer Kampfsport mißverstanden werden, dessen Ziel die Selbstverteidigung ist. Aikido meint vielmehr einen Übungsweg, mit der Kraft in Harmonie zu sein (ai-ki-do bedeutet Harmonie-Kraft-Weg) und damit die Chance zur Begegnung mit sich selbst, zur Selbstfindung, zur Entwicklung von Selbstvertrauen und Selbstbewußtsein. Aikido trifft in erster Linie nicht das äußere Gegenüber, sondern den eigenen inneren Feind, etwa in Form von mangelnder Präsenz oder Aufgelöstheit. Dazu verhilft die Übung des statischen wie dynamischen Gleichgewichts, um das Hauptprinzip des Aikido, durch Widerstandslosigkeit, durch drehendes Ausweichen die Kraft des Gegners „in ihrer dynamischen Tätigkeit zu nutzen und sie auf den Angreifer zurückzulenken"[95]. Hier kommt sehr anschaulich das einander bedingende und ergänzende Yin- und Yang-Verhältnis zum Ausdruck. Dieses Prinzip, das der Übende in direktem Kontakt mit seinem Gegenüber erfährt, ist übertragbar auf den eigenen Weg und die alltäglichen Situationen.

„Aikido ist der Weg, seinen Geist mit dem der anderen und mit dem Universum in Einklang zu bringen"[96],

lautet die Definition von Nocquet. Damit wird Aikido keine nur philosophische und abstrakte Lehre, sondern ein anwendbares, den Menschen besonders auch in seinem Leib ansprechendes Übungsmedium[97]. Jede Woche werden sowohl in Rütte wie auch in der Zweigstelle in München regelmäßig Gruppenübungen in Aikido angeboten.

---

[94] Gasttherapeuten bieten regelmäßige Kurse in kultischen Tänzen sowie in Musik und freiem Tanz an.
[95] Nocquet, 1977, 29.
[96] A.a.O., 25.
[97] Vgl. auch die Aussagen von Meister Uyeshiba, dem Begründer des Aikido: „Aikido ist nicht die Auseinandersetzung zwischen zwei materiellen Kräften, bei der die stärkere naturgemäß gewinnt, sondern die vollkommene Vereinigung zweier völlig

9.3.4.6. T'ai-Chi-Chuan

Im T'ai-Chi-Chuan, das auf der chinesischen Yin-Yang Philosophie basiert – „T'ai-chi is derived from a concept of chinese philosophy meaning ‚supreme ultimate'"[98] – werden fließende Bewegungen in einer meditativen Weise vollzogen, verbunden mit geistiger Konzentration, so daß der natürliche Atemrhythmus sich einstellt und Spannungen sich lösen können. Dabei erfährt sich der Mensch immer mehr in seiner Balance[99]. „Chi" ist die kosmische Energie, für die sich der Übende in seinem Leib öffnen soll:

„The aim is to throw every bone and muscle of the body wide open so that the ch'i may travel unobstructed. Once this is done, the chest must be further relaxed and the ch'i made to sink to the navel. After a time the ch'i will be felt accumulating for mass integration in the navel, from where it will begin to circulate throughout the body."[100]

9.3.5. Zusammenfassung und Ausblick

Mit diesem Überblick sind die wesentlichsten Aspekte der Personalen Leibtherapie angesprochen. Es wurde deutlich, daß die Auffassung vom Leib in der IT einen weiten Hintergrund hat, der im metyphysischen Menschenbild verankert ist. Insofern ist weder eine rein pragmatische, der Funktionstüchtigkeit und dem Körpertraining dienende Behandlung in Form von Massage oder physikalischer Therapie genügend noch eine ausschließlich bioenergetische Konzeption.

Diese Ansätze werden nicht vom Behandlungsgeschehen ausgeschlossen, sondern sind je nach individueller Thematik einbeziehbar. Die Personale Leibtherapie hebt sich insofern von den innovativen, neoreichianischen Körpertherapien der HP ab, denen es hauptsächlich um die Befreiung von verschütteten und blockierten Gefühlen geht, die sich im Körper in muskulären Verspannungen oder Blockie-

---

entgegengesetzter Geisteshaltungen, bei der die eine, die gültige siegen wird, indem sie den Gegner erleuchtet" (in: Nocquet, a.a.O., 19). Hier wird die Überlegenheit eines geistigen Prinzips angesprochen, das auch im handgreiflichen Tun wirksam und transparent wird. Vgl. auch Uyeshiba, 1969, 15.
[98] Man-ch'ing & Smith, 1977, 1.
[99] A.a.O., 1: „Chinese say that whoever practices T'ai-chi will gain the pliability of a child, the health of a lumberjack, and the peace of mind of a sage."
[100] A.a.O., 5.

rungen ganzer Körpersegmente manifestiert haben. Das bloße Aufbrechen mit dem Ziel der Wiederherstellung eines natürlichen, spontanen Menschen erweist sich im Sinne des initiatischen Konzeptes als nicht heilmachend[101], wenn nicht eine nachfolgende, intensive Aufarbeitung auf tiefenpsychologischer Basis, die Integration an das Bewußtsein und eine daraus erwachsene neue Handlungs-, Begegnungs- und Lebensfähigkeit zum Therapiekonzept gehört, das die Ganzheit des Menschen mit seiner transzendenten Dimension einbezieht.

Allerdings sind in der Bioenergetik auch differenzierte Ansätze, wie etwa der von Keleman, zu finden[102]. Auch er spricht davon: ,,Wir haben keinen Körper, wir sind Körper"[103], wobei ein evolutionäres energetisches Konzept mitschwingt. Ziel der Bioenergetik ist für Keleman die ,,Verkörperung (embodiment) oder . . . Selbstgestaltung (self-formation)"[104]. Hier lassen sich Parallelen zu den Inkorporationsbemühungen der IT herstellen.

Auf eine andere Ganzheitskonzeption kann ich nur am Rande eingehen – Vergleiche zur IT müßten in einer eigenen Untersuchung herausgearbeitet werden. Gemeint ist die Integrative Bewegungstherapie von Petzold[105]. Sie ist ein Teilgebiet der Integrativen Therapie. Petzold beruft sich bei diesem Ansatz auf seine Lehrer Iljine und Marcel[106], die auf die Einheit von Körper und Existenz hinweisen[107].

Das In-der-Welt-sein ist nur durch die Realität des Leibes möglich, er ist die Nahtstelle zwischen Innen- und Außenkommunikation, zwischen Eindruck und Ausdruck. Der ganze Mensch nimmt wahr und handelt in der Gesamtheit seiner Gebärden. Er ist nicht nur bezogen auf seine Umwelt und seine Innenwelt, sondern ist auch gepolt

---

[101] Das gilt für viele, in ihrem Kern aufgebrochene Teilnehmer aus den zahlreichen Varianten von Gruppentherapien und Gestaltgruppen.
[102] Keleman war langjähriger Schüler von Dürckheim und leitet das ,,Center for Bioenergetic Studies" in Berkeley. Er gilt als gewichtiger Vertreter der Bioenergetik in der HP. Seit einigen Jahren gibt er auch Kurse in Rütte.
[103] Keleman in Keen (in: Psychologie heute, 1975, 67). S.a. Keleman, 1975.
[104] A.a.O., 73.
[105] Petzold, a.a.O., 287, 290.
[106] A.a.O., Prolegomena.
[107] Petzolds integrativer Therapieansatz vereinigt in einem ,,übergreifenden Systemverbund" (a.a.O., 300) klientenzentriert die diversesten Körpertherapieformen mit Gestalt- und Kreativmethoden einschließlich Psychoanalyse und Verhaltenstherapie. Die Integrative Therapie ist an einem anthropologischen Menschenbild orientiert (vgl. a.a.O., 294), das stark pragmatische, eklektizistische Züge trägt (a.a.O., 299).

auf die „Überwelt". Diese Kontaktbezüge können auf individuelle Weise gestört sein. Die Position des Menschen in der heutigen Zeit begünstigt die Abspaltung von seinen Sinnen – er findet keinen Sinn mehr –, seinen Gefühlen und seinen metaphysischen Bedürfnissen. Die verhinderte Ausdrucksfähigkeit seines individuellen Leidens, verbunden mit der Verdrängung seiner existentiellen Sinnfindung schlägt sich nieder auch in seiner Leibrealität. Der den Menschen von seinem Grund entfernenden Aufwärtsbewegung nach oben setzt die Personale Leibtherapie die ihn verankernde Zentrierung in der Leibesmitte, im Hara, entgegen. Dadurch kann er seine Ego-Dominanz abbauen und in vertieften Kontakt mit seiner Herzmitte kommen sowie in eine Begegnung mit dem Wesenhaften im Menschen und in den Dingen[108].

Alle Erlebnisse, die eine angemessene Integrationsfähigkeit des Menschen überforderten, seien es Kindheits- oder Operationstraumata, unverarbeitete, nicht eingebundene Seinskontakte z. B. durch Meditationserfahrungen oder Drogen, „große" Träume mit für den Träumer appellativem Inhalt hinterlassen ihre Spuren im Leib. Die im Laufe einer Behandlung auftauchenden Erinnerungen und emotionale Verwundungen werden in Zusammenarbeit auch mit anderen Mitarbeitern in deren Übungsmedien mit aufgearbeitet. Schrittweise kann so der Mensch seine desintegrierten Anteile, seine durch unverarbeitete Erfahrungen geschaffenen leiblichen Leerräume beleben. Allmählich inkorporiert er sich, d. h. er kann in seinen Leib „einziehen". Dieser in der IT besonders betonte Ansatz des Inkorporierens unterscheidet sie von der praktischen Analytischen Psychologie von C. G. Jung[109].

Rationale Einsichten, tiefe seelische Erschütterungen oder Seinsfühlungen mit für den Menschen evidentem Verwandlungsimpuls – seien sie im analytischen Gespräch, in einer der therapeutischen Übungsstunden oder unabhängig davon entstanden – berühren den Menschen in seiner leiblichen Ganzheit und Realität. Er wird die neuen Erfahrungen erst dann integrieren können, wenn sie ihm auch leibhaftig, also nicht nur als intellektuelle Erkenntnis oder im seelischen

---

[108] Vgl. 8.3., Anm. 27.
[109] Vgl. 4.4.8.

Ergriffensein bewußt sind. Dazu bedarf es nach dem Ganzheitskonzept der IT der Übung. Allzu schnell erliegt er sonst der Gefahr, die Hintergründe dieser Erfahrung amplifikatorisch einzuordnen und um sie zu *wissen*, ohne aber in seiner gesamten Leibverfassung davon *verwandelt* berührt zu sein.

Bei dem Vorgang der Inkorporation[110] werden manchmal somatische Beschwerden verstärkt, die dann bei fortlaufender Behandlungsarbeit – oft ist ärztliche Zusammenarbeit nötig – abklingen. Nach meinen eigenen Beobachtungen und Erfahrungen können psychosomatische Krankheitsbilder geklärt und behoben werden, was in Zukunft durch Fallstudien zu verifizieren wäre.

Die Behandlung verlangt in der Personalen Leibtherapie vom Schüler Eigeneinsatz, Mut und die Bereitschaft zur konsequenten Übung an seinem Leibbewußtsein. Beide, Behandler und Behandelter, gehen gemeinsam ein Stück unbekannten Weges, wobei dem Behandler der Atem und die Gebärdensprache sichtbare und fühlbare Markierungen und damit auch diagnostische Hinweise abgeben. Auch die Berührung und die Kontaktaufnahme durch die Hand, womit die auch von Jung und seinen Schülern noch eingehaltene körperliche Distanzierung aufgehoben wird, trägt zur Wegweisung und -führung bei.

Die Personale Leibtherapie ist untrennbar mit dem Konzept des ganzen Menschen verbunden, gerade auch des Menschen in seiner Leibhaftigkeit. „Der Leib ist die raumzeitliche Gestalt des Geistes"[111], sagt Dürckheim, Rahner zitierend. Dürckheim ist überzeugt, daß

„keine zehn Jahre vergehen werden, und es wird die personale Leibtherapie ein unabdingbarer Bestandteil jeder personalen Therapie sein und von ihr auch den Ärzten eine neue Sicht des ‚Patienten' und eine zusätzliche Behandlungsweise geschenkt werden."[112]

Die wachsende Etablierung der neuen Körper- und Leibtherapien werden nach meiner Ansicht nicht nur für die in der akademischen Psychologie sehr vernachlässigte Ausdruckspsychologie bedeutende

---

[110] Vgl. auch die Notwendigkeit der „Exkarnation" bei bestimmten Menschen, s. 6.3. nach Anm. 51.
[111] Mündliche Mitteilung, vgl. auch 4.6.7., Anm. 87.
[112] PS, 169, geschrieben 1973.

Impulse abgeben, sondern auch für die ausschließlich verbal orientierten Psychotherapieformen erweiterte Behandlungsmöglichkeiten eröffnen.

9.4. Das Geführte Zeichnen

Als dritte praktische Arbeitsweise der IT soll nun das von Hippius entwickelte Geführte Zeichnen vorgestellt werden. Ausgangspunkt ist ihre 1936 entstandene Dissertation über den „Graphischen Ausdruck von Gefühlen"[1], deren Grundkonzeption in den ersten Nachkriegsjahren im Geführten Zeichnen und in der Graphotherapie ausdifferenziert wurde[2]. Ich gehe in diesem Kapitel zuerst auf die wesentlichen Ergebnisse dieser Dissertation ein, soweit sie für das Verständnis des in der IT auch praktizierten Arbeitsmediums des „Graphischen Ausdrucks von Gefühlen" und der Graphotherapie nötig sind. Bei der Beschreibung der praktischen Durchführung des Geführten Zeichnens behandele ich den evokativen Ansatz, der bereits in dem Kapitel über E. Neumann[3] angedeutet wurde, nämlich mittels graphischer Urzeichen beim Schüler archetypische Bildekräfte zu evozieren und durch meditatives exerzitienhaftes Tun Verwandlungen und leibhaftes Bewußtwerden einzuleiten. Ich gehe dann auch auf den symbolischen Ausdrucksgehalt dieser Zeichenformeln ein und versuche anhand eines kurzen Fallbeispiels die wegen mangelndem Bildmaterial in dieser Arbeit möglicherweise unanschaulichen theoretischen Erörterungen zu beleben.

9.4.1. Der graphische Ausdruck von Gefühlen

Die experimentelle Arbeit von Hippius basiert auf den am Leipziger Psychologischen Institut erarbeiteten graphologischen Forschungen mit den gestaltspsychologischen Ansätzen von F. Krueger, Wertheimer sowie den Grundlagen von L. Klages und M. Pulver[4]. Hippius versucht in ihrer Dissertation nachzuweisen,

---

[1] Hippius, 1936, 257-335.
[2] Hippius in TE, 23.
[3] Vgl. 4.5., Anm. 4.
[4] Hippius, 1936, 257 f.

„daß Gefühle und gefühlsartige komplexe Seelenzustände einen angemessenen und natürlich zeichnerischen Ausdruck finden können"[5], zumindest bei Menschen gleichen Kulturraums. Die Gefühle als innere Bewegtheiten (Emotionen) haben ihr Äquivalent auch in körperlichen, räumlichen Ausdrucksbewegungen[5]. Mit dieser Aussage bezieht sie sich auf Klages:

„Jede ausdrückende Körperbewegung verwirklicht das Antriebserlebnis des in ihr ausgedrückten Gefühls".[6]

Diese Aussage gilt nach Hippius nicht nur für die Handschrift, sondern ebenso für den graphischen Ausdruck von Gefühlen, der in ihrer Versuchsanordnung durch die Wiedergabe von sinnfreier Linienführung induziert wurde. Die Zeichnungen als Niederschlag eines verinnerlichten Gefühls sind objektiver Bestandteil des Gefühls selbst[7].

Es besteht demnach ein Zusammenhang zwischen dem äußeren Aktions- und Gestaltungsraum und dem gefühlsmäßigen inneren Raum.

„Ein seelisches Offensein oder Weitsein, ein Erfülltsein oder Leersein ist eben dadurch gekennzeichnet, daß hier ganz entsprechende Erlebnismomente wirksam sind wie beim Erleben von weiten, offenen, leeren oder erfüllten Räumen, Landschaften, architektonischen Innenräumen"[8].

Auch Pulver spricht in seiner symbolischen Betrachtungsweise der Schrift vom „Raum . . ., den wir in uns tragen" und vom „Schriftraum . . ., der unmittelbarem Erlebnis entsprungen"[9] ist.

Das Maß der Beteiligung an einem Gefühl und seiner Wirklichkeit schlägt sich entsprechend nieder im graphischen Ausdruck. Für Hippius ging es besonders auch um das Aufzeigen der Dimension der

---

[5] A.a.O., 262.
[6] Vgl. Hippius, a.a.O., 258 Zit. hier nach Heiss, 1966, 10.
[7] Hippius, a.a.O., 315. In der Versuchsanordnung wurden die Versuchspersonen aufgefordert, in beliebiger Reihenfolge 20 vorgegebene Gefühle wie etwa „Tatbereitschaft, wilder Schmerz, Zuneigung, gedrückte Stimmung" durch einfache Liniengebilde experimentell hervorzurufen. Die Beobachtung zeigte im weiteren, daß der Lösung der Aufgabe eine Art „Verbildlichungsprozeß" (a.a.O., 264) in einer quasi meditativen Haltung voranging bzw. auch durch „ein Wissen um" (a.a.O.) den fraglichen Gefühlsausdruck zur Gestaltung führte.
[8] A.a.O., 315.
[9] Pulver, 1973, 16.

Tiefe des Erlebens, die laut Krueger[10] anzeigt, inwieweit der Mensch als Ganzer oder nur partiell am Bewegtsein beteiligt ist[11]. Sie konnte anhand ihrer Versuchsanordnung aufzeigen, daß

„ein wahrhaft tiefes Erleben . . . auf den ‚übergegensätzlichen Charakter' des Seins und auf die Möglichkeit der ‚Begegnung mit dem eigenen Wesensgrund'" weist.[12] Das Erleben der Tiefendimension drückt sich im Unterschied zu sonstigen Erlebnisqualitäten im Gefühl des „Erfülltseins . . . der Substanzhaftigkeit"[13] aus und ist „getragen von der Gewißheit, daß man hier etwas Letztes und Unbedingtes erlebt . . . daß der Mensch hier einen Grund in sich selber, in seinem Wesensgrund unmittelbar erlebt"[13].

Diese Aussage bedarf besonderer Beachtung, da „Tiefe" in diesem Sinne nicht mit Intensität der Gefühle verwechselt werden darf. Auch „wilder Schmerz, toller Übermut und aktuelle Tatbereitschaft"[14] brauchen nicht der Tiefe i. S. von Intensität zu entbehren. Die Tiefendimension weist aber hier auf den Seinsgrund, den Wesenskern, die „transphänomenale Struktur" im Kruegerschen Sinn[15]. Sie ist eingelagert in „überpersonale und überindividuelle Bindungen"[13], d. h. der Mensch erlebt sich in diesen Gfühlen eingebunden in einen ihn nicht mehr nur ausschließlich persönlich von seinem Ich her tangierenden, transzendenten Bereich.

Vom zeichnerischen Ausdruck sind es besonders die folgenden Merkmalszüge, die auf die Tiefendimension und die „Grundnähe"[16] hinweisen:

1. „häufige Schwärzung oder Schattierung",
2. „die ausgeprägte Geschlossenheit und Konturiertheit der Formen", die einheitlich wirken,
3. „eine Art Lebensbeziehung zwischen Figur und Grund", die beide einander in ihrer Bipolarität bedingen,

---

[10] Krueger erweiterte die Dreiteilung der Wundtschen Gefühlsdimensionen von Lust-Unlust, Erregung-Beruhigung, Spannung-Lösung, indem er die Komponenten Gerichtetheit, Geschlossenheit, Gegliedertheit und Tiefe einführte.
[11] Vgl. 4.1.2. und TE, 23.
[12] Hippius in TE, 23, vgl. auch 1936, 328.
[13] Hippius, 1936, 328, vgl. auch 4.1.3., Anm. 31.
[14] A.a.O., 259 f.
[15] Vgl. 4.1.3., Anm. 29.
[16] Hippius, 1936, 327.

4. weite und tief geschwungene rhythmische Linienformen, wobei bei einigen tiefen Gefühlen die Tendenz vorlag, „den Schwung des Linienzuges immer wieder zu vollziehen".[16]

Diese Kriterien, von denen Hippius besonders die unwillkürliche Gestaltetheit hervorhebt[13], waren besonders bei dem zeichnerischen Ausdruck der Gefühle „tiefe Freude, tiefe Traurigkeit, Andacht und Ergebenheit", sowie teilweise bei „Harmonie, Zuneigung und Sehnsucht"[16] zu beobachten. Es sind Gefühle, die im weitesten Sinne mit religiösen, meditativen und kultischen Haltungen konform gehen. In ihnen scheint das Entstehen aus dem seinshaften Wesensgrund besonders spürbar und auch der hohe Grad des inneren Mitgenommenwerdens und Beteiligtseins ablesbar zu sein.

Welche Folgerungen ergeben sich aus diesen Erkenntnissen für den graphischen Umgang in der IT?

Zum einen läßt sich aus den Zeichnungen des Schülers die „Kernnähe" und das Ausmaß der erlebnismäßigen Komplexität ablesen. Die Zeichnungen haben so auch einen „diagnostischen" Wert[17].

Zum anderen kann durch die Instruktion ein momentanes, oft auch nur unbestimmtes, komplexhaftes Gefühl zeichnerisch auszudrücken und – da ist der Übergang zum Geführten Zeichnen – es danach meditativ wiederholend einzuüben, den Zeichnenden immer mehr in Kontakt zu seiner Wesenstiefe führen. Die Widerstände auf dem Weg dahin sind häufig die durch Traumatisierung erworbenen Blockaden und Verdrängungen des Selbstausdrucks. Durch den zeichnerischen Umgang werden sie aktiviert und zu einer immer klareren Ausgestaltung und Ausdifferenzierung des „endothymen Grunds" im Sinne Lerschs gebracht. Hier kommt der tiefenpsychologische Ansatz hinzu, indem diese Bewußtwerdungsprozesse unter dem Vorzeichen des Individuationsweges bearbeitet werden. Dieser Weg, also die Begegnung mit dem persönlichen und überpersönlichen Unbewußten und die Arbeit an seinem bis dahin verhinderten Ausdruck erleichtert den Zugang zum Wesenskern. Im Umgang mit dem Geführten Zeichnen können auch archetypische Kräftekonstellationen methodisch evoziert werden[18].

---

[17] Vgl. 6.2.
[18] Zum Gebrauch des Evozierens vgl. 4.5., Anm. 4.

9.4.2. Zur Praxis des Geführten Zeichnens

Das Geführte Zeichnen, das Hippius seit ca. 30 Jahren praktiziert, geht in seinem Ansatz von folgenden Grundannahmen aus:

„Die jeweils zum Zeichnen aufgegebenen Formelemente sind universelle Zeichen. Sie haben den Charakter von Urzeichen, sind gewissermaßen sichtbar gemachte Spuren von Urgebärden, nach deren Modus sich alles Lebendige regt und ausprägt."[19]

Zu derartigen „Schöpfungsformeln"[20] zählt sie folgende Zeichen:
– die *halbkreisförmige Linie*, die entweder als Girlande den Charakter einer Schale annehmen kann oder als Arkade den eines Gewölbes.
– die *Wellenlinie* als die Zusammenfügung beider Linien oder in der Vereinigung von beiden zum *Kreis*.
– Eine weitere graphische Formel ist die *Spirale* als Zeichen der Entwicklung von geballter Kraft, sowohl von innen nach außen als auch umgekehrt verlaufend und schließlich
– die Gegensätze verbindende liegende oder stehende Acht, die *Lemniskate*.

Die genannten Linien haben von ihrem runden, fließenden Bewegungen her eher weiblichen Charakter.

Zu den mehr männlich betonten Linien zählen die geraden Linien in allen Variationen wie lotrecht, waagerecht, gewinkelt, gekreuzt oder geometrisch gestaltet als Quadrat oder Dreieck. Hinzu kommen strahlenförmige Linien, die von einem Punnkt ausgehen und der Umgang mit dem Punkt selbst.[21]

Nach Hippius wohnt diesen „Urelementen"[22] ein phylo- wie ontogenetischer Entfaltungsimpuls inne, sie sind gleichsam „Urkategorien des Weltwerdens überhaupt"[22] und damit von archetypischer Valenz, die der einzelne im meditativen, stetig wiederholenden Üben auch in sich aktivieren kann. Durch das Sicheinlassen auf den immanenten Entwicklungsimpuls der Urzeichen kann der Zeichnende in direkten Kontakt mit seinen Tiefenschichten eintreten. Dabei wird in der IT die Erfahrung gemacht, daß gerade jene Stufen berührt wer-

---

[19] Hippius in TE, 69.
[20] A.a.O., 70
[21] S.a. Hippius in TE, 69 f.
[22] A.a.O., 71.

den, an denen die Entwicklung des Schülers ehemals ins Stocken geriet. Durch das Geführte Zeichnen können – so Hippius – Entwicklungssprünge bewußt evoziert werden, so daß es „zu dem gestalterischen Ausdruck einer Ab-ovo-Entwicklung"[23] kommt. Mit anderen Worten, das in seinem hierarchischen Ablauf gestaute oder verhinderte entelechiale Entwicklungsgesetz kann wieder ins Fließen geraten. Der Mensch erlebt sich dabei möglicherweise in einem Zustand des schöpferischen Umbruchs, in dem „Todesnähe", aber auch ungeahnte Kreativität aufbricht und die Begegnung mit dem Schatten, u. U. auch mit dem „Kernschatten"[24] erfolgt. Damit verbunden ist die ereignishafte Berührung mit dem Wesenskern, die den Menschen an numinosen Erlebnissen teilhaben läßt[25]. Wie geht nun konkret das Geführte Zeichnen vor sich?

Der Zeichnende hat vor sich ein leeres Blatt, das im Format wechseln kann zwischen ca. 0,60 x 0,40 m und 0,85 x 0,60 m. Manchmal werden auch noch größere Formate bevorzugt, besonders wenn im Stehen mit beiden Händen gezeichnet werden soll. Das leere Blatt stellt ein „Absolutum"[26] dar. Es ermöglicht auf einer symbolischen und dennoch konkreten Ebene stellvertretend und zugleich auch wegweisend einen realen Neubeginn. Es ist ein Leerraum, der sich mit existentiell Bedeutsamem inhaltlich und qualitativ füllen kann.

Der Anweisende gibt die Instruktion, mit geschlossenen Augen eine der „Urformeln des Seins", etwa die „Schale", zu zeichnen und zwar in einer aktiv-meditativen Weise durch stetige Wiederholung des Linienzuges, frei von Leistungsanspruch oder künstlerischem Gestaltungsehrgeiz. Er soll möglichst unverkrampft, aufrecht und doch nach unten in die Breite gehend sitzen, mit den Füßen in bewußtem Bodenkontakt und sich gelassen in seinem Schwerpunkt spüren, so daß hochgezogene Schultern und verspannte Hände die Durchlässigkeit und Beweglichkeit von der Mitte her nicht hindern. Er spielt sich dann ein, übt die Gebärde und vertieft sich in ständiger Wiederholung. Auf die entstehenden Geräusche durch die zunächst schwarze, dann braune oder auch farbige Kreide horcht er sowie

---

[23] Hippius in MWW, 219.
[24] Vgl. 4.4.3., Anm. 58.
[25] Hippius, a.a.O., 218 f.
[26] Hippius in TE, 71.

auf seinen Atem, der sich vielfach dann mit dem Bewegungsrhythmus koordiniert. Er empfängt so die Möglichkeit, in sich das Prinzip des „Schaligen" zu erfahren[27]. Im Laufe der Übung kann es vorkommen,

„daß sowohl die Spaltung zwischen dem Zeichnenden und seinem Zeichen als auch die zwischen dem Zeichnenden und seinem Zeichnen aufgehoben wird."[28]

Der Zeichner erfährt sich plötzlich eins mit seinem Tun, ist nicht mehr gespalten in äußere Aktion und innere Befindlichkeit. Nach Ablauf des jeweiligen Zeichenprozesses einer Übung wird der Schüler dahin geführt, seine Erfahrungen zu verbalisieren, wenn es für ihn möglich ist. Oft ist er erstaunt über die Gestaltung und Qualität seiner Zeichensetzung. Sie ist für ihn Wahrheit und Wirklichkeit geworden.

Bei fast jedem Zeichner führt ein und dieselbe Vorgabe zu verschiedenen Kommentaren. Die Schale kann z. B. als Boot, Mond, Gefäß, Becken, Meer und Grund erlebt werden, furchtbar oder beglückend je nach innerer Befindlichkeit und Eigenproblematik. Die aufkommenden Assoziationen und Leibempfindungen werden in ihrer Ursprünglichkeit zur weiteren Ein- und Ausbildung aufgegeben. Der Schüler übt auch im Alleingang weiter und bringt dann die Zeichnungen zur nächsten Besprechungsstunde mit.

Die Indikation zu einer bestimmten Zeichenformel ergibt sich aus der Stundensituation und der Verfassung des Schülers, der vielleicht einen Traum oder eine wichtige Erfahrung aus einer anderen Stunde mitteilt. Sicherlich ist für den Fortgang auch die Intuition des den Entwicklungsprozeß begleitenden Therapeuten mitentscheidend.

Seine Art zu sein, überträgt sich auf den Ausführenden. Hervorzuheben ist, daß die bewußte ästhetische Ausgestaltung der Zeichnungen nicht die Zielsetzung ist, sondern daß allein die Selbsterfahrung und Selbstgestaltung bei der Objektivierung des eigenen Entwicklungsprozesses im Mittelpunkt steht.

---

[27] Vgl. dazu den Kommentar zur Zeichnung in TE, 77, zu einer Zeichnung mit Schalenqualität: „Schalenbewußtsein, Gespür für die Mitte, schwinge nach innen und aussen ein."
[28] Hippius in TE, 70.

"Sinn des Zeichnens ist weniger das, was dabei künstlerisch herauskommt, als vielmehr das, was für den Tuenden an Selbsterkenntnis und Amplifizierungsmöglichkeit hereinkommt."[29]

Künstlerische Begabungen sind oft hinderlich für den einfachen rhythmischen Vollzug der zeichnerischen Urgebärden, da allzuleicht ein formaler oder ästhetischer Anspruch das absichtslose Sicheinlassen auf die ursprünglichen Entfaltungsimpulse dem Menschen im Wege steht.

Der Zeichner kann lernen, auf dem Papier zu ",,tanzen', ,sprechen', ,fühlen', ,ein- und ausatmen'"[29]. In der Abfolge seiner Zeichnungen ist er selbst aktiv Gestaltender und kann geradezu die ,,Architektur seiner Seele"[29] selbstschöpferisch erfühlen und mitbestimmen, wobei er sich zugleich an ein in ihm waltendes höheres Entwicklungsprinzip anvertrauen lernt. Wichtig ist bei diesem Prozeß, daß der Zeichner nicht einfach abreagiert, was bislang emotional oder triebmäßig unterdrückt war. Das zeichnerische Tun darf nicht als Beschäftigungs- oder bloße Entspannungstherapie verstanden werden[30].

Zu destruktiven oder chaotischen Zeichenphasen kann es kommen – diese werden sogar oft im gegebenen Moment evoziert – wenn sich unbewußte oder nicht entwickelte Komplexe, oder alte innere Traumatisierungen durch das Zeichnen zu lösen beginnen, sich spontan ,,Zeugungslust"[31] Befreiung verschafft. Solche Ausbrüche sind als Durchgänge nötig,

,,um Kraft, Fülle und Ausdifferenzierung neu in die Wege zu leiten. Ganz von selbst setzen sich geistige Formkräfte wieder durch, wenn es genügend ,gegärt' hat".[31]

Der Akzent im Verlauf eines Entwicklungsprozesses liegt immer wieder auf dem nachhaltigen Üben, verbunden mit der Schärfung der Wahrnehmung für das eigene Werdegeschehen, für ein Umschlags-

---

[29] A.a.O., 72.
[30] Vgl. dazu die Beiträge in Hils, 1971. Im Rahmen dieser Arbeit ist eine vergleichende Darstellung zu den in Psychiatrie, Rehabilitation, Heilpädagogik usw. angewandten Formen der Beschäftigungstherapie nicht möglich. Eine gute Übersicht über den Einsatz kreativer Arbeitsweisen in der Psychotherapie vermittelt Franzke, 1977. Auf die in der Jung-Schule einbezogenen gestalterischen Methoden kann ich hier nicht näher eingehen.
[31] Hippius, a.a.O., 73.

erlebnis, in dem sich der Zeichner von seinem Zeichen bewegt und ergriffen fühlt, sich in ihm erkennt und sich wandelt.

Mit der Haltung des absichtslosen Offenseins ereignet sich etwas sinnbildlich auf dem Papier, das mit dem gegenständlichen Bewußtsein nicht gemacht werden kann. Das aktiv-meditative Tun kann den Schüler in eine Gesamtverfassung bringen, in der er – und sei es auch für wenige Augenblicke – sich differenziert und ganzheitlich zugleich erlebt, ohne Spaltung und ohne Verschwommenheit zwischen seinem Tun und sich selbst als zeichnendem Subjekt. Aus einer solchen ambivalenten Fühlungnahme mit seinem innersten Kern, mit der „Polspannung zum Absoluten"[31], können dann die in einer schlichten und einfachen Weise herausgesetzten Zeichnungen ungewollt auch von ästhetischem Wert sein. Zeichnungen mit absurdem und paradoxem Symbolcharakter werden aus dieser Haltung heraus auf einmal für den Schüler evident. Die hinzugeschriebenen Alliterationen verhelfen zu seiner weiteren Abklärung und konkreten Standortbestimmung. Meistens sind es biographisch frühe Traumata oder sonstige existentielle, unverarbeitete Lebenskrisen, die bisher als Komplexe und Verhinderungen vom Bewußtsein abgespalten waren und die nun durch das unwillkürliche Zeichnen in den seelischen Kreislauf eingebracht und „eingeschmolzen"[31] werden.

Der Zeichner lernt z. B., sich in seiner inneren Gegensätzlichkeit zu erfahren und diese auch konkret zu handhaben. Er kann von dem vordergründigen zu dem dahinter verborgenen, eigentlich Gemeinten und existentiell Aussagehaltigen vordringen. Er erfährt sich in der Unterschiedlichkeit seiner rechten und linken, der männlichen und weiblichen Seite oder in Schatten und Licht, gut und böse, hart und weich usw. Wichtig ist, die erfahrenen Gegensätze als solche beim Namen zu nennen und sie quasi spielerisch aufzuschlüsseln und zu integrieren. Dazu verhilft der bewußt auf Inkorporation des Tuns gerichtete Ansatz.

Dies bedeutet, die als unmittelbaren Ausdruck der eigenen Daseinssituation entstandenen initiierten Zeichnungen mit ihrem Evidenzcharakter nun als Einkörperungsanreize zu benützen, um den darin enthaltenen Wachstums- und Verwandlungsimpuls des Bewußtseins „tat-sächlich" zu verifizieren. Unter diesem Aspekt ist das Geführte Zeichnen als „exercitium ad integrum" zu verstehen, da es die Restitution des Ursprungs in seinem Ganzheitsstatus als einzuübende Aufgabe vorgibt. Konkret soll der Übende immer wieder die für ihn evident gewordene Urgebärde zeichnerisch einüben. Vielfach wird es dann auch die für ihn am meisten mit Widerstand geladene, noch nicht hervorgetretene Schattenseite sein, die sich oft explosiv befreien kann. Im Lauf seines Prozesses stellt sich beim Zeichner mehr und mehr eine Art „Gestaltgewissen"[32] ein, d. h. er zeichnet aus innerer Notwendigkeit und ohne weitere Instruktion das Begonnene weiter, wobei ein „inneres Wissen um" den folgerichtigen Ablauf ihn zu leiten scheint. Man kann bei dieser „Treue zur Übung" auch von der Führungsfunktion des „inneren Meisters"[33] sprechen. Hier vollzieht sich offensichtlich der Übergang von der Führung durch den instruktiv anweisenden Therapeuten zum eigengestalterischen und selbstverantwortlichen Tun, wobei zwischen beiden eine wechselseitige dialogische Beziehung besteht, die etwas Drittes, Übergegenständliches schaffen kann[34].

9.4.3. „Die Urformen des Seins"

Aus dem Vorverlauf, ein bestimmtes Urzeichen einzuüben, kann sich eine Serie kombinierter Zeichensetzungen aus sich selbst entwickeln, so daß z. B. aus einer in Position gebrachten Schale ein senkrechter Strich wie ein Keim herauswächst. Aus dem empfangenden, weiblich-schöpferischen Raum erwächst eine senkrechte, männliche Aufrichtung – ein zeichnerischer Akt, der für den Zeichner selbst einen konkret-einschlägigen Hintergrund hat, der durch die Übung exakt bewußt und für ihn eindeutig wird. Im Entstehen solcher Urgebärden drücken sich sonst nur schwer aussagbare Zuständlichkeiten aus, die aus den unbewußten, archetypischen Urgründen heraus gestalthaftes Leben gewinnen.

Dies berührt die Entstehung von Entwicklungsstadien, die Hippius in Gesprächen mit Neumann „durch den graphischen Umgang mit

---

[32] Hippius in TE, 71.
[33] Vgl. 7.2., Anm. 19.
[34] Vgl. 8.6., Anm. 50.

Zeichen archetypischer Virulenz"[35] als offenbar evozierbare Prozesse darstellte.

Wenngleich ohne bildhaftes Vorstellungsmaterial in dieser Arbeit das Gemeinte möglicherweise nur schwer nachvollziehbar ist, so soll doch versucht werden, die anfangs erwähnten „Schöpfungsformeln" mit den Entwicklungsstadien des Bewußtseins in Beziehung zu setzen[36].

Bei dieser Darstellung der im Geführten Zeichnen angewandten Urformen beziehe ich deren symbolischen Bedeutungshintergrund mit ein und orientiere mich auch an graphologischen Kategorien. Dieser Ansatz, der noch durch mythologische Aspektierungen zu erweitern wäre, kann nicht erschöpfend sein und ist nicht als Ersatz der notwendigen empirischen Auswertung von den bisher angesammelten, viele hundert Zeichenserien umfassenden Expositionen zu werten.

Welche sind nun die verborgenen Grundkategorien der Urzeichen und nach welchen Kriterien werden sie induziert?

9.4.3.1. Der Kreis

Obwohl es keine feste Regel gibt, mit welcher Urform begonnen wird, so steht doch häufig am Anfang des Geführten Zeichnens die Vorgabe des Kreises. Er entspricht zum einen dem Uranfänglichen, der unbewußten „Totalität des Seins", in der die Gegensätze noch ununterschieden enthalten sind und damit dem Uroboros, in dem es noch keine artikulierte Mitte gibt. Zum anderen hat der Kreis auch die Bedeutung der Abrundung im Ausdruck der absoluten Leere[37], des Ewigen, der Vollendung, des „erhöhten Uroboros"[38] i. S. Neumanns.

Beim Zeichnen des Kreises kann der Schüler das „Kreisen" erfahren, etwa daß er im Sog des „Überirdischen" oder in einem Problemkreis gefangen ist, aus dem er nicht ohne weiteres ausbrechen kann. Schon alleine diese Erfahrung, die Unfähigkeit oder die Angst, den

---

[35] Hippius in TE, 83.
[36] Vgl. dazu die Zeichnungen in TE, 74-80, 86-121. S.a. die Zeichenserie in Möller, 1979, 1087 ff.
[37] Vgl. auch die „vollkommenen" Kreise der Zen-Meister.
[38] Neumann, 1974, 331 und 4.5.3., Anm. 38.

Kreis zu verlassen und damit die uroborische Ganzheit zu verlieren, kann „zünden", ein „Aha-Erlebnis" bewirken und den Betroffenen öffnen für fortschreitende Lösungsmöglichkeiten.

Im Verlauf der Übungsstunden wird der Schüler etwa dazu veranlaßt, den Kreis zu sprengen und mit Segmenten zu arbeiten. Eine obere und untere Hälfte kann entstehen oder ein rechter und ein linker Raum – oder es tritt das Kreuz in Erscheinung mit dem Schnittpunkt. Die Aufteilung bedeutet oft die Zerstörung eines bis dahin „paradiesischen" Zustandes, eines Zustandes der sich noch erhalten wollenden Ungeborenheit. Andererseits aber erkennt der Mensch, daß er bereits längst hätte in Raum und Zeit eintreten müssen. Wenn diese bewußte Aufspaltung – mit dem Ziel der menschlichen Ausdifferenzierung – gelingt, erlebt sich der Schüler nach und nach in seinen ihm auch noch befremdlichen und unentwickelten Seiten. Er kann seinen Standort und seine Art zu sein bestimmen lernen. Er kann Schwächen kompensieren, Einseitigkeiten durch Energieverlagerung abbauen, was in den Bilderserien optisch faßbar wird.

Durch die Selbstaneignung des Prinzips einer „Urgebärde des Seins", z. B. der Teilung, wird ein Entwicklungsprozeß in Gang gesetzt. Ein so ablaufender Prozeß ist für Hippius in Analogie zu sehen mit den universalen Ausdifferenzierungsvorgängen, wie sie z. B. in der Ontogenese der Zellteilung zu beobachten ist. Auch bei Jung und Neumann liegt dieses entelechiale Entwicklungsgesetz, bezogen auf die ontologische und anthropologische Ausreifung des menschlichen Bewußtseins zugrunde. Maßgeblich ist während eines Zeichenprozesses immer die persönliche Selbsterfahrung des Zeichners. Es werden keine Deutungen vom Therapeuten vorgegeben oder aufgestülpt[39].

9.4.3.2. Die Schale
Wie bei allen Zeichen ist auch hier die Vieldeutbarkeit zu beachten. Die Schale, in ihrer graphologischen Kategorie als Girlande, wird als Prinzip der Empfangsbereitschaft und des Offenseins charakterisiert,

---

[39] Eine besondere Form der Kreisübung ist das in der IT auch angebotene Mandala-Zeichnen, in dem der Schüler im Zeichnen des Mandalas sich im Spiegelbild seines Zentroversionsprozesses erfahren kann.

mit allen Abwandlungen ins Negative und Positive[40]. Das aktiv-meditativ wiederholte Nachvollziehen der Schale kann beim Zeichner selbst zum „Schalenbewußtsein" führen. Er fühlt sich offen und als Empfangender und kann auf einmal von seinen Sperren und Verspannungen lassen. Möglich ist auch, daß sich der Zeichner gegen die graphische Gebärde der Schale wehrt, und er die gegenteilige Bewegung, den Bogen, die Arkade „will". Dabei wird ihm u. U. „schwarz auf weiß" klar, daß er sich z. B. abkapselt und vielleicht bewußt Zuwendung abwehrt. Wichtig wird, daß er dieses Gefühl mit einer konkreten Lebenssituation füllen und es auch verbalisieren kann. Dies gelingt mit fortschreitender Bewußtwerdung und Ergänzung seiner selbst immer besser. Durch den individuellen Kommentar wird für den wegbegleitenden Therapeuten wie für den Schüler selbst deutlich, welcher Ausdrucksinhalt und Bedeutungszusammenhang dieser Zeichenformel zugrunde liegt. Bei dem einen ist es die Öffnung hin zu den „oberen" Geistkräften, beim anderen eher die Stabilisierung der Schale als materielles Empfangsgefäß. Für ihn wird damit die Vertiefung, die Gründung seiner selbst die vorderrangige Aufgabe, ehe er geistempfänglich wird. Wieder ein anderer erlebt sich als Boot im Sturm, das nach einem sicheren Hafen suchen kann.

Die Beispiele mit ihren Analogien lassen sich beliebig vermehren. Maßgeblich wird, daß der Zeichner in einen analogischen Bezug zu seinem Tun eintritt, daß die äußere Gebärde des Zeichensetzens allmählich mit einer inneren Befindlichkeit deckungsgleich wird und dadurch ein bewußter und kontrollierbarer Entwicklungsprozess in Kraft tritt.

9.4.3.3. Die Arkade
Bei der Arkade ist – auch aus graphologischer Sicht – die gegenteilige Bedeutung der Schale offenkundig: Die Abgeschlossenheit und Zurückhaltung. Hier wäre die Abgrenzung bis zur völligen Undurchlässigkeit gegenüber dem „Oben", also von der Einströmung geistiger Kraftfelder deutlich. Dabei überwiegt die Zuwendung zur festen irdischen Form, zur Materie und zur Realität. Für einen Menschen, der zu offen ist für „überirdische", entgrenzende, ideelle oder transper-

---
[40] S. Müller-Enskat, 1961, 282. Vgl. auch Pulver, a.a.O., 110 f.

sonale Einflüsse, kann das „Einfleischen" der abdeckenden Arkade nicht nur zu einer symbolischen, sondern auch verinnerlichenden Abgrenzung, z. B. zu seinem eigenen Schutz werden.

9.4.3.4. Die Welle
Die Aneinanderreihung von Girlande und Arkade zur Welle, bzw. zur Schlangenlinie schafft das rhythmische Auf und Ab, den Gleichlauf und Ausgleich zwischen offenem Eindruck und Abgeschlossenheit. Sie zeigt den Bewegungsfluß, der sehr oft mit dem Sicheinlassen auf die Höhen und Tiefen des Lebens verglichen wird. Der zeichnerische Umgang führt zu einer rhythmischen Harmonisierung der Extremlagen und erzeugt beim Zeichner das Gefühl der Flexibilität und Lebendigkeit. Häufig wird auch die Schlange assoziiert, die zum Anlaß für intensive und vielseitige Zeichenserien wird, z. B. mit dem Thema von persönlichen Schulderlebnissen, die den Zeichner an die biblische Sündenfallproblematik erinnern bis zur eigenen diplomatischen, unfaßbaren Schlangenhaftigkeit, die ihm auf dem Papier schlagartig bewußt werden kann. Durch die angenommene Schuld und dem Erkennen der eigenen Schlangenhaftigkeit kann auch das andere, der Schlangenbewegung innewohnende Prinzip verwandelnd in Erscheinung treten, nämlich die Erneuerung und Gestaltung des persönlichen Lebensvollzugs.

9.4.3.5. Die Spirale
Bei der Spirale sind zwei Richtungen möglich: Beginnend von einem Zentrum nach außen wie auch umgekehrt von außen zum Mittelpunkt zurückzukommen. Die Spirale ist das Entwicklungszeichen an sich[41]. Sie zeigt an, daß sich Keimhaftes gestaltend entwickelt, entfaltet oder ausfaltet. Das Zeichnen dient ebenso der Förderung der bewußten Zentrierung, der Zentroversion im Sinne Neumanns[42], d. h. hier in voller Entschiedenheit die Züge nach innen und nach außen im Wechsel zu vollziehen.

---

[41] Vgl. auch Purce, 1974.
[42] Vgl. 4.5.2.

9.4.3.6. Die Lemniskate
Die Lemniskate kann als stehende oder liegende Acht gezeichnet werden. Dabei geht es um die Vereinigung von Polaritäten, z. B. von Himmel und Erde, Vergangenheit und Zukunft, links und rechts, von ich und du, wobei jeweils im Schnittpunkt der Mensch steht, der in sich die Gegensätze zu vereinigen lernt. Das Einüben der Lemniskate wird besonders in Phasen von starker innerer Gegensätzlichkeit aufgegeben.

Diese Urformen haben von ihrem Bewegungsfluß her einen mehr weiblichen Charakter, was nicht heißt, daß nur Frauen sie als Ausdruck für ihr Schöpferischsein zeichnen. Auch beim Mann liegt nach Jung die Entwicklung seiner Anima im Laufe seines Individuationsprozesses an, wie umgekehrt bei der Frau die männliche Seite. Die Unterscheidung zwischen den eher weiblichen und den mehr männlichen Zeichen darf nicht rollengeschlechtsspezifisch verstanden werden, sondern ist unter dem Aspekt der Polaritäten des schöpferisch-weiblichen und strukturierend-männlichen Menschen zu sehen, wobei hier wieder die Ganzheitlichkeit des Menschen betont ist.

9.4.3.7. Die strukturierend-männlichen Zeichen
Die geraden und gewinkelten, eher männlichen „Urformen des Seins" müssen unter dem Gesichtspunkt der Bewußtseinsdominanz verstanden werden, da sie mit ihrer Geradlinigkeit und Eckigkeit den natürlichen runden Bewegungsfluß, wie er in tiefenpsychologischer Sicht durch den mütterlichen Urgrund des Lebens gegeben ist, durchbrechen[43].

Die horizontale wie auch vertikale gerade Linie kann mit verschiedenen Instruktionen zur Einübung aufgegeben werden. Sowohl das langsame Linie-für-Linie-setzen in konzentrativer Bewegung, als auch das spritzige, dynamische „Rausschießen" wird in der Selbsterfahrung und Selbstdarstellung sichtbar. Gemeinsam ist beiden Ausdifferenzierungsansätzen die Direktheit und Zielstrebigkeit, die je nach Qualität und Tempo z. B. einen aggressiv-destruktiven oder „heldischen" Charakter annehmen kann.

---

[43] Vgl. dazu die Ausführungen zum unbewußt ablaufenden Individuationsprozeß und dem methodisch geführten, der ein „opus contra naturam" ist 4.4.1., Anm. 23.

Eine anderer Variante ist die Kombination von waagerechten, senkrechten und winkligen Linien, die zu geometrischen Gebilden wie dem *Viereck* oder dem *Dreieck* führt. Das Viereck wird oft als Kasten oder Gefängnis benannt, beim Dreieck stellen sich Assoziationen zu Auge, Pyramide und allgemeiner, zur Vereinigung von zwei Gegensätzen zu einer Ganzheit ein.

Auch das *Kreuz* erscheint häufig und bewirkt in seiner mehr negativ erlebten Weise meistens von selbst sehr tiefgründige Assoziationen an schmerzhafte und betroffen machende Erlebnisse des Zeichners. Es kann z. B. eine nicht verarbeitete Schuldproblematik sein oder auch das Gefühl des schutzlosen Ausgeliefertsein in Zerstückelungsqualen entstehen. Ein anderer empfindet die Kreuzsituation als Raumkoordinaten sehr klärend und ordnend, für einen vierten werden Assoziationen und Analogien zu Tod und Auferstehung wach, sowohl aus biographischer wie ontologischer Sicht. Wieder ein anderer ist vom Kreuzungspunkt in der Mitte berührt und fühlt sich in seinem Herzraum getroffen.

Der *Punkt* schließlich kann den Lebenspunkt, die Ichzentrierung meinen, in dem in höchster Verdichtung und aktueller Präsenz „alles" zusammenfällt. Für den Zeichner wird er möglicherweise dann zum Ausdruck des Ichs, wenn er um ihn herum den Kreis als das Symbol des großen umfassenden Selbst erlebt. Die Weise, wie er den Punkt setzt, gibt Aufschluß über die Art, wie der Mensch zu sich selbst steht und wie er sich abgrenzen kann, sowohl als „Egoist" wie auch als „individuierter" Mensch.

Damit sind die gebräuchlichsten „Urgebärden des Seins" vorgestellt. Die Fülle ihrer individuellen Ausformungen und Bedeutungen mit ihren möglichen Kombinationen konnte hier nur angedeutet werden. Bei der Betrachtung der Zeichnungen ist neben der Form- und Gestaltqualität die Strichführung, deren Druckintensität und Strichqualität maßgeblich. Sie können unter diagnostischer Sicht als Indikatoren gelten für den Stand und die Prognose des Entwicklungsprozesses.

9.4.4. Fallbeispiel

Das bisher Gesagte soll an einem kurzen Beispiel erläutert werden.

Ein 26jähriger Mann erlebt beim Zeichnen des Kreises, der am Anfang seines Zeichenprozesses steht, eine unheimliche Höhle, in deren Innern er unbekannte Gefahren erahnt. Nach zwei Stunden im Verlauf einer Woche beginnt er, das Innere zeichnerisch zu erforschen. Er entdeckt darin ein riesiges, verschlingendes Ungeheuer, das auch ihn zu vereinnahmen droht. Zugleich assoziiert er Kindheitserinnerungen, in denen seine Großmutter eine dominante Rolle spielt. Im Verlauf des Zeichenprozesses ist er in der Lage, das Ungeheuer in seinen furchtbaren Aspekten anzuschauen und auch zeichnerisch zu objektivieren. Damit gibt er den bisher ihn besetzenden Kräften des Archetyps der Großen Mutter Gestalt, so daß die Faszination und Angst zugleich vor dieser numinosen Komplexität ihren Ausdruck und ihr Ende finden kann. In diesem Fall erfuhr sich der Zeichner auch in seiner eigenen Schattenqualität seines potentiellen großen Weiblichen, auch in seinem furchtbaren Aspekt, der ihm in den Zeichnungen bewußt wurde. In anderen Stunden konnte er im Umgang mit Ton-Erde die Höhle und ihren Inhalt plastisch ausgestalten und objektiv konkretisieren. Die Angst wurde be-greifbar und verwandelte sich durch den Erkenntnis- und Erlebnisakt in eine schöpferische und befruchtende Kraft. Durch solch konkret wieder erlebte und exerzitienhafte Arbeit konnte der Gefahr begegnet werden, daß der Schüler sich mit dem Archetyp identifiziert hielt und mit ihm identisch wurde. Die Führung durch den wegbegleitenden Therapeuten verlangte ein sehr genaues Einspüren, wieweit er sich mit dem Schüler verantwortlich auf den Entdeckungsweg der Selbsterkenntnis machen konnte und durfte, in dem hochdynamische Kräftekonstellationen aus dem Unbewußten freiwurden.

Im beschriebenen Fall konnte der Zeichner auf dem Papier alle Assoziationen und Beeindruckungen ausleben und akzeptieren lernen, damit einen Teil seiner eigenen Schattenrealität integrieren und die Basis für die Inkorporation der unbewußten Energetik schaffen.

Hinzu kam die Besprechung von Träumen, die in den Stunden mitverarbeitet wurden, so daß der Schüler im Laufe seiner Entwicklung das Erlebnis der Eingefangenheit und Besetztheit durch den Archetyp der Großen Mutter durchbrach. Das von Bewußtseinsarbeit und Einübung begleitete Sichlösen aus dem verschlingenden Uroboros wurde zu gegebener Zeit durch regelmäßiges Zeichnen von gerade und radialen Linien gefördert. Bei diesem Prozess bestand immer wieder die Gefahr, dem uroborischen Inzest[44] zu verfallen, was durch die Indikation dem jeweiligen Geschehen angemessenen Zeichenübungen verhindert werden konnte.

Bedeutungsvoll wurde, daß dem Schüler über das anfängliche Einüben der

---

[44] Vgl. 4.5.1., Anm. 9

Urformen seine biographischen Bedingheiten nicht nur bewußt wurden, sondern er sich bei fortschreitender Übung immer mehr ausdrücken, akzeptieren und verwandeln konnte. Nach meinen Beobachtungen zeigte sich dies z. B. im Nachlassen seiner Mutterabhängigkeit und in einer wachsenden männlichen Grundhaltung, die sich auch in seiner leiblichen Aufrichtung ausdrückte.

9.4.5. Zusammenfassung

In den Arbeitsweisen des „Graphischen Ausdrucks von Gefühlen" und des „Geführten Zeichnens" vereinigen sich in der IT graphologisch-zeichnerische Grundlagen mit den tiefenpsychologischen Ansätzen nach Jung und Neumann zur Großen Therapie.

Während im graphischen Ausdruck von Gefühlen, das in seiner praktischen Durchführung wie das Geführte Zeichen abläuft, das Schwergewicht auf der Manifestation des persönlichen Unbewußten liegt, können im Geführten Zeichnen archetypische Kräfte methodisch evoziert und kanalisiert werden. Ausgangspunkt sind die „Urgebärden des Seins" mit ihren zyklisch-weiblichen, schöpferischen Zeichen und den eher männlichen, formgebenden Strukturelementen. Das aktiv-meditative Tun des Zeichnens unterwandert die fixierende, gegenständliche Bewußtseinshaltung und gibt die Führung an jene Instanz ab, die der Kreativität und Gestaltung des Unbewußten sichtbaren Ausdruck verleiht. Durch das meditative Nachvollziehen eines Urzeichens schließt sich der Schüler an eine korrespondierende innere Tiefenschicht an, mit der er nach und nach auch eins werden kann. Der Begriff der „Tiefe" ist mit der transzendenten Dimension im Menschen in Beziehung zu setzen. Die systematische Evokation von kollektiven Bildekräften des Unbewußten kann hochdynamische angestaute Erlebnislagen zum Kulminieren bringen und zu „archetypischen Brennpunkten und Verwandlungssprüngen führen"[45]. Diese Prozesse schließen den Geführten an seine aktuelle Problematik an, wobei auch regressive biographische Anteile auftauchen können, die ihn zugleich zum Transgressus in eine neue Bewußtseinsebene nötigen. Die durch das Zeichnen wachgerufenen immanenten schöpferischen Formungskräfte beschleunigen und stabilisieren die nun erst möglich werdende Reifung des Menschen auf seinem Entwicklungs-

---

[45] Hippius in TE, 67.

weg. Unter dem inkorporativen Ansatz ist zu verstehen, daß durch das exerzitienhafte, dem jeweiligen Entwicklungsstand des Schülers angemessene Einüben von Urzeichen, das geschöpfte Erfahrungs- und Erkenntnisgut auch leibhaftig integriert wird. Der graphische Umgang mit den Urzeichen erfüllt primär keinen entspannenden, beschäftigenden oder rein künstlerischen Zweck. Nur durch das absichtslose Sichversenken und Einverleiben des Zeichens schafft der Übende ein produktives und schöpferisches Werk als objektiven Ausdruck seiner inneren Verfassung. Dabei sind individuelle Varianten der Ausgestaltung des Unbewußten zu beobachten.

Das Übungsprinzip im Geführten Zeichnen bildet die Grundlage für alle anderen Kreativ-Methoden der IT. Dazu zählen die Graphotherapie, bei der es in pragmatischer Anwendung bisher meist nur um „die gute Handschrift"[46] geht, das Geführte Schreiben, das Mandala-Zeichnen, die Gestaltungs- und Tastübungen in Ton-Erde[47] und anderes Handwerken, aber auch die Selbsterfahrung am Musikinstrument und die verschiedenen Formen des Schau-Spiels und des Tanzes[48]. Möglich ist z. B. das Üben der Schale im Zeichnen ebenso wie in der plastischen Gestaltung im Ton, in der tänzerischen Bewegung oder in der Musik. Die Schalenqualität kann und soll in den vorhandenen Medien entwickelt werden, bis der Übende sich selber immer mehr im Prinzip des Schaligen, etwa als Empfangender, erlebt.

Die vorgestellten Ausführungen über den Umgang mit den einzelnen Urzeichen und deren möglicher Evokation aus dem Unbewußten bleiben unvollständig. Um in objektiv zufriedenstellender Weise aufzuzeigen, wie aus dem zeichnerischen Arbeiten mit Urgebärden entelechiale Entwicklungsprozesse mit archetypischer Valenz hervorgerufen und dadurch neue Entwicklungs- und Verwandlungssssprünge eingeleitet werden, müßten in seiner zukünftigen Darstellung folgende Komponenten berücksichtigt sein:

---

[46] Vgl. Konz, 1966. Dieses Buch ist eines der vielen, die unter dem Schlagwort „Graphotherapie" auffindbar sind.
[47] Hippius in TE, 68 über das „blinde Tasten", wo sie auf die Arbeit ihres Mannes, Rudolf Hippius eingeht: „Erkennendes Tasten als Wahrnehmungs- und Erkenntnisvorgang", 1934. Vgl. auch Katz, 1969.
[48] Vgl. dazu die Ausführungen in MWW, 202, 221 ff., 227 ff.

Die in Frage kommenden Zeichnungen mit ihrem initiatischen Charakter müßten abgebildet werden. Aus einer Zeichenserie, die z. B. mit dem Kreis beginnt, werden von verschiedenen Versuchspersonen in zeitlich überschaubaren Abständen Zeichnungen vorgestellt, aus denen die Entwicklungsschritte ablesbar sind. Dies setzt einen Konsensus über die graphologischen und tiefenpsychologischen Kriterien solcher Entwicklungen voraus und bedarf der Interrater-Reliabilität. Auf der anderen Seite können die parallel zu den Zeichnungen verlaufenden Produktionen aus anderen Stunden, wie in Ton-Erde oder Traumprotokolle sowie Tagebuch-Notizen, bzw. auch Fragebogen und Stundenaufzeichnungen der Mitarbeiter dazu dienen, den Entwicklungsverlauf der Versuchspersonen zu demonstrieren und zu dokumentieren. Eine genügend große Stichprobe müßte gewählt werden, um die individuellen Besonderheiten auf ihre allgemeingültigen Gesetzmäßigkeiten hin evident zu machen. Diese mögliche Vorgehensweise konnte in dieser Arbeit nicht geleistet werden. Zunächst ging es hier um die theoretische Ausfächerung des zugrundeliegenden tiefenpsychologischen Prinzips und der Darstellung der methodischen Aktivierung der Tiefendimension im Medium des graphischen Ausdrucks von Gefühlen und des Geführten Zeichnens.

Die Dissertation von Hippius muß als theoretische Vorarbeit gelten, deren weiterführender Ansatz inzwischen zu einem wegweisenden, initiatischen Arbeitsmedium wurde.

10. Schlußbetrachtung und Ausblick

Mit der vorliegenden Arbeit wurde versucht, die Leitgedanken der seit 30 Jahren sich entwickelnden IT von ihrer theoretischen Konzeption erstmalig zusammenfassend in ihrem Kernvokabular transparent darzustellen.

Dies vor dem Hintergrund eines Paradigmenwechsels und die traditionellen Wissenschaftskonzepte sprengenden Psychotherapiebooms, zu dessen Avantgarde die in den USA kreierte HP und TP zählen, die inzwischen auch in Deutschland ihre Ableger haben.

Integrale, taoistische, nicht als eklektizistisch zu bewertende Modelle und Methoden bis hin zu ihren schillerndsten Variationen, nehmen sich in zunehmendem Maße heute des existentiell verunsicherten, sensiblen Menschen an, der für sich häufig nur die Wahl zwischen Stirb *oder* Werde hat. Besonders dann, wenn er bewußtseinserweiternden oder in seinem Existenzgefüge ihn erschütternden Erfahrungen geöffnet oder ausgeliefert ist, die den Horizont des Objektiven und Rationalen überschreiten und denen von traditionellen Helfern und Beurteilenden ihre existentielle Berechtigung abgesprochen wird. Diese Phänomene, die nach Auffassung der HP und TP zum vollen menschlichen Potential gehören, verlangen von den Vertretern der helfenden Berufe und der Wissenschaftler selbst persönliche Wandlung.

Der Zusammenhang zwischen einer epochalen Zeitenwende, die in den USA unter das Stichwort „New age"[1] fällt und dem nach Selbstverwirklichung suchenden Menschen, der als „neuer Patient" nicht nach pathologischer, begrenzter Kategorisierung verlangt, sondern sich an existentieller Hilfestellung orientiert, wurde aufgezeigt. Eine steigende Zahl an Menschen fühlt sich in der derzeitigen Umbruchphase mit der „Umwertung aller Werte" mitbetroffen und gerät aus Übersättigung, mangelnder Sinn- und Wertorientierung in Entzweiung und Verzweiflung.

Im Konzept der IT stehen Raum-Zeit-Kausalitäts-Überschreitungen – insofern nicht als quantitative und leistungsintensive Bewußtseinsmehrung pragmatisch mißverstanden – im Kontext zu dem Uranliegen des menschlichen Werdens, das in den unverfälschten Traditionen der Hochreligionen und initiatischer Kreise bewahrt und praktiziert wurde.

In ihnen ist ein zeitloses Wissen um die Gesetze der Wandlung auf dem Weg zum ganzheitlichen Menschen hin enthalten. In diesem Zusammenhang wurden die Kriterien des Initiatischen in Anlehnung an Evola herausgearbeitet, zu dessen Prinzipien das im ontologischen Sinn verstandene „Stirb und Werde" gehört. Initiation ist nicht zu verwechseln mit einer von außen nach innen gerichteten Introspektion[2]. Sie bedeutet den Eintritt in den „Raum des Insgeheimen" als

---

[1] Spangler, 1978. [2] Vgl. Giegerich, 1978, 262.

eine erfahrbare, ich-transzendente Bewußtseinsdimension. Damit wird der Bereich von nicht faßbaren, irrationalen, oft pathologisch anmutenden oder dem Glaubensdogma unterworfenen Erfahrungen als im Grunde existentielles und evolutionäres Potential des Menschen gefördert, dessen schöpferische Entfaltung in der heutigen desakralisierten Zeit gezielter Führung bedarf. Grenzüberschreitungen – seien sie durch Drogen, Meditationserfahrungen oder Schicksalsauslöser bewirkt – führen in vor- und transpersonale Dimensionen und bei einem zu schwachen Ich möglicherweise zur psychischen Inflationierung. Nicht nur das theoretische Wissen um ich-transzendente Realitäten, das im Dürckheimschen Menschenbild vom doppelten Ursprung konzipiert ist, sondern auch eine aktiv wie passiv meditative praktische Weghilfe auf tiefenpsychologischer Basis zum Umsetzen der erlebten neuen Wahrheit charakterisiert die Arbeitsweise der IT. Sie definiert sich auch als ,,Kerntherapie" (Hippius).

Damit stehen sich Wissenschaft und Religion nicht feindlich und exklusiv gegenüber, sondern verbinden sich zu einem gemeinsamen Anliegen, das von der ursprünglichen Dual-Union des Menschen, von Geist und Stoff, Himmel und Erde, Transzendenz und Immanenz ausgeht und dem Menschen Hilfestellung zur Restitution seines menschlich-göttlichen Ganzheitszustandes anbietet. Diese Zusammenhänge wurden durch die Darstellung der metaphysischen Erfahrungsanthropologie von Dürckheim und die Vergleiche mit sinnverwandten Geistesrichtungen deutlich gemacht.

Eine weitere Zielsetzung dieser Arbeit bestand darin, den Anteil von Hippius sowohl an der äußeren Aufbaustruktur von Rütte und seinen Zweigstellen als auch an der psychotherapeutischen Praxis auf der Grundlage der Tiefenpsychologie von Jung und Neumann und den Ansätzen der Ganzheits- und Gestaltpsychologie herauszuarbeiten.

Der Versuch einer transparenten Kommunikation des Vokabulars erfolgte nach einem synoptischen Ansatz, demzufolge einige Kernbegriffe wie Welt-Ich, Wesen, Transzendenz, Leiden, Weg, Entwicklung mit den von Dürckheim und Hippius angegebenen, verwandten Schulen und Richtungen verglichen und dadurch immer wieder um neue Facetten bereichert wurden. Dieses Vorgehen bedingte die umfangreiche Darstellung der zugrundeliegenden theoretischen wie praktischen Konzepte, nämlich der Ganzheits- und Gestaltpsychologie von Krueger/Sander, der Mystik von Meister Eckehart, der Tiefenpsychologie von C. G. Jung und E. Neumann sowie einiger Kernsätze aus dem Zen. Dadurch schien mir eine Verifizierung und Objektivierung der subjektiven, außerordentlichen Erfahrungen von Dürckheim und Hippius, die letztlich zur Ausgestaltung einer eigenen Schule führten, möglich.

Die Berufung auf diese weitgestreuten Geistesströmungen und entgegengesetzt scheinenden Weltanschauungen und auch Weisheitslehren hat meines Erachtens keinen eklektizistischen Charakter, sondern ist Ausdruck eines integrativen Gestaltungsansatzes. Die aufgewiesenen Parallelen zeigten in den wesentlichen theoretischen Termini Übereinstimmung auf. Die Erkenntnisse und Erfahrungen mit diesen Grundlagen stehen nicht beziehungslos nebeneinander, vielmehr können sie – wenn auch in Nomenklatur, Tradition und Gewichtung jeweils unterschiedlich ausdifferenziert – dem initiatischen Leitgedanken als dem übergreifenden Prinzip synthetisch zugeordnet werden.

Dies zeigte sich z. B. bei dem Bemühen Dürckheims um die Integration des östlichen Zen-Prinzips für eine dem westlichen Suchenden und Leidenden gemäße Form eines ,,westlichen Zen", in dem auch therapeutische Elemente einbezogen werden können, ohne das genuin zenistische Anliegen zu verflachen. Nach meiner Ansicht wird der intensive Kontakt mit den Lehren und Praktiken des ,,Ostens" immer mehr die Wiederentdeckung der abendländischen spirituellen Tradition fördern, jedoch nicht im Sinn einer überholten ,,confessio", sondern einer lebendigen, auf der Erfahrung beruhenden ,,religio". Die jeweiligen kulturellen und geistesgeschichtlichen Eigenheiten zwischen Ost und West werden bei Dürckheim nicht auf eine dualistische, unvereinbare Spannung verlagert und fixiert, sondern die universale, verborgene Gemeinsamkeit rückt in den Mittelpunkt.

Ein gleicher Grundgedanke ist in den vielseitigen therapeutischen Praktiken in der IT festzustellen: Das durchgängige meditative Übungsprinzip, das sowohl auf die Initiation als auch auf die Inkorporation neuer Erfahrungen und Einsichten zielt, ohne Unterschied des bewirkenden Arbeitsmediums. Von daher wird die große Assimilierungsfähigkeit der IT verständlich, indem die Umsetzung rein pragmatischer Tätigkeiten und therapeutischer Praktiken auf die Ebene des initiatischen Prinzips des „Stirb und Werde" gehoben wird. Insofern läßt sich der in der IT herrschende Methodenpluralismus auf einen zentralen und integrativen Kern zurückführen und ist nicht als synkretistisch anzusehen.

„Selbstverwirklichung" wird in der IT in einem absoluten Sinn gebraucht, da das Ich-Selbst-Konzept die transzendente Dimension, das Sein mit dem Dasein zu verbinden lehrt. Selbsterfahrung führt in infolgedessen nicht dahin, daß der Mensch „in einer tragischen Weise tatsächlich nur sich selbst wiederfindet, mit allen unauflösbaren Konflikten und der Qual des Absurden"[3] und Absonderlichen, sondern daß er bewußtseinserweiternde und selbstverantwortliche Schritte zu seiner Selbstgestaltung unternimmt. Solange die therapeutischen Bemühungen um biographische Bedingtheiten, die Behebung von Traumata, Komplexen, Neurosen etc., also ausschließlich um das Ziel der „natürlichen Gesundheit" kreisen und nicht im Dienst eines die überraumzeitlichen Realitäten miteinbeschließenden Prinzips stehen, handelt es sich demnach nicht um initiatische, sondern um eine auf Symptombehebung gerichtete Therapie. Diese wird in der IT nicht ausgeschlossen, ihr aber ein nur begrenzter Stellenwert zugemessen.

Mit diesem Abgrenzungskriterium, dem ein das ganze Leben durchziehender Werde- und Erneuerungsprozeß zu einem höheren Bewußtsein zugrundeliegt, werden zugleich auch der Gäste- bzw. Schülerkreis und damit die Indikations- und Selektionskriterien abgesteckt. Die existentielle Leidensproblematik – wie eine erste informelle Statistik für das Jahr 1979 zeigte – der zu nahezu aus gleichen Teilen der ersten und zweiten Lebenshälfte stammenden Menschen in der IT ist sehr häufig durch grenzüberschreitende Erfahrungen mit initiatischen Charakter ausgelöst. Die Suche nach deren appellativem Inhalt, nach neuem Sinnbezug und Identitätsfindung läßt ihnen oft keine andere Wahl, als dem eigenen inneren Metamorphosegesetz zu folgen. Darin einzuwilligen, was das Ablösen und Aufgeben peripherer, konditionierter, der Welt-Ich-Zentrierung dienenden Absicherungen bedeutet und den „Sprung" zu wagen in eine unvertraute, aber ersehnte Dimension, ist im Sinn der IT eine notwendige Voraussetzung für den übenden Umgang mit dem bewußten Sein.

---

[3] Müller-Eckart, a.a.O., 196.

Mit dem Ausdruck „Initiationsfähigkeit" wurde die aktive Befähigung – meist ist es die zwingende Not-Wendigkeit – des Gastes zur Selbsttranszendenz und die Offenheit für spirituelle Wandlungsgesetze gekennzeichnet. Sie steht häufig im Kontrast zur Kollektivethik und den eigenen Vernunftgründen, ist aber für den Betroffenen von unabweislicher und vorrangiger Evidenz. Diese für den Reifungs- und Lernprozeß immanenten Merkmale wurden als selbstregulierende Selektionskriterien dargestellt.

Bei der „initiatischen Schizoidie" – ein von Hippius geprägter Terminus – als eine Sonderform der be- und verhinderten Initiation mit einer den psychiatrischen Kategorien der Schizophrenie ähnelnden Symptomatik, spielt häufig der unkontrollierte Umgang mit Drogen, esoterischen Praktiken und übernommenen Meditationstechniken eine auslösende Rolle. In den dabei auftretenden Seinsfühlungen bzw. Seinserfahrungen ist der Mensch dem virulent gewordenen, aber u. U. unkanalisiert ausbrechenden Tiefenpotential zunächst ohnmächtig ausgeliefert. Es wurde aufgezeichnet, daß der betreuende Einsatz einer in der „Kernarbeit" erfahrenen Mitarbeitergruppe – bei z. B. aus Zeichnungen des Betreffenden sichtbaren Fähigkeit zum schöpferischen und ordnenden Umgang mit dem Unbewußten – die Chance bietet, trotz ungewöhnlicher Reaktionen die allmähliche Integration dieser hochpotenzierten Kräfte zu fördern.

Bezüglich der Diagnose wurde auf den Erkenntnisprozeß verwiesen, der sich beim Therapeuten wie Schüler während der gemeinsamen Weg-Arbeit einstellt, ohne daß beide an diagnostische Kategorisierungen fixiert sind.

Diese Vorgehensweise paßt sich, auch vom Angebot der jeweiligen Übungsmedien, flexibel dem „inneren Plan" und individuellen Erfordernissen des Schülers an und könnte von daher „klientenzentriert" genannt werden. Der wegbegleitende Prozeß wird zugleich durch die initiatische Wegführung ergänzt, indem der Mitarbeiter gezielte Initiationsanregungen an bestimmten Brennpunkten der Bewußtseinsentwicklung setzt. Das Entscheidende in der Interaktion von Mitarbeiter und Schüler liegt jedoch neben der biographischen Aufarbeitung und der aktuellen Problematik in dem Bemühen um eine überpersönliche Spiegelungs- und Behandlungsweise, in der beide in einer übergreifenden, die Ich-Verhaftung transzendierenden Bewußtseinsdimension aufgehoben sind. Der Therapeut wird dabei der „Mittler zum Heil" im Sinn eines „Entwicklungshelfer" sowohl des Schülers als auch für sich selbst. Dieser Einsatz verlangt von ihm konsequente und kontinuierliche Arbeit am eigenen Wachstumsprozeß, um immer mehr aus der eigenen inneren Autorität und Autorisierung, dem „inneren Meister" und der daraus erwachsenen Präsenz zu wirken. An diesem Kriterium konnte das „Guru-Prinzip" in der IT klar von den derzeitigen Meditations- und autoritätsgebundenen Guru-Bewegungen mit ihren z. T. depersonalisierenden Manipulationspraktiken abgegrenzt und in seinem ursprünglichen Sinn als Vermittler und Lehrer existentieller Wahrheiten und Praktiken dargestellt werden. Das durchgängige Konzept der IT, das „principium individuationis" mit seinen konsequenten meditativen Übungspraktiken hebt sich, wie aus der Gegenüberstellung mit den Strukturmerkmalen der Jugendsekten und der IT hervorging, eindeutig von regressiven und kollektiven, sektenimmanenten Strömungen ab. Der Unterschied zwischen der heteronomen und der autonomen Disziplin im Schüler-Mitarbeiter- bzw. Meister-Verhältnis zeigte, daß es in der IT um die Entwicklung der persönlich-überpersönlichen Eigenständigkeit und gewissenhaften Selbstverantwortlichkeit geht, nicht um die passiv, im Vorpersonalen bleibende Unterwerfung unter einen Guru. Ebenso wie für Drogengefährdete, die ihre ungestillte Sehnsucht nach Bewußtseins- und Dimensionsgewinn nicht konstruktiv zu einer transzendenten Realisationskraft umwandeln können, bietet die IT auch für Sektengefährdete psychotherapeutische und existentielle Hilfe an.

Damit kann sie einen prophylaktischen, psychohygienischen und sozial relevanten Beitrag leisten für einen immer mehr anwachsenden Kreis einer neuen „religio" bedürftiger Menschen.

Im letzten deskriptiven Teil stellte ich exemplarisch anhand der Personalen Leibtherapie und dem Geführten Zeichen die Arbeitsweisen der IT vor. Zugleich nahm ich Abhebungen zu den innovativen Psychotherapiemodellen vor. Wenngleich sich hier noch ein offenes Bearbeitungsfeld zum Vergleichen anbietet, so konnte doch auf das durchgängige Prinzip des initiatischen Vorgehens verwiesen werden. Es zielt bei der Personalen Leibtherapie auf das Transparentmachen und Bewußtwerden von Fehlhaltungen und deren Umwandlung zu einer neuen Gestalt, die dem Menschen „zusteht", d. h., in der die Diskrepanz zwischen innerer Wachstumsgestalt und äußeren offensichtlichen Verspannungen und Blockaden sich mindert. Der dahin führende Ansatz erschöpft sich nicht im ungehemmten Ausagieren und Abreagieren verhinderter Emotionen, wie es vielfach in den neuen Körpertherapien das einzige Ziel ist, sondern bereitet über die Wahrnehmung des „Leibgewissens" und der Aktivierung des „Leibgedächtnisses" eine Transformation der emotional geladenen Energiepotentiale vor.

Andere variable Anwendungen dieses Gesetzes in Bewegungsübungen etc. wurden vorgestellt, die neben dem Erspüren und Umwandeln von Energieblockaden die Zentrierung im Hara und durch aktives Einüben der „Einfleischung" der neuen Gestalt dienen. Gerade dieser Übungs- und Inkorporationsansatz kann als Erweiterung der Jungschen Anwendung auf dem Individuationsweg gelten mit dem Ziel der ganzheitlichen, also auch leibhaftig integrierten Person.

Das Geführte Zeichnen wurde von seinem ursprünglichen Ansatz aus der Dissertation von Hippius über den „graphischen Ausdruck von Gefühlen" aus der Ganzheitspsychologie hergeleitet. Tiefenpsychologische Weg-Führung und graphotherapeutische Einübungsinstruktionen bringen demnach den Menschen zur Kontaktierung und Verschmelzung mit seiner „Tiefendimension", ein Ausdruck, der die Beziehung zum Seinsgrund anzeigt. Dieser Vorgang ist durch die vielfältigen, zum zeichnerischen Einüben aufgegebenen „Urformen des Seins", die archetypischen Grundmuster und Virulenzen zu entsprechen scheinen, dokumentierbar. Der Grundgedanke wurde aufgezeigt, daß die bewußte und methodisch angesetzte Evokation durch gezielte Zeichenformeln einen bislang geblockten entelechialen Entwicklungsverlauf wieder in Gang setzen kann und der Mensch dadurch sein schöpferisches Potential für sein inneres Wachstum und sein äußeres Werk einsetzen lernt. Die als Übungsgut aufgegebenen graphischen Formeln wurden in ihrer Symbolik auch in Beziehung zur graphologisch evidenten Deutung gesetzt. Die Zeichenserien könnten als empirische Dokumente von initiatischen Verwandlungsprozessen im Sinne der tiefenpsychologischen Individuationsthematik nach Jung und Neumann Bedeutung gewinnen, was noch durch geeignete Publikationen veranschaulicht werden müßte.

Die meditative Grundhaltung, die allen in der IT praktizierten Arbeitsweisen zugrundeliegt, hat ihre Wurzeln in der von Dürckheim eingeführten Meditation im Stile des Za-zen, die sich nicht allein auf das Stillesitzen beschränkt. Durch das meditative Üben werden neue Erfahrungen allmählich inkorporiert und im Lebensvollzug des Menschen durch seine Lernschritte sichtbar, wo er sich immer mehr als deckungsgleich zwischen seinem Außen- und Innenbezug erlebt.

Dieses Ansatzes wegen könnte die IT auch als *meditative Therapie* mit tiefenpsychologischem Weg-Konzept bezeichnet werden, bei dem initiatische Erfahrungen mit konkreter und meditativer Arbeit auf dem Individuationsweg gekoppelt sind. Dabei dienen die psychotherapeutischen Verfahren dem Abbau von wesenswidrigen Blockaden und des fixierenden, rationalen Bewußtseins[4]. Hier überschreitet die IT die Ansätze der traditionellen Psychotherapien. Ausschlaggebend ist nicht allein die Integration von u. U. extremen Standpunkten und Anschauungen oder Techniken zu einem neuen gemeinsamen Ganzen und die Etablierung innovativer Modelle, sondern das qualitative Umspringen des Bewußtseins auf die Ebene des Seins, auch und gerade von Therapeuten und Wissenschaftlern selbst. Hier sind die Kategorien der Psychotherapie auf eine Meta-Ebene transzendiert, so daß letztlich nicht die *Therapie* im Mittelpunkt steht, sondern das *Leben* im Dasein aus dem Sein. Aus dem Therapeuten wird ein Lehrer von existentiellem Wissen, aus dem Patienten ein Schüler auf dem Weg. In der IT werden die Möglichkeiten geboten, daß der Mensch sich immer mehr seiner Ganzheit, dem christlichen ,,homo religiosus" annähert, von dem Müller-Eckart sagt, er sei ,,der eigentlich Normale"[5].

Die Entwicklung der IT vollzieht sich in einem kontinuierlichen Wandel seit 30 Jahren im Zentrum Rütte. Der besondere Charakter dieses Raumes und die Arbeits- und Lebensgemeinschaft von Dürckheim und Hippius ermöglichte die Etablierung von psychotherapeutischen und meditativen Verfahren, die jetzt mit den Transpersonalen

---

[4] Zu betonen ist, daß nicht eine totale Verneinung der Ratio gemeint ist, sondern der Abbau ihres einseitigen, verabsolutierten Anspruchs. Dürckheim sagt: ,,Der große Sinn der Ratio ist es, dem Nicht-Rationalen Räume zu schaffen," (in: Bitter, 1965, 228).
[5] Müller-Eckart, a.a.O., 197. Vgl. auch Lindenberg, a.a.O., 16.

Psychologien[6] und der „new age" Bewegung in den USA manche Ähnlichkeiten aufzuweisen scheinen.

Nach meinen eigenen Beobachtungen in den USA hinsichtlich der Ausübung der HP und TP sowie ihres theoretischen Menschenbildes besteht eine Gemeinsamkeit zur IT in der positiven Anerkennung transpersonaler Dimensionen. Allzu vorschnell, von einer grenzenüberschreitenden wissenschaftlichen Neugierde getrieben, scheinen mir allerdings die transpersonalen Therapeuten oft eher der Faszination neuer Bewußtseinsdimensionen zu erliegen als auf eine notwendigerweise meist langwierige, tiefgründige psychotherapeutische und psychagogische Begleitung mit dem Suchenden einzugehen. Dies zeigt sich auch in der begeisterten Anwendung neuester und schnellster Psychotherapiestrategien.

Sicherlich darf hier nicht generalisiert werden. Nach meinem Eindruck wächst mit der Offenheit, mit der enthusiastisch altgesetzte Grenzen und Traditionen überschritten werden die Orientierungslosigkeit, und die Suche nach einem Zentrum, einem „common ground" als notwendige Verankerung im Fluß der Methoden- und Theorienvielfalt verdichtet sich. Die neuen Bewegungen weisen sich als offene Systeme aus, mit dem Janusgesicht unvoreingenommener Offenheit und erschwerter Zentroversionsfähigkeit.

Eine abschließende Beurteilung dieser zur Zeit wohl wichtigsten Wachstumsbewegungen wird durch die Entwicklungs- und Wandlungsfähigkeit der jungen, selbst im Wachstum begriffenden Systeme erschwert. Bei der Suche nach einer umfassenden Anthropologie dienen die theoretischen Grundlagen der von Assagioli begründeten Psychosynthesis mit ihren auch diagnostischen und therapeutischen Techniken und Übungen mehr und mehr der HP und TP zum Vorbild. Diese Attraktion ist wegen der fundierten, auf der Erfahrung aufbauenden Basis der Psychosynthesis verständlich, die im Vergleich zu anderen Strömungen einen geschichtlich gewachsenen Kern aufweist. Vom Ansatz her ist sie mit ihrem Methodenpluralismus, der

---

[6] Vgl. Müller, 1979, 20 f., wo ich auf die beiden Bedeutungen des Praefix „trans" eingehe und die beiden Ausrichtungen transpersonaler Therapie beschreibe, nämlich i.S. von „beyond" als eine „Höhenpyschologie" und i.S. von „to pass through" als ein Sichhindurcharbeiten zu einem transpersonalen Kern. Vgl. a. Grof, 1978, Assagioli, 1978, Tart, 1978 und 1.3., Anm. 22.

sich damit flexibel den individuellen Erfordernissen des Klienten anpaßt, ein nach allen Seiten offenes System, das die spirituelle Entwicklung des Menschen nicht ausschließt.

Die neuen Therapieformen zielen mit ihren Methoden, von denen die meisten bei genauerer Analyse mir nicht neu erscheinen, sondern neu entdeckt wurden, darauf ab, dem Klienten bisher unbekannte Räume zu erschließen, bzw. sie ihm vertraut zu machen. Der eventuelle tiefe initiatische Charakter solcher Erlebnisse wird jedoch meines Erachtens nicht immer erkannt. Er ist auch in den theoretischen Konzepten nicht in dieser Ausprägung formuliert. So besteht möglicherweise die Gefahr, daß es beim bloßen ,,Aufbrechen" und Grenzenüberschreiten bleibt, beim u. U. verfrühten, gewaltsamen Bloßlegen von sorgsam, sicherlich nicht grundlos geschützten Schichten der Persönlichkeit.

Auf der anderen Seite kann die Faszination transpersonaler Dimensionen eine Sogwirkung ausüben, ohne daß die notwendige Verankerung sowohl beim Therapeuten wie beim Klienten auf der personalen Ebene gewährleistet wäre. So kann eine vorerst nahezu unendliche Kluft zwischen der vorpersonalen Stufe und der transpersonalen Dimension beim Klienten aufgerissen werden. Das Finden der Mitte, nämlich die Personwerdung, die aus der leidvoll erfahrenen einseitigen Betonung der einen wie der anderen Seite oder aus der unerträglich gewordenen Polspaltung zwischen den beiden sich herausdifferenziert, kann aus der Sicht der IT durch den der Initiation folgenden geführten Individuationsprozeß und den meditativen Übungen gelingen. Dieser Bestandteil transpersonaler Psychotherapie scheint mir bei den neuen Bewegungen nicht dieses Gewicht zu haben. Ich hatte eher den Eindruck, daß – sicherlich auch durch einen kulturspezifischen und geographischen Grundzug bedingt – die Arbeit am Menschen oberflächlicher, schnellfertiger, auf möglichst rasche sichtbare Ergebnisse zielend, technischer und weniger tiefgründig im Sinne von ,,Kernarbeit" angegangen wird[7]. Mein Gesamteindruck schließt im Vergleich zur IT neben einer abwartenden, neugierigen Haltung die

---

[7] Inwieweit dieser Eindruck auch für das California Institut of Transpersonal Psychology zutrifft, das unter ,,transpersonal" das Empfangen und Fokussieren transpersonaler Erlebnisse im Bezug zum Körper meint, muß abgewartet werden. An diesem Institut gehört die englische Ausgabe von Dürckheims Buch ,,Alltag als Übung" (The way

vorläufige Beurteilung ein, daß bei den meisten der neuen Wachstumsbewegungen neben gezielten Grenzüberschreitungen auch unbewußte Initiationsanstöße vorkommen, ohne aber dann eine nachfolgende geführte Begleitung sicherzustellen.

Während die HP und TP ein breites Publikum hinter sich haben, ihre Methoden und Forschungsergebnisse publizieren[8] und in den meisten europäischen Ländern in den boomartig·angewachsenen Therapiezentren und z. T. an manchen Universitäten vertreten sind, ist die IT mit ihrem Zentrum in Rütte, den beiden Zweigstellen und einigen Übungsstätten relativ unbekannt und eher in einer Außenseiterposition geblieben. Ein in der Stille unauffällig arbeitender Kreis, der sich um die Begründer und Lehrer der IT gesammelt hat, ist lange Zeit für den Wirkungsradius dieses Zentrums charakteristisch gewesen, bei dem allerdings Wartezeiten bis zu einem Jahr möglich sind. Inzwischen hat sich die IT immer mehr nach außen geöffnet. Dies zeigt sich in dem Einbezug humanistischer und transpersonaler Therapieverfahren, die von Gasttherapeuten aus den USA angeboten werden[9], sowie von Forschungsarbeit auf dem Gebiet transpersonaler Phänomene. So steht seit neuestem in Rütte ein ,,Lilly-Tank"[10], mit dem derartige kontrollierbare Experimente möglich sind und auch auf der neuen wissenschaftlichen Basis geführt werden können[11].

Ein weiteres Anzeichen für die größer werdende Öffnung sind die Austauschprogramme mit dem japanischen Zen-Kloster in Eigen-ji/Kyoto sowie mit dem C. G. Jung-Institut in Zürich.

Rütte kann als Keimzelle gelten für die sich nun immer mehr expandierende IT. Der Ort selbst verspricht nicht Erholung. Er wird von vielen als Kernzentrum erlebt, wo sich bei den Betreffenden in-

---

of transformation – daily life as spiritual exercise) zur Basislektüre zum transpersonalen Therapeuten.
[8] Vgl. Journal of transpersonal psychology, 1968 und Journal of humanistic psychology, 1968.
[9] Dazu gehören z. B. Kurse in Alexander-Technik, Feldenkrais, Bioenergetik und Gestalt. Letztere werden u.a. von W. Büntig/Zist und S. Keleman/Berkeley angeboten. Eine besondere Form ist die ,,eidetische Gestaltarbeit" von W. Arnet. Sie definiert sich als Schulung zur ganzheitlichen Wahrnehmung und ihrer Integration in den Alltag und dient der Grundlage bewußter Lebensgestaltung (vgl. Eidos-Programm 1980).
[10] Vgl. Lilly, 1976.
[11] Vgl. 1.3.

nerseelische Mutationen und „Quantensprünge" ereignen. Diese Analogie zur Kernphysik halte ich für zutreffend und nicht zufällig. Die Atmosphäre ist in Rütte in ständiger Umschichtung begriffen. Man könnte sagen, Rütte als „geistiger Schwingungskörper" hat ein kollektives Unbewußtes, das sich in Schattenkonfrontationen, Reinigungen und Weiterentwicklung dynamisch ausdrückt, d. h. daß auch persönliche Probleme im Mitarbeiterkreis sich in Gärungen und Klärungen manifestieren.

Oft taucht in diesem Zusammenhang die Frage auf, inwieweit der Fortbestand der IT abhängig sei von der Integrations-, Führungs- und „Strahlkraft" ihrer Begründer. In den letzten Jahren und verstärkt 1979 zeichnete sich im organisatorischen und therapeutischen Bereich eine zunehmende Selbständigkeit der Mitarbeiter ab. Besonders in der seit 1974 in München bestehenden Zweigstelle wird von den 12 Mitarbeitern kontinuierlich initiatische Therapie unter Stadtbedingungen angeboten sowie eigenständige Selbstverwaltung und Öffentlichkeitsarbeit geleistet, wie z. B. in Form von Volkshochschulkursen und Seminaren in kirchlichen Organisationen.

Da die IT die Emanzipation des „inneren Meisters" anstrebt, dürfte ihre Entwicklung in Zukunft nicht von der leibhaftigen Präsenz Dürckheims und Hippius' abhängen, sondern von der immer realkräftigeren Ausformung eines jeden Mitarbeiters selbst und seiner personalen Gestaltungsfähigkeit.

Die IT ist bei der bereits eingetretenen Krise des Rationalismus nicht länger einem elitären Kreis vorbehalten. Nach meiner Ansicht führen aus der Sackgasse der überzivilisierten westlichen Welt und ihrer zunehmenden Zahl an „Opfern" nicht mehr die wieder funktionstüchtig machenden Therapieansätze mit dem Ziel der Egostärkung etc., aber auch nicht weltfluchtverleitende mystische Ekstasen mit spektakulären Para-Phänomenen und Auflösungserscheinungen, wie sie in Extremformen in manchen östlich geprägten Meditationsbewegungen zu finden sind, sondern Therapieformen, die die Voraussetzung schaffen, den Menschen mit seiner spirituellen Dimension in Berührung zu bringen, bzw. ihn dort zu verankern und zu verirdischen. Sie sollten eine meditative und bewußte Lebensführung in ihrem Konzept miteinbeschließen, die den Menschen zu wachsender Eigenverantwortung befähigt und ihn in der Ausführung seiner weltbewältigenden Aufgaben nicht nur nicht behindert, sondern amplifiziert. Schmaltz spricht in diesem Sinn vom ,,Wirken durch Sein"[12]. Diese therapeutisch-existentielle Verbindung ist dann nicht mehr vom Entweder-Oder dualistischer Standpunkte geprägt. In dieser Richtung versucht die IT, dem Menschen in einem Schutzraum und mit einem weltanschaulich und therapeutisch breiten Spektrum die Möglichkeit zu neuer Selbsterfahrung, Transformation und Einübung auf dem Weg zur Selbstwerdung zu verhelfen. Nicht mehr allein die Heilung peripherer Leiden steht im Mittelpunkt, sondern die radikale Erneuerung des Menschen aus seinem zentralen Kern, der ihn im Grunde erst Mensch werden läßt. Die IT fördert keine Ausweich- und Fluchttendenzen, sondern nötigt den Menschen zum Sprung in seine eigene Realität, die sein Wesen ist und aus der er als ganzer Mensch präsent werden kann. Damit wird das Überweltliche der Kern der Ich-Selbst-Realisation.

Die IT erhielte von ihrer metaphysischen Anthropologie, ihrer tiefenpsychologischen, existentiellen Weg-Führungs-Praxis und dem meditativen Einübungsprinzip einen eigenen Standort innerhalb der innovativen und universalistisch ausgerichteten Psychotherapien der HP und TP. Allerdings darf nicht der ständige Wachstumsprozeß der IT selbst übersehen werden, was eine endgültige Einordnung erschwert.

Kritisch hervorzuheben ist, daß bislang publizierte methodische Schritte zur Empirie initiatischer Prozesse hinsichtlich der Datenerhebung über den Schülerkreis, Kasuistik, Prognose, Verlaufskontrolle, Effizienz und Katamnese fehlen. Dieser Mangel erschwert vorerst eine objektive Beurteilung des programmatischen theoretischen Anspruchs und der nachprüfbaren Umsetzung in den therapeutischen Ansätzen, was allerdings ein allgemeines Problem der Psychotherapieforschung ist. In zukünftigen Arbeiten sollten auch Forschungen über die Veränderung ,,vordergründiger", d. h. neurotischer und somatischer Symptome bei den Schülern angestellt werden. Zu überlegen wäre, inwieweit Selbsterfahrungs- und Traumprotokolle, sowie reproduzierte Wiedergaben von Zeichenserien und Tongebilden als sichtbare Zeugen einen initiatischen Entwicklungsprozeß anschaulich

---

[12] Schmaltz, a.a.O., 61.

dokumentieren können. Hilfreich wäre dabei auch der Einbezug projektiver, tiefenpsychologischer Tests und der Graphologie. Ferner sollte das Erscheinungsbild der „initiatischen Schizoidie" sowie die Phänomenologie der „Kernschattenbegegnung" klarer herausgearbeitet werden. Auch eine an authentischen Berichten veranschaulichte Beschreibung, welche Konsequenzen z. B. das Erlebnis der „Vereinigung von Welt-Ich und Wesen" für einen Schüler hatte, wäre hilfreich, um nicht zu sehr auf eine abstrakte Darstellungsebene angewiesen zu sein. Diese vielen Aspekte ausführlicher zu berücksichtigen, konnte nicht das Anliegen dieser Arbeit sein.

Die besondere Schwierigkeit zeigte sich in der Vermittlung des oft als theologisch oder idealisiert kritisierten Vokabulars Dürckheims in eine klarere Sprache. Nach meiner Erfahrung ist der tiefere, weil sehr komplexe Gehalt in den Aussagen Dürckheims und Hippius' letztlich nicht ohne wesentlichen Substanzverlust analysierbar, ebensowenig wie die Erfahrungen und Ereignisse in den therapeutischen Übungen oder in der Meditation, ohne damit einem Erfahrungskult Vorschub leisten zu wollen. Die Zukunft wird zeigen, ob nicht im Zuge der neuen Wissenschaft durch eine Synthese von erfahrungsbezogenen, experimentellen und auch esoterischen Zugängen die Kernaussagen und Praktiken der IT angemessener zu erfassen sind als mit herkömmlichen Verfahren.

Ein alternatives Leben, ein Leben aus der Transzendenz inmitten weltlicher Bedingtheiten und Bedrohungen erfordert permanente Verantwortung und Präsenz im Umgang mit sich selbst, dem Suchenden und gegenüber den apokalyptische Formen annehmenden Problemen der Welt. Die Betonung liegt auf der Veränderung des Bewußtseins im Sinne des bewußten Seins bei jedem einzelnen.

LITERATUR

Adler, G.: Die Sinnfrage in der Psychotherapie. In: Psychotherapeutische Probleme. Studien aus dem C. G. Jung-Institut. Stuttgart, Zürich: Rascher 1964, 9-38.
Albrecht, E.: Der Trostgehalt in Meister Eckeharts Buch der göttlichen Tröstung und seine mutmaßliche Wirkkraft. Dissertation an der Philosophischen Fakultät der Freien Universität Berlin 1953.
Alexander, G.: Eutonie. Ein Weg der körperlichen Selbsterfahrung. München: Kösel 1976.
Anrich, E.: Moderne Physik und Tiefenpsychologie. Stuttgart: Klett 1963.
Antes, P., Uhde, B.: Das Jenseits der Anderen. Erlösung im Hinduismus, Buddhismus und Islam. Stuttgart: KBW 1972.
Assagioli, R.: Handbuch der Psychosynthesis. Angewandte transpersonale Psychologie. Herausgegeben, bearbeitet und mit einem Vorwort versehen von E. Hanefeld. Freiburg: Aurum 1978.
Bach, G. R., Molter, H.: Psychoboom. Wege und Abwege moderner Therapie. Hamburg: Rowohlt TB 1979.
Bauer, W.: Auf der Suche nach dem verlorenen Selbst. In: S. Golowin: Hexen, Hippies, Rosenkreuzer. Hamburg: Merlin 1977, 267-283.
Bender, H.: Parapsychologie. Ihre Ergebnisse und Probleme. Mit einer Einführung 1976. Die okkulte Welle. Frankfurt: Fischer TB 1976.
Benz, E.: Zen in westlicher Sicht. Zen-Buddhismus – Zen-Snobismus. Weilheim: Barth 1962.
Bitter, W. (Hg.): Meditation in Religion und Psychotherapie. Stuttgart: Klett 1958. Psychotherapie und religiöse Erfahrung. Stuttgart: Klett 1965. Analytische Psychotherapie und Religion. In: M. Hippius (Hg.): Transzendenz als Erfahrung. Beitrag und Widerhall. Festschrift zum 70. Geburtstag von Graf Dürckheim. Weilheim: Barth 1966, 141-151.
Bi-Yän-Lu. Meister Yün-Wu's Niederschrift von der Smaragdenen Felswand. Verdeutscht und erläutert von W. Gundert. München: Hanser 1960.
Bohm, W.: Chakras. Lebenskräfte und Bewußtseinszentren im Menschen. München: Barth 1953.
Bollnow, O. F.: Vom Geist des Übens. Eine Rückbesinnung auf elementare didaktische Erfahrungen. Freiburg: Herder TB 1978.
Brantschen, N.: Za-zen und Christusnachfolge. Überlegungen aus persönlicher Erfahrung. In: G. Stachel (Hg.): Munen muso. Ungegenständliche Meditation. Festschrift für Pater Hugo M. Enomiya-Lassalle SJ zum 80. Geburtstag. Mainz: Grünewald 1978, 430-437.

Bucke, R. M.: Die Erfahrung des Kosmischen Bewußtseins. Freiburg: Aurum 1975.
Bühler, C.: Werte in der Psychotherapie. In: V. E. Frankl, V. E. Gebsattel, J. H. Schultz: Handbuch der Neurosenlehre und Psychotherapie. Berlin, München: Urban & Schwarzenberg 5, 1959, 586-604.
Bühler, C., Massarik, F.: Lebenslauf und Lebensziele. Stuttgart: G. Fischer 1969.
Capra, F.: Der Kosmische Reigen. Physik und östliche Mystik – ein zeitgemäßes Weltbild. Bern, München, Wien: Scherz 1977.
Christian, P.: Antreffen und Begegnen. In: Jahrbuch für Psychologie und Psychotherapie, 1, 3, 1958.
Dieckmann, H.: Einige Aspekte zur Individuation in der ersten Lebenshälfte. In: Analyt. Psychol. 7, 4, 1976, 259-274.
Dürckheim, K. Graf: Untersuchungen zum gelebten Raum. München: Neue Psychologische Studien 6, 4, 1932, 458-467.
–, Japan und die Kultur der Stille, 1949. Weilheim: Barth 1971, 5. Aufl.
–, Im Zeichen der Großen Erfahrung. Studien zu einer metaphysischen Anthropologie. Weilheim: Barth 1951, München: Barth 1974 (vom Verfasser neu bearbeitete Ausgabe).
–, Durchbruch zum Wesen. Aufsätze und Vorträge, 1954. Bern, Stuttgart, Wien: Huber 1972, 5. Aufl.
–, Hara. Die Erdmitte des Menschen. Weilheim: Barth 1954, neu durchgesehene und erweiterte 6. Auflage 1974.
–, Das Überpersönliche in der Übertragung. In: Acta Psychotherapeutica 2, 1954, 172-192.
–, Der Mensch im Spiegel der Hand (in Gemeinschaft mit Ursula von Mangoldt). Weilheim: Barth 1955, 2. Aufl. 1966.
–, Erlebnis und Wandlung. Bern, Stuttgart, 1956. Erweiterte und überarbeitete Neuauflage Bern, Stuttgart, Wien: Scherz 1978.
–, Inbild und Gestalt. In: Z für experimentelle und angewandte Psychologie 6, 1959, 564-577.
–, Der Alltag als Übung. Vom Weg der Verwandlung, 1961. Bern, Stuttgart, Wien: Huber 1972, 4. Aufl.
–, Zen und wir, 1961. Frankfurt: Fischer TB 1974 (überarbeitet und erweiterte Ausgabe von 1961).
–, Wunderbare Katze und andere Zen-Texte. Weilheim: Barth 1964, Bern, München, Wien: Scherz 1975, 3. Aufl.
–, Sportliche Leistung und menschliche Reife. Referat vor der Bundestagung der Deutschen Olympischen Gesellschaft in Oberhausen, Nov. 1963 (erweiterte Fassung). Frankfurt: Limpert 1964, 3. Aufl. 1969.
–, Auf dem Weg zur Transparenz. In: G. Schulz (Hg.): Transparente Welt. Festschrift zum 60. Geburtstag von Jean Gebser. Bern, Stuttgart: Huber 1965, 228-255.
–, Psychotherapie im Geiste des Zen. In: W. Bitter (Hg.): Psychotherapie und religiöse Erfahrung. Stuttgart: Klett 1965, 196-211.
–, Überweltliches Leben in der Welt. Der Sinn der Mündigkeit. Weilheim: Barth 1968, 2. Aufl. 1972.
–, Das Problem der Regression auf dem Weg zum wahren Selbst. In: Praxis der Psychotherapie 15, 3, 1970, 107-121.
–, Der Ruf nach dem Meister. Der Meister in uns. Weilheim: Barth 1972.
–, Vom doppelten Ursprung des Menschen. Als Verheißung, Erfahrung, Auftrag. Freiburg, Basel, Wien: Herder TB 1973, 5. Aufl. 1979.

–, Meditative Praktiken in der Psychotherapie. In: Praxis der Psychotherapie 18, 2, 1973, 63-74.
–, „Meine Therapie". In: L. Pongratz (Hg.): Psychotherapie in Selbstdarstellungen. Bern, Stuttgart, Wien: Huber 1973, 129-176.
–, Vom Leib, der man ist in pragmatischer und initiatischer Sicht. In: H. Petzold (Hg.): Psychotherapie und Körperdynamik. Verfahren psycho-physischer Bewegungs- und Körpertherapie. Paderborn: Junfermann 1974, 11-27.
–, Meditieren – wozu und wie. Die Wende zum Initiatischen. Freiburg, Basel, Wien: Herder 1976, 5. Aufl. 1979.
–, Vom initiatischen Weg. Im Gespräch mit Pater Friedrich Wulf SJ. Geist und Leben 50, 1977, 458-467.
–, Meditative Praktiken in der Psychotherapie. In: Die Psychologie des 20. Jahrhunderts. Zürich: Kindler 3, 1977, 1295-1309.
–, Mächtigkeit, Rang und Stufe des Menschen. Freiburg: Aurum 1978.
–, Ton der Stille, In: G. Stachel (Hg.): Munen muso. Ungegenständliche Meditation. Festschrift für Pater Hugo M. Enomiya-Lassalle SJ zum 80. Geburtstag. Mainz: Grünewald 1978, 300-308.
–, Übung des Leibes auf dem inneren Weg. München: Lurz 1978.
–, Nicht nur für Buddhisten. In: Esotera 5, 1979, 442.
Dumoulin, H.: Der Erleuchtungsweg des Zen im Buddhismus. Frankfurt: Fischer TB 1976.
–, Begegnung mit dem Buddhismus. Freiburg: Herder TB 1978.
Eicke, D.: Der Körper als Partner. Plädoyer für eine psychosomatische Krankheitslehre. München: Kindler TB 1973.
Eidos-Programm 1980. Zu beziehen durch Eidos Gesellschaft e. V., Romanstr. 97, 8 München 19.
Elrod, N.: Kriterien der Besserung in der Psychotherapie. München: Kindler TB 1974.
Evola, J.: Über das Initiatische. In: Antaios 6, 1965, 184-208.
Frankl, V. E.: Psychotherapie für Laien. Rundfunkvorträge über Seelenheilkunde Freiburg: Herder TB 1971.
–, Der Mensch auf der Suche nach Sinn. Zur Rehumanisierung der Psychotherapie. Freiburg: Herder TB 1973.
Franzke, E.: Der Mensch und sein Gestaltungserleben. Psychotherapeutische Nutzung kreativer Arbeitsweisen. Bern, Stuttgart, Wien: Huber 1977.
Frei, G.: Christliches Mantram-Yoga: das Herzensgebet. In: W. Bitter (Hg.): Meditation in Religion und Psychotherapie. Stuttgart: Klett 1958, 25-34.
Fromm, E.: Haben oder Sein. Die seelischen Grundlagen einer neuen Gesellschaft. Stuttgart: DVA 1976.
Fromm, E., Suzuki, D. T., Martino, R.: Zen-Buddhismus und Psychoanalyse. Frankfurt: Suhrkamp TB 1972.
Gebsattel, V. E.: Imago Hominis. Beiträge zu einer personalen Anthropologie. Schweinfurt: Neues Forum 1964.
Gebser, J.: Ursprung und Gegenwart. Stuttgart: DVA 1949 und 1954.
–, Dualismus und Polarität, In: R. Kranich (Hg.): Dialektische Meditation. Materialien zum Bewußtseinswandel. Wuppertal: Judie-TB 1973, 24-43.
Giegerich, W.: Die Neurose der Psychologie oder das Dritte der Zwei. In: Analyt. Psychol. 9, 4, 1978, 241-268.
Goettmann, A.: Graf Dürckheim. Dialogue sur le chemin initiatique. Paris: Les éditions du cerf 1979.

Golowin, S.: Hexen, Hippies, Rosenkreuzer. Hamburg: Merlin 1977.
Gopi Krishna: Höheres Bewußtsein. Die evolutionäre Kundalini-Kraft. Freiburg: Aurum 1975.
–, Kundalini. Erweckung der geistigen Kraft im Menschen. München: Barth 1977, 2. Aufl.
Graubner, H.: Das Leibgedächtnis und seine Bedeutung in der Initiatischen Therapie. Unveröff. Manuskript 1975.
–, Personale Leibtherapie. In: Mitteilungsblatt der Gesellschaft zur Förderung der Existential-psychologischen Bildungs- und Begegnungsstätte Todtmoos-Rütte e. V., 12, 1979, 1-3.
Graupe, S.-R.: Ergebnisse und Probleme der quantitativen Erforschung traditioneller Psychotherapieverfahren. In: H. Strotzka (Hg.): Psychotherapie: Grundlagen, Verfahren, Indikation. München, Berlin: Urban & Schwarzenberg 1975, 35-84.
Grof, S.: Topographie des Unbewußten. LSD im Dienst der tiefenpsychologischen Forschung. Stuttgart: Klett-Cotta 1978.
Grueber, N.: Das Recht im Lichte der Anthropologie Graf Dürckheims. Dissertation der Rechts- und Staatswissenschaftlichen Fakultät Zürich 1962.
Grunert, J. (Hg.): Körperbild und Selbstverständnis. Psychoanalytische Beiträge zur Leib-Seele-Einheit. München: Kindler TB 1977.
Guénon, R.: L'homme et son devenir selon le Vedanta. Paris: 1925.
–, Aperçus sur l'initiation. Paris: Editions tradionelles 1947, 1953.
–, Der König der Welt. Weilheim: Barth 1956.
Haack, F.-W.: Die neuen Jugendreligionen. Teil 2: Dokumente und Erläuterungen. München: 1978.
Hanefeld, E.: Vorwort zur deutschen Ausgabe von: Psychosynthesis und Transpersonale Psychotherapie. In: R. Assagioli: Handbuch der Psychosynthesis. Herausgegeben, bearbeitet und mit einem Vorwort versehen von E. Hanefeld. Freiburg: Aurum 1978, 9-34.
Hauer, J. W.: Der Yoga. Ein indischer Weg zum Selbst. Stuttgart: Kohlhammer 1958.
Heiss, R.: Die Deutung der Handschrift. Hamburg: Claassen 1966.
Herrigel, E.: Der Zen-Weg. München: Barth 1958, 4. Aufl.
–, Zen in der Kunst des Bogenschießens. Weilheim: Barth 1975.
Herzog-Dürck, J.: Zwischen Angst und Vertrauen. Nürnberg: Gock und Lutz 1953.
Heyer, G. R.: Tiefenpsychologie als Grenzwissenschaft. In: Vorträge der 2. Lindauer Psychotherapiewoche. Stuttgart: Thieme 1952.
–, Komplexe Psychologie (C. G. Jung). In: V. E. Frankl, V. E. Gebsattel, J. H. Schultz (Hg.): Handbuch der Neurosenlehre. München, Berlin: Urban & Schwarzenberg 1959, 3, 285-326.
–, Seelenkunde im Umbruch der Zeit. Bern: Huber 1964.
–, Vom Kraftfeld der Seele. München: Kindler 1964a.
Heyer-Grote, L.: Atemschulung als ein Element der Psychotherapie. Darmstadt: Wissenschaftliche Buchgesellschaft 1970.
Hils, K. (Hg.): Therapeutische Faktoren im Werken und Formen. Darmstadt: Wissenschaftliche Buchgesellschaft 1971.
Hippius, M.: Graphischer Ausdruck von Gefühlen. Z angewandte Psychologie und Charakterkunde 51, 5/6, 1936, 257-335.
–, Über negative Transzendenz. In: Mitteilungsblatt der Gesellschaft zur Förderung der existential-psychologischen Bildungs- und Begegnungsstätte Todtmoos-Rütte e. V. 4, 1971, 1-4.

–, Transzendenz als Erfahrung (Hg.). Beitrag und Widerhall. Festschrift zum 70. Geburtstag von Graf Dürckheim. Weilheim: Barth 1966.
–, Am Faden von Zeit und Ewigkeit. Lebensgeschichte von Graf Karlfried Dürckheim. In: Transzendenz als Erfahrung, 7-40.
–, Beitrag aus der Werkstatt. In: Transzendenz als Erfahrung, 67-83.
–, Der geistige Quantensprung im Spiegel der Initiatischen Therapie (in Vorbereitung).
Hippius, R.: Erkennendes Tasten als Wahrnehmungs- und Erkennungsvorgang. München: Beck 1934. Neue Psychologische Studien 10, 5.
Hisumatsu, H. S.: Die Fülle des Nichts. Vom Wesen des Zen. Pfullingen: Neske o. J.
Hochheimer, W.: Die Psychotherapie von C. G. Jung. Bern, Stuttgart: Huber 1966.
Horn, D.: Leibtherapie als Psychotherapie. Dissertation an der Medizinischen Fakultät der TU München.
Information Nr. 65, VIII, 1976 der Evangelischen Zentralstelle für Weltanschauungsfragen, Stuttgart. Meditation in West und Ost. Wesen und Form. Von A. Strebel.
Jacobi, J.: Der Weg zur Individuation. Olten, Freiburg: Walter 1971.
–, Die Psychologie von C. G. Jung. Eine Einführung in sein Gesamtwerk, mit einem Geleitwort von C. G. Jung. Frankfurt: Fischer TB 1977.
Jäger, W.: Christen gehen den Zen-Weg. Erfahrungsberichte. In: G. Stachel (Hg).: Munen muso. Ungegenständliche Meditation. Festschrift für Pater Hugo M. Enomiya-Lassalle SJ zum 80. Geburtstag. Mainz: Grünewald 1978, 438-452.
Jaffé, A. (Hg.): Erinnerungen, Träume, Gedanken von C. G. Jung. Zürich: Buchclub Ex Libris 1962.
–, Der Mythos vom Sinn im Werk von C. G. Jung. Olten, Freiburg: Walter 1978.
James, W.: Die Vielfalt religiöser Erfahrungen. Eine Studie über die menschliche Natur. Olten, Freiburg: Walter 1979.
Jores, A.: Der psychologische und anthropologische Aspekt der Krankheit. In: C. Zwingmann (Hg.): Zur Psychologie der Lebenskrisen. Frankfurt: Akademische Verlagsanstalt 1962, 284-289.
–, Menschsein als Auftrag. Bern: Huber 1964.
Journal of Humanistic Psychology. Waltham: 1968.
Journal of Transpersonal Psychology. Palo Alto: 1969.
Jung, C. G.: Gesammelte Werke, Olten: Walter
  6. Band, 1960/1967: Psychologische Typen.
  7. Band, 1964: Zwei Schriften über analytische Psychologie.
  8. Band, 1967: Die Dynamik des Unbewußten.
  9. Band, 1. Halbband: Die Archetypen und das kollektive Unbewußte
           2. Halbband, 1951: Aion.
10. Band: Zivilisation im Übergang.
11. Band, 1963: Zur Psychologie westlicher und östlicher Religion.
12. Band: Psychologie und Alchemie.
13. Band: Studien über alchemistische Vorstellungen.
14. Band, 1968: Mysterium coniunctionis.
16. Band, 1958: Praxis der Psychotherapie.
17. Band, 1972: Über die Entwicklung der Persönlichkeit.
–, Über Grundlagen der analytischen Psychologie. Die Tavistock Lectures 1935. Olten, Freiburg: Walter Studienausgabe 1971.
Jungclaussen, E.: Der Meister in dir. Freiburg: Herder 1975.
Kapleau, P.: Die drei Pfeiler des Zen. Lehre – Übung – Erleuchtung. Weilheim: Barth 1972.

Katz, D.: Der Aufbau der Tastwelt. Darmstadt: Wissenschaftliche Buchgesellschaft 1969.
Kaune, F. J.: Selbstverwirklichung. München: Reinhardt 1967.
Keen, S.: Wir haben keinen Körper, wir sind Körper. Ein Gespräch mit Stanley Keleman über Bioenergetik und die Sprache des Körpers. In: Psychologie heute 6, 1975, 67-75.
Keleman, S.: Your body speaks its mind. New York: Simon & Schuster 1975.
–, Lebe dein Sterben. Hamburg: Isko Press 1977.
Kiernan, T.: Psychotherapie. Kritischer Führer durch Theorien und Praktiken. Frankfurt: S. Fischer 1976.
Kipshagen, E. P. M.: De dood gaf mij leven. Verslag van een dieptepsychologisch proces. Nijmegen: V. B. Gottmer's Nitgeversbedrigt 1978.
Konz, F.: Die gute Handschrift. Lehrgang der Graphologie, Berlin, München: Humboldt TB 1966.
Kopp, S.: Triffst du Buddha unterwegs . . . Psychotherapie und Selbsterfahrung. Frankfurt: Fischer TB 1978.
Kranich, R.: Dialektische Meditation. Materialien zum Bewußtseinswandel. Wuppertal: Judie TB 1973.
Krueger, F.: Die Lehre vom Ganzen. In: Beiheft zur Schweizerischen Zeitschrift für Psychologie und ihre Anwendung 15, 1948.
–, Zur Philosophie und Psychologie der Ganzheit. Schriften aus den Jahren 1918-1940. Herausgegeben von E. Heuss. Berlin: Springer 1953.
Kuhn, T. S.,: Die Struktur wissenschaftlicher Revolutionen. Frankfurt: Suhrkamp TB 1976.
Künkel, F.: Grundzüge der praktischen Seelenheilkunde. Stuttgart; Leipzig 1935.
Lassalle, E.: Zen-Meditation für Christen. Weilheim: Barth 1969.
–, Zen-Buddhismus. Köln: Bachem 1974.
–, Die Zen-Meditation. In: U. Reiter (Hg.): Meditation – Wege zum Selbst. München: Mosaik 1976, 55-75.
Lauf, D.: Symbole. Verschiedenheit und Einheit in östlicher und westlicher Kultur. Frankfurt: Insel 1976.
Leadbeater, C. W.: The Chakras. Madras/London: Quest Book 1969, 8. Aufl.
Lenz, R.: „Jugendreligionen" – Notwehr oder Hexenjagd? In: Esotera 11, 1978, 996-1005 und 12, 1978, 1123-1128.
–, Zahlenmystik der Aufklärer. In: Esotera 5, 1979, 422-433.
Lersch, P.: Der Mensch in der Gegenwart. Basel: Reinhardt 1964.
Lilly, J.: Das Zentrum des Zyklons. Eine Reise in die inneren Räume – Neue Wege der Bewußtseinserweiterung. Frankfurt: Fischer TB 1976.
Lindenberg, W.: Riten und Stufen der Einweihung. Mittler zur Anderwelt. Freiburg: Aurum 1978.
Lorenzen, A.: Die Verlustdepression. Verlust und existentielle Krise. In: C. Zwingmann: Zur Psychologie der Lebenskrisen. Frankfurt: Akademische Verlagsanstalt 1962, 298-308.
Lotz, B.: Die Christusmeditation als Erfüllung des meditativen Lebens. In: W. Bitter (Hg.): Meditation in Religion und Psychotherapie. Stuttgart: Klett 1958, 199-225.
Love, J.: Die Quantengötter. Ein neues Verständnis der Kabbalah. Düsseldorf: Diederichs 1979.
Lowen, A.: Depression. Unsere Zeitkrankheit – Ursachen und Wege ihrer Heilung. München: Kösel 1978.

Maeder, A.: Der Psychotherapeut als Partner. München: Kindler TB 1968.
Man-Ch'ing, C. & Smith, R. W.: T'ai-Chi. The „Supreme Ultimate" Exercise for Health, Sport and Self-Defense. Rutland, Vermont: Tuttle 1977, 17. Aufl.
Maslow, A.: Die Psychologie des Seins. Ein Entwurf. München: Kindler 1973.
–, Die Psychologie der Wissenschaft. Neue Wege der Wahrnehmung und des Denkens. München: Goldmann TB 1977.
Mattusek, P.: Yoga in einer psychiatrischen Klinik. In: R. Lobo (Hg.): Prana 1980. Jahrbuch für Yoga und ostasiatische Meditationstechniken und ihre Anwendungen in der westlichen Welt. Bern, München: Scherz 1979, 108-117.
Meister Eckehart. Die deutschen und lateinischen Werke. Herausgegeben von J. Quint im Auftrag der Deutschen Forschungsgemeinschaft. Stuttgart, Berlin: Kohlhammer 1937 ff.
Michel, E.: Rettung und Erneuerung des personalen Lebens. Frankfurt: Knecht 1953.
Michel, K. M.: Jeder für sich. Sektiererisches über Individuum und Gemeinschaft. In: Kursbuch 55, 1979, 38-58.
Mildenberger, M.: Die religiöse Revolte. Jugend zwischen Flucht und Aufbruch. Frankfurt: Fischer TB 1979.
Moody, R. A.: Leben nach dem Tod. Die Erforschung einer unerklärten Erfahrung. Hamburg: Rowohlt 1977.
Möller, R.: Kreativer Umgang mit Kernkräften. In: Esotera 12, 1979, 1083-1089.
Muktananda, P.: Kundalini. Die Erweckung der kosmischen Energie im Menschen. Freiburg: Aurum 1979.
Müller, R.: Transpersonale Psychologie und Initiatische Therapie. In: Parapsychika 4, 1979, 19-23.
Müller-Eckart, H.: Das Unzerstörbare. Religiöse Existenz im Klima des Absurden. Stuttgart: Klett 1964.
Müller, W. H., Enskat, A.: Graphologische Diagnostik. Ihre Grundlagen, Möglichkeiten und Grenzen. Bern, Stuttgart, Wien: Huber 1973.
Nagel, H., Seifert, M.: Inflation der Therapieformen. Gruppen und Einzeltherapien in der sozialpädagogischen und klinischen Praxis. Hamburg: Rowohlt TB 1979.
Neumann, E.: Kulturentwicklung und Religion. Zürich: Rascher 1953.
–, Krise und Erneuerung. Zürich: Rhein 1961.
–, Das Kind. Stuktur und Dynamik der werdenden Persönlichkeit. Zürich: Rhein 1963.
–, Tiefenpsychologie und neue Ethik. München: Kindler TB 1973.
–, Ursprungsgeschichte des Bewußtseins. München: Kindler 1974.
–, Die Große Mutter. Eine Phänomenologie der weiblichen Gestaltungen des Unbewußten. Olten, Freiburg: Walter 1974a.
Nishimura, E.: Die Öffnung des Rinzai-Zen in die Breite – ihr Sinn und ihre Grenze. In: G. Stachel (Hg.): Munen muso. Ungegenständliche Meditation. Festschrift für Pater Hugo M. Enomiya-Lassalle SJ zum 80. Geburtstag. Mainz: Grünewald 1978, 96-108.
Nocquet, E.: Der Weg des Aikido. Berlin: Kristkeitz 1977.
Ohtsu, D. R.: Der Ochse und sein Hirt, Zen-Geschichte aus dem alten China. Pfullingen: Neske 1976, 3. Aufl.
Okumara, I.: Eine Herausforderung. Zen und Christentum. In: G. Stachel (Hg.): Munen muso. Ungegenständliche Meditation. Festschrift für Pater Hugo M. Enomiya-Lassalle SJ zum 80. Geburtstag. Mainz: Grünewald 1978, 397-404.

Orelli, A.: Der Archetypus des Weges. In: C. G. Jung heute. Stuttgart: Bonz 1976, 123-143.
Ornstein, R.: Die Psychologie des Bewußtseins. Köln: Kiepenheuer & Witsch 1974.
Otto, R.: Das Heilige. Über das Irrationale in der Idee des Göttlichen und sein Verhältnis zum Rationalen. München: Beck 1931.
–, Das Gefühl des Überweltlichen (Sensus numinis). München: Beck 1932.
Peltzer, R.: Transparenz in der Arbeit am Leib. In: M. Hippius (Hg.): Transzendenz als Erfahrung. Beitrag und Widerhall. Festschrift zum 70. Geburtstag von Graf Dürckheim. Weilheim: Barth 1966, 122-134.
Perls, F., Hefferline, R., Goodman, P.: Gestalt-Therapie. Wiederbelebung des Selbst. Stuttgart: Klett-Cotta 1979.
Peters, U. H.: Übertragung und Gegenübertragung. Geschichte und Formen der Beziehungen zwischen Psychotherapeut und Patient. München: Kindler TB 1977.
Petrilowitsch, N. (Hg.): Die Sinnfrage in der Psychotherapie. Darmstadt: Wissenschaftliche Buchgesellschaft 1972.
Petzold, H. (Hg.): Psychotherapie und Körperdynamik. Verfahren psychophysischer Bewegungs- und Körpertherapie. Paderborn: Junfermann 1974.
Pflanz, M.: Mitteleuropa. Gegenwärtiger Stand und Entwicklungstendenzen der Neurosenlehre und Psychotherapie. In: V. E. Frankl, V. E. Gebsattel, J. H. Schultz (Hg.): Handbuch der Neurosenlehre und Psychotherapie. München, Berlin: Urban & Schwarzenberg 1, 1959, 35-81.
Pfleger, B.: Selbsterfahrung als Selbsterziehung in der Initiatischen Therapie und Theorie und Praxis. Magisterarbeit im Hauptfach Erziehungswissenschaft der Wirtschafts- und Sozialwissenschaftlichen Fakultät der Universität Heidelberg WS 1979/80.
Plaut, A.: Individuation. Ein Grundkonzept der Psychotherapie. In: Analyt. Psychol. 10,3,1979, 173-189.
Pongratz, L. J. (Hg.): Psychotherapie in Selbstdarstellungen. Bern, Stuttgart, Wien: Huber 1973.
Psychologie Heute 3, 1978, 7 ff.: „Sind Sekten gesundheitsschädlich?"
Pulver, M.: Symbolik der Handschrift. Ein Lehrbuch der Graphologie. München: Kindler TB 1972.
Purce, J.: The mystic spiral – journey of the soul. London: Thames & Hudson 1974.
Quint, H.: Bemerkungen über die Wandlung psychogener Krankheitsformen. In: Praxis der Psychotherapie 6,20,1975, 286-289.
Quint, J. (Hg.): Meister Eckehart. Deutsche Predigten und Traktate. München: Hanser 1977, 4. Aufl.
Reese, K.: Gedanken zum Enlightenment intensive. In: Mitteilungsblatt der Gesellschaft zur Förderung der existential-psychologischen Bildungs- und Begegnungsstätte Todtmoos-Rütte e. V. 8, 1975.
Reich, W.: Die Entdeckung des Orgons. Die Funktion des Orgasmus. Sexualökonomische Grundprobleme der biologischen Energie. Frankfurt: Fischer TB 1972.
Reiter, U. (Hg.): Meditation – Wege zum Selbst. München: Mosaik 1976.
Riedel, I. (Hg.): Der unverbrauchte Gott. Neue Wege der Religiosität. Bern, München: Scherz 1976.
Riemann, F.: Grundformen helfender Partnerschaft. Ausgewählte Aufsätze. München: Pfeiffer 1974.
Rosenberg, A.: Die Kreuzmeditation. In: W. Bitter (Hg.): Meditation in Religion und Psychotherapie. Stuttgart: Klett 1958, 35-50.

Roszak, T.: Gegenkultur. Gedanken über die technokratische Gesellschaft und die Opposition der Jugend. Düsseldorf: Econ 1971.
Rudert, J.: Der Weg – ein psychagogischer Leitbegriff. In: M. Hippius (Hg.): Transzendenz als Erfahrung. Beitrag und Widerhall. Festschrift zum 70. Geburtstag von Graf Dürckheim. Weilheim: Barth 1966, 428-439.
Ruitenbeek, H. M.: Die neuen Gruppentherapien. Stuttgart: Klett-Cotta 1974. Rütte-Prospekt, o.J. Zu beziehen über Sekretariat 7867 Todtmoos-Rütte.
Sander, F.: Inbild und Gestalt. In: M. Hippius (Hg.): Transzendenz als Erfahrung. Beitrag und Widerhall. Festschrift zum 70. Geburtstag von Graf Dürckheim. Weilheim: Barth 1966, 396-411.
Sander, F., Volkelt, H.: Ganzheitspsychologie. München: Beck 1967.
Scharfetter, C.: Über Meditation. Begriffsfeld, Sichtung der „Befunde", Anwendung in der Psychotherapie. In: Psychother. med. Psychol. 29, 1979, 78-95.
Scheidt, J. v.: Die Innenweltverschmutzung. München: Knaur TB 1975.
Schlegel, L.: Grundriß der Tiefenpsychologie unter besonderer Berücksichtigung der Neurosenlehre und Psychotherapie. München: UTB Franke 4, 1973.
Schmaltz, G.: Östliche Weisheit und westliche Psychotherapie. Stuttgart: Hippokrates 1951.
Schmidbauer, W.: Die hilflosen Helfer. Über die seelischen Probleme der helfenden Berufe. Hamburg: Rowohlt 1977.
Schoeller, G.: Die Jungsche Psychologie und die Initiatische Therapie von Dürckheim-Hippius. Diplomarbeit am C. G. Jung Institut Zürich (in Vorbereitung).
Schulz, G. (Hg.): Transparente Welt. Festschrift zum 60. Geburtstag von Jean Gebser. Stuttgart: Huber 1965.
Schumann, H.: Buddhismus. Philosophie zur Erleuchtung. Bern: Dalp TB 1963.
Schüttler, G.: Die Erleuchtung im Zen-Buddhismus. Gespräche mit Zen-Meistern und psychopathologische Analyse. Freiburg: Alber 1974.
Seifert, J.: Das Leib-Seele-Problem in der gegenwärtigen philosophischen Diskussion. Darmstadt: Wissenschaftliche Buchgesellschaft 1979.
Severus, E.: Das Wort „Meditari" im Sprachgebrauch der Heiligen Schrift. In: Geist und Leben 26, 1953, 365-375.
Singer, A.: Transparenz für Transzendenz. Die metaphysische Erfahrungsanthropologie Karlfried Graf von Dürckheims als Anfrage an den christlichen Glauben und an die Theologie. Unveröff. Lizenzarbeit am Pontificium Collegium Germanicum et Hungaricum, Rom 1975.
Spangler, D.: New age – die Geburt eines neuen Zeitalters. Die Findhorn-Community. Frankfurt: Fischer TB 1978.
Stachel, G. (Hg.): Munen muso. Ungegenständliche Meditation. Festschrift für Pater Hugo M. Enomiya-Lassalle SJ zum 80. Geburtstag. Mainz: Grünewald 1978.
Stokvis, B., Wiesenhütter, W.: Lehrbuch der Entspannung. Autosuggestive und übende Verfahren der Psychotherapie und Psychosomatik. Stuttgart: Hippokrates 1979.
Stolze, H.: Bewegungs- und Atemtherapie in der psychotherapeutischen Praxis. In: L. Heyer-Grote (Hg.): Atemschulung als ein Element der Psychotherapie. Darmstadt: Wissenschaftliche Buchgesellschaft 1970, 313-325.
Strotzka, H. (Hg.): Psychotherapie: Grundlagen, Verfahren, Indikation. München, Berlin: Urban & Schwarzenberg 1975.
Suzuki, D. T.: Leben aus Zen. München: Barth 1954.
–, Der westliche und der östliche Weg. Essays über christliche und buddhistische Mystik. Berlin: Ullstein TB 1960.

–, Die große Befreiung. Einführung in den Zen-Buddhismus. Mit einem Geleitwort von C. G. Jung. Frankfurt: Fischer 1975.
Tart, C. T.: Transpersonale Psychologie. Olten, Freiburg: Walter 1978.
Thomae, H.: Das Individuum und seine Welt. Göttingen: Verlag für Psychologie 1968.
Thomas, K.: Meditation in Forschung und Erfahrung, in weltweiter Beobachtung und praktischer Anleitung. Stuttgart: Steinkopf und Thieme 1973.
Trüb, H.: Heilung aus der Begegnung. Stuttgart: Klett 1951.
Ueda, S.: Die Gottesgeburt in der Seele und der Durchbruch zur Gottheit. Die mystische Anthropologie Meister Eckeharts und ihre Konfrontation mit der Mystik des Zen-Buddhismus. Gütersloh: Mohn 1965.
Uyeshiba, K.: Aikido. Tokyo: Hozansha Publ. 1969.
Vetter, A.: Personale Anthropologie. Aufriß der humanen Struktur. Freiburg: Alber 1966.
Vetter, F. (Hg.): Tauler Prediten, aus der Engelberger und Freiburger Handschrift sowie aus Schmidts Abschriften der ehemaligen Strassburger Handschriften. Berlin: 1910, Band 11.
Waldenfels, H.: Christlicher Glaube und Zen. In: G. Stachel (Hg.): Munen muso. Ungegenständliche Meditation. Festschrift für Pater Hugo M. Enomiya-Lassalle SJ zum 80. Geburtstag. Mainz: Grünewald 1978, 405-418.
Watts, A.: Vom Geist des Zen. Basel: Schwabe 1956.
Watzlawik, P., Beavin, J. H., Jackson, D.: Menschliche Kommunikation. Formen, Störungen, Paradoxien. Bern, Stuttgart, Wien: Huber 1969.
Watzlawik, P., Weakland, J. H., Fisch, R.: Lösungen. Zur Theorie und Praxis menschlichen Wandels. Bern, Stuttgart, Wien: Huber 1974.
Wellek, A.: Die Wiederherstellung der Seelenwissenschaft im Lebenswerk Felix Kruegers. Hamburg: Meiner 1950.
–, Musikpsychologie und Musikästhetik. Frankfurt: Akademische Verlagsgesellschaft 1963.
Wiesenhütter, E.: Die Begegnung zwischen Philosophie und Tiefenpsychologie. Darmstadt: Wissenschaftliche Buchgesellschaft 1979.
–, Lehrbuch der Entspannung. Autosuggestive und übende Verfahren der Psychotherapie und Psychosomatik. (Mit B. Stokvis) Stuttgart: Hippokrates 1979.
Wilhelm, R.: Botschafter zweier Welten. Düsseldorf: Diederichs 1973.
Winkler, W. T.: Übertragung und Psychose. Bern: Huber 1971.
–, Psychotherapeutische Zielsetzungen. In: N. Petrilowitsch (Hg.): Die Sinnfrage in der Psychotherapie. Darmstadt: Wissenschaftliche Buchgesellschaft 1972, 68-96.
Wittgenstein, Graf: Sterben – Angst- und Todesfurcht als Nöte des Reifungsprozesses zum Menschen. In: C. Zwingmann (Hg.): Zur Psychologie der Lebenskrisen. Frankfurt: Akademische Verlagsanstalt 1962, 289-298.
Wulf, F.: „Die Wende zum Initiatischen. Meditation als Heilslehre." (I. Darstellung; II. Kritische Bemerkungen). In: Geist und Leben 49, 1979, 461-468; 50, 1977, 59-68.
–, Zur Christlichkeit des „Initiatischen Weges". Antwort an Graf Dürckheim. In: Geist und Leben 51, 1978, 226-232.
Zutt, J.: Der Lebensweg als Bild der Geschichtlichkeit. In: C. Zwingmann (Hg.): Zur Psychologie der Lebenskrisen. Frankfurt: Akademische Verlagsanstalt 1962, 235-241.
Zwingmann, C. (Hg.): Zur Psychologie der Lebenskrisen. Frankfurt: Akademische Verlagsanstalt 1962.

Verzeichnis der Werke Dürckheims

Erlebnisformen. Ansätze zu einer analytischen Situations-Psychologie. Dissertation, Kiel: 1925.
Untersuchungen zum gelebten Raum. Neue Psychologische Studien 6, 4, 1932, 458-467.
Gemeinschaft. In: Wege zur Ganzheitspsychologie. Neue Psychologische Studien, 12, 1932.
Über Grundformen des Raumerlebens. Neue Psychologische Studien, 1933, 318-320.
Grundformen gelebter Zeit. Neue Psychologische Studien. 1934, 129-131.
Japan und die Kultur der Stille. Weilheim: Barth 1949, 5. Aufl. 1971.
Im Zeichen der Großen Erfahrung. Studien zu einer metaphysischen Anthropologie. Weilheim: Barth 1951, neu bearbeitete Ausgabe 1974.
Mächtigkeit, Rang und Stufe. In: Tymbos. Gedenkbuch für W. Ahlmann. Berlin: 1951.
Menschliches Reifen in psychologischer und religiöser Sicht: In: Arzt und Seelsorger 4, 1953.
Die Dreieinheit des Seins im Spiegel der Typologie. In: Der Psychologe 6, 1954.
Durchbruch zum Wesen. Aufsätze und Vorträge. Bern, Stuttgart: Huber 1954, 5. Aufl. 1972.
Das Überpersönliche in der Übertragung. In: Acta psychotherapeutica 2, 1954, 172-192.
Erlebnis des Wesens als Voraussetzung menschlicher Wandlung. In: Arzt und Seelsorger 5, 1954.
Hara, die Erdmitte des Menschen. Weilheim: Barth 1954, neu durchgesehene und erweiterte 6. Aufl. 1974.
Japanische Meisterübungen als Weg nach innen. In: Universitas 9, 1954.
Haltung, Spannung und Atem als Ausdruck der zentralen Lebensformel des Menschen. In: Festschrift zum 65. Geburtstag von G. R. Heyer, 1955.
Der Mensch im Spiegel der Hand. (In Gemeinschaft mit U. v. Mangoldt) Weilheim: Barth 1955, 2. Aufl. 1966.
Erlebnis und Wandlung. Bern, Stuttgart: 1956. Erweiterte und überarbeitete Neuauflage Bern, Stuttgart, Wien: Scherz 1978.
Die Gefährdung des Menschen und ihre Überwindung. In: Entwicklungstendenzen in Wirtschaft und Technik. Aachen: 1956.
Die heilende Kraft der reinen Gebärde. In: W. Bitter (Hg.): Meditation in Religion und Psychotherapie. Stuttgart: Klett 1958, 2. veränderte Aufl. 1973, 108-134.
Leibhafte Verwirklichung der Person. In: Erfahrungsheilkunde 8, 1958/59.
Es atmet der Mensch. Teil I. In: Atem und Mensch 1, Bad Homburg: 1959. Teil II in: Zeitspiegel des Atems, 1960.
Das Licht mitmenschlicher Strahlung oder vom esoterischen Chrakter der Psychotherapie. In: Alamanach. Felix Schottländer zum Gedächtnis. Stuttgart: 1959.
Inbild und Gestalt. In: Festschrift für Friedrich Sander. Z. für angewandte und experimentelle Psychologie 6, 1959, 564-577.
Was geht Zen uns Abendländer an? In: Universitas 14, 1959, 815-824.
Die Erfahrungsweisheit des Zenbuddhismus als abendländische Aufgabe. In: Christentum und Buddhismus. Weilheim: Barth 1959.
Anthropologische Voraussetzungen menschlichen Heilens. In: A. Sborowitz: Der lei-

dende Mensch. Düsseldorf-Köln: 1960 und Darmstadt: Wissenschaftliche Buchgesellschaft 1974, 157-185.

Sinn des Alters – Gereifte Persönlichkeit. In: Souveränes Altern. Stuttgart, Zürich: 1960.

Mündigwerden des Menschen in unserer Zeit. In: W. Bitter (Hg.): Zur Rettung des Menschlichen in unserer Zeit. Stuttgart: Klett 1961.

Der Alltag als Übung. In: U. v. Mangoldt (Hg.): Jeder Tag ein guter Tag. Weilheim: Barth 1961.

Der Alltag als Übung. Vom Weg der Verwandlung. Bern, Stuttgart: Huber 1961, 4. Aufl. 1972.

Zen und wir. Weilheim: Barth 1961 und Frankfurt: Fischer TB 1974 (überarbeitete und erweiterte Ausgabe).

Mensch und Mitmensch. In: Schweizer Monatshefte 9, 1962.

Medizin auf dem Weg zur Therapie der Person. In: Ministerium medici. Assen: 1962.

Die Stellung des Leibes in der personalen Therapie. In: Arzt und Seelsorger 14, 1963.

Die Kraft zu leben. In: Sammelband: Die Kraft zu leben. Gütersloh: Bertelsmann 1964, 54-67.

Wunderbare Katze und andere Zen-Texte. Weilheim: Barth 1964. Bern, München, Wien: Scherz 1975, 3. Aufl.

Sportliche Leistung und menschliche Reife. Referat vor der Bundestagung der Deutschen Olympischen Gesellschaft in Oberhausen, Nov. 1963 (erweiterte Fassung). Frankfurt: Limpert 1964, 3. Aufl. 1969.

Seelsorge an Sterbenden. In: Die evangelische Krankenpflege. Berlin: 1965.

Psychotherapie im Geiste des Zen. In: W. Bitter (Hg.): Psychotherapie und religiöse Erfahrung. Stuttgart: Klett 1965, 196-211.

Selbstverwirklichung und das Böse. In: F. Berger (Hg.): Vom menschlichen Selbst. Stuttgart: 1965.

Auf dem Weg zur Transparenz. In: G. Schulz (Hg.): Transparente Welt. Festschrift für Jean Gebser zum 60. Geburtstag. Bern, Stuttgart: Huber 1965, 228-255.

Das Initiatische. In: Gestalt und Wirklichkeit. Festschrift für Ferdinand Weinhandl. Graz: 1966, 13-41.

Psychotherapie, Initiation, Glaube. Ost und West in uns. In: W. Bitter (Hg.): Abendländische Therapie und östliche Weisheit. Stuttgart: Klett 1968, 16-50.

Überweltliches Leben in der Welt. Der Sinn der Mündigkeit. Weilheim: Barth 1968, 2. Aufl. 1972.

Die Bedeutung des Leibes in der Psychotherapie. In: Zacharias (Hg.): Dialog über den Menschen. Festschrift für W. Bitter. Stuttgart: Klett 1968, 83-105.

Wann ist der Mensch in seiner Mitte? In: Tenzler (Hg.): Die Wirklichkeit der Mitte. Festschrift für A. Vetter. München: 1968, 407-435.

Horror vacui – benedictio vacui. In: Le vide. Expérience spirituelle en Occident et Orient. Paris: Hermes 6, 1969.

Die Übung des Atems. In: L. Heyer-Grote (Hg.): Atemschulung als ein Element der Psychotherapie. Darmstadt: Wissenschaftliche Buchgesellschaft 1970.

Das Problem der Regression auf dem Weg zum wahren Selbst. Initiatische Therapie. .In: Praxis der Psychotherapie 15, 3, 1970, 107-121.

Das Exerzitium in der Therapie. Erster Teil. In: Image. Medizinische Bilddokumentation La Roche 42, 1971, 6-16. Zweiter Teil in: Image 45, 1974.

Der Ruf nach dem Meister. Der Meister in uns. Weilheim: Barth 1972.

Werk der Übung – Geschenk der Gnade. In: Geist und Leben 45, 1972, 363-382.

Leben aus dem Tode. In: I. Buck (Hg.): Alles Lebendige meinet den Menschen. Gedenkbuch für Max Niehans. Bern: 1972.
Vom doppelten Ursprung des Menschen. Als Verheißung, Erfahrung, Auftrag. Freiburg, Basel, Wien: Herder TB 1973, 5. Aufl. 1979.
„Meine Therapie". In: L. Pongratz (Hg.): Psychotherapie in Selbstdarstellungen. Bern, Stuttgart, Wien: Huber 1973, 129-176.
Die Ganzheit des Menschen als Integration von östlichem und westlichem Lebensbewußtsein. In: K.-H. Gottmann (Hg.): Wege zur Ganzheit. Festschrift zum 75. Geburtstag von Lama Anagarika Govinda. Almora (Indien): Kasar Devi Ashram Publ. 1973 und in: Erlebnis und Wandlung. Weilheim: Barth 1978, 156-178.
Meditative Praktiken in der Psychotherapie. In: Praxis der Psychotherapie 18, 2, 1973, 63-74.
Vom Leib, der man ist, in pragmatischer und initiatischer Sicht. In: H. Petzold (Hg.): Psychotherapie und Körperdynamik. Paderborn: Junfermann 1974, 11-27.
Meditation. In: U. v. Mangoldt: Meditation. Blätter für weltoffene Christen 1, 1975, 13 f.
Meditieren – wozu und wie. Die Wende zum Initiatischen. Freiburg, Basel, Wien: Herder 1976, 5. Aufl. 1979.
Vom initiatischen Weg. Im Gespräch mit Pater Wulf SJ. In: Geist und Leben 50, 1977, 458-467.
Meditative Praktiken in der Psychotherapie. In: Die Psychologie des 20. Jahrhunderts. Zürich: Kindler 3, 1977, 1295-1309.
Mächtigkeit, Rang und Stufe des Menschen. Freiburg: Aurum 1978.
Ton der Stille. In: G. Stachel (Hg.): Munen muso. Ungegenständliche Meditation. Festschrift für Pater Hugo M. Enomiya-Lassalle SJ zum 80. Geburtstag. Mainz: Grünewald 1978, 300-308.
Übung des Leibes auf dem inneren Weg. München: Lurz 1978.
Nicht nur für Buddhisten. In: Esotera 5, 1979, 442.
Transzendenz als Erfahrung. In: Die Psychologie des 20. Jahrhunderts. Zürich: Kindler 15, 1979.

Ausländische Ausgaben

Japan und die Kultur der Stille
engl.: The Japanese Cult of Tranquillity. London: Ryder & Company 1960, 2. Aufl. 1974.
holl.: De Cultuur van de Stilte. Deventer: N. Kluwer 1962.
Der Alltag als Übung
engl.: The Way of Transformation. London: Allen & Unwin 1971.
frz.: Pratique de la Voie Intérieure – Le Quotidien comme exercise. Paris: Le Courrier du Livre 1969.
holl.: Ons dagelijks leven als oefening. Deventer: N. Kluwer 1964, 2. Aufl. 1971.
span.: La Vida Cotidiana Ejercicio de Superación Moral. Barcelona: Editorial Iberia 1965.
Durchbruch zum Wesen
frz.: La Percée de l'Etre. Paris: Le Courrier du Livre 1971.
span.: Como conocerse – Introsperccíón y Medios de Mejoramiento. Barcelona: Editorial Iberia 1964.

Zen und wir
frz.: Le Zen et nous. Paris: Le Courrier du Livre 1976.
holl.: Zen en wij. Deventer: N. Kluwer 1964.
Hara. Die Erdmitte des Menschen
frz.: Hara – Centre vital de l'homme. Paris: Le Courrier du Livre 1969, 2. Aufl. 1976.
engl.: Hara – The Vital Centre of Man. London: Allen & Unwin 1964, 3. Aufl. 1971.
    Als Paperback in Mandala-Edition bei Allen & Unwin.
holl.: Hara – het dragende midden van de mens. Deventer: N. Kluwer 1964.
ital.: Hara – Il centro vitale dell'umo secondo lo zen. Roma: Edizioni Mediterranee 1969.
Die wunderbare Katze
holl.: De wijze Kat. Deventer: Ankh-Hermes 1974.
Der Ruf nach dem Meister
holl.: De roep om een meester. Wassenaar: Servire 1975.
Vom doppelten Ursprung des Menschen
frz.: Le double Origine de l'Homme. Paris: Edition Cerf 1976.
Das Exerzitium in der Therapie
frz.: Exercises initiatiques dans Psychothérapie. Paris: Le Courrier du Livre 1977.
Meditieren – Wozu und wie
frz.: Mediter – purquoi et comment. Paris: Le Courrier du Livre 1978.